谋略象棋弈法指南

夏广元 著

海风出版社
HAIFENG PUBLISHING HOUSE

图书在版编目（CIP）数据

谋略象棋弈法指南 / 夏广元著 .-- 福州：海风出版社，2013.7
ISBN 978-7-5512-0112-4

Ⅰ.①谋… Ⅱ.①夏… Ⅲ.①中国象棋－指南 Ⅳ.①G891.2-62

中国版本图书馆 CIP 数据核字(2013)第 155916 号

谋略象棋弈法指南

夏广元 著

出版发行：海风出版社
（福州市鼓东路187号 邮编：350001）
出版人：焦红辉
印　　刷：福州力人彩印有限公司
开　　本：889×1194mm　1/16
印　　张：15.5 印张
字　　数：353 千字　　图：157 幅
印　　数：1-3000 册
版　　次：2013 年 7 月第 1 版
印　　次：2013 年 7 月第 1 次印刷
书　　号：ISBN 978-7-5512-0112-4
定　　价：33.00 元

作者与老干部李来云在下棋娱乐

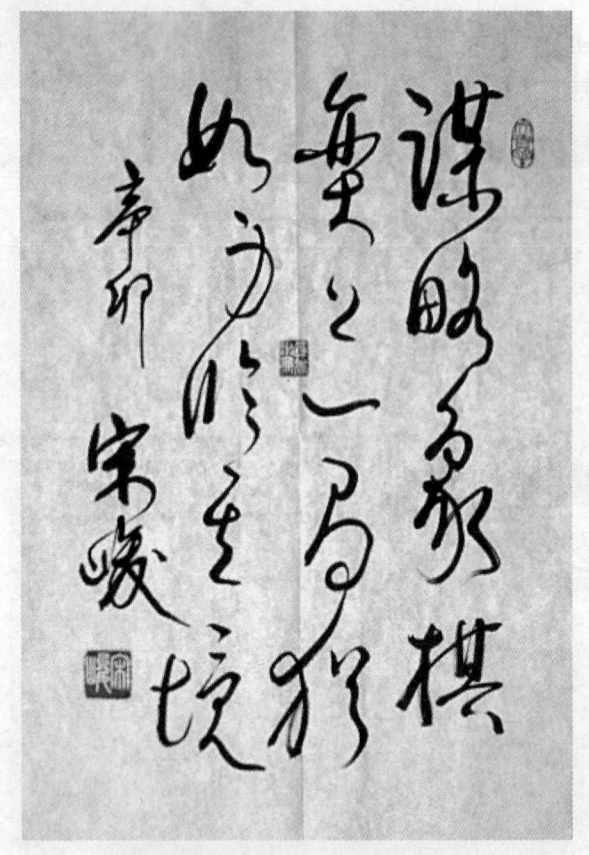

谋略象棋弈上一局犹如身临其境
宋峻：原福建省人大常委会副主任

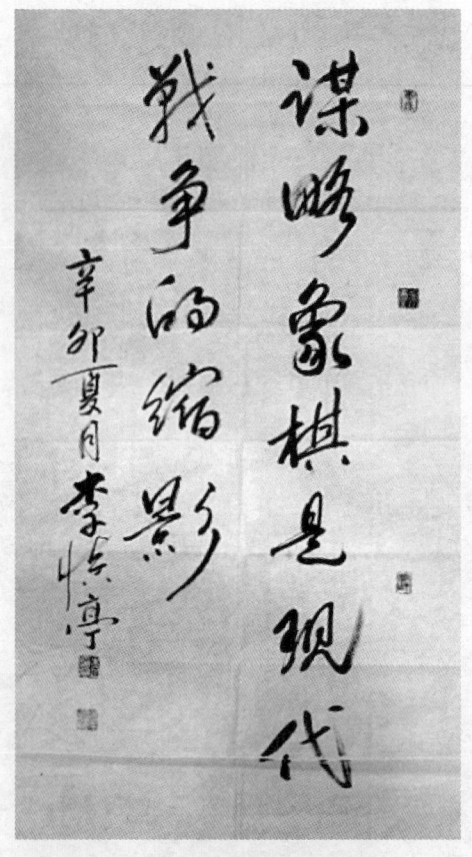

谋略象棋是现代战争的缩影
李慎亭：干休所老干部，中国书法家协会会员

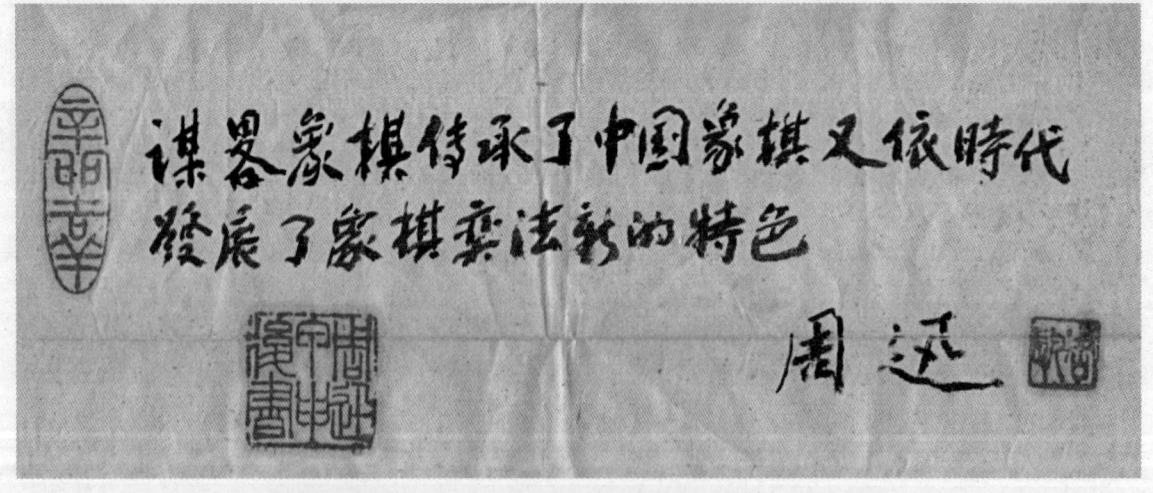

谋略象棋传承了中国象棋又依时代发展了象棋弈法新的特色
周迅：干休所老干部，中国老年骑游协会会长

前 言

　　传统的中国象棋（以下简称传统象棋），是中国人结合当时军事战况设计的，至北宋末年基本定型为现代模式。古人也将象棋用于排兵布阵的军事教研。谋略象棋模拟现代战争，是现代战争的缩影，也是传统象棋的传承与发展。

　　传统象棋，双方共有棋子 32 个（各执 16 个），棋盘格线步点不过 90 个（双方各拥有 45 个），兵 炮 车 马 象 仕 将 所代表的意义是根据当时的官职和装备条件设计的。古时的战场战斗几乎是零距离的刀枪肉搏战，双方立阵以后，将 仕 象 为大本营，马 为运力，车 为驾车武士，炮 为远程打击武器，兵 为战斗兵员，引用到棋盘中。利用格（代表行动范围）、线（代表行动路线），只要将对方的 将 帅 吃掉或控制住不能动即为赢；势均力敌，打到最后双方都无法吃或控制时就宣布和，象征当时的战场战斗。传统象棋虽能让人发挥智慧、锻练战斗意志，但它的范围小，格线步点不多，棋子不能完全代表现代战场状态和装备能力。

　　现代战争都是远程打击，一开战往往不打敌人正面有生力量而是打敌人后方武装，达到切断后路和控制两侧的目的。如果现代人仍用传统象棋的思路指导现代战争，一旦己方两侧防守阵地被彼方突破，大本营的后方就会疏于防范。故而在原有的基础上扩展格线、步点、范围，发明符合现代军种意义的谋略象棋，使现代人能够通过广大的作战区、利用各种武装手段实施短、中、远程打击。同时也引导弈练双方，重视己方大本营后位防护与利用彼方大本营后位进击的战略战术。

　　谋略象棋（又简称谋略棋），在传统象棋基础上进行革新。扩大山河，意在将两军隔远；两个大本营对峙，意在建立两个战斗指挥中心；把 海 陆 空 警 役 民 放在底部，意在发挥各种部队装备的功能；把 炮 导 放在两侧，以方便远程打击；把 水 电 火 生 土 放在大本营上，意在快速运用奇术进行防护；把 风 雨 寒 暑 放在山河两端，意在告诫指挥员天气因素有可能造成前进方向上的危险；把 文 弱 放在岸边，意在提醒指战员战前要妥善保护文物和老幼；把 史 更 放在大本营两边，给予 史 更 外交舆论上的更大灵活性。同时，也调整了 车 马 象 仕 将 在棋盘上的位置、规则和代表的现实意义与作用，使传统象棋棋子符合现代需要。

　　在拥有强大的军团，占据一方地域之后，指战员在战略部署和战术策划时不要忽视弱势群体和民间力量的支持作用，更不能忽略战场气候与人为制造气候给战场带来的胜败影响。谋略象棋的所有棋子，通过阵、圈互动往来，均可过岸，停留于防守阵（进攻阵、伏击圈）内任何步点。通过防守阵（进攻阵、伏击圈）运棋规则，均可实现沿直线、对角方向一步至多步走，变不可能为可能。

　　谋略象棋，设置了两套游戏规则，每个规则中又由走棋规则、阵圈设置与运棋规则、阵圈互动规则组成。第一套游戏规则（简称规则一），是平战演习攻防，较简单易下，供初学者练习；第二套游戏规则（简称规则二）是模拟战时攻防，供智谋者战略战术的战场模拟练习。

当然，要使棋盘中的棋子像战场中的指战员那样，是困难的。因为指战员可以灵活机动地发挥特长，而棋子只能按人意志行动，而且是隔步走（或隔几步走）。谋略象棋，意在告诉指战员，开战涉及到方方面面，不是单纯的冲杀，而是掌控一方的策略。如果在沙盘边摆着一盘谋略象棋，多少会起到战略战术的提示作用。战时或平时常弈可多方考虑主客观条件给胜负带来的影响，防止冲动冒进。走棋规则、阵圈设置和运棋规则、阵圈互动规则，意在提示指战员，在战略前提下巧妙地运用战术手段，达到防务与预期的战果，从中吸取谋略之营养。

在现代化的今天，人们沉醉于网络的时候，推出该棋，具有两方面的意义：一是指导指战员；二是让广大青少年有一种新的游戏，在博弈的过程中体会它的奥妙，增强智力。如果爱好者能熟练运用规则一、规则二，那么，既能成为对弈的高手，也必然成为战略战术的智谋者。

本书详细介绍了谋略象棋的棋盘棋子、弈棋规则、技术进阶等，对谋略象棋的玩法和内涵做了深入的图解，同时还根据两套规则分别载明了棋谱。棋谱以演习规则为准则，以常态化的范例为准绳，不以胜负论高下，而以过程作介绍，起到抛砖引玉的作用，并作为弈法指南介绍给大家。爱好者，只要照着棋谱走几回，再看一看介绍与图解、规则速记方法、分类表等，就能熟记规则和弈棋技巧。有了基本常识和对弈基础以后，爱好者就可以在精益求精上下功夫，从战略调动和战术策划上入手，在棋盘上调兵遣将、奇正相间。有了经验后，再把每个棋子看成是真实的部队，看成是有血有肉的载体，看成是特种装备武装的活体，进而思考各部的装备水准，行动上的规章制度和前进速率，从而使自己成长为既是战场中的指挥员又是特殊战斗中的战斗员。要使自己成长为超群的谋略泰斗，并非一蹴而就，而需勤学苦练，并结合古今战例，加以总结。

一线一点一格之得失，都有其深刻的内涵，谋略象棋可谓集现代战争诸多因素之大成。希望弈者，不断总结经验教训，在对弈中共同探讨、共同提高、共同觉悟、共同成长，让谋略象棋为你带来更多快乐。

对搏的目的是休闲娱乐、养德增智，决非粗暴者所能静弈。勤于思考、静于谋略，身处无为境界，方有大智慧来养德补民。如前所说，棋局如战场，目的是拥有那方资源滋养那方民众。为抢夺对方资源，惊虏对方百姓，虽可占领但难长治久安。正所谓：兴仁义之师，德养天下，乃君子所为。攻、守一方，待变行动，方有迎兵拥师之众。

如果开局动棋就杀㊊弱势必给人暴军来袭的印象，还能服众吗？文物、弱势群体本没有什么进攻能力，要靠外部力量防护，不到对方利用㊊弱进攻与阻击都不要轻言吃换。战斗双方，应把文物、弱势群体看成与战场地域一样的资源，看成宝贝，待占领后，可享用自然资源和百姓才智以图长治久安。这不是为了引导军队保护文物资源和百姓群体而错失战机，而是先尽力保护，不给对方转移时机，让百姓看到尽心尽力就好了，人人有这份心胸，战场中的文物和群众才不会受到无故损坏和伤亡。战争并非人们所情愿，是客观情况逼迫所致，也是最后的选择。战前需要和平，战后也需要和平，为和平而战才是正义的。

可以把不同区域内的战役行动用一个棋盘来比喻。用几个棋盘来组成若大的战场或将棋盘的纵横格线放大到战场边沿，进行细分格，也就不难理解棋盘棋子在战场中的作用了。棋盘如战场，棋子如军力，弈者如谋士。用数个棋盘分战场，不同军力装备是棋子，一切协同作战指挥的人为谋士。把战场用棋盘简单化，用走棋规则、阵圈互动的构思显示战场的奥妙。

目 录

前 言 ··· (1)
第一章 总 论 ··· (1)
第一节 谋略象棋与中国传统象棋的异同 ······························· (2)
一、棋盘棋子方面 ··· (2)
二、规则方面 ··· (4)
三、阵圈数量方面 ··· (7)
第二节 谋略象棋的人文内涵 ·· (7)
一、棋中的时间空间势力 ·· (7)
二、棋中的象、数、理 ·· (9)
三、教育与实践 ··· (10)
第二章 棋盘棋子的运用设计 ··· (13)
第一节 棋 盘 ··· (15)
一、棋盘样式 ··· (15)
二、纵横线编号 ··· (15)
三、步点编号 ··· (16)
第二节 棋 子 ··· (16)
一、全部棋子 ··· (16)
二、开局棋子在棋盘上的位置 ·· (17)
三、着子记录 ··· (18)
第三章 第一套游戏规则 ·· (23)
第一节 规则说明 ··· (24)
一、走棋规则 ··· (24)
二、防守阵设置与运棋规则 ··· (25)
三、进攻阵设置与运棋规则 ··· (25)
四、伏击圈设置与运棋规则 ··· (25)
五、阵圈互动规则 ·· (25)
第二节 规则图解 ··· (26)

一、开局 ·· (26)
　　二、将帅仕雷炸 ·· (26)
　　三、文弱兵马象 ·· (29)
　　四、车情史吏 ··· (32)
　　五、民役警海陆空联 ·· (34)
　　六、水电火生土风雨寒暑 ·· (39)
　　七、炮导 ·· (40)
　　八、阵圈 ·· (42)
第三节　棋　谱 ··· (53)
　　一、习局 ·· (53)
　　二、惨局 ·· (55)
　　三、布局 ·· (58)
　　四、摆局 ·· (62)
　　五、全局 ·· (71)

第四章　第二套游戏规则 ·· (89)
第一节　规则说明 ··· (89)
　　一、走棋规则 ··· (89)
　　二、防守阵设置与运棋规则 ··· (90)
　　三、进攻阵设置与运棋规则 ··· (90)
　　四、伏击圈设置与运棋规则 ··· (91)
　　五、阵圈互动规则 ··· (91)
第二节　规则图解 ··· (91)
　　一、开局 ·· (91)
　　二、将帅仕雷炸 ·· (91)
　　三、文弱兵马象 ·· (93)
　　四、车情史吏 ··· (96)
　　五、民役警海陆空联 ·· (97)
　　六、水电火生土风雨寒暑 ··· (100)
　　七、炮导 ·· (102)
　　八、阵圈 ·· (103)
第三节　棋　谱 ··· (113)
　　一、习局 ·· (113)
　　二、惨局 ·· (117)
　　三、布局 ·· (128)
　　四、摆局 ·· (134)

五、全局 ··· (151)

第五章　规则速记方法 ··· (176)

第一节　理顺关系 ··· (176)

　　一、棋子所代表的现实力量 ··· (176)

　　二、规则与现实战场 ··· (177)

　　三、走棋路线的特点 ··· (182)

第二节　简化后的速记规则 ··· (184)

　　一、简化后的走棋规则 ··· (184)

　　二、简化后的阵圈规则 ··· (186)

　　三、简化后的阵圈互动规则 ··· (186)

第三节　按规则分类表 ··· (186)

　　一、按走棋规则分类表 ··· (187)

　　二、按阵圈设置与运棋规则分类表 ··· (191)

第四节　速记口诀 ··· (193)

第六章　玩法进阶 ··· (194)

第一节　寄语 ··· (195)

　　一、注意事项 ··· (196)

　　二、玩法综述 ··· (197)

第二节　初级弈棋者与中级弈棋者玩法 ··· (198)

　　一、初级弈棋者玩法 ··· (198)

　　二、中级弈棋者玩法 ··· (199)

第三节　高级弈棋者玩法 ··· (202)

　　一、阵圈远离的互动攻守效果 ··· (203)

　　二、阵圈紧连的互动攻守效果 ··· (203)

　　三、起消阵圈的互动攻守效果 ··· (204)

　　四、数量多少的攻守效果 ··· (205)

　　五、阵圈子进出的攻防 ··· (205)

　　六、将帅互动的攻防 ··· (206)

　　七、让步的攻防效果 ··· (206)

　　八、恰到好处地把握宣组 ··· (207)

　　九、棋子在地域间的攻防 ··· (208)

第四节　赛场比赛 ··· (208)

　　一、棋子赛 ··· (208)

　　二、武士棋子赛 ··· (211)

　　三、武士装备演习赛 ··· (214)

第五节 谋事问心法 ……………………………………………………… (217)
　　一、准备过程 …………………………………………………………… (217)
　　二、决定胜负 …………………………………………………………… (217)
　　三、摆弈娱乐 …………………………………………………………… (218)
附　录 …………………………………………………………………………… (219)
　附录1　谋略象棋棋盘棋子制作样式 …………………………………… (219)
　　一、棋盘制造样式 ……………………………………………………… (219)
　　二、棋子制造样式 ……………………………………………………… (223)
　　三、棋子棋盘的尺寸 …………………………………………………… (228)
　附录2　谋略象棋电脑弈棋软件设计方案 ……………………………… (230)
　附录3　中国传统象棋的设置与规则 …………………………………… (232)
　　一、棋盘棋子图 ………………………………………………………… (232)
　　二、走棋规则 …………………………………………………………… (232)
　　三、速记口诀 …………………………………………………………… (233)
　附录4　弈棋说明书 ………………………………………………………… (234)
后　记 …………………………………………………………………………… (236)

第一章 总 论

谋略象棋是模拟现代战争的棋，为谋求打赢现代战争而设计，是现代战争的缩影，也是对传统的超越。其现代战争的缩影不光表现在棋盘、棋子、格线上，更表现在走棋规则、阵圈设置与运棋规则、阵圈互动上，是用弈棋形式模拟现代战场、战争、战斗的创举。它不同于围棋、传统象棋、国际象棋、军棋等棋，有它的独创之处。围棋是人类史上最早的棋，它以围点的变化态势体现技巧，子功能是一致的；传统象棋以两军阵对峙，争夺大本营中的[将][帅]，从不同角度体现角逐技巧；国际象棋是围绕帝国皇宫的争战，从不同角度体现无限的争斗技巧；军棋主要体现军种编制和各级职务权威，从不同方向展开争夺战；而谋略象棋体现战场全局及战场中的变化态势，从不同的方向、角度、空间、位置体现集团化攻守、占领反占领的技巧，子功能是多元的。

所谓集团，就是把每个有独立能力的棋子看成是全局的分工。集团内部只有分工不同，没有贵贱之分，是为打赢战争才合力一股，吸收各种力量参与。犹如[空]军部队、[海]军部队、[陆]军部队、[导]弹部队、武[警]部队、[联]勤保障部队、预备[役]部队和特种部队，它们都以某种战斗力武装形式存在。因单一武装所发挥的作用是有限的，所以，通常以一种力量为主体，多种（如[车][情][史][吏][水][电][火][生][土][风][雨][寒][暑]等）能力协同，形成有天上、地下、前后、左右、内外的集团攻防阵势，易克敌，不易被攻破。

看到棋盘棋子的部署，就如战场上各种武装力量摆在眼前，从提起一子到放下的过程既是移动过程也是联想彼此得失的过程，好的传统象棋棋手考虑 1 至 3 步就不错了，然而谋略象棋则需思量出 3 至 10 步来，常弈能改变个性，凡事会相互关联，能与人和谐相处。

弈棋，不仅练智、练勇、练谋、练术，还考验体质。一个精力充沛、情绪稳定、思路敏锐、心明如镜的人，弈棋就能镇定自若地处理各种关系，胜的机会就多；一个精力不畅、情绪激动、思维紊乱、知己不知彼的人，弈棋就会主观急躁而处理不好关系。特别是弈者，经过数时的谋划后，过度疲劳，不好好休息，急急忙忙上阵指挥，即使有好的部署也不会应用，能不失败吗。所以，要想打赢，不光要有战斗力，更要有战略战术的谋略部署，还要有坚强的素质与体质作保证，方能与棋子共进退，做到张弛有度。

[水][电][火][生][土][风][雨][寒][暑]，它能相生相克，[水]生[电]、[电]生[火]、[火]生[生]、[生]生[土]、[土]生[水]，[风]生[雨]、[雨]生[寒]、[寒]生[暑]、[暑]生[风]；反之，[暑]克[寒]、[寒]克[雨]、[雨]克[风]、[风]克[暑]，[土]克[生]、[生]克[火]、[火]克[电]、[电]克[水]、[水]克[土]。将它们合理地运用于现实战场中会

收到事半功倍的效果。而在谋略象棋中，一旦㊣㊣㊣㊣㊣㊣㊣㊣成为一个特定的武士或一股势力，那么由于各自的作用不同，结合在一起时就会产生不同效果。如，㊣生㊣，就是用㊣屯㊣；㊣克㊣，就是用寒气冰冻雨等等。还可以循环应用，如：㊣克㊣、㊣屯㊣、㊣克㊣、㊣生㊣、㊣亦可克㊣，这就是连组效力。弈棋中或现实战役训练中，就是要体现出这种效果来。

组成伏击圈的意义在于克敌。那么，在伏击中如何体现出相生相克呢，就是要善于组合㊣㊣㊣㊣㊣㊣㊣㊣。㊣生㊣、㊣生㊣、㊣生㊣、㊣生㊣，相互取长补短。生、克方法多种多样，如果一个伏击圈能应用正确，犹如一将当关能挡千军万马。

总之，彼方（或彼、对方、蓝方、另一方等）做不到，己方（或此、本方、红方、这一方等）能做到，就有较大胜算。如果把棋盘比喻为战场，那么谋略的实质，就在于为了国家、民族的客观利益，在和解无效、不得不用战争形式解决时，根据战略变化制订战略部署方案，从中选择一种方案并划定战场范围。在战场中，为了达到某种战略目的，根据天时、地利、人和的客观条件与人为创造的条件，依进、取、退的攻守策略设计出多个战争方案，从中选择一种最有利的部署实施。因战争的战术实施必须先期抢占战术制高点和地点（理）位置，所以必须模拟多种情况，制定出适应各种情况变化的战斗措施。只有己方指战员的战略智慧、战术手段超过对方，使对方陷于战略、战术的被动之中，才能从中找主动或创造出击的机遇。

第一节　谋略象棋与中国传统象棋的异同

一、棋盘棋子方面

谋略象棋和中国传统象棋（以下简称传统象棋）在棋盘棋子方面既有共同点，又有不同点，分述如下：

（一）共同点

都隔着一条山河，形成两块方阵；两个方阵中，均有一个供㊣㊣活动的大本营。

（二）不同点

1. 棋盘

范围。传统象棋用9条纵线与10条横线组成了72个格子（其中64个有形格子，8个无形格子）。谋略象棋有13条纵线与15条横线组成了168个格子（其中144个有形格子，24个隐形格子）。谋略象棋的大本营有16个格子，而传统象棋只有4个格子。

步点。谋略象棋盘的步点共有187个（其中双方各有91个，山河中5个），大本营中的步点25个；传统象棋盘只有90个（双方各有45个），大本营的步点只有9个。

山河宽度。谋略象棋盘的山河是传统象棋盘山河的两倍；谋略象棋盘的山河中设防点，而传统象棋中没有。

见图 1–1

2. 全盘棋子数量与位列点

谋略象棋棋盘中设置了 91 个棋子位列点（双方均有 44 个，山河中 3 个）；传统象棋只有 32 个棋子位列点（双方均有 16 个）；谋略象棋的[将][帅]位列于大本营中央，传统象棋的[将][帅]位列于大本营底边线中间。

棋盘中的棋子双方在位置上既有对称的也有不对称的，除[水][电][火][生][土][风][雨][寒][暑][史][吏][海][陆][空]外，其它都是对称的。[水][电][火][生][土][风][雨][寒][暑]虽方向相反，但规则一致；[史][吏][海][陆][空]的方向既相反，其规则又不一致。

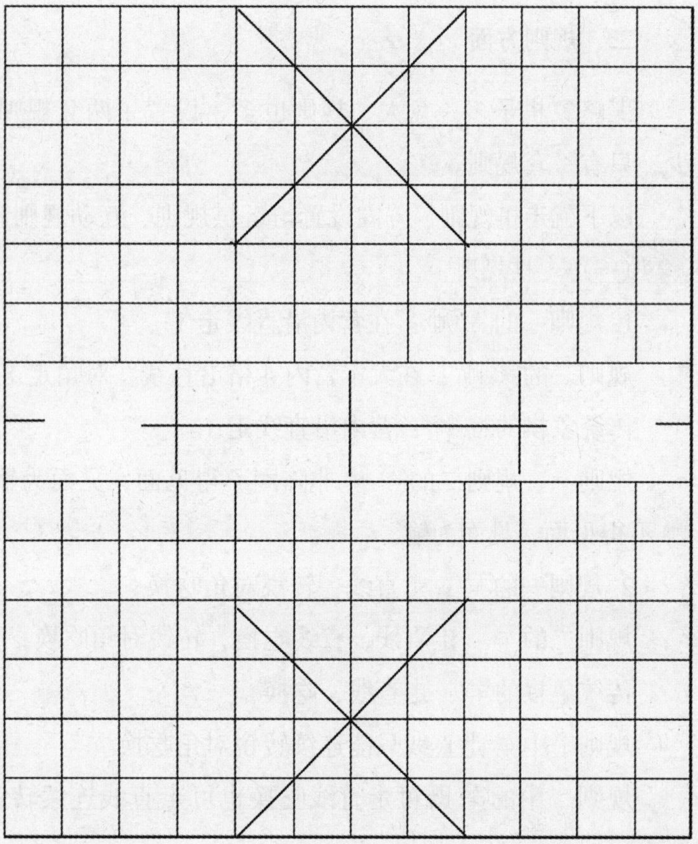
图 1–1

位列编号：谋略象棋是人面对棋盘纵线从左向右编号，横线从底线向前编号，左为山、右为河。传统象棋的位列编号是人面对棋盘从右向左，横线亦从底线向前编号。

3. 棋子称谓和设计

传统象棋棋子全数移植到谋略象棋中，为的是让传统象棋棋子在谋略象棋中展现它传统的风姿；同时也提醒玩家在传统的象棋盘上也许能大展雄姿，但到了谋略象棋盘中，因范围和位列、规则不同，不一定能发挥原有特长，仍需重新学习和弈练。

谋略象棋的棋子颜色：[帅]方为红色（或黄色、或各民族喜爱的色彩）简写字体；[将]方为蓝色（或绿色、或各民族喜爱的色彩）繁写字体；[雷][炸]为黑色普通字体。字体可根据地方习惯特色采用地方文字字体（如宋体、楷体、行书、英文、及各民族文字字体）。双方可同一种字体（简体字或繁体字），亦可一方为简体字，另一方为繁体字。本书以汉体文字为主，红蓝双方均用简写字体。书中文字说明部分用套实圈来表示棋子，不分字体。在图解说明中，也未分字体，用不同的圈来区别。棋谱中也用简体字但不用套圈区别彼已，凡图中套◌圈的为蓝方，套○的为红方，套◌圈的为公共子。而传统象棋棋子颜色：[帅]一方为红色、[将]方为黑色。

二、规则方面

谋略象棋子多、盘大、规则也多，设置了两套规则；传统象棋，子少、盘小、规则也少，只有一套规则。

以下就走棋规则、阵圈设置与运棋规则、互动规则和开局等事项分述如下：

（一）走棋规则

1. 规则一的㊙㊙：在营内沿直线走1；

规则二的㊙㊙：在大本营内4格沿直线、对角走1，沿画角线走至外格点；

传统象棋的㊙㊙：营内沿直线走1。

规则一、规则二的㊙㊙非阵圈不得见面，见面为输，阵圈中见面无碍；传统象棋的㊙㊙不得见面，见面为输。

2. 规则一的㊙：走直线，转锐对角吃换；

规则二的㊙：走直线，直线吃换，转锐对角吃换；

传统象棋的㊙：走直线，吃换。

规则一中㊙走直线只能连续转锐对角吃换。

规则二中的㊙既可走直线吃换也可走直线连续转锐对角吃换，提高了㊙本身的战斗能力；

传统象棋中的㊙则不能转弯吃换，只能走直线吃换。

规则一的㊙：走对角，转锐直线吃换；

规则二的㊙：走对角，对角吃换，转锐直线吃换；

规则不同，给予棋子的能力也就不同。

3. 谋略象棋规则一、规则二的㊙：在9横内沿直线走1，进退，9横外（含9横）只进不退；

传统象棋的㊙：岸内沿纵直线进1不退，亦不能左右移动，过岸后纵直线走1只进不退、左右横直线走1进退。

规则一、规则二的㊙在原点不需前进就可左右进退；而传统象棋的㊙，在原点不能左右进退，必须前进至对岸后方可左右移动。

4. 规则一的㊙：沿直线、对角走1至4，进退，跨己不跨彼，吃换；

规则二的㊙：沿直线、对角走1至4，进退，走水段过岸（出入阵圈不限），跨己不跨彼，吃换。

5. 规则一的㊙：沿直线、对角走1至5，进退，跨己不跨彼，吃换；

规则二的㊙：沿直线、对角走1至5，进退，走桥段过岸（出入阵圈不限），跨己不跨彼，吃换。

6. 规则一的㊙：沿直线、对角走1至6，进退，跨己不跨彼，吃换；

规则二的[空]：沿直线、对角走 1 至 6，进退，走山段过岸（出入阵圈不限），跨己不跨彼，吃换。

7. 规则一的[役]：沿直线、对角走 1 至 2，进退，跨己不跨彼，吃换；

规则二的[役]：沿直线、对角走 1 至 2，进退，走桥、两边过岸（出入阵圈不限），跨己不跨彼，吃换。

8. 规则一的[警]：沿直线、对角走 1 至 3，进退，跨己不跨彼，吃换；

规则二的[警]：沿直线、对角走 1 至 3，进退，走桥、两边过岸（出入阵圈不限），跨己不跨彼，吃换。

9. [文][弱][民]规则一不能吃翻，而规则二[文][弱][民]在 9 横外阵圈内外可以吃翻另面子，显得更强悍、更有战斗力。由于双方应用的时间、机会、地域、位列不同，其结果也就不一样，这样使弈者不能轻视它们在棋盘上的杀伤力，更是为惨局增加了变数。

10. [雷][炸]在规则一与规则二中规则一样；

[雷][炸]不动，双方遇棋阻，碰则同消。谁用阵圈涵盖属哪方，与阵圈（以下防守阵、进攻阵、伏击圈简称阵圈）子同待，亦可沿直线、对角出阵圈同消一切子，脱离阵圈仍属公共。跨越子，在纵直线、横直线、对角方向上可跨越。

11. 规则一的[民]入彼方阵圈外无吃翻条件；

规则二[民] 9 横外可自愿吃翻[空]或[海]，按[空]或[海]规则走不再变。

12. 规则一[文][弱]入彼方阵圈外无吃翻条件；

规则二[文][弱] 9 横外可自愿吃翻[陆]，按[陆]规则走不再变；

规则二还规定[文][弱]不行走不吃。

13. 规则一中的[风][雨][寒][暑]与[水][电][火][生][土]行走与不行走照吃；

规则二中的[风][雨][寒][暑]与[水][电][火][生][土]则规定不行走不能吃。

14. 规则一中的[风][雨][寒][暑]：走对角 1 直线 1 对角 1 成双目斜角；

规则二中的[风][雨][寒][暑]：走对角 1 直线 1 对角 1，不一定走成双目，可走成口、日、田、目字斜角，增加行走变数。

15. 规则一中的[水][电][火][生][土]：走直线 1 对角 1 直线 1 成目斜角；

规则二中的[水][电][火][生][土]：走直线 1 对角 1 直线 1，可走成口、日、田等，增加行走变数。

（二）阵圈设置与运棋规则

1. 规则一防守阵设置：1 至 9 横间营外边线，设与营相同的回字区域，有任意 5 子走动，且隔 5 回能守住，即可宣布组成；

规则二防守阵设置：1 至 9 横间营外边线，设与营相同的回字区域，有任意 5 子走入，隔 1 回宣布组成。

这就意味着规则一的子，无论是在防守阵外还是所设区域的防守阵内，只要行走过就行；规则二的子必须在所设范围外走入才行。

2. 规则一进攻阵设置：任一田位，由海陆空警联役任意2子走动，且隔2回能守住，不涵盖彼方未行走子，即可宣布组成；

规则二进攻阵设置：任一田位，由海陆空警联役任意2子走入，隔1回宣布组成，组成后彼方子全拿，未规定不涵盖彼方未行子。

这就意味着：规则一的海陆等，无论是在进攻阵外还是所设区域的进攻阵内，只要行走过就行。规则二的海陆等，必须在所设范围外走入才行。

3. 规则一伏击圈设置：盘上任一区域，由风雨寒暑中某子与水电火生土中某子走成双目斜角而立，即可宣布组成。

规则二伏击圈设置：盘上任一区域，由风雨寒暑中某子与水电火生土中某子走成双目斜角而立，或者由风雨寒暑中任意2子走成双目斜角而立，或者由水电火生土中任意2子走成目斜角而立，三者有其一即可宣布组成。

这就意味着：规则二中比规则一多了设置条件，而棋子在变化行走中灵活多变。

4. 从出入阵圈中比较，规则一要比规则二简单，易于出入。规则一在防守阵、进攻阵、伏击圈中规定均可以依走棋规则出入；规则二则规定，防守阵规定按走棋规则出入，但吃换出入后两回内要收回，不收回或许就被彼方拿起当俘棋；进攻阵则规定按走棋规则出入，伏击圈也规定按走棋规则出入。这就意味着，出入阵圈的方式方法相同，但吃换方法有变数，须切实掌握好。值得注意的是，出入是指彼己双方。

5. 按运棋规则，部分子在阵圈内外区别，海陆空警联役在阵圈外可以跨越本方子，不跨越彼方子；到了阵圈内，这种功能自然而然地取消了，均不能跨越，而是沿直线、对角1步或多步走，遇子阻。

6. 部分子在走棋规则和运棋规则中的保护方式不同。如文弱，它"入营不吃，误吃则拿"，指的是受走棋规则保护，而阵圈中则受运棋规则的保护，它即便入营，若在阵圈内，就会按运棋规则处理，可以吃拿。走棋规则下，雷炸不动，到了阵圈内，则与"阵圈子同待"。所以，无论按规则一、规则二弈棋，都要分清棋子所在的位置。

（三）互动规则

规则一：往来途中内、外跨己跨彼，亦可跨彼方阵圈；凡阵圈显示区域，均不影响彼此依走棋规则走子。

规则二：往来途中内、外跨己不跨彼，亦不跨彼方阵圈；凡阵圈显示区域，均不影响本方依走棋规则走子，彼方依走棋规则不得跨越。但是，在无棋阻情况下，一步着将时才可跨越阵圈杀将。

（四）开局

棋开局，一方走完规则规定的1步点（或多步点）后为一轮，彼己各走1轮为一回（或一个回合）。规则一与规则二就不同：规则一，双方隔步走；规则二，双方隔1至4步走，弈前预约。这里有必要加以说明的是：规则中规定隔1步至4步是指双方轮回中的多少；

规则中走直几（或角几），是指棋盘上的步点多少。弈出结果为一局。

规则二双方开局时有1至4步的协商余地，因此，棋子在棋盘上无论是整盘还是棋谱，均要协商一下开局隔几步走，如1步、2步、3步、4步。若确定好3步，就用一个牌子写上3步，插在棋盘一侧或写在各自的一侧，作提示，以免争执。若1步，就无需提示。

总之，走棋规则、运棋规则、互动规则一般是很严谨的，一个字、一句话都代表着棋子在棋盘上的行为规范和战略战术的运用与实施。如"走动"与"走入"，"钝"与"锐"，"隔1步"与"隔3步"，"阵圈外"与"阵圈内"，"己"与"彼"，"吃翻"与"翻行"，"不移动"与"移动"，"吃换"与"吃拿"，"左"与"右"，"1个步点"与"无限步点"等等，一字之差都会发生质与形式的变化。

三、阵圈数量方面

（一）棋盘中允许设置数量与互动线

规则一与规则二，在数量上均无设限，起（本方把阵圈子行走掉）消（被对方吃换或拿掉）后再重组一个或多个自愿选择，也可用子力抢占。

就棋盘而言，防守阵可设23个，进攻阵可设348个，伏击圈双目可设250个，伏击圈单目可设536个，全盘双方各有可选择设置阵圈的位置有1157个地址，因风水等变化行走姿势将有数个之多。双方各有互动直线、对角方向84条。进攻阵翻行、互动线中间阵圈设置造成的间断所形成的过渡直线、对角互动线有数条之多。所谓对称，就是偶数，如役象、进攻阵都可能在同一条纵横线上；所谓不对称，就是奇数。因选择的格线步点不同，怎么走，两子都不可能互防，亦如役象、进攻阵都很难在同一条纵横（或对角）线方向上。

（二）静动情况

防守阵设置好不允许整体移动，进攻阵可翻行移动，伏击圈虽不能移动但可双类、单类、多方连组。阵圈之间，可一线连组、覆盖连组、互动连组，形成整体。

第二节 谋略象棋的人文内涵

一、棋中的时间空间势力

天时、地利、人和这三者的关系已被人们熟知、常用，然而，时间、空间、势力这三者的关联就很少有人关注。如果把前三者看成战术应用的必要条件，那么可以把后三者看成是战略策划的必备条件，它们是相辅相成的。

在工作之余、休闲之时，为了解困、去烦、轻松愉快地接受新的东西，象棋爱好者首选的方式就是找人弈上一盘。把这种"天时"视为与对方意识相一致，"地利"视为能够静下来弈棋的地点，"人和"视为与对方和观众的心态。所以，弈棋是天时、地利、人和的统

一。就棋盘本身而言，用天时、地利、人和来概括就不恰当，然而对弈过程却真实存在着时间、空间、势力这三者密不可分的要素。

所谓时间，指在谋略象棋中除了碰⑩炸后连续再走一步外，均是隔步（或隔几步）走棋；所谓空间，指在谋略象棋中，把整个棋盘看成是个现实存在的立体空间，每个棋子都活动于不同的地表空间；所谓势力，既是指行子前的集结谋划，也是行走后的力量均衡。时间、空间、势力三者，在应用中互为因果。

棋盘中棋子摆好后，就等于摆好阵势以待敌。行子前，双方就要有效掌控对方的策略。行子后，就逐渐形成了战略集结和战术调动。把棋盘中棋子向某块区域集结，自然也就形成了势力。在棋盘中，不同的区域形成不同的空间。由于在不同的空间内打击对方，子力受规则的制约，也就出现了时效。要想每步行子都能发挥吃换和达到控制对方子力之目的，势力在空间中的调度和借用空间作用阻截对方子力介入是十分重要的。所以，精湛地运用好时间、空间、势力这三者的辩证关系，是成败的关键，也是提高谋略思维的关键和体现战场缩影的可靠保证。

因此，谋略象棋的棋盘可以有两种形式：一种是人们熟悉的平面棋盘；另一种是人们还未见过的立体（可折叠式）棋盘。

折叠式棋盘与平面棋盘的不同在于它在不弈时可折叠成两个盒子，双方把子归集在一个小袋中放在各自的盒内，再将二盒合二为一，形成一个包装盒，便于存放和携带，弈棋时一一打开展现一个立体盘面。见附图-4A。

立体盘面就是将棋盘中的各方阵地用相反高度位置的山脉和不同大小的平原泽地，把子放在上面，在一个阵势中形成多种立体空间，让弈者在棋盘上感受复杂的战场地形和人为制造出来的地下、地中、地表、地上的防御设施，提示人们在复杂的空间求生存，运用智慧置之死地而后生。

面对立体棋盘，就会发现有不同的阵地存在。一方以平原山丘布阵，另一方以高山峻岭布阵。平原山丘的一方，把将仕象马车布置在平地荒漠之间，海陆空警联布置在丘陵之后，水电火生土排列在山峰之下，左导放在山丘之上、右导放在丘陵之下，左炮设在炮台上、右炮设在人造土丘之后，风雨寒暑分别排列在丘陵之间，文弱兵排列在山河岸的沙滩上，民情役在农田埂上，左平安大道中间设置隧洞、右平安大道两侧设防，史吏设在平原中；以高山峻岭布阵的一方，把将仕象马车设置在山坳之中，海陆空放在高山之上，内有防空设备，左警放在山下、右警放在山中，水电火生土排列在山丘上，内有隐蔽设施，民情役联倚山而设，文放在山脉上，兵弱放在山河岸旁，风雨在山中，寒暑在地面，左炮架高台亦可放室内、右炮在山中，左导山中等待、右导后山下，左平安大道近岸边设隧洞，右平安大道中间设防，史吏在其中，山河中设置岛屿、深海和暗礁。

两方的地理空间客观上有着差别，将帅们在选择战场时，尽可能地选用宽广无人地带，避免在人多的城郊作战，为的是减少无辜伤亡。这样会失去一些好的地理位置，甚至不得不在不利的地理空间设防，有时出现利彼而不利己的反常情况。双方为了打赢对方，通过本方的实力调整，巧妙利用客观空间的存在人为制造一些有利的地利条件：其一，是用隧道、防空设施、阵地、地下工程、陷阱、隐蔽物等来改变空间现状；其二，用强势力量对弱势力量，用速度快的对付速度慢的，用多个弱者对付一个或两个强者，速度慢的拖住对方速度快的为己方赢得时间等来有效条件去夺优势地域；其三，用隐蔽子扰乱敌后方使其前后不能兼顾，用远程力量锁定目标使对方不能行子等，用以夺敌心智。在弈棋中，把子调动到某个空间位置或调动子力组阵圈时，就要考虑本方和对方、山河中空间的利害关系，同时还要考虑到时间关系。有了好的空间和势力，双方阵地中的[风][雨][寒][暑]在一定时间内的质量却不同，自然改变了空间和势力的作用效果。巧妙利用时间内的自然条件，行子吃换或吃拿对方的一股力量，也就改变了空间上势力格局的均衡，有利于下步的合剿。这就是时间、空间、势力三者相互作用的关系。本质在于利用空间的有利一面加以发挥，集结均衡、非均衡的势力阵守，伺机出击。核心在于打击对方势力，阻挠对方行动，是否狙击主力区域，调动敌人而不为所动，若动，吃换一块占领一方。

弈者要思考在山上和在山下，行[风][雨][寒][暑]、[水][电][火][生][土]的作用有什么不同；[炮][导]所在位置的攻防作用行至山上山下、平原泽地时有什么利害关系；[海][陆][空][警][联][役][民]离开原来基地后的安危，[车][马][象][士][将]离开大本营该如何防护；到对方阵地区域是否能适应那个环境空间，被包围后是否可以借用空间地利而突围，被吃时能否利用一轮隔步走的时间走脱等。每个子，都有可能行至同一空间环境，但被组合在不同的阵圈势力和非阵圈中，所发挥的作用就有所不同，值得深思。

要想弈棋对战场作战有帮助，就需要在棋盘上研磨，把规则看成是国际惯例来遵守和军事家的规章制度来执行。这样，在棋上是君子，到了战场上也会是仁主。无论是从事军事斗争还是在激烈的工作环境，就不会因一时考虑不周而被对方算计，不因自己目光短浅、未顾及全局而大意失荆州。要时刻牢记八百里联营毁于火、勇猛攻克时忧思螳螂捕蝉黄雀在后的古训。大凡高明者，不以小利（一子得失）而自足，忍（原点等待组合）常人所不能忍，缜密周详（一定时效内相互间连锁作用），箭（棋子）在弦（原点）上，令（弈者）发箭（行子）出，才能一举定胜负（吃换、吃拿）。

二、棋中的象、数、理

谋略象棋体现了象、数、理的关系。整个棋盘充满着阴阳理念，双方各执一方为双数 2（阴），中间隔着一条山河为单数 3（阳）。在传统象棋与围棋中，象棋有山河为阳，而山河为单格又为阳，故深受男性喜爱；围棋则无山河为阴，且偶数格，故双阴争雄深受女性喜爱；谋略象棋中间隔了一条阴数格的山河，13 条纵线为阳，可组成 12 个格子为阴，15 条横线为阳，可组成了 14 个格子为阴，使得整个棋盘阴阳相辅相成，故而男女老少都喜欢。

两人下棋为阴就很闷，旁边多一个人看棋为阳就很热闹；旁边的人与弈者成偶数为阴，成奇数为阳。所以，两人对弈来了个裁判，自然气氛就不一样了，偶数对弈不为子多境险而畏难，按规则行子运棋集中力量谋定而动，就是彼此的理。配上奇数裁判，比赛气氛就会缓和很多。弈者面对山河、旁观者就要多一分思考，有时因此改变了自己的思维方式，进化了战略战术的技巧。细听旁观者的指点，有利于对全局的正确判断与决策等。

在谋略象棋中调兵遣将，就不会畏惧兵多将广的真实战场。倘若面对棋盘中几十个棋子都无从下手，那么战场上数倍战力又当如何调动！？不光要在棋盘上练习调动，更要用象、数、理对待无情的战场，用棋盘模拟战略战术的攻防。

如何用象、数、理看待战场这个大棋盘。

象：开局，对弈双方端坐于棋盘两端，把棋子在棋盘上摆好，就是象；

数：熟悉棋盘中由纵横线组成的格子、步点，查看子数位置，重温规则，就是做到胸中有数；

理：不因子多境险而畏难，按规则行子运棋，集中力量谋定而动，就是理等。

在象、数、理得到平衡以后，心里就很舒坦。弈者带有三种心态：其一，无聊解闷；其二，心烦意乱；其三，切磋技艺。特别是年纪大些的人，闲来无事，看电视、看书坐久眼累，况且看别人表演没劲，就想自己发挥一下。一个人摆摆习局，两个人可以摆摆局，谋划谋划布局、惨局等，从棋中解闷。

通过弈棋，可以去烦增智，提高信心，以百倍的精力投身于工作之中。通过输赢的相互交替，加上旁观者指点迷津，不知不觉中忘记了不愉快的事。为了提高自己的棋技，预约博弈，从博弈的输赢中总结经验教训。可以用惨局、全局来对弈，因为惨局、全局最能代表一个人的个性与发展方向。另外，开局走子前互至对方先"请"为礼。

总之，适当地弈棋，不光使人心理得到平衡，还能使人心平气和地处事，有延年益寿之功效。但如果弈的时间长了，疲劳，不光伤身误事，还发挥不出水平来。

有诗云：

小小棋盘一方天，两人对弈数人欣；

不是战场似战场，求得和平胜输赢。

身疲来到棋盘下，抬头才知象数理；

运棋仿佛神仙境，一身轻松重头越。

三、教育与实践

中国人常说：棋如人生，棋深似海；战场如棋，棋逢对手。这个"棋"，主要指的是中国传统的象棋、围棋。

象棋，主要在一定的空间，设置了两个对称的阵营，围绕山河展开对抗，从对抗中启发人，凡事要谨慎要深思熟虑，一着不慎，就会全盘皆输；围棋，在一定的空间上，没有对称或不对称的特定区域，任意取一点着棋，围绕这一点展开攻防，直至吃拿。从子被吃拿中明白选择位置着点攻防的重要性。棋最大的特点就是让人静下来思考，克服易冲动的性格，从棋中总结出人生的得失，这就是人喜欢棋的主要原因。在棋盘的一定范围内，每个子都依规则，在格、线、点上发挥特长。

在过去没有电视、电脑和其它娱乐活动的情况下，棋这种既可消磨时光又可增进交流、启迪思维的东西深受人们的喜爱。现在上班族，为了改善自家的生活条件忙于工作，老人忙于家务，年青人忙于学习热衷于电脑，对棋似乎有些疏远。人们习惯于速度又快又刺激的车辆、电话交际、电脑网络信息，不喜欢静止不动的东西。当然，也有很多学校开设兴趣班，老人馆设置棋牌室，以使人们静下来思考。可是兴趣班的同学不专心习棋，老人馆把棋牌当成赌博的工具，更有的人在马路边上摆惨局赌钱。

谋略象棋走进兴趣班、老人馆以后，人们的第一印象就是子多、规则多，无从下手，有些抵触情绪。对此，我让他们不要急着下棋，先认识棋子棋盘，用规则对照棋盘，理顺棋子的关系。再对照传统象棋，看棋盘的区别在哪里，规则上增加了什么。几节课的自由活动后，大家对谋略象棋有了初步的了解，形成了较好的印象。

接着给他们按规则逐一讲解规则一图谱，用习谱讲解攻防策略，再以惨局给大家作攻防练习。用布局讲解，渗透布防的利害，让大家自由自在地布子。而后进行摆局，任意拿掉一些子，形成对称或不对称的摆局对弈，使大家兴趣更浓了。习局、惨局、布局、摆局的对弈技巧练习，增添了他们的信心。在他们信心百倍的情况下，再对他们进行全局辅导。基本掌握第一规则，就有了掌握第二规则的浓厚兴趣，接着辅导他们学习第二规则。

每一个辅导过程，还与学习、做人联系起来。例如习局，在规则下，每个子在格、线、点上的位置不同，其作用就不同，攻防策略就不同。学生就要遵守学校的各项规章制度，在生产、生活中就要遵守社会上的各项规章制度。否则，行子与规章相矛盾，影响学习效率，甚至被"吃换、吃拿"。又如布局，当一个领导，要把下属安置在不同岗位上，如果不了解他（她）的个性特长，随便安置，就会功败垂成；摆局，由于每个人对事物的兴趣、志向不同，也就对事物的取向不同，犹如摆对称与不对称的局，取决于心胸与胆识、决心与斗志；最后如全局，学生面对各科学书籍课程，首先要理顺关系，分门别类，选择重点攻读，就能事半功倍。

一段时期以后，对学习没有兴趣的有了兴趣，不听话的现在听话了，因为老师、父母那儿有他（她）们所需要的新知识、新学问。在复杂的关系中，学会了理顺关系，学会了思考，学会用子来平衡关系，学会了子与子间的联系作用，学会了用棋来解人生的疙瘩，学会了与同事、老师、父母交流的益处，学会了把复杂问题简单化的方式方法。

规则一、规则二全部掌握以后，根据每个人的特长，选择比赛项目。可以以规则一中的布局、摆局、全局进行比赛，也可选择规则二中的布局、摆局、全局进行比赛。这样，不光比赛项目多了，可选择的范围广了，而且适合多种性格的人群需要。规则一与规则二的区别在于规则改变，利用规则的改变，引导人们适应学习、工作、生产、生活中的阶段性制度的改变，不因墨守成规而错失良机，人们能适应社会发展需要而不断调整自己，而不是让社会发展去适应个人需要。

通过谋略象棋的启发性学习与对弈，弈者不光喜欢上谋略象棋，而且学习大有长进，为人处事稳健、不急不躁，还把谋略象棋介绍给周围的人。谋略象棋的1至4步的选择，为他（她）们化解日常矛盾提供了思考方式，为快速解决矛盾分歧提供了策略指导与提示。从多步走的快杀中，释放了紧张的工作压力，精神上注入了新生血液，以旺盛的精力投身到学习、工作、生产、生活中去。

有些弈者，还把自己好斗、好战的性格用棋来发泄。从棋中多元和谐的环境中，觉悟到了一个道理：关爱他人就是关爱自己，热爱和平、和谐共处才是人生的最大道理。社会和谐，家庭和睦，生产与生活才有真力量。

第二章　棋盘棋子的运用设计

棋盘平铺在桌子上，一眼就可以看出组成棋盘的三要素：格线、步点、棋子，赖有棋盘的存在才能对弈。格线是纵线、横线、格子的总称；纵线、横线是组成格子的基础；纵、横线是走棋的依据。山河中虽无纵横线，棋子在走直线、对角时采取相应对接（如㈣过河以相等线计）。格子是由两条纵线与两条横线组成的，是棋子走对角、画斜线、小块区域的依据。山河中虽无明显的纵横组成的格子，但在走棋中以模拟格数计算（如㈣、㈤过山河时则以相等格计）。假如纵横线是大道，对角和画斜线就是未修好和已修好的道路，那么山河段就是有路基但无道形，靠棋子本身能力（规则）各显神通。

步点。是纵与横线交叉的总称。有十字型交叉形成的点，由丁字型交叉形成的点（如盘边、岸边）。步点就是棋子走棋的落脚点（又叫着子点），如果把棋盘棋子部署位比喻成固定的站，那么按照走棋规则走棋后，在步点上由子盖住的点就是线上的中途站点和以格子走的站点平台，任何棋子都必须在点上停留。如前方没有步点，或步点被占，只能绕道，或者被阻。山河中虽有 24 个模拟格但可行步点只有 5 个，那么山河中只确立了 5 个步点平台，走棋过山河时只能依 5 个步点停留，想过只有凭能力（规则）过，不得停在无明显步点处。另外，规则中所标注的数字是指步点，未标注的则属无限步点。如㈣走 1 至 6，是原点外的 1 至 6 个步点均可选择；㈤走直线、对角，就是无限步点，可根据需要自由选择。

格子。是一个小格和多个格组成的总称。有明显的小方格，有因走棋规则形成的多个长方形小方格（如㈣㈤㈥）；有走棋规则形成的多个正方形小方格（如㈣㈤㈥㈦㈧㈨）；有因设伏击圈形成的长方形组格；有因设防守阵、进攻阵形成的正方形组格。假如一小格是小块范围，那么防守阵、进攻阵、伏击圈设置所形成的组合式正方形、长方形范围就是综合式固定车站、码头、机场，有㈣㈤㈥㈦棋等走出的长、正方形格就是临时停靠的机场、码头、车站平台和暂时起用的小范围，移动的进攻方阵就好比一艘水上航空母舰、太空宇航船、移动的地下堡垒等。

作为一个弈棋者，他不会因抢占一个或几个桥道和岛屿而自感满足，而是瞄准对方大本营和大本营中的㈣（㈤）。下棋就好比战场。战场有战场的传统习俗，人有人的本性，即使在战场上，双方都是利益关系。虽是敌我，但爱人之本质不会丢，为了集团利益都会舍己利公，都会按一定的规章制度来竭力维持战场秩序，那就是军纪。反映在棋盘上，就是走棋规则、阵圈设置与运棋规则、阵圈互动规则。在一定的规则下行动，就有理有节，才使对方心悦诚服。

首先确认每个棋子在棋盘上的哪个位置是有用的，是有行为能力的主体，同时也确信对方也是如此。因而才能熟知每个棋子的走棋规则，才能有效利用规则克制对方，从对方的盲区突破。否则，不会利用规则作用，则不会用棋作战。如果把此比喻为现实战场，对方为集团利益尽忠尽责，全力据守，而我方必需打击对方顽固势力争取民心、善待俘虏，为占领后统治留下仁义。弈者要想既得鱼又得熊掌，就必须高出将（帅），站得高看得远，弄清集团要得到的利益，然后进行战略战术的策划。只有按计定计让将领们调兵谴将，方能万无一失。所谓谋，即不光谋战前集结，还要谋战中打赢，更要谋战后统治。

谋略象棋中，一共有91个棋子，除公共3个外，双方各44个。在44个棋中，由于走不同的方向路线，不同的步点速度，在速度内所能涵盖的范围不同，所以所收到走棋效果就不同。例如，沿直线走的兵(文)(弱)(导)炮，其速度1至15个步点；沿对角走的(情)，其速度1至13个步点，而沿直线、对角都能走的将（帅）仕(民)(役)(警)(海)(陆)(空)速度分别为1至1、1至2、1至3、1至4、1至5、1至6个步点；史(吏)直线转钝对角、对角转钝直线，车(情)直线转锐对角、对角转锐直线其速度分别为1至25个步点；依范围走的马速度是2个格，象4个格，(水)(电)(火)(生)(土) 3个格，(风)(雨)(寒)(暑) 6个格。假设把它们原点都放在一个步点，各自所涉及的范围有近有远，涵盖的点有多有少。当把棋子提起要行走时，却发现在这个棋停留点周围所能落脚的点，有的被己棋占领不能着棋或有对方子阻不能跨越；有的无障碍直接过，可落脚不是理想的地方，甚至落下后就被对方棋吃换。于是，只有找个适合地点，伺机再走。有时明知要到达的地点有对方把守，吃换后身陷重围不能自拔，若不吃换只能被阻在外；有时速度虽受走棋区域的限制能走而不能行；有时棋子很重要，可自身走棋步点少、方向限制、区域限制，明知被围困却因速度慢无法突围，又无法过岸追击等。所以一步考虑不慎，走错了一步被对方吃换掉，以至对方转守为攻，导致己方全盘皆输。因此，每走一步，是必须缜密思考、周详观察的。

棋子在棋盘上的部署位列叫原点。由原点按规则走棋之后所到达的点，隔对方走1回合（或几回合）后即成为新的原点，这个原点子在自己的涵盖范围作好了下步移动的准备，所到之处，其原点随之改变。在棋盘纵横步点编号中，由于双方的起点都是从左开始，所以，双方对原点数值、同一个步点编号不同，这就给现实战场的通讯网络保密提供方便。同时，从走棋后位列表示法中看出，原点棋子要进退平走，有8个方向，这就为现实战场指令部队开进，提供了口令机密。同时，防守阵、进攻阵、伏击圈在棋盘上对称（不对称）的纵横地点设置与数量，在现实战场上可作为永不破译的密钥使用。这样，弈者可按走棋规则、阵圈设置与运棋规则口述下棋。

本章主要就棋盘和棋子从形成到发展，从棋子的原点位置到运棋后的着子记录，作一个全面的介绍。图文并茂，便于弈棋的人更好地了解本棋的作用。

第一节 棋 盘

一、棋盘样式

棋盘由 13 条竖线、15 条横线组成 168 个格子（其中红方 72 个、蓝方 72 个、山河中隐形格数 24 个）；组成格线步点 187 个（其中红方 91 个、蓝方 91 个、山河桥 5 个）；红蓝双方以山河为分界线，每方中部有米回字大本营（共 16 个格子，25 个步点）。

二、纵横线编号

棋盘纵线用 00 表示，从左到右排立为 01、02、03、04、05、06、07、08、09、10、11、12、13；横线用 00 表示，从面前第 1 道横线向前分别为 01、02、03、04、05、06、07、08、09、10、11、12、13、14、15。纵横线编号,双方的起始相反,己方用汉字"一"表示，彼方用阿拉伯数字"1"表示。（见图 2-1）

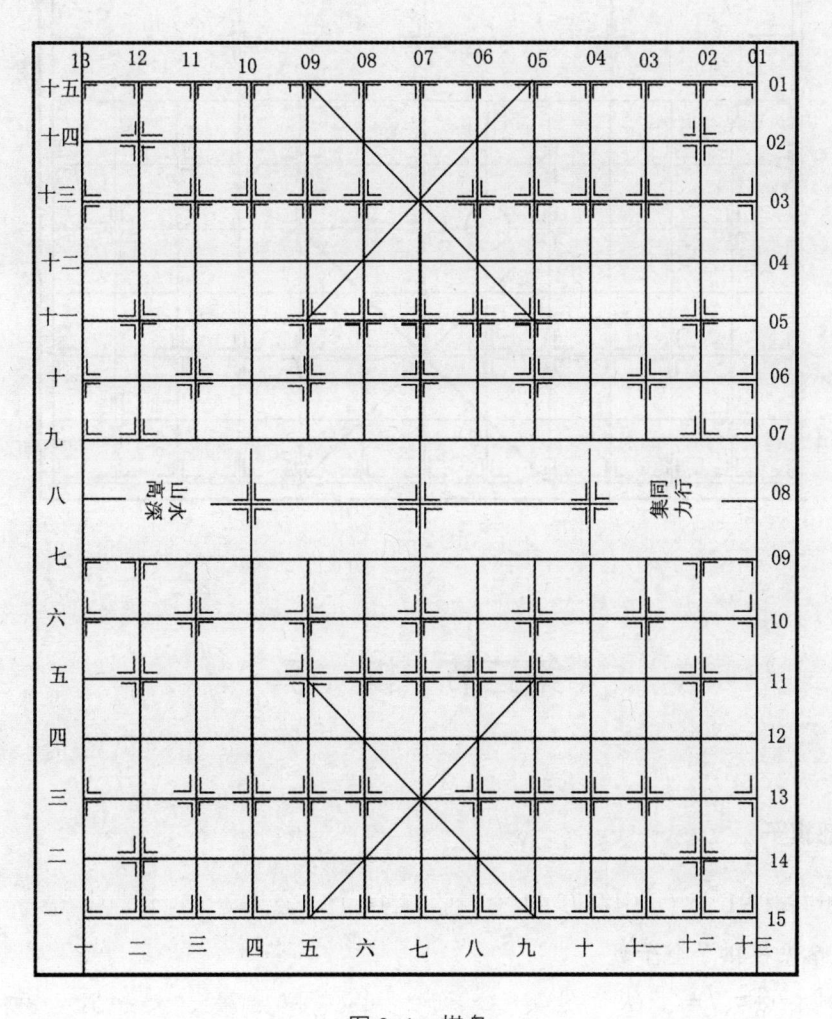

图 2-1 棋盘

三、步点编号

步点以纵、横线交叉点为准，表示方法：先纵00后横00，即：00-00。如06-05格线步点，己方表示为：第六根纵线与第五根横线交叉点；彼方则表示为：第8根纵线与第11根横线交叉点。双方纵横线编号相反，则步点编号数值不同，说明同位点不变，从不同方向向前看，不同的表示数可反映出不同的实际距离。（见图2-2）

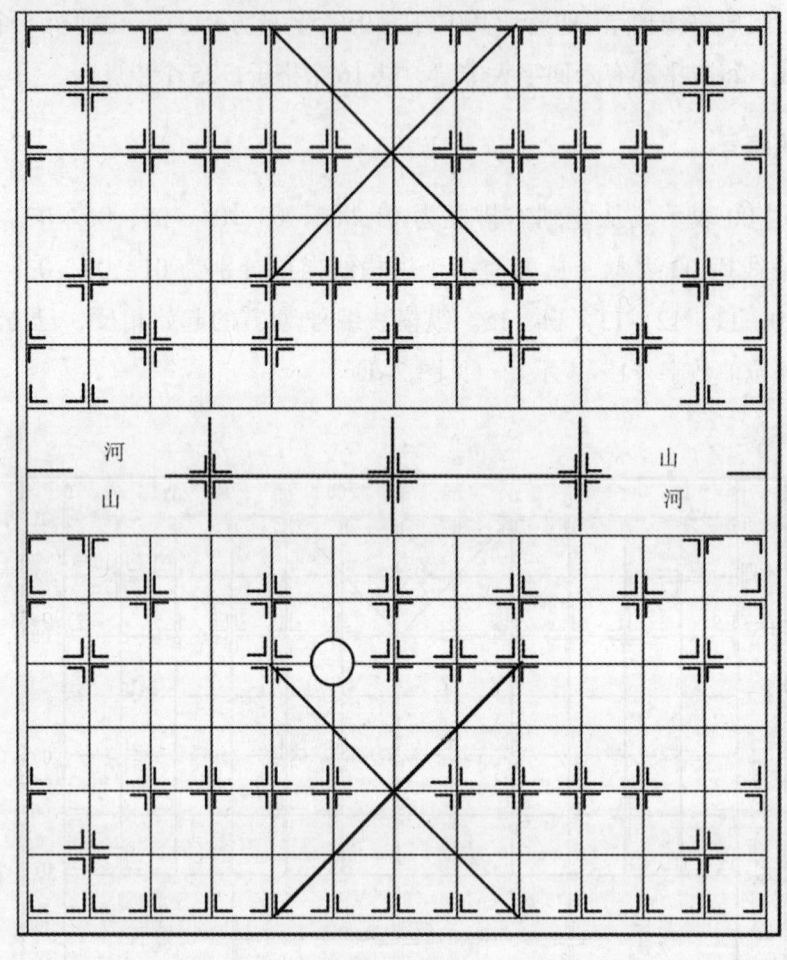

图 2-2

第二节 棋 子

一、全部棋子

全盘棋子共有91个（其中红方44个、蓝方44个、公共3个）。

（一）谋略象棋棋子全子数

红方，帅、水、电、火、生、土、风、雨、寒、暑、文、弱、兵、兵、兵、兵、兵、炮、炮、导、导、仕、仕、象、象、马、马、车、车、海、陆、空、警、

警、联、联、役、役、情、情、民、民、史、吏;

蓝方,將、水、電、火、生、土、風、雨、寒、暑、文、弱、兵、兵、兵、兵、兵、炮、炮、導、導、仕、仕、象、象、馬、馬、車、車、海、陸、空、警、警、聯、聯、役、役、情、情、民、民、史、吏;

公共:雷、炸、雷;

红方:文、弱另一面均为陆,两个民的另一面分别为空、海;

蓝方:文、弱另一面均为陸,两个民的另一面分别为空、海。

(二) 整副棋子中的不同繁简字个数

帅、水、电、火、生、土、风、雨、寒、暑、文、弱、兵、炮、导、仕、象、马、车、海、陆、空、警、联、役、情、民、史、吏、將、電、風、導、馬、車、陸、聯,共37个。

(三) 一副棋中的繁简子数

帅1、水2、电1、火2、生2、土2、风1、雨2、寒2、暑2、文2、弱2、兵10、炮4、导2、仕4、象4、马2、车2、海4、陆3、空2、警4、联2、役4、情4、民4、史2、吏2;將1、電1、風1、導2、馬2、車2、陸3、空2、聯2;炸1、雷2,一副棋有91个棋子共打字99个。

(四) 91个棋子中单面字、双面字数量

1. 有色单面字的有83个

红方:水1、电1、火1、生1、土1、风1、雨1、寒1、暑1、导2、海1、陆1、空1、警2、联2、役2、情2、史1、吏1、车2、马2、象2、仕2、帅1、炮2、兵5;

蓝方:水1、電1、火1、生1、土1、風1、雨1、寒1、暑1、導1、海1、陸1、空1、警2、聯2、役2、情2、史1、吏1、車2、馬2、象2、仕2、將1、炮2、兵5;

公共:雷、炸、雷。

2. 有色双面字的有8个

文(陆)1、文(陸)1

弱(陆)1、弱(陸)1

民(空、海)2、民(空、海)2

(五) 棋子盒

棋盒的大小,以棋子的直径大小与厚度为准,盒随之变化。盒中放子4层,1层25个子,3层75个子,最上层16个,中间空缺的9个子空间可放规则与棋盘,阵圈显示用套板、画笔等。

二、开局棋子在棋盘上的位置

1. 正面子在棋盘上的位置(或列)。(见图2-3A)

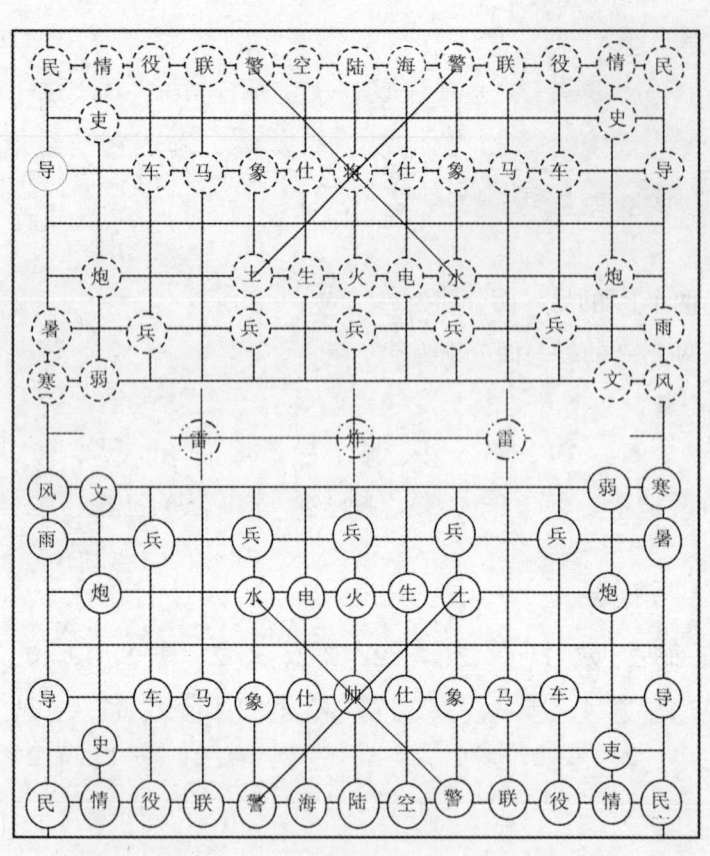

图 2-3A

图 2-3B

民：01-01、13-01；情：02-01、12-01；役：03-01、11-01；联：04-01、10-01；警：05-01、09-01；空：08-01；陆：07-01；海：06-01；导：01-03、13-03；炮：02-05、12-05；史：02-02；吏：12-02；车：03-03、11-03；马：04-03、10-03；文：02-07；弱：12-07；兵：03-06、05-06、07-06、09-06、11-06；风：01-07；雨：01-06；寒：13-07；暑：13-06；水：05-05；电：06-05；火：07-05；生：08-05；土：09-05；象：05-03、09-03；仕：06-03、08-03；将、帅：07-03；山地雷：04-08；水中雷：10-08。炸：07-08。

2. 部分反面子在棋盘上的位置（或列）。参见棋盘棋子部署（见图 2-3B）

空海：01-01、13-01；陆：02-07、12-07。

三、着子记录

棋子在棋盘上的第一次布局为开局，其所在位"列"称为原点。走直线、对角、直线对角连步的棋子从原点按走棋规则用 8 个方向表示；防守阵（进攻阵、伏击圈）设置宣布组成后，防守阵（进攻阵、伏击圈）中第一次拥有的棋子所在位"列"为原点，从原点均按运棋规则用 8 个方向表示；防守阵（进攻阵、伏击圈）之间的互动，依防守阵（进攻阵、伏击圈) 中的原点按互动规则用8个方向表示，即：进、退、左平、右平、左进、左退、右进、右退。按规则走子后所到达的点，即为下一步的原点。记录时，除进、退用先竖到横表示外，其余都用先竖列到竖列表示；防守阵 (进攻阵、伏击圈) 记录时，先标竖列后标横数；进攻阵翻行时，从翻行接线的横 (竖) 列数开始。在进、退、左平、右平、左进、左退、右进、右退的8种状态下，任何一种都视为前进方向，以前进方向表示。

红方用汉字数字表示纵列和横线，蓝方用阿拉伯数字表示纵列和横线。双方都从左第一列向右和面前第一横起向前记纵、横数。遇纵列上有两个棋子时，用"前"或"后"作区别。原点改变后，除进、退所到达点以横数记 (如走直线的㊋) 外，其余记所到达的列数 (如走对角的㊋、直角联步的㊋)。

防守阵、进攻阵、伏击圈第一次设置，要"套圈"、"画线"、"涂色"等，用立体 (或横式) 方式记录。

如：左列数 00 $\frac{前横数\ 00}{后横数\ 00}$ 右列数 00。

或用横式方法记录，如：左列数 00 和右列数 00 纵、近前横数 00 和前横数 00 横，也可用速写 00 和 00、00 和 00 记录。

起或消防守阵 (进攻阵、伏击圈) 后，注明起 (或消) 防守阵 (进攻阵、伏击圈) 即可。防守阵 (进攻阵、伏击圈) 之间相互互动时，只写明始发列 (横) 数互动到列 (横) 数，注明入或出用横式方法记。防守阵 (进攻阵、伏击圈) 中子出入防守阵 (进攻阵、伏击圈) 时，注明出 (入) 防守阵 (进攻阵、伏击圈) 字样，本方因子力不济被对方占领后注明"占领"字样，即属于本方所有。

进攻阵翻行，用4个方向表示，即：翻进 (或前翻)、翻退 (或后翻)、左翻 (或翻左)、右翻 (或翻右)。所在位置为原点，翻行到的位置要用立体 (或横式) 方式记录，棋盘上可用套板 (或用画线、色块) 显示，亦可用默记方式。

如：左列数 00 $\frac{前横数\ 00}{后横数\ 00}$ 右列数 00。

或用横式方法记录，如：左列数 00 和右列数 00 纵近前横数 00 和前横数 00 横，又可用速写 00 和 00、00 和 00 记录。第一次宣布组成，则用"设"代替，或用"组成"代替。

若有两个以上相同防守阵 (进攻阵、伏击圈) 于前后、左右并立时，须用前、中、后，左、中、右字样加以区别。

无论棋子按走棋规则、运棋规则、互动规则从原点出发走到另一点吃换或拿，还是设置阵圈、进攻阵翻行时的吃拿，都要注明吃"换"、吃"拿"字样。

着子记录时，本方子入对方阵圈中，可记亦可不记对方阵圈，所在本方阵圈中必须记入什么阵圈。

举例如下：

例1：走直线的棋子

㊋二进二，㊋2退5：是指红㊋原点在二列上，由一横进到二横；蓝㊋原点在2纵上，

假设由9横退到5横。另外，红二与蓝2的纵列相反，红方与蓝方所表述的横数相反，可以在棋盘纵横线编号图上看出来。

前㋤二左平一，后㋤二右平三：说明红方在2纵列上有两个㋤，前㋤向左平1纵列，后㋤向右平1纵列。左右平走时，可以不写左或右，只记平几纵就可以了。

例2：走直角连步的棋子

㋨六左进五，㋨六左进三，㋨六右退五，㋨六左退三，㋨六左进七，㋨六右进九，㋨六左退七，㋨六右退九。这几种状态，都说明棋子㋨的原点在6纵的某点位置上。也说明走直角联步的棋子有8种行走状态与行走距离。

例3：走对角子

㋡五左进三，㋡五左退一，㋡五右进七，㋡五右退八。走对角的子只有4种状态。是指红㋡在五纵列上，分别由五列左进到三列上和左退到一列上，由五列右进到七列和退到八列上，说明行走的方向和行走距离不同。

例4：转弯吃换的棋子

㋲2进4钝角右进5吃㋘，㋲2进4钝角左进1吃㋘。是指蓝㋲在2纵上进4横后向右进到5纵吃换了对方的㋘，右进5和左进1是指不同的钝对角方向与距离。㋲十二左进十钝直进七，㋲十二左退九钝直退二。是指红㋲先走对角后走钝直线的方向和距离。

例5：阵圈运棋

㋕三进攻阵内右进五。是指红㋕由三纵沿右进对角方向运棋到五纵。㋕3伏击圈内左进5，是指蓝㋕在伏击圈中，由3纵沿左进对角方向运棋到5纵。

例6：阵圈互动

㋮五防守阵内右平十一互动入已进攻阵。是指红㋮在防守阵的五纵向右互动到十一纵进入进攻阵中。一般阵圈在棋盘上已标明位置，不需要再写明，如果纵或横有两个以上同类阵圈时，要注明前、中、后或左、中、右字样。㋮7中进攻阵右进互动11入前伏击圈，是指蓝㋮在7纵中间那个进攻阵，右进互动至11纵的前面那个伏击圈中。

例7：设阵圈吃拿

红方在一和五纵、一和五横之间宣布组成防守阵吃拿㋳㋩（也可速写为：一和五、一和五宣防吃拿㋳㋩）。㋮3右进4，蓝方在1和4纵、7和9横之间宣布组成伏击圈吃拿㋵（也可速写为：㋮3右进4在1和4、7和9宣圈拿㋵）。进攻阵左翻9和11纵3和5横之间吃拿㋱（也可速写为：阵左翻9和11、3和5拿㋱）。如一方因子力不济无一子存在，然彼方有子存在，可认定为被另一方子力占领，即由占领方改写为本方，加注（占领）字样。

熟练后，就可把伏击圈用"圈"或"用"代替，进攻阵用"阵"或"向"代替，防守阵用"防"或"网"代替。蓝方、红方、纵、横字，吃拿的吃字可省略不写。

例8：起消阵圈

㋨1右退4在4和6纵、4和7横之间组成伏击圈吃拿㋩㋯消（伏击）圈，是指蓝方走㋨吃拿㋩㋯，消除了红方伏击圈后，并在一定位置上组成了本方伏击圈。㋨四右进六吃(署)起（伏击）圈，是指组（伏击）圈的红(风)因需要走动吃拿对方的蓝(署)，如果不主动起（伏击）圈吃换，就有可能被蓝(署)吃(风)，导致消红（伏击）圈，不光多失子还失去地理优势，那是不划算的，故起（伏击）圈自保。

例9、炮导吃换、拿

(导)九进二吃拿(史)，是指红(导)在九纵由一横进二横吃拿前方的蓝(史)。(炮)2进9吃(兵)，是指蓝(炮)在2纵上进到9横吃换蓝(兵)，吃换的换字可以省略，中间隔什么子可不记。

例10、车情史吏

它们的转弯不同于(马)(水)(风)等走块的子，(马)走直线转对角、(水)走直线转对角再走直线、(风)走对角转直线再走对角是连续的一步棋过程，而(车)(情)(史)(吏)直线转对角、对角转直线是为了吃换子，中间既是间断的又是连续的。间断，是为了走棋并未转弯；连续，是为了吃子连续走的过程。把连续转弯的可间断点，在棋谱记录时可做为原点来连续记录。连续记录要加注锐、钝字样，以区别转弯的方向。如(史)八进八钝对角右进九吃(联)将军，即(史)在第八纵上进到八横后转钝对角右进九纵吃(联)将军；(车)11左平8锐对角右退9吃(联)，即(车)在11纵上左平8纵后锐对角右退9纵吃换。

例11、阵圈设置后，显示区域存在，可用五种办法：其一，用准备好的套板套上，改变时随着改变；其二，用准备好的画笔画上，改变时揩掉原位线，在新位重画上（红方用红色，蓝方用蓝色），宜作为初学者用；其三，用记录方式记录纵横位置，便于核对，用于比赛或研究；其四，用默记方式，既不套板、画线、记录，而是把位置记在弈者心里，但记忆容易出错，一般到了极高深阶段时用；其五，电脑弈棋时，用色块表示防守阵（进攻阵、伏击圈）位置，色块与棋子色彩相一致，色度稍淡些。

例12、对弈输赢的表达方式。每轮回的最后一步可将军，此将为"叫将"，对方走时，必须回避，不避为"自杀"式认输，结束用"认输"表示；一方用子力直接吃换(将)(帅)的，为"杀将"式宣赢，另一方为认输，结束用"认输"表示；本方(将)(帅)被对方子力（或阵圈）所困，无法行走，为认输，结束用"宣输"表示；双方都认为无力赢对方时，结束用"宣和"或用"和"表示。

例13、棋盘开局位列点，在纵横交差点的四周加L符号表示，见图2-4所示。在传统象棋与谋略象棋合用的棋盘上，象棋开局位列点，在纵横交差点的中间加○点表示。由点改为格的棋盘上位列格，则用◎表示。

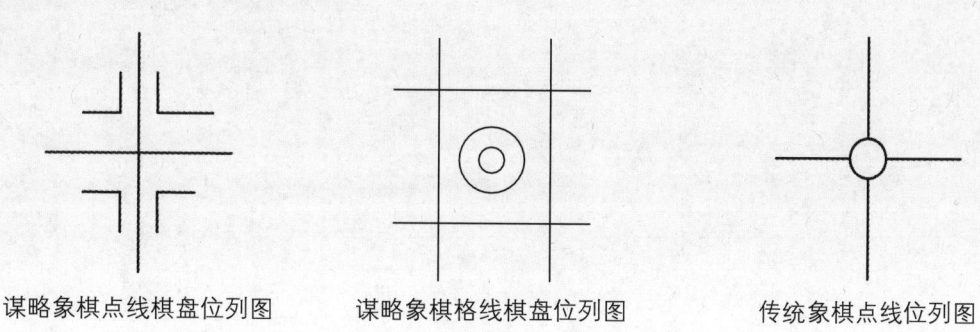

谋略象棋点线棋盘位列图　　谋略象棋格线棋盘位列图　　传统象棋点线位列图

图2-4

例14、若双方在弈棋记录中，可以不用画圈，直接写字。如：㊋11左平8锐右退9吃㊏等，可记录为：车11左平8锐对角右退9吃联。

例15、记载时，规则中所载明的有限步点、无限步点，无论它走了多远，都叫一步。一方走了一步后用逗号表示，一回双方都走后用分号表示，一局下完后用句号表示。在一轮多步走中，每走一步连续用一个逗号，走完一轮后用分号，一方宣输或认输后用句号表示完成。多步走的棋谱记录时，无论谁先走，都以后者对齐于前者的句尾。

例16、防守阵（进攻阵、伏击圈）设置后的位置显示，可采用套圈、画线、涂色、标记、记录、默记等的任意一种（或几种）形式，只要能方便确认就行。确认的目的，在于确认组成后有没有违反设置规则，没有就确认，有就不能确认，如未确认宣布组成视为无效。初次设置记录则用"设"，如设防，设阵，设圈。以下把防守阵、进攻阵、伏击圈统称为阵圈。

例17、棋谱中记录连组圈时，要记明关联的纵横地址，以便消圈后吃拿关联子。如：㊋㊋㊋组成的连组圈等，应从左到右地记录为二和四和七、七和九和十二或与什么子就可以了。

例18、规则二中，马、㊋㊋㊋㊋、㊋㊋㊋㊋㊋走口、日、田、目、双目时，要记行走路线，便于对方确认。也可以用走的口、日、田、目、双目的终点纵列来表示，但必须先记从某纵到某纵的什么字，以便对方确认。如，㊋4左平3走口，㊋4左进3走日；㊋1右平2走口，㊋1右进2走日，㊋1右退2走田，㊋1右平4走目，㊋1右退4走双目；㊋5左退4走口，㊋5左平3走日，㊋5左退3走田，㊋5左进2走目。再如，㊋为了回避阻碍，㊋5左进4走日改走㊋5左平3走日等等，都要在行走时比划路线给对方看，以消除误会。这样可消除因记录行走路线所带来的麻烦，也便于快速行走和对方确认。

例19、进攻阵翻行后，记录棋谱时，将所带走的子要记清楚带什么子。已经在阵中的子，可记也可不记。未随进攻阵带走的，则可不记录。被吃拿的子，则要记录吃拿什么子。如进攻阵左翻6和8、5和7吃拿㊋㊋带㊋㊋等。

第三章 第一套游戏规则

本章主要针对第一套规则（简称规则一），展开介绍。先说明第一套游戏规则，然后用图文并茂的方法解释规则，使读者一目了然。再用棋谱抛砖引玉，主要还是让弈者从摸索中学会对弈。

棋谱，用五局来开导，也称五局教法。所谓五局，即：习局、惨局、布局、摆局、全局（以下规则二同）。

习局：开局，主要以习练规则为目的，不一定要放上将（帅）分出胜负，任意以相同或不同规则下的几个子来对弈、研习。

惨局：开局，把过去在全局、布局、摆局情况下长期结累下来的惨局谱的胜、负、和等结局，用来重新对弈，增长技艺。

布局：开局，双方共同放好公共子后，一方按位列摆好全部子叫阵，让另一方摆好全子后，在限定时间（1分钟—5分钟）、不限步点视同无棋阻情况下，按自己的心愿随意向对方布子，按规则行走对弈，提升自我的地域布子与渗透的能力，必有一番趣味。

摆局：开局，由双方共同商议后，把整盘位列子拿掉一部分，双方各保留一些对称（或不对称）子来对弈。双方还可以把棋子放在各自的容器内，摆上将（帅）后，随意抓相等数量的子，与对方对弈，必有一番谋事问心的乐趣。值得注意的是无论选什么子，都应该放在原位点上。

全局：开局以整盘棋子对弈，从复杂的调动变化中学会把复杂的事物简单化。

每个谱，配有开局图（全局则不配）、结局图和部分中程图，包括走子位列、吃拿、阵圈宣组记录、点评等，供爱好者模仿练习，从而达到快速掌握规则、技巧、走棋方法和提高悟性的目的。

一个谱在不同情况下，会有很多变数存在。例如，同一个谱，哪一方先走与后走、用规则一与规则二，都有不同的结局。所以，通过反复弈练惨局、全局、摆局、布局、习局，可以升华对现实事物的决算、决断能力，培养决心与斗志。

下列棋谱以红蓝双方对弈，不以胜负为目的，只对战略战术起抛砖引玉作用。弈者在对照棋谱练习时，也会发现不少问题（如该吃换、吃拿的未吃拿、不该走的走了、不该设阵圈的设了、该走的却没有走等等），弈者能看出问题，就是进步，就是向成功又迈进了一步，今后对弈时也会注意到这些。

在五局中，谁先走都可以，任何一个局都必须留有一个回合以上的回避空间，不得一开步就将死对方，这是走棋道德的需要，让对方有回旋的余地，方为仁义之举。

另外，在规则图解与棋谱图中，-.-.-.-表示棋子行走区域，行走全局则不标，---虚线框为彼方阵圈，——实线框为己方阵圈。○套虚线圈的为彼方子，○套实线框的为己方子，◎为公共子。文章中套实线圈的表示棋子，独立的谱中不套圈。在用色块表示阵圈时，浅色为彼方阵圈，深色为己方阵圈。

第一节　规则说明

双方隔步走，帅先将后，对弈于山河。阵圈宣组和进攻阵翻行后，彼方先走。消雷炸后，己方先走；左为山，右为河。

一、走棋规则

将(帅)：营内直线走1，进退，不出营，吃换；所在的米回字区域为大本营，是争夺中心，被控制无法移动为输，另一方为赢，双方都有兵力而都无法控制即为和；在防守阵（进攻阵、伏击圈）将帅见面无碍，非防守阵（进攻阵、伏击圈）不得见面，非防守阵（进攻阵、伏击圈）见面为输。

文、弱：在岸内直线走1，进退，遇棋阻，不过岸，吃换；入营不吃，误吃则拿。

雷炸：不动，属公共，遇棋阻，碰则同消。防守阵（进攻阵、伏击圈）内同待，亦可沿直线、刈角出防守阵（进攻阵、伏击圈）同消一切子，遇棋则阻，脱离防守阵（进攻阵、伏击圈）仍属公共。

民：沿直线、对角走1，进退，遇棋阻，不过岸，吃换。

导：走直线、对角，进退，不过岸，隔己方2子进1步吃拿1子；连续拿，则继增隔1子；另线回，从2始。

炮：走直线，进退，遇棋阻，跨1子吃换。

兵：沿直线走1，9横外左右向前，只进不退；6至9横内前后左右进退，遇棋阻，吃换。

仕：1步后沿画角线走1，进退，遇棋阻，不出营，吃换。

马：走直线1对角1，进退，直线上遇棋阻，吃换。

象：走对角2，进退，对角中遇棋阻，不过岸，吃换。

车：走直线，进退，遇棋阻，直线转锐对角吃换。

情：走对角，进退，遇棋阻，对角转锐直线吃换。

史：走直线，进退，遇棋阻，直线转钝对角吃换。

吏：走对角，进退，遇棋阻，对角转钝直线吃换。

㋷：直线、对角走1至2，进退，跨己不跨彼，吃换。
㋵：直线、对角走1至3，进退，跨己不跨彼，吃换。
㋲：走直线、对角，进退，跨己不跨彼，吃换。
㋬：直线、对角走1至4，进退，跨己不跨彼，吃换。
㋷：直线、对角走1至5，进退，跨己不跨彼，吃换。
㋶：直线、对角走1至6，进退，跨己不跨彼，吃换。

㋋、㋺、㋩、㋡：走对角1直线1对角1成双目斜角，进退，直线上有棋阻，吃换。

㋭、㋫、㋬、㋤、㋣：走直线1对角1直线1成目斜角，进退，对角上有棋阻，吃换。

二、防守阵设置与运棋规则

1. 设置：1至9横间营外边线，设与营相同的回字区域，有任意5子走动，且隔5回能守住，即可宣布组成，确认后作标记显示区域存在，不移动。

2. 运棋规则：显示后，防守阵内彼棋行走与不行走全拿，凡子均可沿直线、对角进退，遇棋阻，吃换；按走棋规则出入，无子为消除防守阵，防守阵可重新组合。

三、进攻阵设置与运棋规则

1. 设置：任一田位，由㋬㋷㋶㋵㋲㋷任意2子走动，且隔2回能守住，不涵盖彼方未行走子，即可宣布组成。确认后作标记显示区域存在。

2. 运棋规则：显示后，彼子全吃拿。进攻阵中子均可沿直线、对角进退，遇棋阻，吃换。按走棋规则出入，无子为消除进攻阵，进攻阵可重新组成。拥任意一子一线可沿直线翻行进退、吃拿，过岸；翻行时己方子跟留不限，遇一子无位放则阻。

四、伏击圈设置与运棋规则

1. 设置：盘上任一区域，由㋋㋺㋩㋡与㋭㋫㋬㋤㋣中任一成双目斜角而立，即可宣布组成，确认后作标记显示区域存在，不移动。

2. 运棋规则：显示后，彼子全吃拿；伏击圈中子均可沿直线、对角进退，遇棋则阻，吃换；按走棋规则出入；彼方非吃换子或进攻阵中子不得入内，误入拿掉；组伏击圈棋，唯有彼方同类某子或伏击圈盖住吃（或拿），吃（或拿）1个后，另关联子全拿掉，伏击圈消失，伏击圈消失后未被伏击圈盖住子不变；己方起走或进攻阵翻带一个组伏击圈子后，另子与伏击圈内子不变；伏击圈可重新组合，组成伏击圈子亦可多方连组。

五、阵圈互动规则

设置好两个以上防守阵（进攻阵、伏击圈）后，即可进行防守阵（进攻阵、伏击圈）互动。防守阵（进攻阵、伏击圈）中棋子均可沿直线、对角一步往来于防守阵（进攻阵、伏击圈）之间。棋子往来，落点遇己棋则阻、彼方棋可吃换或阻。往来途中，内、外跨己跨彼，

亦可跨越本方或彼方防守阵（进攻阵、伏击圈）；互动过程中，对方可以走棋拦阻，亦可待停稳吃换，拦击于中途或消灭于落脚地。凡防守阵（进攻阵、伏击圈）显示区域，均不影响彼己依走棋规则行走子。

第二节　规则图解

一、开局

双方隔步走，帅先将后，对弈于山河。阵圈宣组和进攻阵翻行后，彼方先走。消雷炸后，己方先走；左为山，右为河。

释： 1. 双方隔步走：本方走一步后，对方再走一步，为一回合。

2. 帅先将后：这是弈棋双方的礼仪，帅与将之间，帅为长，开局时应把帅方让给老人、年长者；在棋谱中的习局、惨局、摆局中，不分谁先谁后，弈高者让于弈低者，或轮流进行，现场弈前确定。友谊第一，比赛第二。以棋会友，想好动子，举子无悔，落子生根，子落论短长，为后提个醒，友谊长存。

3. 对弈于山河：双方以山河为分界线，以分界线展开战略、战术的攻防，在攻防中体现技巧。

4. 阵圈宣组和进攻阵翻行后，彼方先走：宣布组成防守阵、进攻阵、伏击圈，让对方先走。进攻阵翻行也是本方利益，让对方先走。

5. 消雷炸后，己方先走。消雷炸，是本方利损，本方应先走。

6. 左为山，右为河：左大于右，因此左为一，双方都以左为山，右为河。即：本方是山，对方则为河；本方为河，对方则为山。双方方向相反，排子时双方各自从左向右排列。

二、将帅仕雷炸

（一）将帅：营内直线走1，进退，不出营，吃换；所在的米回字区域为大本营，是争夺中心，被控制无法移动为输，另一方为赢，双方都有兵力而无法控制即为和；在防守阵（进攻阵、伏击圈）帅将见面无碍，非防守阵（进攻阵、伏击圈）不得见面，非防守阵（进攻阵、伏击圈）见面为输。（见图3-1）

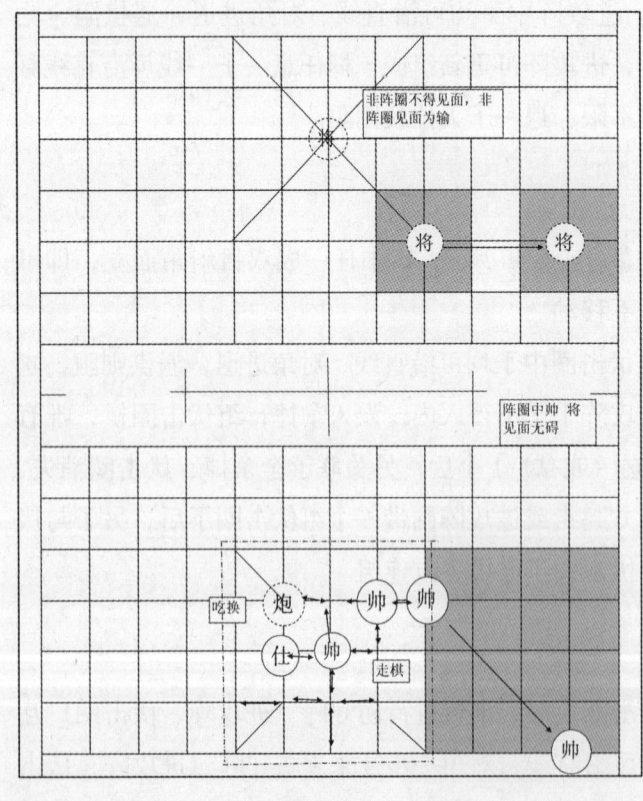

图 3-1

释：1. 营内直线走1：大本营有20个格，25个纵横交叉的步点，每次只能沿纵横线走1个步点，行走时不能超过1个步点，也不能走对角，只准走直线。

2. 进退：当它从一个步点走到另一个步点后，需要时可从原路径再回原步点。

3. 不出营：大本营是帅㊕的根基，也是核心阵地，所以它不出营。从守住阵地入手，引彼来攻，在中途设法用子拦击，形成阻截与反阻截的攻防。

4. 吃换：就是用自身替换。当受到对方近距离攻击时，以一个步点吃换掉对方子，如果吃换后有危险，则可选择回避。

5. 所在的米回字区域为大本营，是争夺中心，被控制无法移动为输，另一方为赢，双方都有兵力无法控制即为和；一旦对方用子力从纵直线、横直线、对角方向掌控，使大本营中的帅㊕不能移动，即为输，另一方为赢，双方都有兵力无法控制即为和。彼此在将军时，要口述与记载，既无口述又无记载的，是为被将军方不知，不能杀将。待下回走时，重新告知后，方可杀之。但是，处将军态势已达三个回合，被将军方明知而不避不防，将军方是知非知，则以和局处理，重新开局；将军方下回已知，开步后又自动放弃，属弃将；一方在不知情的情况下，自动送将，属自杀将。同一棋子，连续着将只能走十个回合，约超过十回仍将不死，对方还能走者，着将者输。若在着将的十回内，对方宣布认输或已控制住不能行走时，则算本方胜。

6. 在阵圈帅㊕见面无碍，非阵圈不得见面，见面为输：一般既不出营也不见面，依借阵圈之力可出营，在阵圈内与子同待，并无特权，双方在阵圈内可以见面，也可随阵圈走遍全盘。大本营以外，一旦因起（因本方需要行走1个组伏击圈子，简称"起"）、消（因对方吃了1个组伏击圈子后，导致伏击圈消失，简称"消"）阵圈后脱离了阵圈，将掉入死穴，不能走动；因此，它只能在本方大本营和阵圈内吃换与走动，不能离开阵圈或大本营。落入死穴后，只能等待再组阵（圈）接应，否则别无他法。

非阵圈中，主动于阵圈中㊕或帅见面的为输，阵圈中的主动与非阵圈的见面后，下一步非阵圈的必须回避，不愿回避者为输；双方都在非阵圈中，主动见面者为输。无论在大本营、阵圈中、死穴点，被控制无法移动为输，另一方为赢，双方都有兵力无法控制即为和。

7. 在大本营周围有阵圈存在，大本营中的㊕或帅可选择进入阵圈，随阵圈可走遍全盘。但不能脱离阵圈离开大本营，若随阵圈离开大本营后，脱离了阵圈，落入非大本营地域，则算落入死穴不能动，这就离输不远了。

（二）仕：1. 步后沿画角线走1，进退，遇棋阻，不出营，吃换。（见图3-2）

释：1.1 步后沿画角线走1：它的走点范围是大本营的画角线（或叫对角线）。只能在大本营内沿画角线方向走，若向非画角线方向走，就会被视为无效子。

2. 进退，遇棋则阻，不出营：在大本营画角线上以一个步点行走，进退，遇棋则阻，吃换，不出大本营。

3. 大本营内或边沿有阵圈时，它可从画角线进入阵圈，若原点已在防守阵或其它进攻阵、伏击圈内，即可有两种选择；其一可向画角线方向走，其二可向非画角线的阵圈内走。随阵圈可到大本营以外的地域去，亦可到岸外彼方地域活动。但是，随阵圈在大本营外或大本营内，

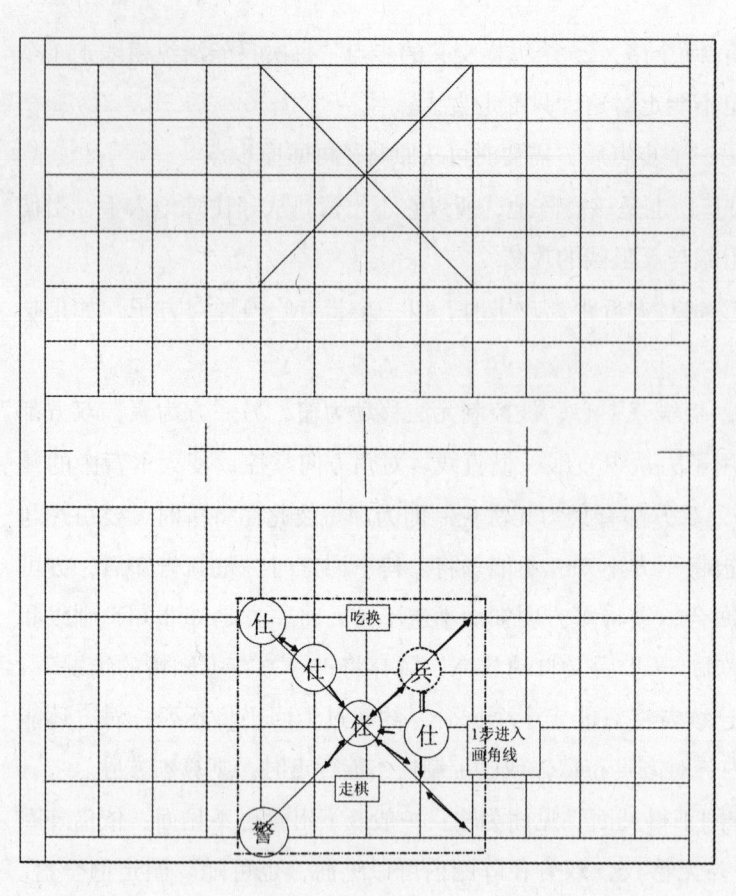

图 3-2

图 3-3

切不可脱离阵圈落入非画角线外，一旦落入非画角线以外，即成为死穴点，不能动。假若，刚好落在本方画角线上，则照样是可用活子。它也和其它子一样，假如落入死穴点后，遇到可吃子仍不能吃，只待对方裁定。即是在对方大本营画角线上也不能行走，因为规则规定它不出营。不能动时，也未被对方吃掉，仍可作为棋阻和隔子用，或再次被本方阵圈覆盖后，随阵圈活动或返回。

（三）雷 炸：不动，属公共，遇棋阻，碰则同消。防守阵（进攻阵、伏击圈）内同待，亦可沿纵直线（横直线、对角方向）出防守阵（进攻阵、伏击圈）同消一切子，遇棋则阻，脱离防守阵（进攻阵、伏击圈）仍属公共。（见图3-3）

释：1. 不动：它在原位点不行走。

2. 属公共：它本身不属哪一方专有，而是双方共有，谁涵盖属哪方，可给炮当隔子用，可给导做本方隔子用，规则规定役 联 警 陆 海 空 沿纵直线（横直线、对角方向）跨越行走时可跨越通过，其它类型的子为阻。

3. 遇棋阻：雷 炸 所述的遇棋阻与其它类型的子遇棋阻不同。其它类型的子遇到 雷 炸 不动，除导 炮 役 联 警 陆 海 空 可跨越通过外，其它则被阻截不能通过。也就是说，它阻截的是欲通过子，而不是自己。

4. 碰则同消：假如跨越子不跨越（或其它类型的非跨越子），为了打通道路愿意牺牲，为本方下一步打开门户，碰消。碰雷（或炸）消，碰的子与被碰的雷（或炸）同时拿掉。

5. 防守阵（进攻阵、伏击圈）内同待：雷炸一旦被阵圈涵盖后，即刻属于本方子，阵圈内与子同待。与子同待，即在阵圈内可沿对角方向（纵直线、横直线）1步至多步走，遇本方则阻，遇彼方可碰消，不愿同消遇棋则阻。碰消后，仍由本方先走。

6. 亦可沿纵直线、横直线、对角方向出防守阵（进攻阵、伏击圈）同消一切子，遇棋则阻：它可沿纵直线（横直线、对角方向）无限步地出阵圈碰消一切子。

一切子：即所有子。出阵圈主动碰子后，被碰子与本身从棋盘上拿掉。子与本身从棋盘上拿掉后，主动碰子方再走一步，作为补偿。阵圈内同待，亦可沿纵直线（横直线、对角方向）出阵圈同消一切子。阵圈内与所有子一样对待，指的是沿纵直线（横直线、对角方向）走子与互动，阵圈内吃子时仍是同消，而不是吃换。可沿纵直线（横直线、对角方向）出阵圈同消一切子，距离上是无限步的，方式上沿纵直线（横直线、对角方向）出阵圈，对象上是一切子。也就是说，同消一切子，本身它也包括组成伏击圈子在内。进攻阵在翻行时，只要阵中子碰撞雷炸，整个进攻阵就算碰消，其中本方子、进攻阵本身全部拿掉，进攻阵消。一般翻行时，不要去碰，而是把雷炸置于进攻阵中，作为战斗力来应用。利用子碰消整个进攻阵，实在可惜。若错误地碰消进攻阵后，仍为本方先走。这就好比航母战斗群，误撞水雷后，航母碰撞虽消毁，但外部救援力量还在。

7. 脱离防守阵（进攻阵、伏击圈）仍属公共：防守阵（进攻阵、伏击圈）内的雷炸，因本方起防守阵（进攻阵、伏击圈），或进攻阵翻行后，雷炸处无阵圈保护状态时，它所着落的点即为它的不动点。我们把脱离开局时的原位列所落的点，称为死穴点。脱离阵圈后仍属公共子，恢复不动状态。

8. 碰消：碰消与再走一步属一步棋，在棋谱上分两步记录。碰消后，己方也可以放弃不走。也就是说，消雷炸后，本方应再走，可以不走。不走时要向对方说一下，自动放弃权力。例如，一方碰雷消后，因某种原因考虑，走不如不走有利时，就选择不走。只要本方或对方已开步，就不能反悔，放弃时要无怨无悔。不放弃时，己方只要未说放弃，对方不能因故强迫放弃，这是规则给予的权力，只有本方才有权放弃。导吃拿也按碰消处理。阵翻覆盖后如不需要，也可当彼方子拿掉。

三、文弱兵马象

（一）文弱：在岸内直线走1，进退，遇棋阻，不过岸，吃换；入营不吃，误吃则拿。（见图3-4）

释： 1. 在岸内直线走1，进退，遇棋阻，不过岸，吃换：在7横以内沿纵直线、横直线走一个步点。在一个步点内进退，遇己方棋则阻，遇彼方棋子可用自身吃换，不吃换则为阻。它不得过岸，过岸视为无效子，经提醒不改的，对方有权无条件地拿掉，因为规则未规定它有过7横的权利。

2. 入营不吃，误吃则拿：一旦进入大本营内任何子不能吃，误吃换则无条件地拿去对方吃换子。有两种情况；一在大本营中吃换对方子时，则可吃换；二进入大本营中的阵圈内或其它地域的阵圈中，则无此特权皆可吃换（拿）。阵圈中与子同待，可走遍全盘；它可随阵圈活动，在岸内以一步出入阵圈，但不能随阵圈到岸外，到了岸外一步点出行吃换后，若回不到阵圈内，脱离阵圈，落入岸外则不能走动，犹如掉入死穴点。

（二）兵：沿直线走1，9横外左右向前，只进不退；6至9横内前后左右进退，遇棋阻，吃换。（见图3-5）

释：1. 沿直线走1：沿纵直线、横直线走1个步点，是指6横至15横之间，不能向5至1横之间走，它不能走全盘。

2. 9横内前后左右进退：它在6至9横内，就可以沿纵直线、横直线左右前后进退一个步点。过山河时，只能从8横上的1纵、4纵、7纵、10纵、13纵步点过，其它则不能过。

3. 9横外左右向前，只进不退：过了8横进入9横以后，9至15横之间，横直线上可左右进退，纵直线上只进不退。就好比战场列兵，刀在后脖附近，后退，意味着危险，只能左右迂回、前冲。

4. 遇棋阻，吃换：在这过程中，遇己方棋子为阻，遇彼方可吃换，不吃换为阻。

5. 由于山河宽广，行走一步的兵，很难将两步并一步走，它

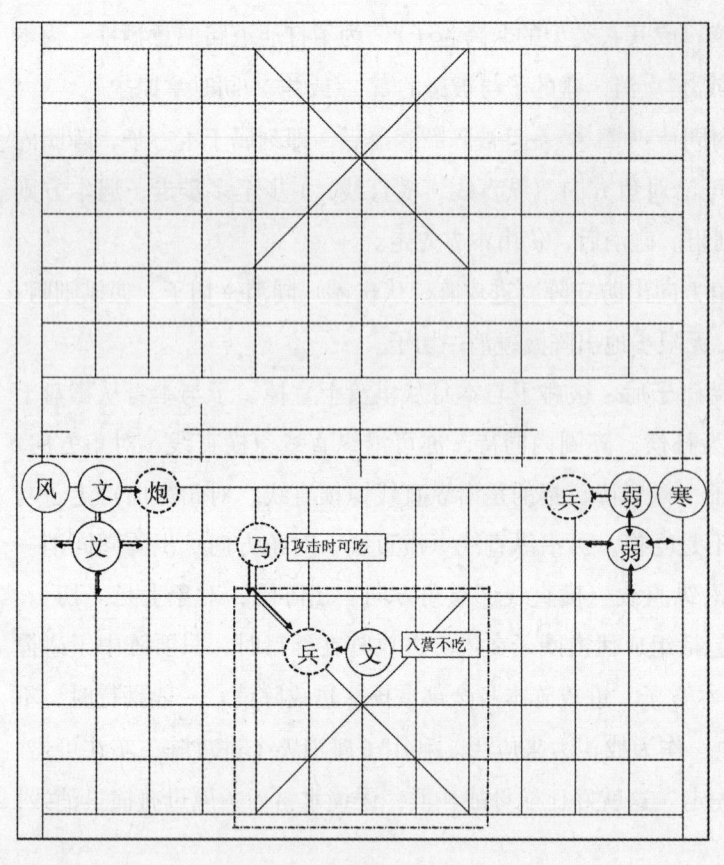

图3-4

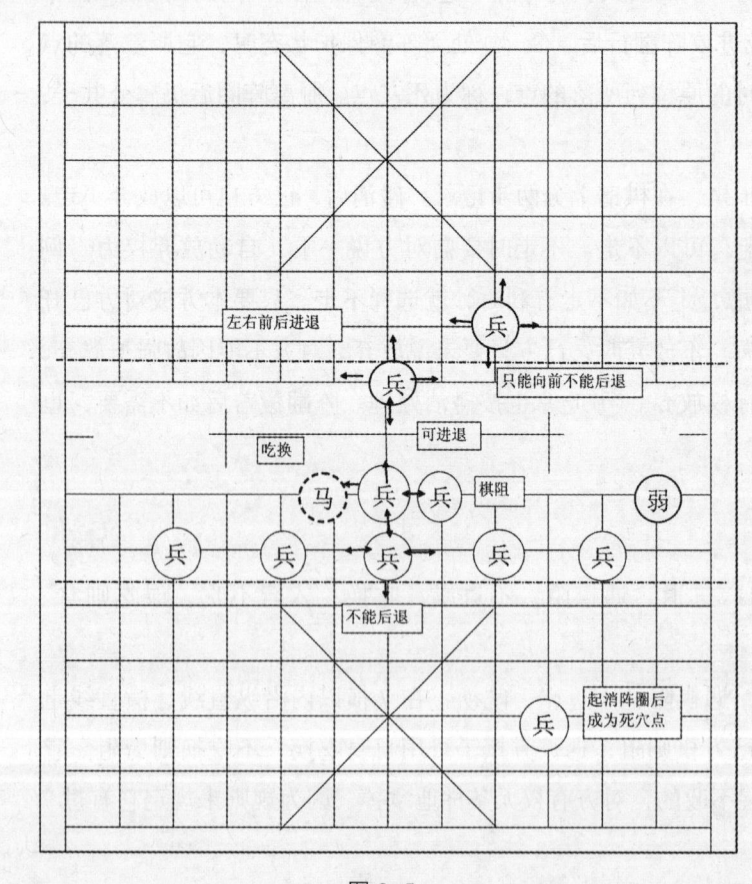

图3-5

必须集中起来一道过，方才安全。也可借用防守阵（伏击圈、进攻阵）之力，两步或多步并着一步，也可借助阵圈互动轻渡山河。故，山河必将成为渡㕵的最大障碍。防守阵（进攻阵、伏击圈）是㕵面对山高水深、集力同行的最大帮手。

6. 㕵处原点，随进攻阵翻行，或宣布组成阵圈、或因阵圈互动后,在阵圈中也与其它子一样同待，阵圈内一样纵直线（横直线、对角方向）进退。这样，㕵借助阵圈之力，也可至本方全境。若因起、消阵圈，或进攻阵翻行后未带走落入5至1横以内，也就落入了死穴点，要等待本方阵圈救援，否则就不能走动。

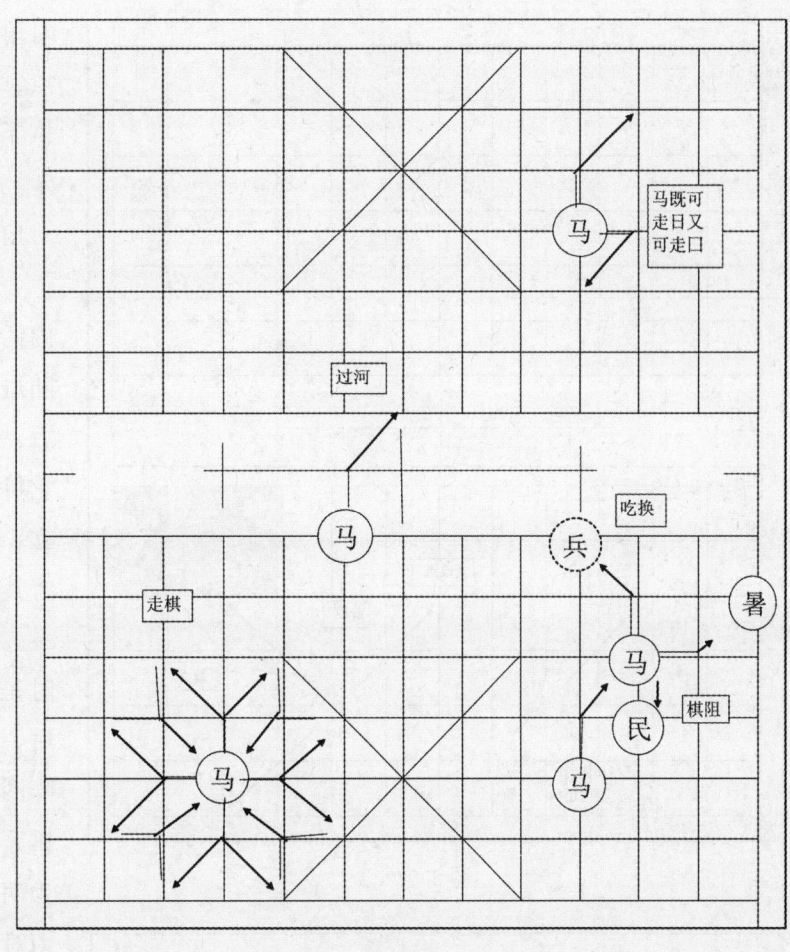

图 3-6

（三）㣺：走直线1对角1，进退，直线上遇棋阻，吃换。（见图3-6）

释：1. 走直线1对角1：行走全盘。在一个原点上，它可沿左进、右进、左退、右退的4个方向走。表面看，每走一步为两个格的斜角，实际上是在两格中，先走直线1后走对角1成斜角之势，为日字。由于规则中未注明直线1对角1成斜角，也就可以变化着走，即走成口字。走日字时，始终是斜角；走口字时，始终是并列。由于山河宽广，宜养马，不宜过岸或随阵圈活动。

2. 进退：无论它选择走日字，还是选择走口字，都可以在一个日字或口字内，沿不同的路径返回到原点来。

3. 直线上遇棋阻：直线是纵直线与横直线的统称。它在原点沿纵横直线走1个步点时，遇到本方或对方子时皆为阻，不能走对角到达预定目标。待下一步消除棋阻后，方可行走预定目标。

4. 吃换：它必须用自身吃换对方子替换。

（四）象：走对角2，进退，对角中遇棋阻，不过岸，吃换。（见图3-7）

释：1. 走对角2，进退：它沿对角走两个步点，进退。

2. 对角中遇棋阻：在一个原点上，可沿对角的方向走，每走一步涉及4个格，实际上是沿对角方向走 2 个点。假如第一个点，有棋则为阻，故言对角中有棋子阻。若该阻被清理后，即可走。如果不让对方走，可走子堵对角。

3. 不过岸：它在 7 横至 1 横内活动。虽规定它不过岸，但可随进攻阵或阵圈互动过岸。过岸后，切不可脱离阵圈落入死穴点。它可两子互防，一旦田字对角而立，一个被吃换另一个马上过来将其消灭。

它还包括在岸内未入阵（圈）时是对称的步点，入了阵（圈）后，因吃换或走出阵圈后未返回阵圈时，它所落点就成了它的走棋原点，改变了两象对称性，变为两象的非对称性，就很难在岸内对角互防。

象是战术上的特勤，它与预备役的役不同，象只能走对角而不能走直线，役同样是走对角 2，但它多了走直线 2。因此，象是战术上的防守子，役可做为战术上的攻防子，相同处有着明显的不同作用，有着明显的应用区别。

四、车情史吏

（一）车：走直线，进退，遇棋阻，直线转锐对角吃换。（见图 3-8）

释：1. 走直线，进退：它沿纵直线、横直线进退，无限步。

2. 直线转锐对角吃换：它的吃换方式，不是纵直线、横直线吃换，而是直线转锐对角吃换。

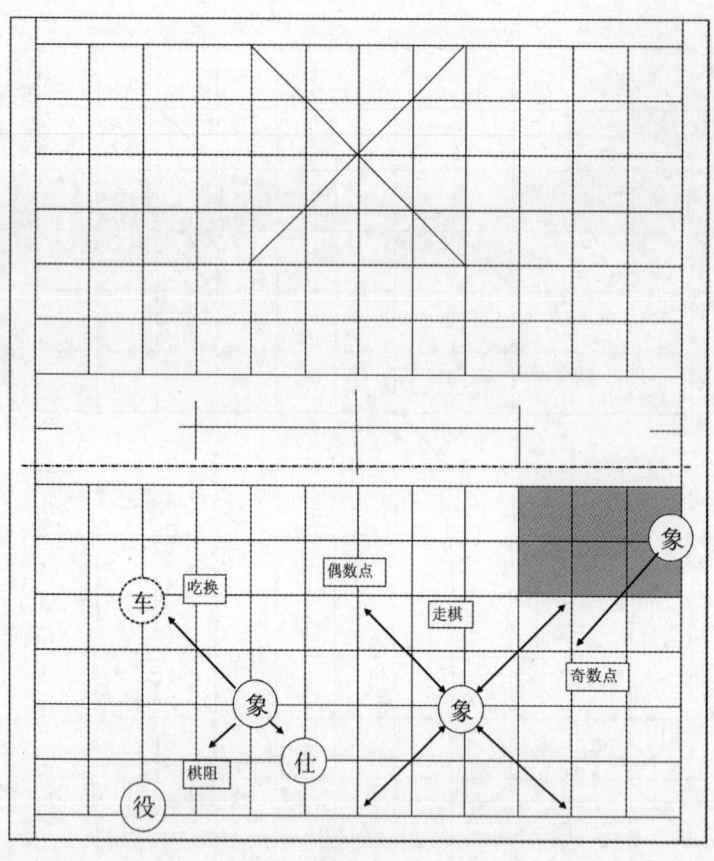

图 3-7

图 3-8

沿直线走出1至多个步点后，即可沿锐对角的两个方向寻找吃换目标。一旦锐对角线上有可吃换目标，则选择一个沿锐对角方向无限步地吃换目标。直线转锐对角吃换，在一步中是连续的，吃换时要沿线走给对方看。

3. 遇棋阻：直线上遇彼此棋子时阻。转锐对角吃换时，遇己棋阻，遇彼棋可吃换，不吃换为阻。

（二）情：走对角，进退，遇棋阻，对角转锐直线吃换。（见图3-9）

释：1. 走对角，进退：它沿对角方向进退，无限步。

2. 对角转锐直线吃换：它不能直接对角吃换，而是走对角1至多步后向锐直线两个方向寻找目标，有可吃换目标后，选择走锐纵线或锐横线1至多步点吃换。对角转锐直线吃换，在一步中是连续的，吃换时要走给对方看。

3. 遇棋阻：对角线上遇彼此棋子阻。转锐直线吃换时，遇己方棋阻，遇彼棋可吃换，不吃换为阻。

（三）史：走直线，进退，遇棋阻，直线转钝对角吃换。（见图3-10）

释：1. 走直线，进退：它沿纵直线、横直线进退，无限步。

2. 直线转钝对角吃换：它不能直线吃换，而是走直线1至多步点后向钝对角左右两个方向寻找目标，有可吃换目标后，选择

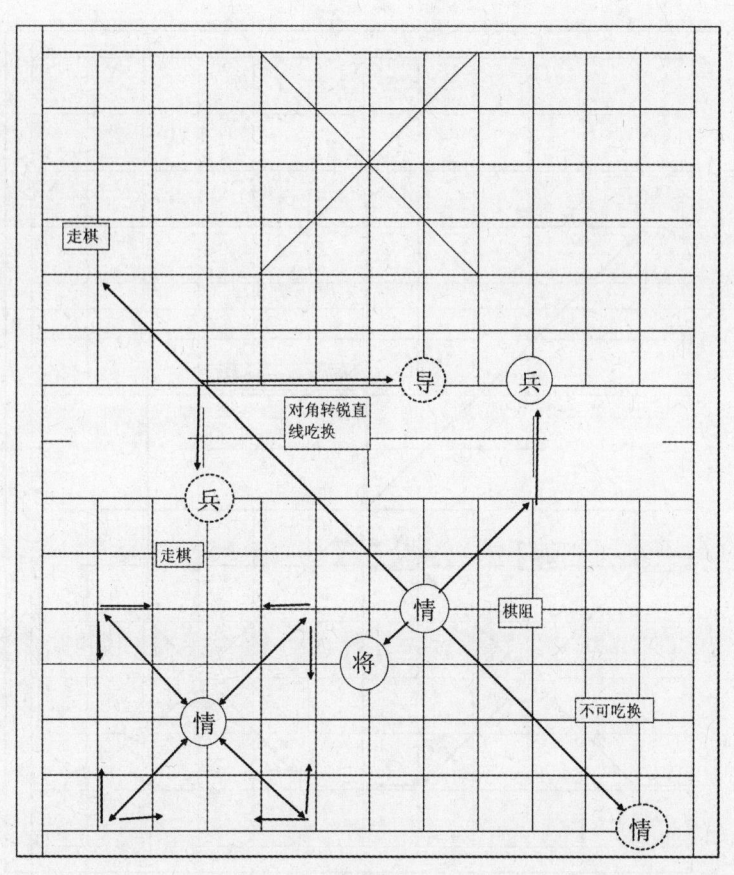

图3-9

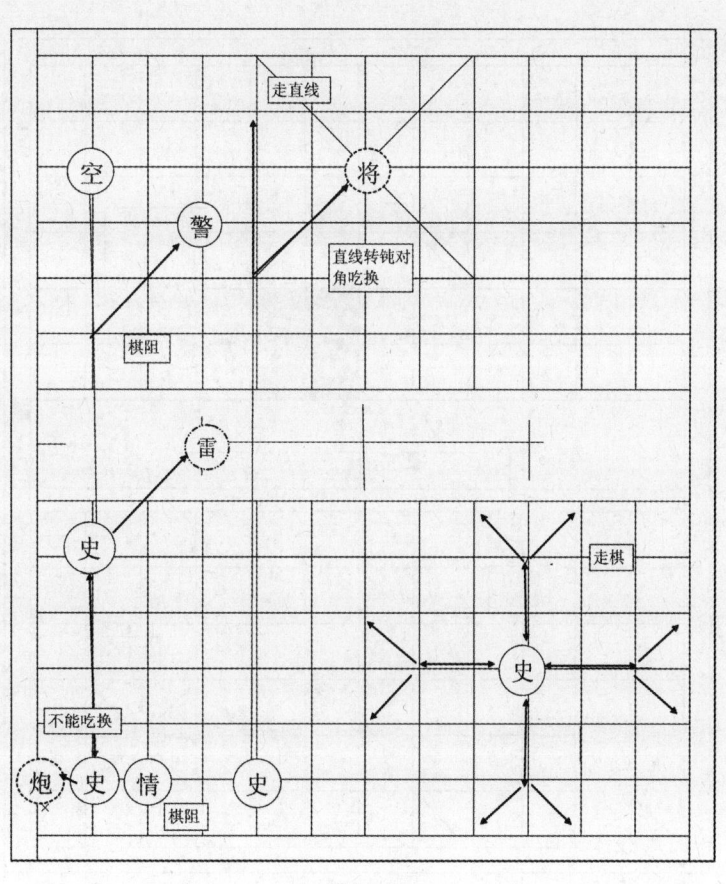

图3-10

走钝对角 1 至多步点吃换。直线转钝对角吃换，在一步中是连续的，吃换时要走给对方看。

3. 遇棋阻：直线上遇彼此棋子阻。转钝对角吃换时，遇己方棋阻，遇彼棋可吃换，不吃换为阻。

（四）吏：走对角，进退，遇棋阻，对角转钝直线吃换。（见图 3-11）

释：1. 走对角，进退：它沿对角进退，无限步。

2. 对角转钝直线吃换：它不能对角吃换，而是走对角 1 至多步后向钝直线两个方向寻找目标，有可吃换目标后，选择走钝纵线或钝横线 1 至多步点吃换。对角转锐直线吃换，在一步中是连续的，吃换时要走给对方看。

3. 遇棋阻：对角方向上遇彼此棋子阻。转钝直线吃换时，遇己方棋阻，遇彼棋可吃换，不吃换为阻。

五、民役警海陆空联

（一）民：直线、对角走 1，进退，遇棋阻，不过岸，吃换。（见图 3-12）

释：1. 沿直线、对角走 1，进退：它沿纵直线（横直线、对角方向）走 1 个步点，进退。

2. 遇棋阻：遇己棋阻，遇彼棋可吃换。

3. 不过岸：只能在 1 至 7 横间活动。可随阵圈至全盘。随阵圈后，切不可脱离阵圈落入 8 至

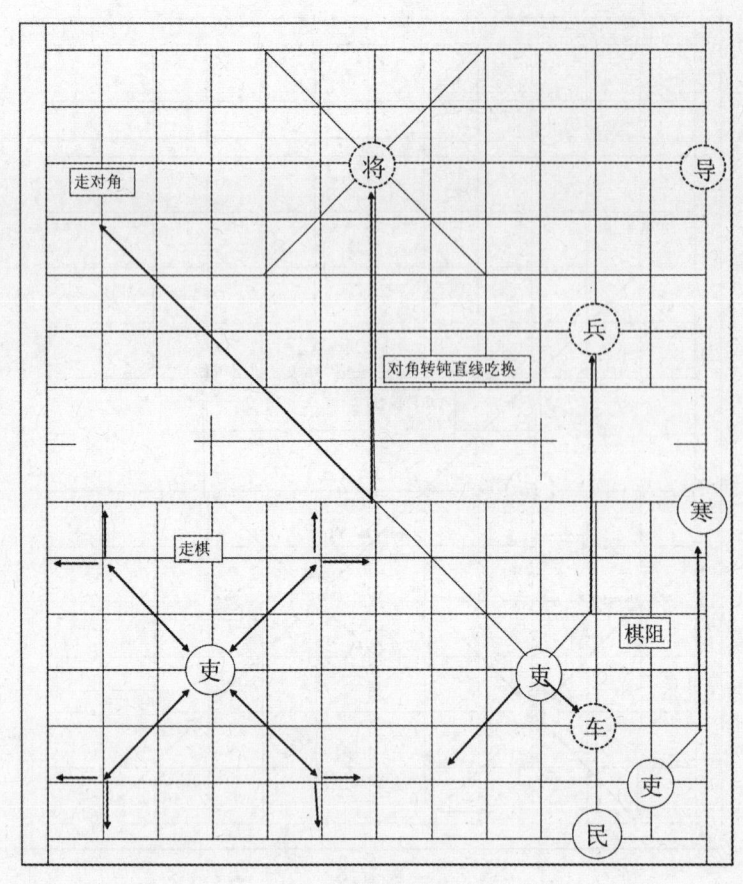

图 3-11

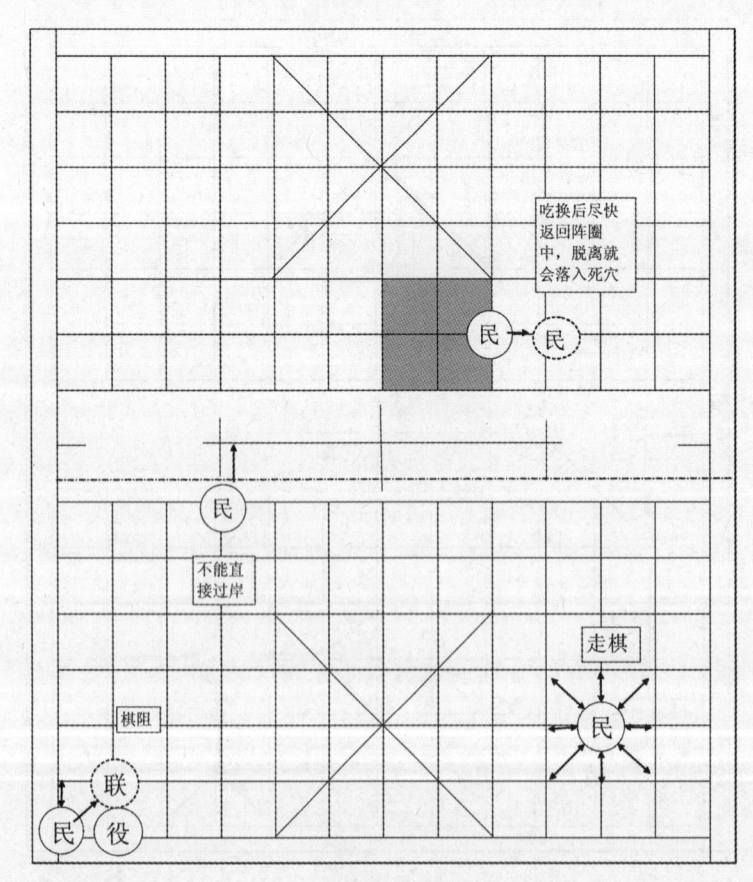

图 3-12

15横之间，一旦脱离即落入死穴点，不能动。结果有两种：一是等待本方阵圈接应；二是被对方吃换（或吃拿）。

4. 吃换：用自身替换。

（二）㊁：直线、对角走1至2，进退，跨己不跨彼，吃换。（见图3-13）

释：1. 沿直线、对角走1至2，进退：它沿纵直线（横直线、对角方向）走1个步点或2个步点，进退。

2. 跨己不跨彼：行走过程中，行走时，遇己方棋子和公共子可以跨越，遇彼方子可吃换，不吃换为阻。跨越，一次可跨越本方1个子。

3. 吃换：用自身替换。

4. 进阵圈，随阵圈活动。

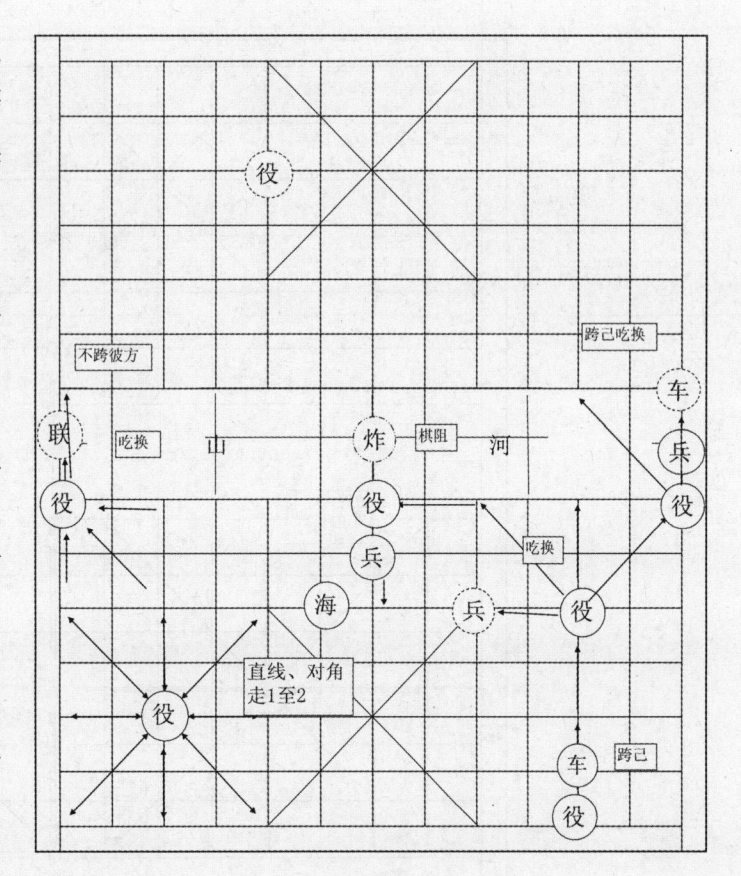

图 3-13

（三）㊊：直线、对角走1至3，进退，跨己不跨彼，吃换。（见图3-14）

释：1. 沿直线、对角走1至3，进退：它沿纵直线（横直线、对角方向）走1个步点或2个步点、3个步点，进退。

2. 跨己不跨彼：行走过程中，行走时，遇己方棋子和公共子可以跨越，遇彼方子可吃换。跨越，一次可跨越本方1至2个子。

3. 吃换：用自身替换。

4. 进阵圈，随阵圈活动。

（四）㊄：直线、对角走1至4，进退，跨己不跨彼，吃换。（见图3-15）

释：1. 沿直线、对角走1至4，进退：它沿纵直线（横直线、对角方向）走1个步点或2个步点、3个步点、4个步点，进退。

2. 跨己不跨彼：行走过程中，行走时，遇己方棋子和公共子可以跨越，遇彼方子可吃换。跨越，一次可跨越本方1至3个子。

3. 吃换：用自身替换。

4. 进阵圈，随阵圈活动。

（五）㊄：直线、对角走1至5，进退，跨己不跨彼，吃换。（见图3-16）

释：1. 沿直线、对角走1至5，进退：它沿纵直线（横直线、对角方向）走1个步点或2个步点、3个步点、4个步点、5个步点，进退。

图 3-14

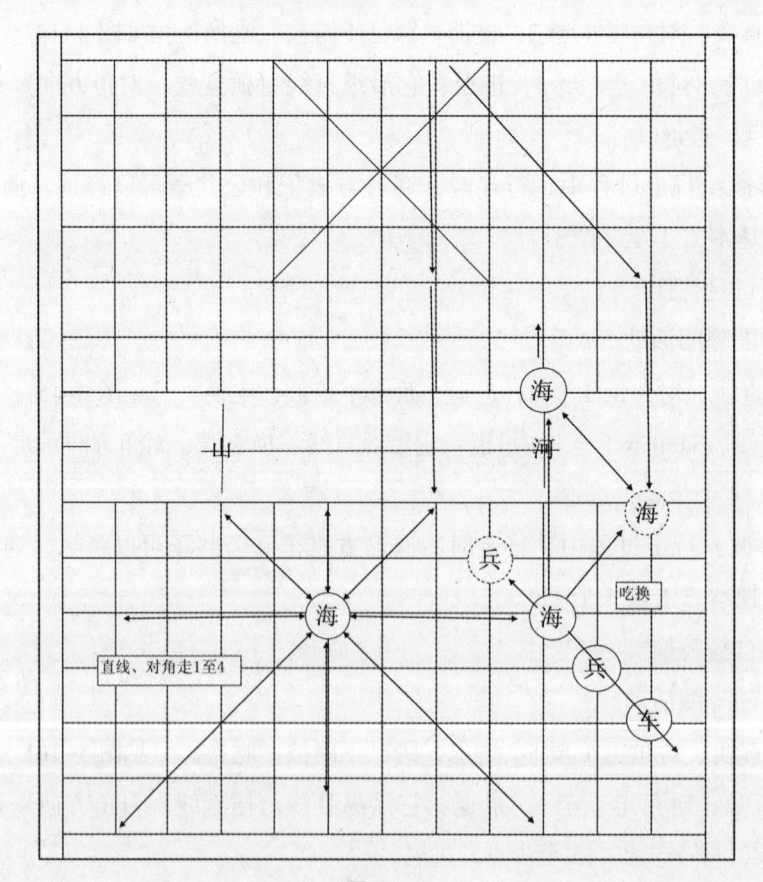

图 3-15

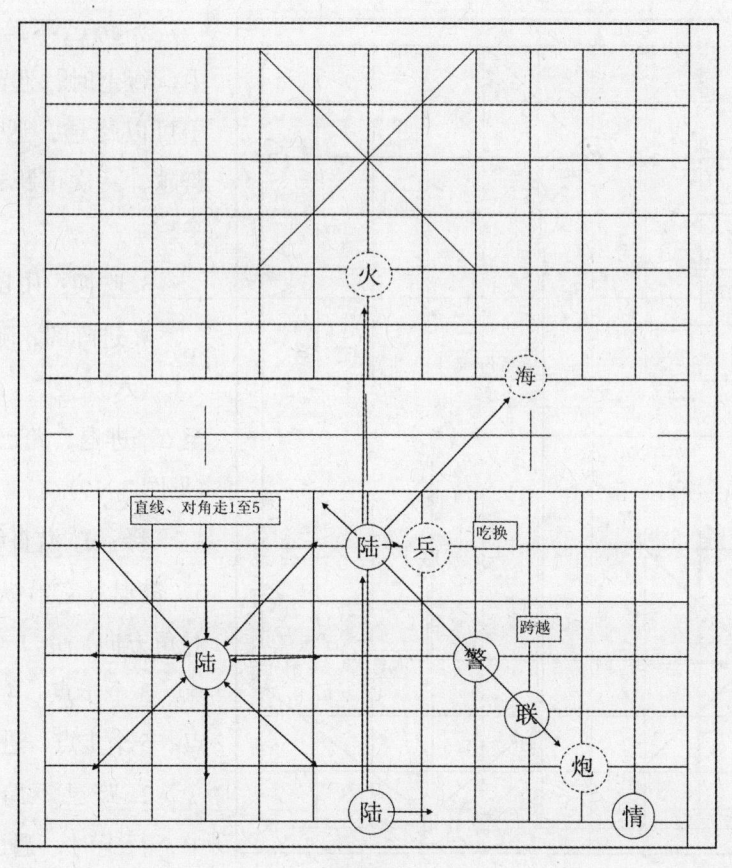

图 3-16

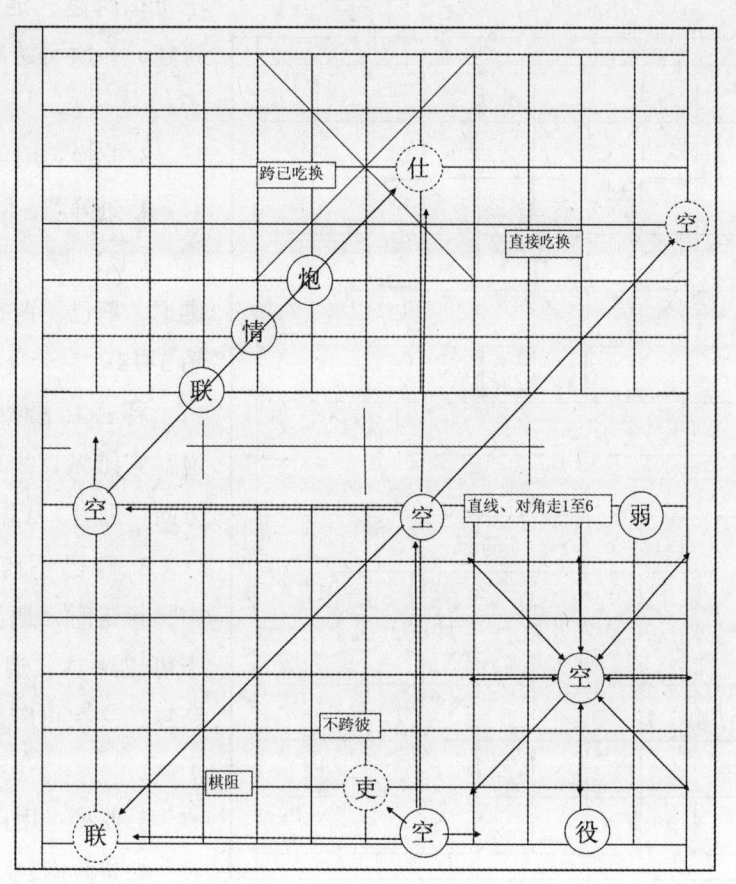

图 3-17

2. 跨己不跨彼：行走过程中，行走时，遇己方棋子和公共子可以跨越，遇彼方子可吃换。跨越，一次可跨越本方1至4个子。

3. 吃换：用自身替换。

4. 进阵圈，随阵圈活动。

（六）空：直线、对角走1至6，进退，跨己不跨彼，吃换。（见图3-17）

释：1. 沿直线、对角走1至6，进退：它沿纵直线（横直线、对角方向）走1个步点或2个步点、3个步点、4个步点、5个步点、6个步点，进退。

2. 跨己不跨彼：行走过程中，行走时，遇己方棋子和公共子可以跨越，遇彼方子可吃换。跨越，一次可跨越本方1至5个子。

3. 吃换：用自身替换。

4. 进阵圈，随阵圈活动。

（七）联：走直线、对角，进退，跨己不跨彼，吃换。（见图3-18）

释：1. 沿直线、对角，进退：它沿纵直线（横直线、对角方向）进退，无限步。

2. 跨己不跨彼：行走过程中，行走时，遇己方棋子和公共子可以跨越，遇彼方子可吃换。跨越，一次可跨越本方1至多个子。

3. 吃换：用自身替换。

4. 进阵圈，随阵圈活动。

图 3-18

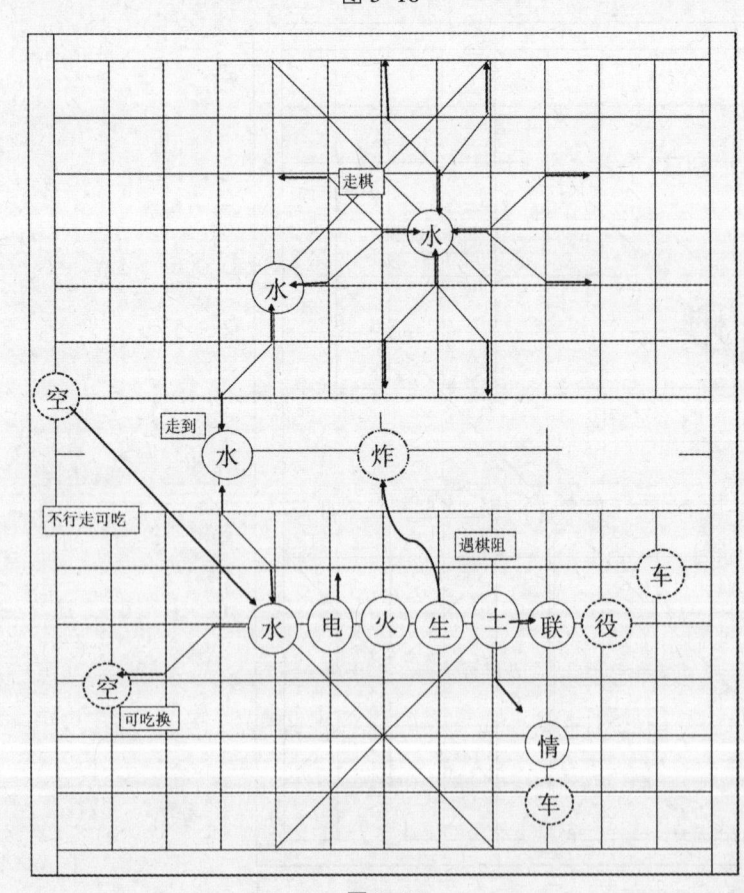

图 3-19

六、水电火生土风雨寒暑

（一）㊗㊡㊋㊌㊏：走直线1对角1直线1成目斜角，进退，对角上有棋阻，吃换。（见图3-19）

释：1. 走直线1对角1直线1成目斜角：它是人为创造生物的象征，走直线1个步点后，再走对角1个步点，而后走直线1个步点形成目字斜角。走直线1个步点后，再走对角1个步点，而后走直线1个步点，是连续的一步棋不能拆分两步。成目斜角，就把它的形态固定化，不能在行走过程中变化成其它什么字来。小于45度为斜角。

2. 进退：它可以进退，完全可以从原路径返回。

3. 对角上有棋阻：由于它走的是3个格长方形，棋阻机率高，有两个对角，不宜近距离的防护。两个对角上，同时有两个子时，就很难行走。两个对角上有一个子时，就容易得多。

4. 吃换：它要用自身去替换。

它是组成伏击圈的主力子，需倍加珍惜。它既是组成伏击圈子，也是唯一能够消灭对方组成伏击圈的同类子。一旦全部被吃，既不能打消彼方的伏击圈，又无形中失去了组成伏击圈的资格，那就太不应该了。无论在阵圈内外，都要精心保护，保护一个子，有可能赢来一片具备杀机的阵地。在未组成伏击圈前，它是一个普通子，任意吃换，组成伏击圈并显示后，就有它的特殊性与独特性。它们在被阵圈设置时包括进去，或随进攻阵翻行时被包括进去，都可以吃拿。一旦组成了伏击圈，唯有规定子可以吃换。子力难得而且不能再生，失去一个少一个。

（二）㊋㊡㊗㊐：走对角1直线1对角1成双目斜角，进退，直线上有棋阻，吃换。（见图3-20）

释：1. 走对角1直线1对角1成双目斜角：它是自然事物的象征。走对角1个步点后，再走直线1个步点，而后再走对角1个步点，形成双目字斜角。走对角1个步点后，再走直线1个步点，而后再走对角1个步点，是连续的一步棋，不能拆分成两步。成双目斜角，就把它的形态固定化，不能在行走过程中变化成其它

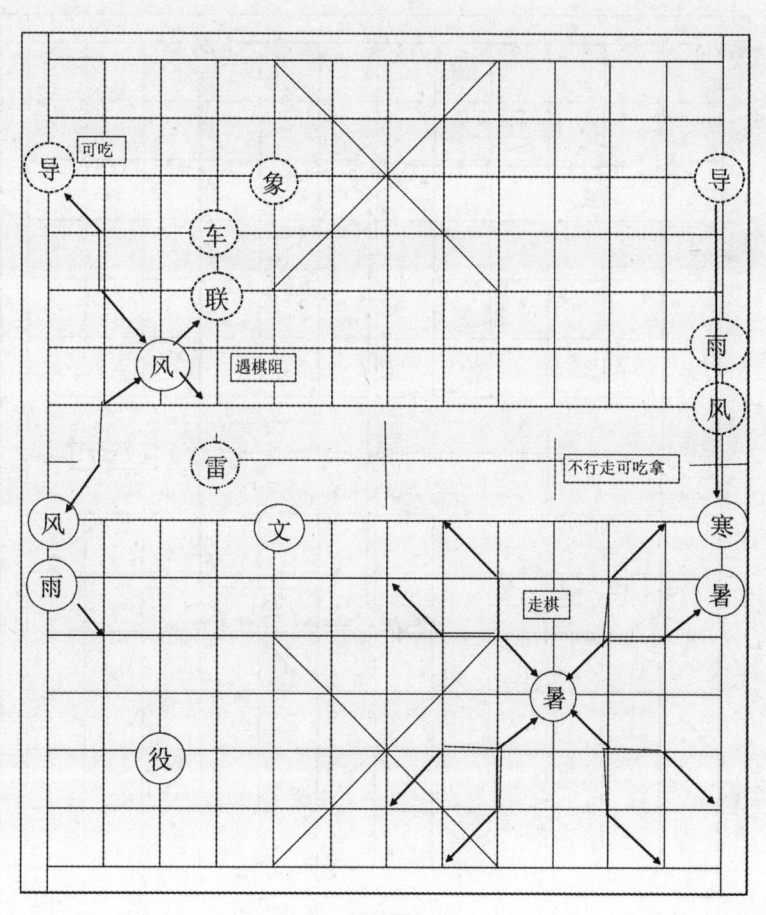

图 3-20

什么字来。

2. 进退：它可以进退，完全可以从原路径返回。

3. 直线上有棋阻：由于它走的是6格长方形，遇棋阻机率高，有两个直线点，不宜近距离的防护。两个直线上，同时有两个子时，就很难行走。两个直线上有一个子时，就容易得多。

4. 吃换：它要用自身去替换。

它是组成伏击圈的主要子之一，在未宣布组成伏击圈之前，有可能被任何子吃换（或吃拿），一旦宣布组成确认后，唯有同类方可吃换（吃拿）。由于它本身对近距离防护差，容易被吃换（吃拿），在阵圈中可弥补这一缺点。它走的是6格斜角，涉及步点多，不宜走动，宜随阵圈调整步点快速组成伏击圈，发挥更大的作用。可以走在适当的点上，其一作好组圈准备，其二待彼方子进入伏击范围，迅速配合组成伏击圈，如鱼网般地吃拿对方子，事半功倍。彼方应视此子所在点，为大面积气候作用，不要轻易地靠近。见行动，应联想到组成伏击圈之目的。位列山河两端，在防护山河的同时，更加有效地封锁山河。谁先动用，谁就有先机存在。

它是进攻阵或防守阵、伏击圈内棋子时，都可以吃拿。一旦组成了伏击圈，唯有规定子可以吃换。

七、炮导

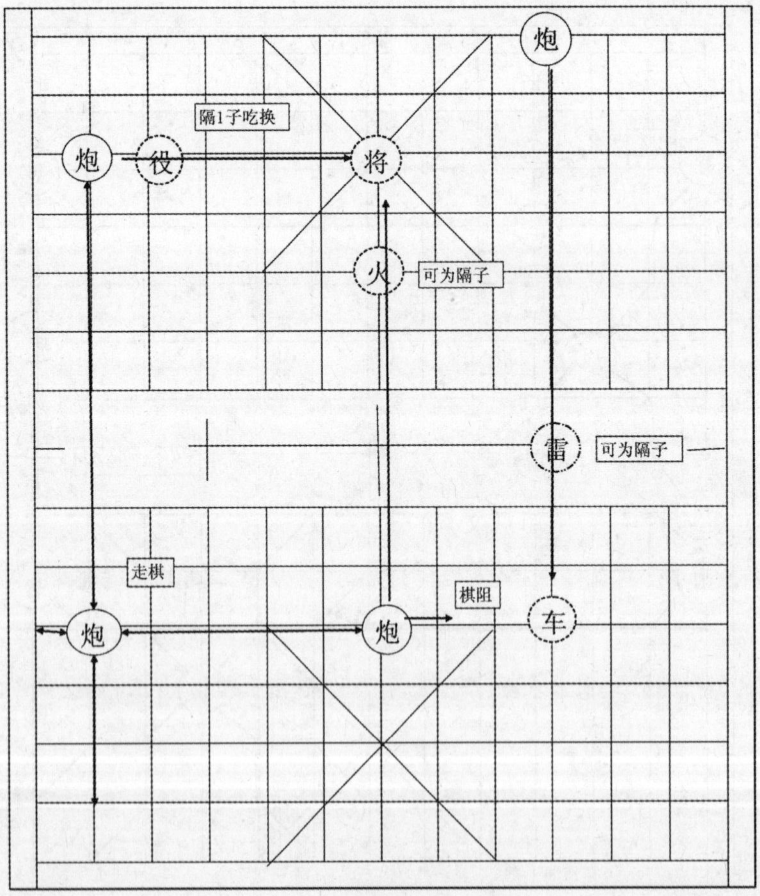

（一）炮：走直线，进退，遇棋阻，跨1子吃换。（见图3-21）

释：1. 走直线，进退：它沿纵直线（横直线）走，无限步，进退，可走全盘。

2. 跨1子吃换：它在纵直线（横直线）上吃换对方子时，需要隔本方（或对方）1子吃换。吃换对方子，而不是本方子。所隔的子，可以选择本方、对方、公共子。吃换时选择隔子，只能选择本方（或对方、公共子）1个，而不是多个，隔2个以上不行。

3. 遇棋阻：吃换时它可以跨越1子，但在行走时则不能跨越任何子。要想到达

图3-21

预定目标，中途不能有任何子存在。如果在非吃换状态，前方有本方、对方、公共子存在，则为阻。

4. 它可装配在阵圈中，也可不在阵圈中，近、远程锁定直线上的目标。它可以在某地点上静观其变，让本方或对方子自然成为其打击炮台，本方也可创造条件为其设置炮台。在直线行走过程中，无论是本方还是对方子，都将成为自己的绊脚石，因为不能直截了当地吃换。要么被动地不走，要么主动地移开，不能在不吃换的情况下，跨过彼此棋子。若强行跨越，要被对方视为无效子。要跨越，只能在阵圈互动过程中，方能实现这一愿望。不能隔数子吃换。

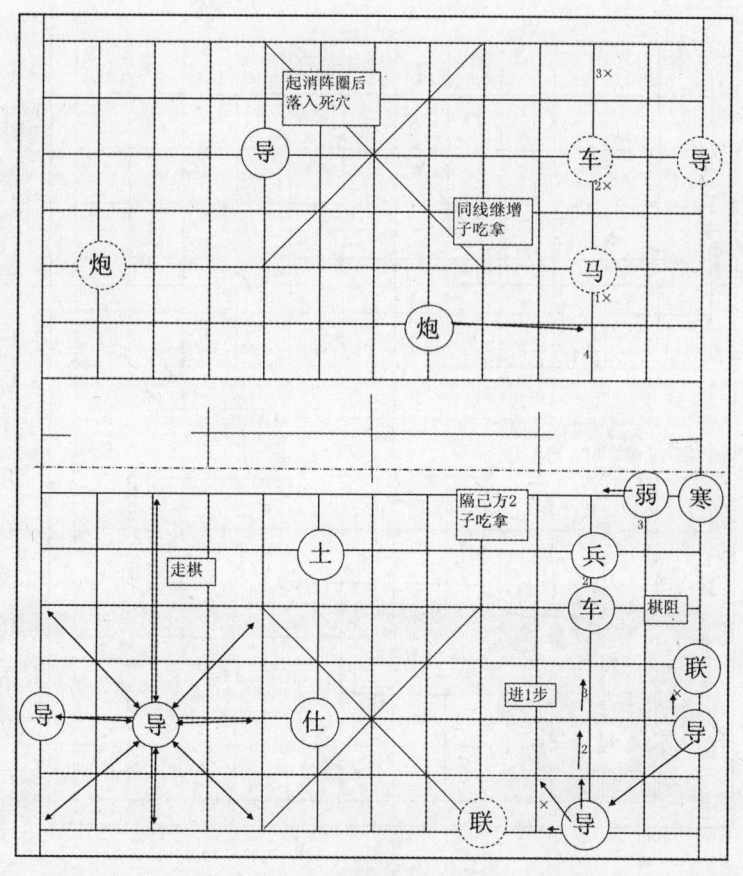

图 3-22

（二）导：走直线、对角，进退，不过岸，隔己方2子进1步吃拿1子；连续拿，则继增隔1子；另线回，从2始。（见图3-22）

释：1. 行走：它在7横至1横内，沿纵直线（横直线、对角方向）行走，无限步。

2. 不过岸：它不能在8横至15横之间活动。若随阵圈到了对方地域后，只能在阵圈中活动，不能出阵圈，出阵圈会落入死穴点，因为规则未赋予在岸外活动的权力。一般在对岸外只能作为护阵圈子，而不是出阵圈的打击子。

3. 隔己方2子进1步吃拿1子：在纵直线（横直线、对角方向）上吃拿目标时，必须具备两个条件，隔己方2子和本身有向吃拿方向进一个步点的空间。如果，吃拿方向上有公共子存在，可做为本方隔子数。

4. 连续拿，则继增隔1子：如果在一个方向上，需连续吃拿，就需要再增隔1子，还要具备向吃拿方向进一步的空间。也就是说，每多吃拿一次都要增加本方1个隔子和进一步的空间。

5. 另线回，从2始：由于在同一个方向上，每吃拿一次增加1子和一个进步空间，即第一次隔2子，进一步；第二次隔3子，再进一步。每吃拿一次，不仅难度增加，而且本身暴露太久不安全。因此，它吃拿一次或二次后，需调整一个方向，或者行走到另一空间，隔一回再行走到该纵直线，或该横直线，或该对角方向上来，这既可隐蔽自身，又可减少隔子。

6. 导：由于它本身的吃拿优势，应为它创造良好的位置以掌控目标，不宜多运动，在有意、无意中为它留下吃拿条件，使它有机会发挥远程打击能力。在子多的环境中它有安全感，也容易满足打击条件。在一个纵直线（横直线、对角方向）上隔2子进走一步吃拿对方一子后，应尽快离线或转换方向，以防暴露后被对方掌控。否则，在同一个方向线上，要想继续吃拿，就得继增隔子，不但难度大而且宜被对方吃换、吃拿掉。若得手后，随后就转移地点，不但可以摆脱掉对方的跟踪，隔几步在不自觉中又回原地点（或原纵线、原横线、对角方向上），而且又从隔2子开始，这样战略上可以起到瞒天过海的效果，战术上起到地点迂回的作用。局限在于，只能隔己方子吃拿，中间就算有可打击对象，如果中间隔着彼方子也不行，必须隔本方的。吃拿而不是吃换。它也可以在原位附近来回运用，待条件创造成熟后，吃拿。

7. 吃拿：吃拿与吃换不同。吃换，要用自身去替换；吃拿，不需要用自身去替换。吃拿时，只要满足条件，拿掉对方子即可。所拿不受区域限制。

八、阵圈

（一）防守阵设置与运棋规则

设置：1至9横间营外边线，设与营相同的回字区域，有任意5子走动，且隔5回能守住，即可宣布组成，确认后作标记显示区域存在，不移动。（见图3-23）

运棋规则：显示后，防守阵内彼棋行走与不行走全拿，凡子均可沿直线、对角进退，遇棋阻，吃

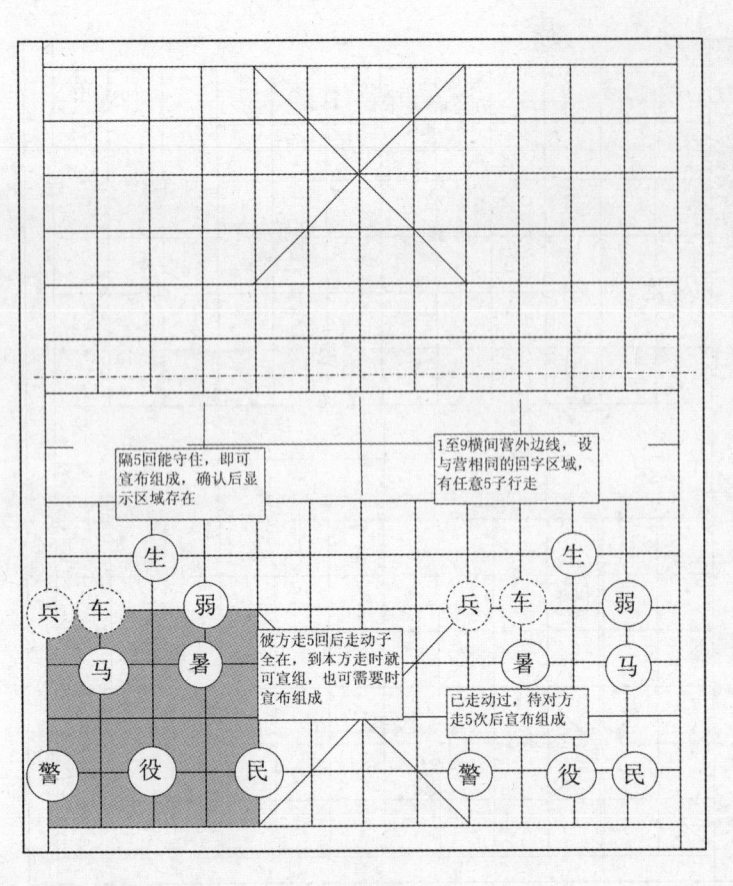

图 3-23

图 3-24

换；按走棋规则出入；无子为消防守阵，防守阵可重新组合。见图 3-24。

释：1. 1 至 9 横间营外边线，设与营相同的回字区域：这是防守阵的设置规则之一。大本营是在 5 和 9 纵、1 和 5 横之间，大本营外的边线是 5 纵、9 纵、5 横。也就是说，5 纵、9 纵、5 横是防守阵与大本营共用的边线。防守阵只能在 5 纵、9 纵、5 横外设置，设与营相同的回字区域。大本营由 5 纵和 9 纵、1 和 5 横组成 20 个格子，而营外边线的 1 和 5 纵、1 和 5 横之间，9 和 13 纵、1 和 5 横之间，1 和 5 纵、5 和 9 横之间，5 和 9 纵、5 和 9 横之间，9 和 13 纵、5 和 9 横之间，刚好每块区域也是 16 个格子正方形，所以说防守阵对称时就可以同时或相继设置 5 个防守阵。

不对称时，5 横和 9 横从 2 纵至 13 纵可设 2 个、从 3 纵至 13 纵可设 2 个、从 4 纵至 13 纵可设 2 个、从 5 纵至 13 纵可设 2 个、从 6 纵至 13 纵可设 1 个、从 7 纵至 13 纵可设 1 个、从 8 纵至 13 纵可设 1 个、从 9 纵至 13 纵可设 1 个，不对称时横向一共可设 12 个；纵向从 2 横至 9 横可设 2 个、纵向从 3 横至 9 横可设 2 个、纵向从 4 横至 9 横可设 2 个，不对称时纵向一共可设 6 个。

对称与不对称时，一共有 23 个可设防守阵地址。

所谓对称与不对称，是指两个对称时，怎么设都能整个重叠在一起，把它称之为偶数；两个不对称时，怎么设总是有一至几条线不相重叠，把它称之为奇数。

2. 有任意 5 子走动，且隔 5 回能守住，即可宣布组成：这是防守阵的设置规则之二。预设地址后，宣组的条件是有 5 子相继走动过，再隔 5 个回合能守住这 5 个子，到第六回合即可宣布组成。没有这个过程，是不能宣布组成的。但也可顺延这个过程，也就是不要用 5 个回合连续走动 5 子，而是在不自觉的攻防中逐步进行，用十几个回合在预设地域走动子，双方用十几个回合迂回攻防，待对方有重要子进入预设地域后，突然宣布组成。既宣组了防守阵，又吃拿了对方的重要子力，可谓一举两得。

3. 确认后作标记显示区域存在：这是防守阵的设置规则之三。没有宣布之前，预设地域是可变的，一旦宣布组成后是不可变的。因此，要用套圈、画线、涂色、默记、记录等方法，把它固定化，把防守阵范围确定下来。

4. 不移动：这是防守阵的设置规则之四。确定了防守阵以后，范围不移动，以便防守阵的功能发挥。

5. 显示后，阵内彼棋行走与不行走全拿：这是防守阵运棋规则之一。防守阵确定后，防守阵所涵盖的彼方子全部无条件地拿掉，拿子的过程与宣组的过程是一步棋。

6. 任何子均可沿直线、对角进退，遇棋阻，吃换：这是防守阵运棋规则之二。彼方子全部无条件地拿掉之后，所在防守阵内的本方子，无论走棋规则赋予它多大的能力，均是平等的，皆可沿直线、对角 1 步点至多步点进退，遇本方子则阻，遇到对方子进入防守阵可以吃换。

7. 按走棋规则出入：这是防守阵运棋规则之三。进防守阵边线和出防守阵边线时，一律按走棋规则所赋予的功能进行。按走棋规则出入，包括彼此双方子，不是一方子。

出入是指防守阵的边线为界线，不是中间部位。出入时，可以以边线的一步规则计。例如，㊀在防守阵内的一边边线，可以在阵内一步到达另一边边线后，再走出防守阵，进防守阵时则需先靠近防守阵边线后,再进防守阵。再如马,它虽在防守阵的一边,它可在防守阵中一步到达另一边边线后,再以一个日字出防守阵;进防守阵时可先到边线后,以一日字进防守阵。有限步子如此,无限步子更是如此,也可在防守阵内或防守阵外留有一步余地,只要进防守阵或出防守阵就行。按走棋规则出入的解释,不光适用于防守阵,也适用于进攻阵、伏击圈。这就是阵圈内,沿纵直线(横直线、对角方向)一步至多步的连续步。也是阵圈外,子根据自身能力(走棋规则许可)的纵直线(横直线、对角方向)一步入阵圈的基本条件。

8. 无子为消防守阵,防守阵可重新组合:这是防守阵运棋规则之四。防守阵内子在攻防中,会不断地进进出出,有时防守阵内子被吃换(吃拿)光,那么防守阵即刻消失。消失后,再创造条件组成。同时或相继存在1至3个防守阵是合理的。所谓无子,是指既没有本方子也没有对方子,如果只有对方子即被对方占领。

(二)进攻阵设置与运棋规则

设置:任一田位,由海陆空警联役任意2子走动,且隔2回能守住,不涵盖彼方未行走子,即可宣布组成。确认后作

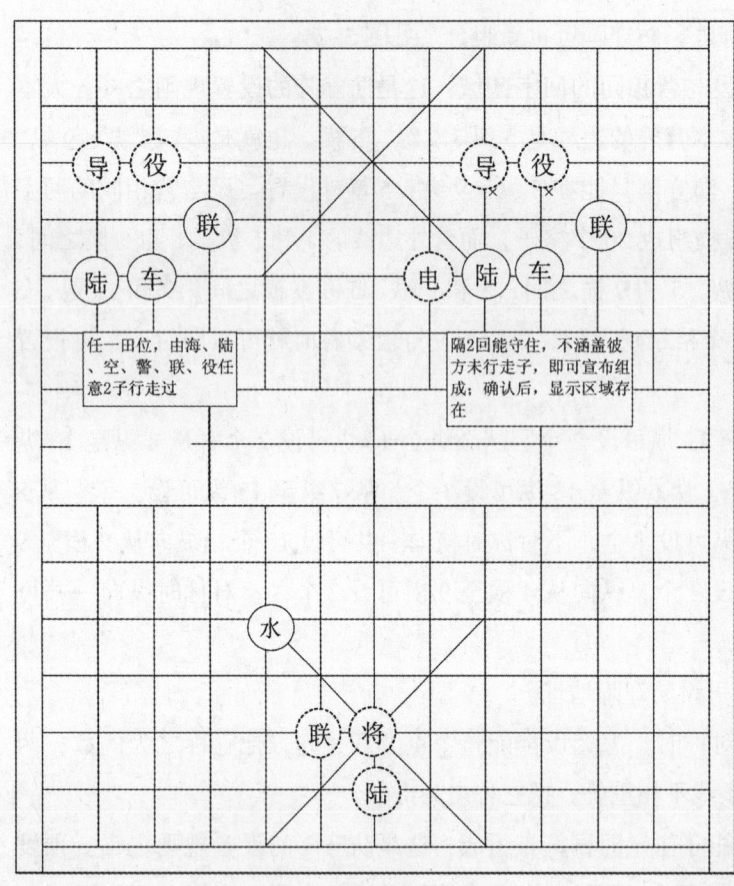

图 3-25

图 3-26

标记显示区域存在。（见图3-25）

运棋规则：显示后，彼方子全拿。阵中子均可沿直线、对角进退，遇棋阻，吃换。按走棋规则出入，无子为消除进攻阵，进攻阵可重新组成。拥任意一子一线可沿直线翻行进退、吃拿，过岸；翻行时己方子跟留不限，遇一子无位放则阻。（见图3-26）

释：1. 任一田位：这是进攻阵设置规则之一。它有四格正方形组成，全盘所有区域都可以设置，包括彼此大本营。在棋盘中，从1纵至13纵横向可设6个进攻阵，从1横至15横纵向可设7个进攻阵，对称时全盘可设42个进攻阵。

不对称时，横向开始从2纵至13纵可设5个、从4纵至13纵可设4个、从6纵至13纵可设3个、从8纵至13纵可设2个、从10纵至13纵可设1个,一共15剩7个等于105个；纵向开始从2横至15横可设6个、从4横至15横可设5个、从6横至15横可设4个、从8横至15横可设3个、10横至15横可设2个、从12横至15横可设1个,一共可设16剩6个等于96个。不对称时全盘可设201个。

全盘对称与不对称时，进攻阵地址一共有348个。

2. 由㊗㊗㊗㊗㊗㊗任意2子走动：这是进攻阵设置规则之二。预设地址后，只需有㊗㊗㊗㊗㊗㊗中的任意2子走动就满足了设置条件。所谓走动，只要在预设地内棋子进退1个步点，或由预设地外棋子1至多步走入就可以满足设置条件。

3. 且隔2回能守住，不涵盖彼方未动子，即可宣布组成：这是进攻阵设置规则之三。防守阵在宣组前可以涵盖彼方未行走子，而进攻阵在宣组前不能涵盖彼方未行走子，但可涵盖彼方行走过的子，或彼方走进预设地的子。宣组前由㊗㊗㊗㊗㊗㊗任意2子走动过以后，还要检查是否涵盖彼方未行走子。没有彼方未行走子，待守住两回后才可宣组。在攻防中，有意无意地将两个具备条件的子走动（走入）预设地，又在攻防中经2个回合以上后，突然宣组，用翻行进攻对方。一般组成进攻阵，都是在本方地域与公共地域中，不涵盖彼子。山河中的公共子，不属于彼、此，属公共，谁涵盖属谁方，故本方可以涵盖使用。

4. 确认后作标记显示区域存在：这是进攻阵设置规则之四。就是用套圈、画线、涂色、默记、记录等方法，把它固定化，把进攻阵范围确定下来以便于翻行。

5. 显示后，彼方子全拿：这是进攻阵运棋规则之一。经对方确认没有涵盖彼方未行走子后，在进攻阵内彼方已经行走过的子，全部拿掉。拿子的过程与宣组的过程是一步棋，不要分步走。

6. 阵中子均可沿直线、对角进退，遇棋阻，吃换：这是进攻阵运棋规则之二。拿掉彼方子后，阵内子力有两部分组成，一部分是宣组条件子，另一部分是宣组时涵盖的本方子。阵中子都是有效子，都可以在进攻阵内的4格9个步点中沿纵直线（横直线、对角方向）1个步点至多步点进（或退）。进退时遇棋子阻，遇彼方子进入可以吃换，不吃换为阻。

7. 按走棋规则出入：这是进攻阵运棋规则之三。进攻阵内向进攻阵外，进攻阵外向进攻阵内，皆按走棋规则进行。按走棋规则出入，包括彼此双方子，不是一方子。

8. 进攻阵内无子为进攻阵消失，进攻阵可重组：这是进攻阵运棋规则之四。进攻阵内子在攻防中，全部被对方吃换（或吃拿），或本方因需要起走所有子后，即为进攻阵消失。最后1个子与进攻阵消失，为一步棋。消失后，进攻阵可以重新按条件宣组。所谓无子，既没有本方子也没有对方子，如果只有对方子即为对方占领。

9. 拥任意一子一线可沿直线翻行进退，吃拿，过岸：这是进攻阵运棋规则之五。进攻阵宣组后不是固守，而是翻行进攻。它可翻行于全盘，包括彼此大本营。拥任意一子一线可沿直线翻行进退，即是一子在连接线上，其余无子也可翻行。前提是一子一线，如果有线无子即进攻阵消失，有子无线也为消进攻阵。一个奇偶进攻阵，一条有子线被另一个进攻阵覆盖，其余两条线无子并未覆盖，也算消进攻阵。一个两条线有子（或无子）被覆盖，而另一条线有子未被覆盖时，就可以翻行，利用翻行的机会吃拿。翻行吃拿与翻行的过程算一步棋。进攻阵可沿纵直线（横直线）翻行进退。翻行时，不能脱离所连接的纵线（或横线），所落下的4格9个步点中，有对方子时全部吃拿。它可以翻行过岸，山河中的隐性格线视为有格线。

10. 翻行时己方子跟留不限，遇一子无位放则阻：这是进攻阵运棋规则之六。翻行时，原宣组子与本方其它子跟留不限，子可以跟翻也可以不跟翻。子不跟翻的原因可能是，遇棋阻不跟翻，或因战略需要不跟翻，或因战术攻防需要不跟翻。所以有子不跟翻，可以用覆盖子做进攻阵子。不带子，又没有覆盖本方子，覆盖的是对方子，对方子被拿掉后，阵因无子而消失。所以，它要有一子一线谋生存。进攻阵无位放则阻有两层意义：其一本方子重叠为阻，彼方子则可吃拿；其二山河中无明显步点位则阻。

11. 翻行后记录谱时，要从连接的线开始记。翻行前的地址不记录，只记录翻行后的地址，如翻行至5纵和7纵、4横和6横之间。还要记录清楚带什么子，吃拿什么子。以便复谱练习与备查。

12. 组进攻阵时，它可以先将组进攻阵的子作为设防守阵的子用，利用防守阵提高组进攻阵效率，待防守阵组成后，接着就可以组成进攻阵。也可以在打击与远程掌控中，有意无意地为组成进攻阵创造条件，在特定的时效内，立刻宣布组成。不光可以利用组成之机吃拿，还争取到威慑一方的时间与效果。

当对方有子进入吃换后，不急于打击，而利用进攻阵翻行吃拿，既可达到打击目的，又可争取时间、空间。在非常情况下，它可以靠近大本营，把危难中的将（帅）接应到安全地方。进攻阵可以在大本营组成，也可从营外进入大本营救驾，也可直接翻行（或组建于）彼方大本营中，还可在彼方防守阵中来回翻行吃拿。利用自身优越的条件，在山河中宣布组成，为弱势子力过渡。

它的缺点，就是空间小，能拥子少，容易被对方连续吃、拿，而无力支撑下消进攻阵，消进攻阵后被彼方子力占领，反成为彼方易得的工具。组成进攻阵子，宣布组成后就可离开，不必死守于进攻阵中，本方任何一子都可上进攻阵，护进攻阵、左右前后翻行进攻阵。因此，进攻阵中子力与适当子数，是确保进攻阵不被抢占的条件。被占领后，要设法将其夺回，可利用防守阵（进攻阵、伏击圈）互动，或在十分危险时，准备好互动子力，来有效维护。在防守阵（进攻阵、伏击圈）互动中，不断变化，利用进攻阵翻行优势，不断改变连组的防守阵（进攻阵、伏击圈），形成三足鼎立、一字长蛇的阵容，引君入翁，圈绕某个进攻阵展开占领、反占领的攻势，从而达到消灭彼方实力的目的。也可把进攻阵故意让彼方占领，再用进攻阵翻盖，一定程度上会收到良好效果。也可以弃进攻阵，即占领后，确定对本方无益可以主动放弃。

也要看到，在进攻阵的地点设置上存在着奇、偶关系。如果一方已设立了奇进攻阵，另一方也要设奇进攻阵，方能完全克进攻阵，如果用偶进攻阵就很难完全覆进攻阵。组成进攻阵子虽少，它可以采取组后离进攻阵，到别处再创条件组成进攻阵，消失一个，再组一个，能使进攻阵生生不息，一往无前。

同时存在的数量未设限，可以同时（或相继）生成数个进攻阵，有利于进攻与防守。选址的好坏，直接或间接地影响攻防效果。利用防守阵、伏击圈作掩护，待需时宣布，宣布后就以良好的战斗力投入。

（三）伏击圈设置与运棋规则

1. 设置：盘上任一区域，由 风 雨 寒 暑 与 水 电 火 生 土 中任一成双目斜角而立，即可宣布组成，确认后作标记显示区域存在，不移动。（见图3-27）

2. 运棋规则：显示后，彼子全吃拿；伏击圈中子均可沿直线、对角进退，遇棋则阻，吃换；按走棋规则出入；彼方非吃换子或进攻阵中子不得入内，误入拿掉；组伏击圈棋，唯有彼方同类某子或伏击圈盖住可吃（或拿），吃（或拿）1个后，另关联子全拿掉，伏击圈消失，伏击圈消失后未被伏击圈盖住子不变；己方起走或进攻阵翻带一

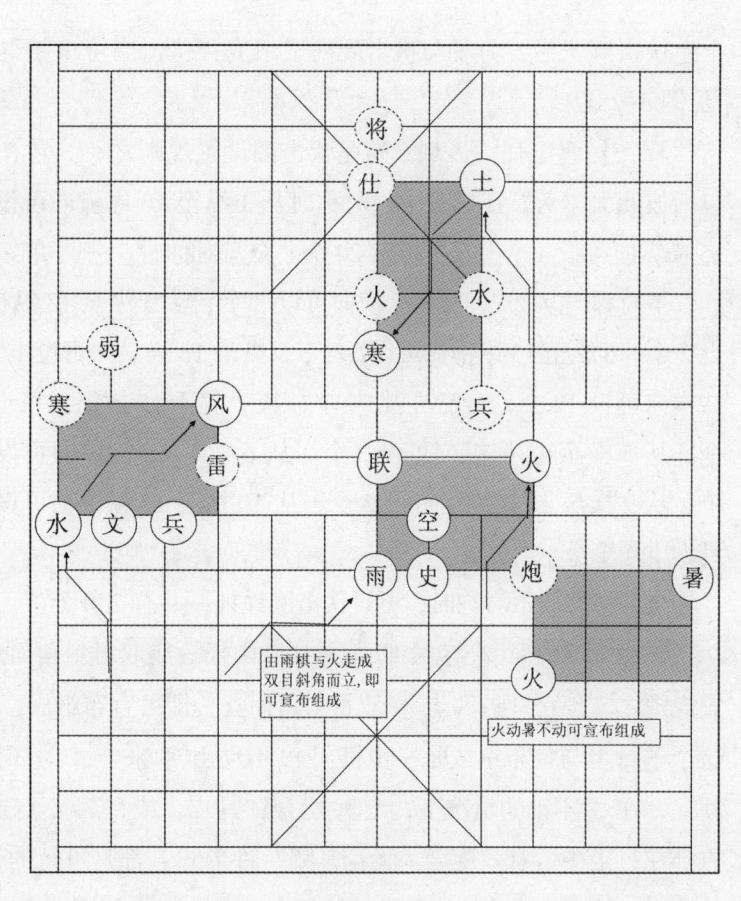

图 3-27

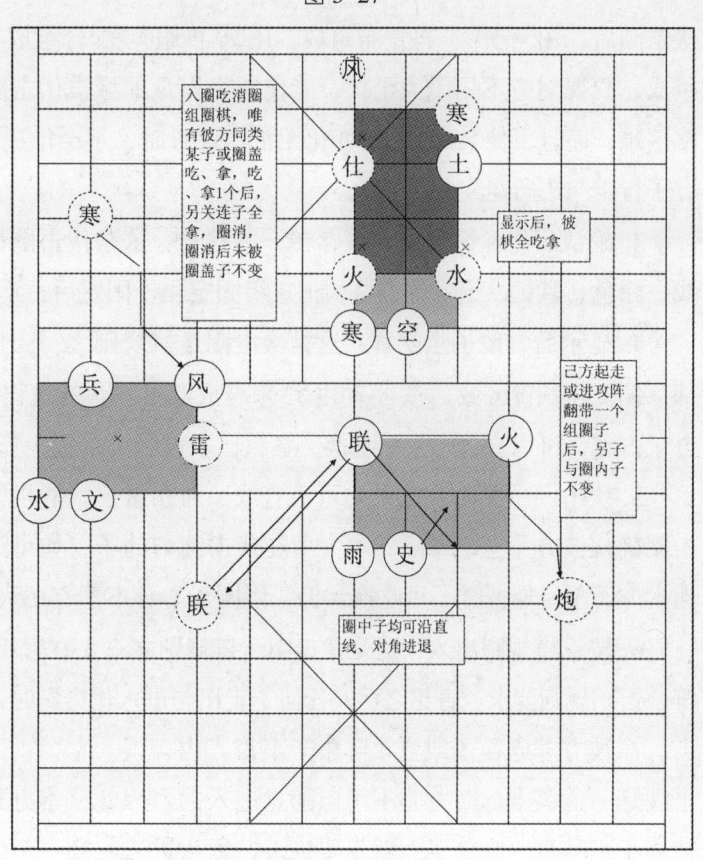

图 3-28

个组伏击圈子后，另子与伏击圈内子不变；伏击圈可重新组合，组成伏击圈子亦可多方连组。(见图 3–28)

释：1. 盘上任一区域：这是伏击圈设置规则之一。它有 6 格长方形组成，全盘可以设置，包括彼此大本营。在棋盘中，对称时从 1 纵至 13 纵横向可设 4 个、全盘可设 28 个；从 1 横至 15 横纵向可设 4 个，全盘可设 24 个。全盘对称时，一共可设 52 个。

不对称时从 2 纵至 13 纵横向可设 3 个、从 3 纵至 13 纵横向可设 3 个、5 纵至 13 纵横向可设 2 个、6 纵至 13 纵横向可设 2 个、8 纵至 13 纵横向可设 1 个、9 纵至 13 纵横向可设 1 个，一共横向可设 12 个，全盘可设 84 个；从 2 横至 15 横纵向可设 4 个、从 3 横至 15 横纵向可设 4 个、从 5 横至 15 横纵向可设 3 个、从 6 横至 15 横纵向可设 3 个、从 8 横至 15 横纵向可设 2 个、从 9 横至 15 横纵向可设 2 个、从 10 横至 15 横纵向可设 1 个，一共纵向可设 19 个，全盘可设 114 个。

全盘对称与不对称时，可设伏击圈地址一共有 250 个。

2. 由[风][雨][寒][暑]与[水][电][火][生][土]中任一成双目斜角而立，即可宣布组成：这是伏击圈设置规则之二。它只要[风]与[水]双目斜角而立，即可宣布组成。速度快，而且最后合成双目斜角的这个子行走与宣布组成是一步棋。[风]不动由[水]来合，[水]不动由[风]来合，每个都有多个机会。其一，在[水]不动的情况下，走[风]配合；其二，或在[风]不行走的情况下，走[水]配合；其三，双方都在行走中，有效配合。无论是哪一种形式，都是可行的，规则允许的。既然它没有不准设的地方，就可以成片地连组设置，把多个独立组成的伏击圈连成一片。如，[风]与[水]设置了一个伏击圈后，用[雨]跟[水]再宣布组成，用[火]再跟[风]配合组成等，可以前后左右一个连一个地宣布组成，只要对方不用子力干扰，能使整个棋盘地域被伏击圈所拥有。一旦形成，要想破坏，非常困难，而且可像[风][水]一样变化无常。设置时，不会像进攻阵、防守阵一样顾虑多，它不管彼方子行走与不行走，一律涵盖。

3. 确认后作标记显示区域存在，不移动：这是伏击圈设置的规则之三。确认后用套圈、画线、涂色、默记、记录等方法，把宣组固定化。固定后，不移动。

4. 显示后，彼子全吃拿：这是伏击圈运棋规则之一。伏击圈宣布组成后，在内的彼方子全部拿掉。在预设区域，[风]不动由[水]来合成双目斜角的过程中，最后这一个子的着落点如果有对方子占着，可以直接吃换。吃换、宣组、拿彼子的过程，算一步棋。

5. 伏击圈中无论什么子均可沿直线、对角进退，遇棋则阻：这是伏击圈运棋规则之二。伏击圈确认彼方子全吃拿后，本方所在伏击圈内的子，均可沿直线、对角 1 步至多步进（或退）。遇本方子阻，遇彼方子可吃换。但，组圈子本身不享有在伏击圈内活动的权力。

6. 按走棋规则出入：这是伏击圈运棋规则之三。在宣组之前，[风]与[水]在走成双目斜角时需符合走棋规则要求。宣组之后，任何子走出与进入伏击圈时，必须符合走棋规则的要求。

7. 彼方非吃换子或进攻阵中子不得入内，误入拿掉：这是伏击圈运棋规则之四。事实上伏击圈是一道关卡，对方是不可以随意进入的。因此，本方只要需要，就可自由进出伏击圈，而彼方子不是进入吃换子，就不要进去，因为进去吃换一个后，下轮拥有伏击圈者就可以将它吃换掉，或将其拿掉：误入拿掉，其一，如果对方进攻阵完全翻行到伏击圈内，下一轮本方走时，就可以将进攻阵中子拿掉，进攻阵因无子而消失；其二，假如对方进攻阵未完全进入，还有一子一线在伏击圈以外，在伏击圈内的进攻阵子无条件拿掉，进攻阵随后需翻离。为了吃拿伏击圈内重要子，再用进攻阵翻入伏击圈内，进一步吃拿伏击圈内子；其三，对方进攻阵翻行时，部分覆盖了伏击圈内子，其中也包括组圈子，进攻阵翻行方只能拿掉非组圈子，进攻阵可翻过组圈子，但不能吃拿组圈子；其四，因掌控对方重要子，对彼方吃换进入的子不顾，那么所在伏击圈内的彼方子不是误入而是常客，同样可以沿纵直线、横直线1步至多步运棋，遇子吃换，事实上占领了该伏击圈，直至被伏击圈拥有者拿掉为止；其五、在这个过程中，拿掉对方子后，仍由本方先走，显现伏击圈拥有者的威力。

8. 组伏击圈棋，唯有彼方同类某子或伏击圈盖住吃（或拿），吃（或拿）1个后，另关联子全拿掉，伏击圈消失：这是伏击圈运棋规则之四。组成伏击圈棋子，其一是只能由对方的同类子吃换，如双目类只能用双目类子吃换，单目类只能用单目类子吃换，其它子不行；其二是对方在宣组伏击圈时，将本方组成伏击圈子覆盖进去时，无论本方子是双目还是单目，一律拿掉组圈子和伏击圈盖住的子；其三是拿掉一个组伏击圈子后，另一个与此相关连的伏击圈子也拿掉，关联的伏击圈同时消失。除组成第一个伏击圈两个子必须拿掉外，其余与本伏击圈连组子可自愿吃拿，拿与不拿由伏击圈吃拿方决定。在这过程中，宣组伏击圈覆盖与拿子，属一步棋。

9. 伏击圈消失后未被伏击圈盖住子不变：这是伏击圈运棋规则之五。伏击圈消失后，未被对方伏击圈盖住子不变，被对方伏击圈盖住子可吃拿。

10. 己方起走或进攻阵翻带一个组伏击圈子后，另子与伏击圈内子不变：这是伏击圈运棋规则之六。己方因需要将原组成伏击圈子起走一个后，或因进攻阵需要将原组成伏击圈子翻带一个后，另一个组圈子与圈内子原位不变。

11. 伏击圈可重新组合，组成伏击圈子亦可多方连组：这是伏击圈运棋规则之七。因对方吃拿一个组圈子而不得已消失了伏击圈，或因本方需要起走一个组圈子后，可重新组合，亦可多方连组。

12. 伏击圈有6格组成，应用得当，既是奇进攻阵的克星，又是偶进攻阵的克星，也是防守阵的克星。当然，组成伏击圈的过程本身，也是奇偶数的关系，㊋㊌两子并列时，只要动㊌，即可组成伏击圈。防止组成伏击圈时，只要看住㊌，就可以。若㊋与㊌在一条直线上，相距6个格，或㊋与㊌是在一格的对角而立，只要防㊋动，就可以避免突然组成伏击圈。㊋㊌一格对角易设横向伏击圈，相距在一条直线易设横向或竖向伏击圈，横向并列易设竖伏击圈，纵并列易设横向伏击圈。掌握这个规律，便于设伏击圈的同时，也便于防止对方设置伏击圈。

它完全可以混杂在众多子中，在对方看不清时，突然宣布组成，杀伤力极大。对方虽有棋阻，可是，一行走就组成，仍视为无阻，组成后反被立即吃拿，而己方子则轻易地成为伏击圈内子。一句话，保存了同类子，就有消灭对方伏击圈机会，就使得彼方伏击圈睡不安稳。一旦尽失，就会让彼方拥有的伏击圈宰割。其重要的程度，可想而知，因为伏击圈的连组，犹如暴风骤雨般地变化无常，一发不可收拾。

组成伏击圈子还有一个最大的克星，那就是㊎㊍，㊎㊍在阵圈中内、外可消一切子，也包括碰消组成伏击圈子。㊎㊍拥有先机，要么用阵圈争取，要么提前主动碰消掉，免于后面麻烦。

防守阵（进攻阵）有规定无子为消失，伏击圈无此规定，是因组成伏击圈子的存在，组成伏击圈子是本方子，故宣组伏击圈子没有了才消伏击圈，伏击圈中有没有它什么子无关紧要，伏击圈实际上是一道关卡。

伏击圈宣布组成可以与组成伏击圈同一步走，防守阵（进攻阵）则不能。伏击圈，它走一子后已满足了组成伏击圈条件时接着就可以宣布。在棋谱记载上可作为一步记，而防守阵（进攻阵）必须分两步记，这就是伏击圈与防守阵（进攻阵）的又一大区别。不是绝对的，它也可以放弃一步宣布组成，待到需要时宣布。也就是说，创造好组伏击圈条件，不急于宣布，隔回或隔几回后再宣布。这是有较大风险与机遇的。风险在于，容易被对方破坏，失去组伏击圈条件；机遇在于，是一个陷阱，待对方重要子进入后，突然宣布组成，利用组成吃拿。最好是，先走好一个，另一个放在一步组成的位置上，需要时，一走子就宣布组成，既容易保护又起到较好的攻防作用，一举多得。

同时存在的数量未设限，可以同时（或相继）设置1至5个伏击圈，有利于防护。选址的好坏，直接或间接地影响防护的效果。一般是秘而不宣，用时再宣布，利用宣布拿子，利用起把对方子引来。

（四）阵圈互动

设置好两个以上防守阵（进攻阵、伏击圈）后，即可进行防守阵（进攻阵、伏击圈）互动。防守阵（进攻阵、伏击圈）中棋子均可沿直线、对角一步往来于防守阵（进攻阵、伏击圈）之间。棋子往来，落点遇己棋则阻、彼方棋可吃换或阻。往来途中，内、外跨己跨彼，亦可跨越本方或彼方防守阵（进攻阵、伏击圈）；互动过程中，对方可以走棋拦阻，亦可待停稳吃换，拦击于中途或消灭于落脚地。凡防守阵（进攻阵、伏击圈）显示区域，均不影响彼己依走棋规则行走子。（见图3-29、3-30、3-31）

释：1. 阵圈：是防守阵、进攻阵、伏击圈的统称。

2. 阵圈互动：实际上是把分散的阵圈联络起来，便于棋子互通有无。是指本方，而不是彼此。

3. 互动线：阵圈互动时，把它们连接起来的线，就叫互动线。

4. 对角方向：前面经常提到对角、对角线、对角方向。棋盘上只有明显的纵直线、横直线，却没有对角线。唯有大本营中有对角线，

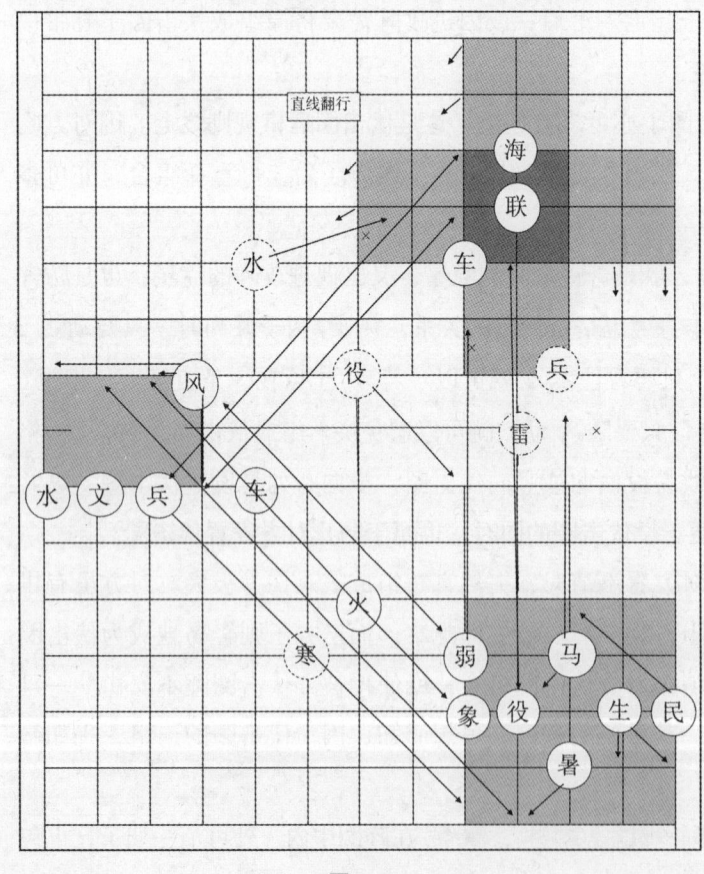

图 3-29

我们把它称之为画角线。棋盘上大面积地方只有纵横线交差的格线点，由纵横线所形成的45度角称之为对角。对角没有标明显的线路，实际上有45度角存在，把连接每个格子的45度角看成隐蔽线。因此，把棋盘中未标出的隐蔽线称之为对角、或叫对角方向。对角方向，就相当于航空运输线。

5. 设置好两个以上防守阵（进攻阵、伏击圈）后，即可进行防守阵（进攻阵、伏击圈）互动：设置好两个以上的防守阵与防守阵、进攻阵与进攻阵、伏击圈与伏击圈，或者防守阵与进攻阵、进攻阵与伏击圈、伏击圈与防守阵后，即可相继进行阵圈互动。

6. 防守阵（进攻阵、伏击圈）中棋子均可沿直线、对角一步往来于防守阵（进攻阵、伏击圈）之间：连接阵圈之间的互动线，有纵直线（横直线、对角方向）组成。为了便于阵圈互动，要求在设置两个以上阵圈时，纵直线方向、横直线方向、对角方向，相对对齐。每个互动往来之间至少有2至3道是互通的，否则互动时缺少落脚点。

7. 棋子往来，落点遇己棋则阻、彼方棋可吃换或阻：看准互动线以后，棋子往来，还要注意着落点情况，线通着落点没有不行。如果，着落点遇己棋则阻，彼方棋子可吃换，不准备吃换即为阻。

8. 往来途中，内、外跨己跨彼，亦可跨越本方或彼方防守阵（进攻阵、伏击圈）：互动前，先确定互动

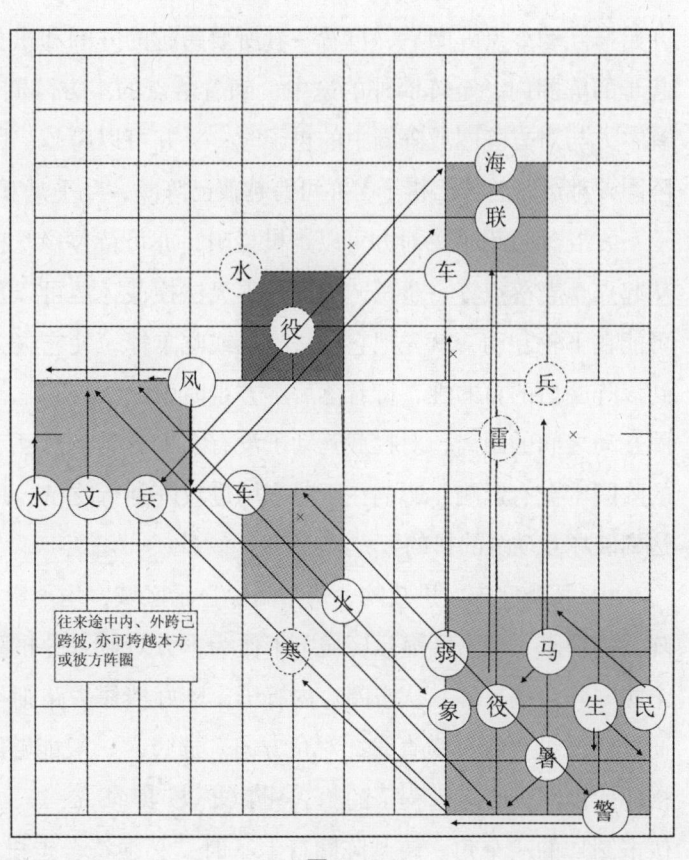

图 3-30

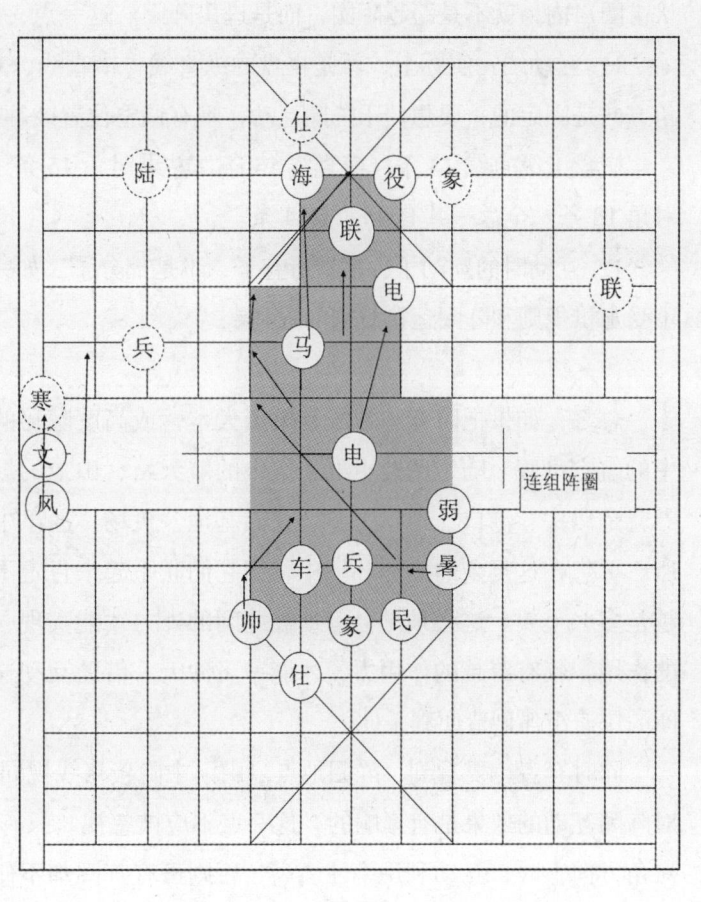

图 3-31

开始与互动终点阵圈后，再看一看所要跨越的阵圈和棋子数量，而后提子。拿起棋子，经本方起步的阵圈内，至阵圈外的途中，到着落点的本方阵圈内，都可以跨己跨彼棋子；在这中间，有本方与对方阵圈或阵圈中的棋子时，一并可以跨越。因此，在互动线上往来途中，阵圈内与阵圈外都可跨越彼己棋子，亦可跨越彼己阵圈，几乎是互动无阻。

9. 互动过程中，对方可以走棋拦阻，亦可待停稳吃换，拦击于中途或消灭于落脚地：虽然从起点至着落点算一步棋，中途几乎无法拦截，但可以预判互动的可能性和目的性，知道它有可能在下轮互动，就先把它设法吃换或吃拿掉，使它失去互动；弄清楚对方把远距离的子互动到该阵圈后的目的性，待着落后本方走时就设法将它吃换或吃拿掉。在一回合隔1步走中，阵圈互动之间的距离，对拦截互动子没有多少影响，对互动的速度也没有影响，倒是对参与互动的阵圈本身有影响。影响在于对方用进攻阵翻行吃拿、用伏击圈消除头尾两个互动阵圈，从而达到破坏互动线的目的。

10. 凡防守阵（进攻阵、伏击圈）显示区域，均不影响彼、此依走棋规则行走子：彼此防守阵、进攻阵、伏击圈显示区域，不作为本方对彼方的棋阻存在，子过阵圈将不受影响。如果某个防守阵（进攻阵、伏击圈）内有子，刚好挡住去路则不能通过。要用子将它吃换后让后面子通过或改纵直线（横直线、对角方向）通过。一般能够跨越20格的防守阵、4格的进攻阵、6格的伏击圈，唯有远程子的炮车情史吏联陆空等，其余子只能跨越某个防守阵（进攻阵、伏击圈）的一个角。跨越阵圈行走子时，必须符合走棋规则，假如落入某个防守阵（进攻阵、伏击圈）内，就不是跨越阵圈，而是进出阵圈。这一点，双方必须认真对待，以免出错。

11. 互动线：实际上，就是棋盘的纵直线、横直线、对角方向。棋盘的纵直线、横直线、对角方向是固定的，要想便于阵圈互动，唯有调整位置或翻行进攻阵来实现。

棋盘上纵直线13条、横直线15条，左纵对角15条、横对角13条；右纵对角15条、右横对角13条。全盘一共有互动线84条。

12. 互动时的互动子，是指所有子，不是部分子。如兵从A阵圈互动至B阵圈（或C阵圈），不受走棋规则和阵圈运棋规则的限制。

总之，如果把防守阵看成是模拟大本营或高度隐秘的指挥中心的话，那么，进攻阵就是水中的航空母舰、陆地的装甲群、空中的航天站、山上的炮导基地、水中的潜水战斗群，而伏击圈就是码头、港口、地下工事、仓储基地、机场、通讯中继站、门户、前沿阵地等高度隐秘场所。可想在这复杂的立体环境中，把它们联系起来肯定不容易。互动时，连同彼此阵圈中都跨越是多么重要。这必须学会借助彼此间的外力才能实现，并且把阵圈中的跨越，看成是上升力的作用，赖有跨越的作用力，才能一飞冲天。借助互动这个补给线，为防守阵、进攻阵、伏击圈的快速组建创造便利条件。

同时弈者也要看到，阵圈地点（山河中隐蔽格线视同格线，隐蔽格线不影响阵圈）的设置，对阵圈互动的效果是有影响的，这一点不应被忽视。只有把阵圈设置在同一条纵直线、横直线、对角方向上时，互动利用率才会高，否则虽有阵圈却不便于互动的发挥，不是被对方的子、阵圈、互动线阻住了，就是被己方的互动线挡住了，那实不应该的。即是，迫不得已变化阵圈，也要设法调整部署，以符合互动战术应用需要；战略上每个互动线，要有三个以上可选择的通畅道路，一条受阻另一条马上顶替，方为上策。它没有贵贱之分，只要需要，所在阵圈中子均是互动下的子民。

对有影响的棋阻应极力消除阻碍，以利互动。若没有互动网络，再多阵圈作用也不大，子力用完了没有补充，就会很快被消灭。在互动过程中，如果中途转折或返回，就必须在中途的阵圈中停留，下一步再走或向下一个阵圈互动，互动中途自转弯视为无效子。互动时要沿途走给对方看，不能从一个防守阵（进攻阵）不声不响地提到另一个伏击圈，放下就算了，沿途要经对方确认正确才行，未得到确认属无效互动。对于重叠阵圈，有显示界限的，一样按互动规则进行，没有显示界限的仍按阵圈运棋规则进行。

阵圈中的边线子属于阵圈范围内的子，可以吃拿。两个以上阵圈相继设置在同一条线上时，以先后为准，谁先设置，谁就拥有该子。相邻线上的两个子，要说明在哪个阵圈内，以便于走子、互动、吃换（吃拿）、阵圈移动时子的去留和子的划归。放子时，还可以采取偏向一侧，以便双方看清楚，以免不必要的矛盾发生。本方阵圈交织在一起时，边线子默认为互动子，在进攻阵翻行后，可以任意留子或带子。彼此交织在一起时，线可共享，以子的颜色区分边线子。防守阵中，可容纳彼此的进攻阵、伏击圈，本方进攻阵、伏击圈在防守阵中，各自独立存在，可按互动规则进行，可以跨越。

如果把棋盘看成是战场，那么，走棋规则下的棋子行动就是一个（或几个）人的行为，阵圈就是组织下的战术行为，阵圈互动就是赢得胜利的整体战略核心与基本要素。一旦遭到破坏，势必孤立无援。为基地创建互动开拓互动线，为互动线的畅通建设基地，维护互动线的安全稳定，是谋略象棋规则的根本所在。

凡是阵圈，特别是连组阵圈显示区域，对本方来说是合在一起的可当一个，对彼方来说是独立的。如图3-31所示。按照阵圈规则与阵圈互动规则来，多加思索后，方能做到出其不易、攻其不备，也才能准确设棋阻，预防对方出其不易、攻其不备。

第三节　棋　谱

棋谱的文字说明部分所反映的棋子需套圈来明确，而在棋谱着子记录上所反映的棋子不用套圈明确。本章为便于初学者了解着子记录，采用全称。即：初次防守阵（进攻阵、伏击圈）宣布组成，可以写成"宣组或组成"，本文用"组成"。本方行子起圈或被对方吃了（或圈盖）组圈子而消圈，则用"起"或"消"表示，如：起伏击圈、消防守阵（进攻阵、伏击圈）等。另外，记谱时红蓝双方可以均用简写字体，亦可用繁写字体，以方便为准，因人而异。

一、习局

（一）车吃换方式

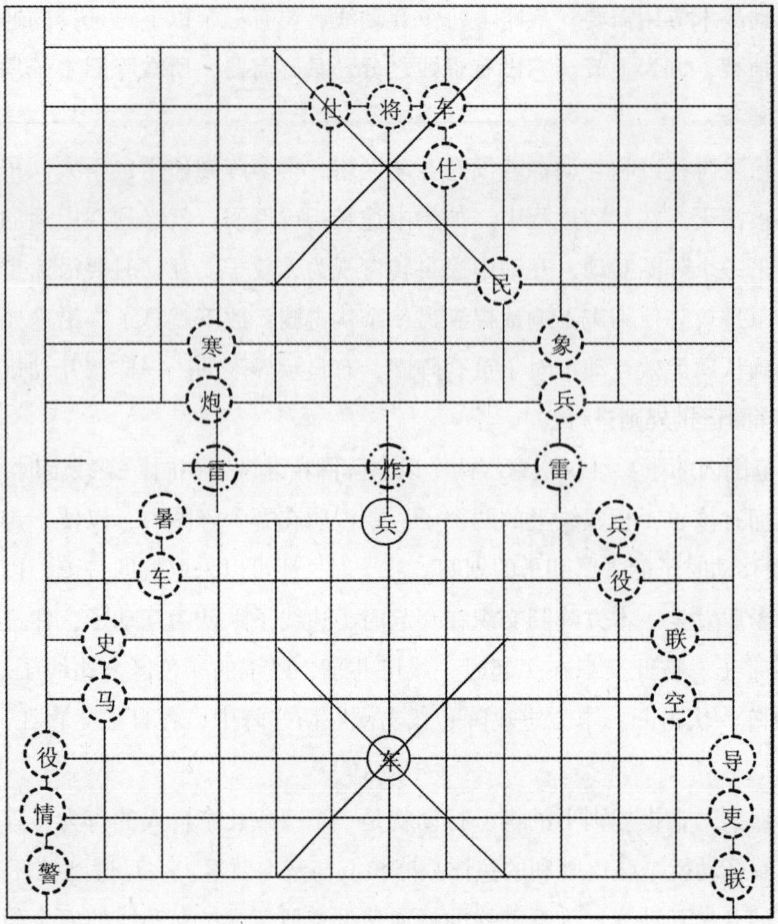

红㈤如不先行走，左右前后都会被对方子看着，下一步就会被吃掉。在这种情况下，不得不行走。可是如果行走，只能沿左右前后直线运动，每走一步都被对方㈤情吏掌控着，走动后没落稳就被对方的某子吃掉。走直线转锐对角吃换哪个子对本方是最有利的呢？经过衡量做出了这样一个战术决定。

㈤七进八碰炸消，消后直面对方的将，由于㈤是直线转锐对角吃换，不能直线吃换，因此，不为将军，对方将可安然不动。按规则兵消炸后，本方㈤可继续走一步，㈤七进七锐对角右退十三吃

图3-32

联。其实这一纵步，㈤除了不能吃大本营中的将与仕、车、寒、生外，其余的子都可能吃换，还可碰雷消，为本方下一步创造先机。（见图3-32）

如果，该阵势不变，只要红㈤变为联，由于联与㈤的规则不同，结果也就不同。

联规则为：走直线、对角进退，跨己不跨彼，吃换。

假如，联先走，兵碰炸消，那么联一行走就吃掉了将；

假如，对方子先走，㈤情史吏1步就可以吃掉联。

就是不用㈤情史吏，其它子围攻夹击，也能在红联吃换一个后将其吃掉。

这个习谱，主要让弈者了解行走与不行走的利害得失。通过仔细思考和精心查看后，得出吃什么最有利本方的结论。这为今后对弈打下良好基础，培养冷静思考的习惯，防止不加思索地做出不恰当的决定。通过这样的不断练习，看事情、看路线、看子力，会更加清楚，更能找到对应策略。

（二）进攻阵的奇偶对弈

棋盘中，只剩红方进攻阵中的联和蓝方进攻阵中的将，最后双方求和，引发思考。静下来一看，才知道是这么回事：原来是红方的进攻阵位置设的有误，才使蓝将有逃避空间，而且双方是隔步走，有逃脱的时间。且看红方进攻阵在六和八、十二和十四上，为纵向是

偶数横向是奇数，蓝方是在 7 和 9、1 和 3 之间的纵向为奇数横向为偶数上。翻行时，蓝一方以偶数，蓝一方以奇数，始终不能重叠，而奇数阵，到边沿半阵地不能翻盖，这就为㊎创造了安全的生存空间。再从㊍与㊎所在各自的进攻阵中看，㊍与㊎处在斜角位置上，㊎在进攻阵中可走直线、对角，㊍在进攻阵中也走直线、对角，都一样。不管进攻阵怎么翻行，双方始终处在斜角位置上，故，㊍不好走直线、对角吃㊎，除非㊎走错才被㊍抓住机会。(见图 3-33)

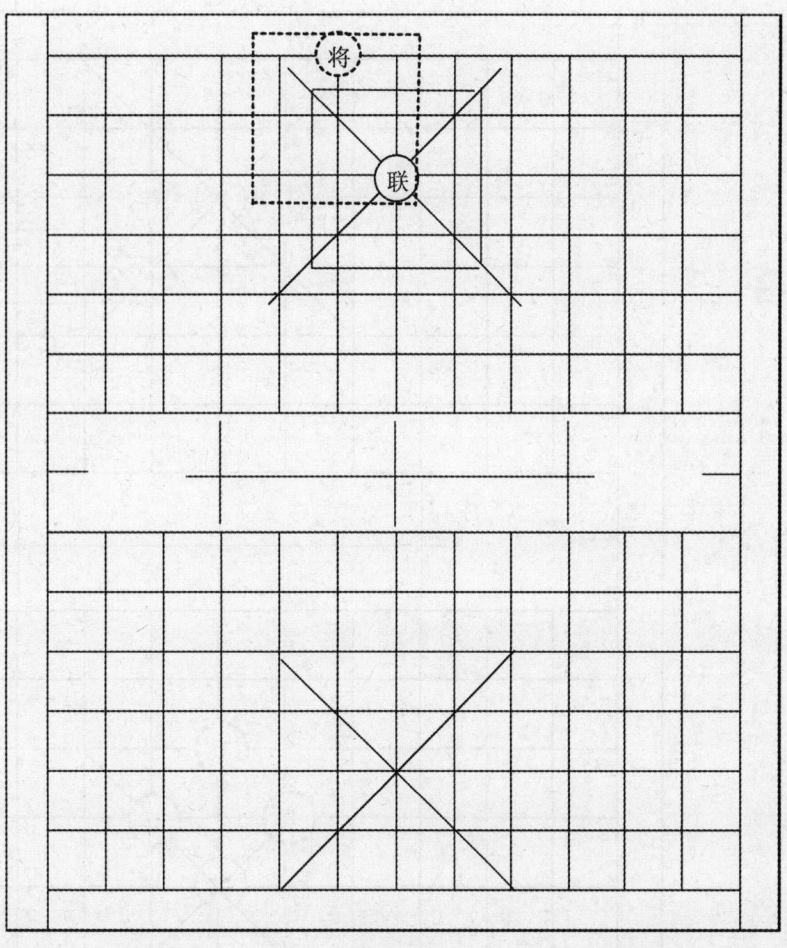

图 3-33

红㊍发现了这一问题后，放弃进攻阵，想用自身的原点 8 个方位掌控㊎，怎奈㊎所在的进攻阵是翻行的。进攻阵翻行，与进攻阵中的㊎单独行动相比，调节空间更大，因而不能控制。控制了㊎不能控制进攻阵，控制了进攻阵可又控制不了㊎在阵中沿直线、对角行走，如㊎不在进攻阵中很自然的要被吃掉。

这说明，子力再强大，装备再精良，光靠一个是不行的，在不同的位置上，用相同的方法是很难打赢对方的，即使在不同的位置，用不同的子力也难克敌。因为，是隔步走，你走过了他走，始终是偶数。如果，另一方走两步，变成奇偶数，就很快打赢了对方，即两个打一个。

结论是两个进攻阵打一个进攻阵，偶数赢，奇数败；各一个进攻阵，而阵中子是奇偶的，奇数败。

这样进攻阵、防守阵、伏击圈三者之间用不同子数、不同位置、不同子力代入练习，就会有意想不到的收获，从中会领悟到各种道理来，为今后为人处事增添光彩，也会使谋略象棋更精彩。

二、惨局

兵临城下

开局见图 3-34。

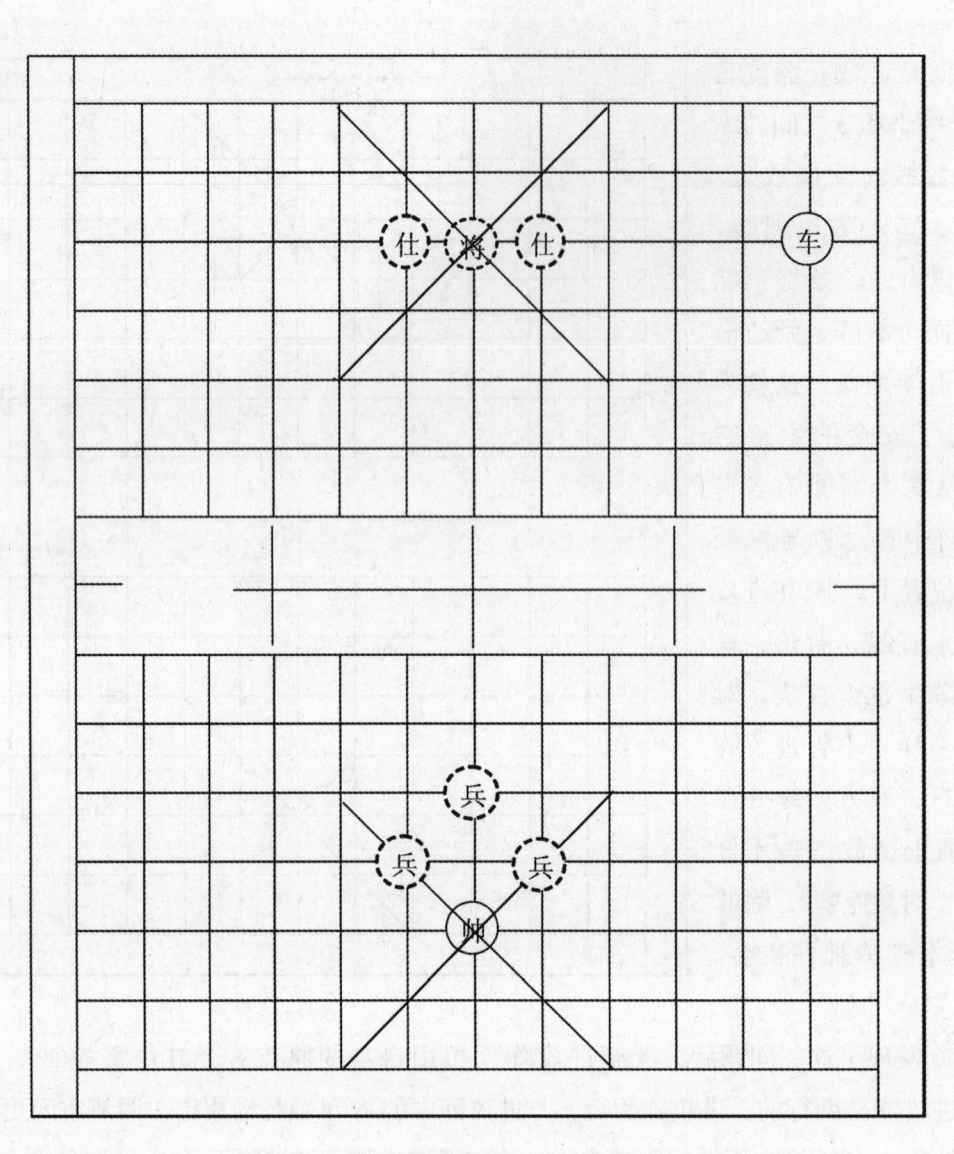

图 3-34

1. 车十二退九将军，　　　　　　　　　　仕8进4；
   车十二左平五将军，　　　　　　　　　　将7退2；
   车五右平十三锐对角退八吃兵，　　　　　兵7进12将军；(变1)
   帅七退二，　　　　　　　　　　　　　　兵7进13将军；
   帅七右平八，　　　　　　　　　　　　　兵8进13；
   车八进九将军，　　　　　　　　　　　　将7进3；
   车八右平十一锐对角右进七杀将，　　　　蓝方认输。

结局见图3-35。

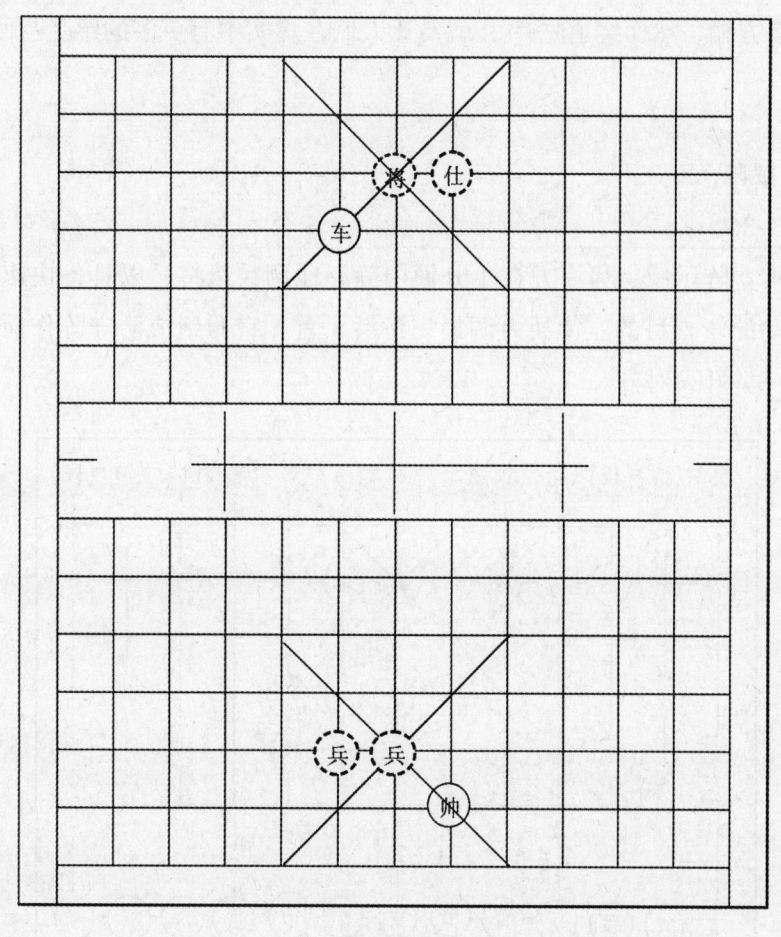

图3-35

变1：
帅七退二，
红方输。

兵8左平7将军；
兵7左平6吃车；

2. 兵7进12将军
兵7进13将军，
兵6进13将军，
兵8进13，
仕8进4，
将7退2，

蓝方认输。

帅七退二；
帅七右平八；
帅八右平九；
车十二退九将军；
车十二左平五将军；
车五左平二右锐对角右进七杀将；
红方宣赢，

点评：

蓝将因双仕不能自卫，且将在大本营中不能走对角，难以保护双仕的安危，况且兵将军后因将帅不见面，看似吃车可不能吃，最终被车打败。假如，将在防守阵（进攻阵、伏击圈）中，就能化险为夷。但是，如果不会用车，红方也会输，或和。

这个谱，如果不是规则规定第一回不杀将，那么红⪡车⪢一步即可杀将，而红方先走，只走两步就可使蓝方输，然而绕道吃⪡兵⪢，就要让人们在虚实中有更多的感受与回味。

三、布局

(一) 布子破阵

开局见图 3-36。

一方以全棋立阵示威，另一方在 1 分钟内静心地调兵遣将，以具备快速打击能力，从而达到以静制动的斩首目的。待兵力调集完备后，首先宣布组成防守阵作前线指挥部向对方挑战，意图一举歼灭对方。

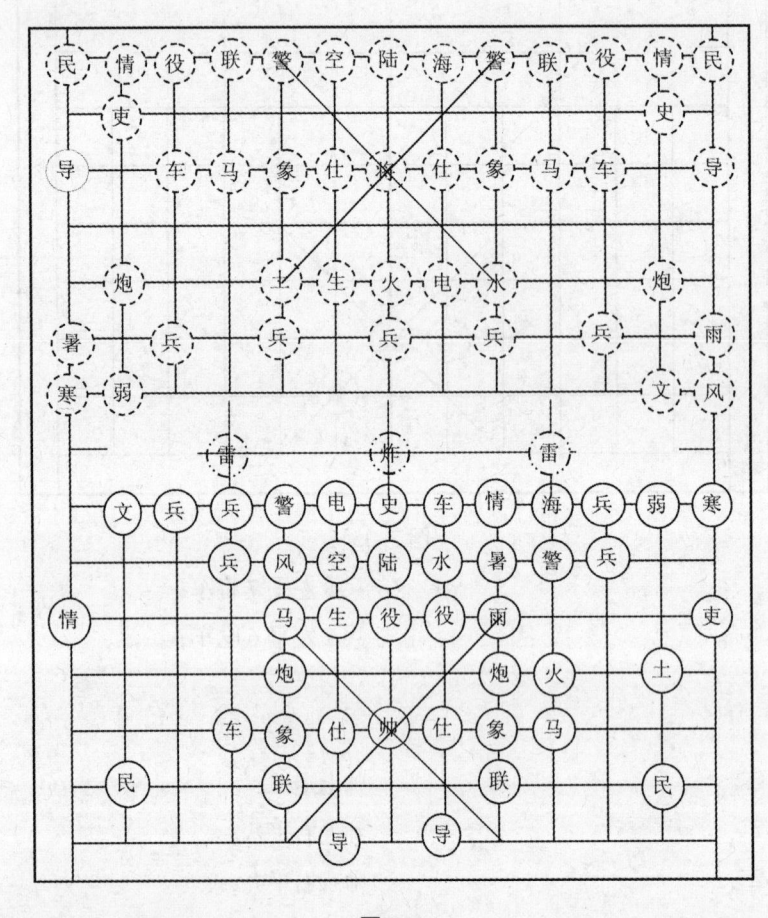

图 3-36

在五和九、五和九组成防守阵，	空 8 进 2；
在五和七、六和八组成进攻阵，	海 6 进 2；
在八和十、六和八组成进攻阵，	警 9 左平 8（变 1）；
左进攻阵翻进五和七、八和十吃两个兵带子史电警空风陆，	将 7 退 2；
右进攻阵翻进八和十、八和十吃兵带子车海情水暑警，	在 6 和 8、1 和 3 组成进攻阵；
水八进攻阵内左进七在五和七九、十和十三组成连组圈吃拿水电火生土双仕双象，	进攻阵左翻 6 和 4、1 和 3 带子将空陆；

右进攻阵翻进八和十、十和十二带子车海情警，

右进攻阵翻进八和十、十和十四吃马海空带车情海警将军，

右进攻阵右翻十和十二、十二和十四杀将，

结局见图 3-37。

进攻阵左翻 4 和 2、1 和 3 带子将；

进攻阵右翻进 4 和 2、3 和 5 吃警海雷带子车将史；

蓝方认输。

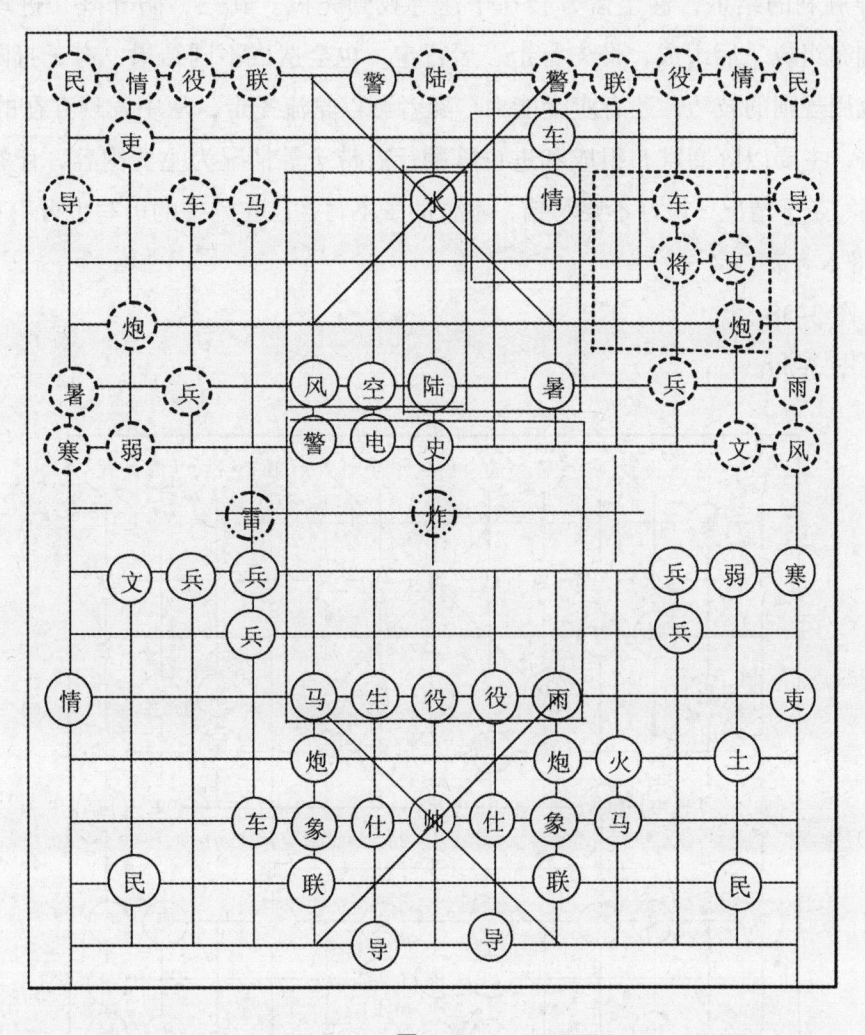

图 3-37

（变1）

左进攻阵翻进五和七、八和十吃拿 2 个兵带子风空陆警电史，

右进攻阵翻进八和十、八和十吃 1 个兵带子水暑警车情海，

水八防守阵内左进七宣连组圈五和七和九、十和十三吃拿水电火生土双仕双象，

陆七进十五杀将，

陆 7 右平八；

将 7 退 2；

将 7 退 1；

在 6 和 8、1 和 3 组成进攻阵；

蓝方认输。

点评：

其中有很多的变数，每个变数都有可能导致不同结果。如红方不断用进攻阵赶，中途见子就吃，就会给对方创造走棋的时间、空间、机会，㊣在阵中逃脱，延长生存时间，双方损失也会加大；如果蓝方盲目行动，冒然打进攻阵或用进攻阵翻行逃避，只能加速失败，这是其一。其二，如果蓝方摆好局势叫阵，而红方不擅长策划部署，或子力部署不恰当，也不会有这样胜利的结果，甚至蓝方会在中途寻找到先机。其三，防守阵、进攻阵、伏击圈，谁先宣布组成、后组成，谁先行走、后行走，也会造成不同结果，布子打阵考验的就是心机与应用规则的技巧，还有应变能力。弈者可以轮流先走，从中发现存在的先机。

这个谱，主要以阵圈宣布组成和进攻阵翻行后带子等情况为主要内容，让弈者学会记录。带子要写带子情况，最好不要写错，不带的子不写，已在阵中的可写也可不写。

（二）潜入奇袭

布局见图 3-38。

结局见图 3-39。

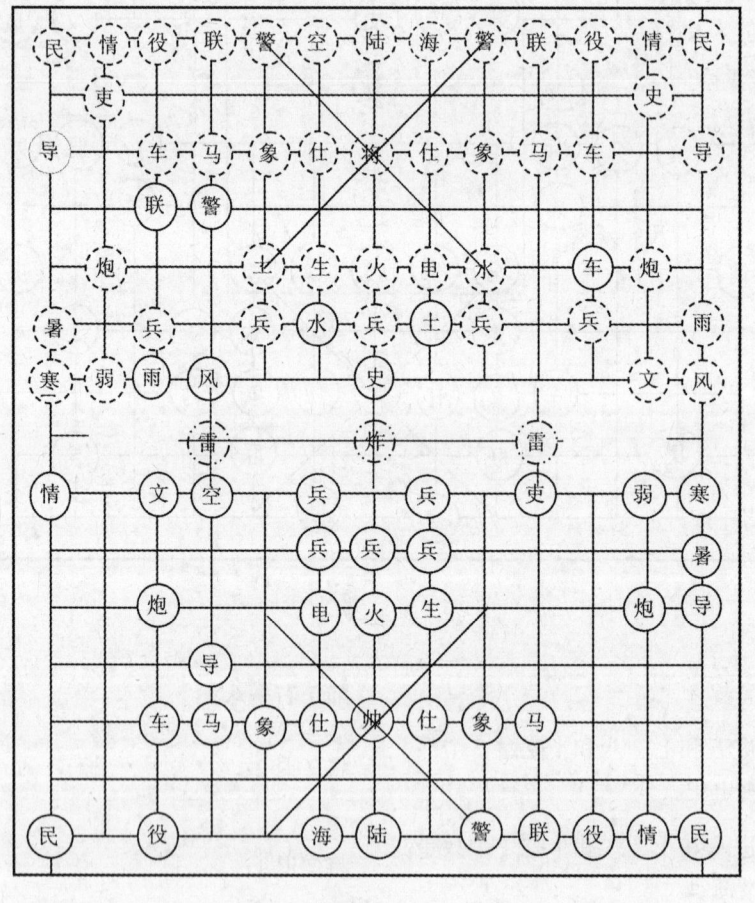

图 3-38

雨三右进五在五和八、十和十二组成伏击圈拿土生火电兵兵将军，　　　　　　　将 7 退 2；

在三和五、十二和十四组成进攻阵吃拿车马象，　　蓝方认输。

点评：

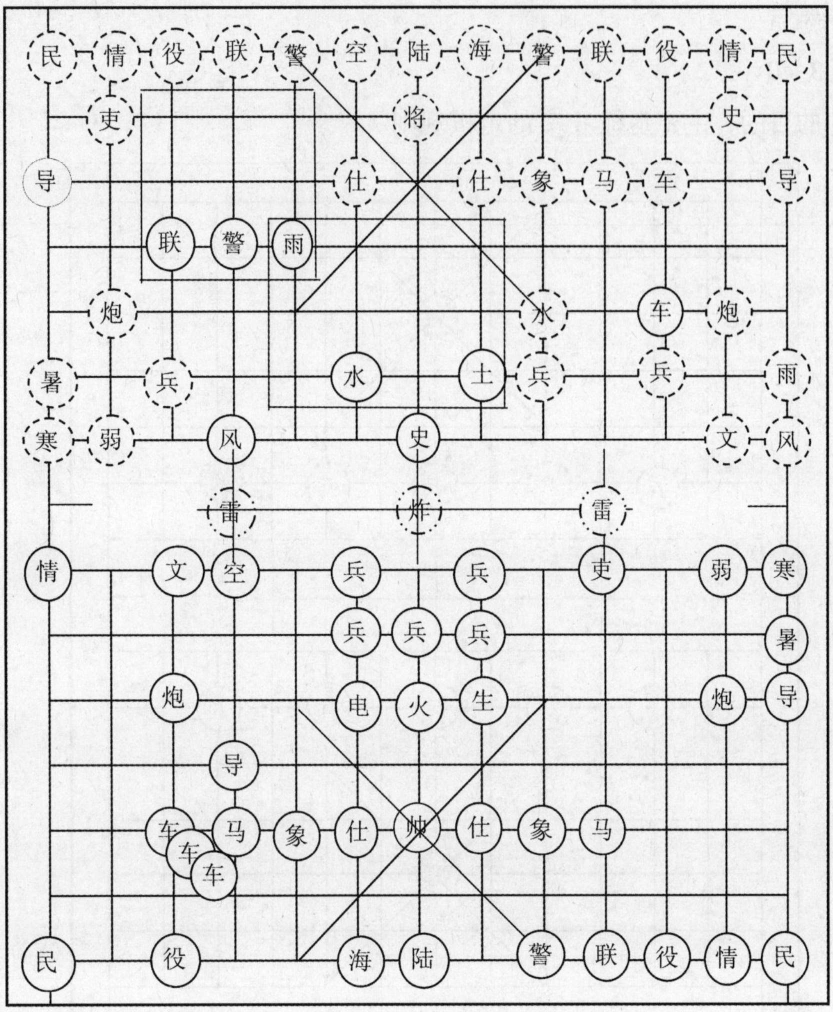

图 3–39

将 7 退 2，　　雨三右进五在三和五、十和十二组成伏击圈吃拿电火生土兵兵；

仕 8 左平 7，　　在三和五、十二和十四组成进攻阵吃拿车马象；

蓝方宣输。

由于对方只给一步之机，即使[将]方先走，也逃脱不了[吏]、进攻阵、[水][土]等的打击。在实战中，部署好兵力，一战成功固然可喜，然而，下棋在于娱乐，可以给对方多留几个回合的还击机会，这样本方也可多施展一下才华，是不是更好些。

通过本谱了解如何部署进攻，不给对方逃避机会。学习如何施展多方位攻杀，取得绝对胜利。

四、摆局

（一）全兵对弈

开局见图 3-40。

全兵对弈的目的，主要是练习兵的走棋规则。

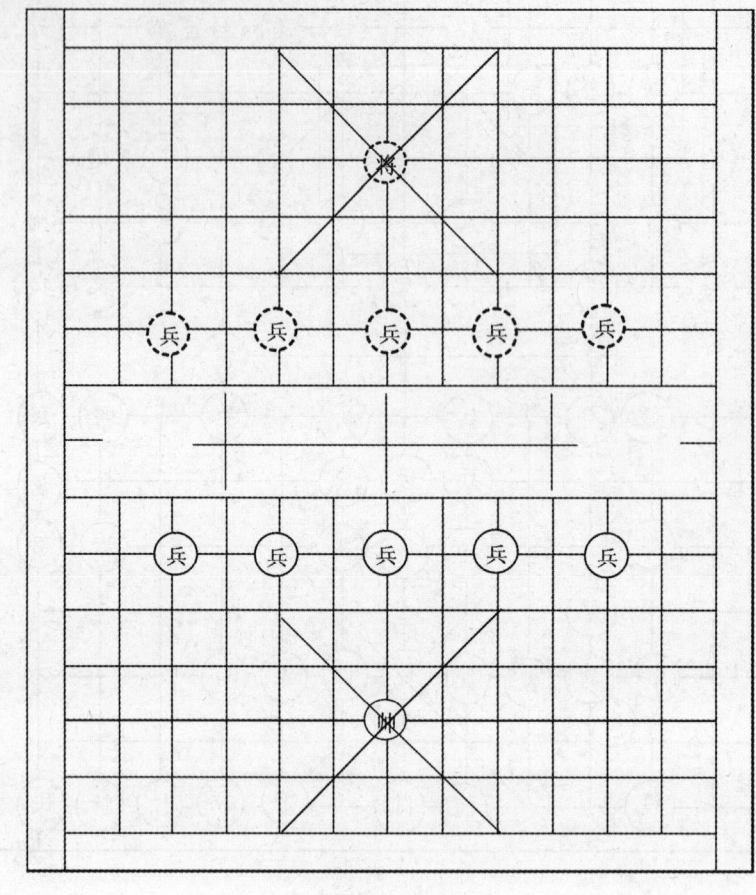

图 3-40

兵七进七，	兵 5 左平 4；
兵五右平六，	兵 3 左平 2；
兵九左平八，	兵 2 左平 1；
兵三右平四，	兵 4 左平 3；
兵四右平五，	兵 3 左平 2；
帅七进四，	兵 9 左平 8；
帅七进五，	兵 11 左平 10；
兵五进七，	兵 1 进 7；
兵六进七，	兵 1 进 8；
兵八进七，	兵 1 进 9；
兵十一右平十二，	兵 2 进 7；
兵八右平九，	兵 2 左平 1；

兵七右平八，
在五和九、五和九组成防守阵，
兵八防守阵内进九，
兵九防守阵内进九，
兵九进十出防守阵，
兵六防守阵内右平九，
后兵九防守阵内进九，
兵十二左平十一，
兵十一左平十，
兵十左平九进入防守阵，
前兵九左平八，
后兵八防守阵内左平七，
前兵九防守阵内左平七吃兵，
兵八进十一，
兵九防守阵内左平八，
后兵八防守阵内进九，
兵八进九出防守阵，
兵七进十出防守阵，
后兵八左平七吃兵，
兵七进十一将军，
兵八进十二，
兵七进十二将军，
兵八进十三，
兵七进十三将军，
兵八进十四，
兵七进十四将军，
兵八进十五，
兵八左平七将军，
后兵七左平六叫杀，

兵10左平9；
前兵1退8；
后兵1退6；
前兵1退7；
后兵1右平2；
兵2右平3；
兵1右平2；
兵2右平3；
将7进4；
兵9右平10；
兵10左平9；
兵7进7入防守阵吃兵；
前兵3右平4；
兵9右平10；
兵10左平9；
兵3右平4；
兵4退6；
兵8左平7吃兵；
后兵4右平5；
将7退3；
兵5右平6；
将7退2；
兵6右平7；
将7退1；
兵9左平8；
将7右平8；
蓝方无奈兵4原位踏步；
将8右平9；
蓝方认输。

结局见图 3-41。

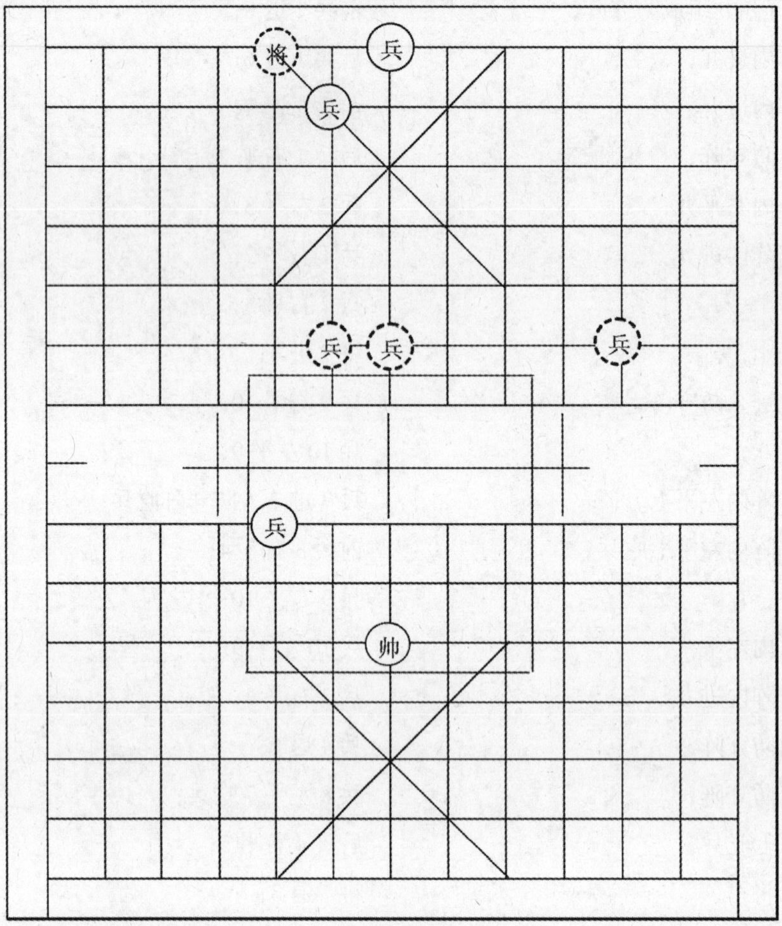

图 3-41

点评：

红方一开始设防守阵的目的明确，走中兵创造设置防守阵的条件，蓝方后走，眼看失去中路优势，意图集中兵力从左路进攻。由于红方快速组成了防守阵后，兵过山河的速度加快，蓝方设置防守阵的条件不成立，单兵深入的蓝方不得不退兵防守、徘徊。红方利用防守阵优势加速向蓝方大本营推进，蓝方趁红方防守阵空虚，派兵侵袭拦阻，可均被消灭，蓝将在大本营被逼到一角后，再无退路，不得不宣布认输。

通过本谱练习，其一了解兵的走棋规则；其二初见防守阵的设置与运棋规则；其三知晓战术上单兵深入，不如集中兵力有效；其四喜看兵在防守阵中可远距离出防守阵。如果不在防守阵中肯定不行，唯有谋略象棋才可以。

（二）对称的传统象棋棋子对弈

多数人都会下传统象棋，而且下得很好，把传统象棋棋子摆到谋略象棋盘中，用谋略象棋的走棋规则对弈，就得重新认识，重新思考，寻找新的战略战术。因此，把全部的象棋棋子，摆在谋略象棋盘上作谱，起到认识谋略象棋的的作用。

开局见图 3-42。

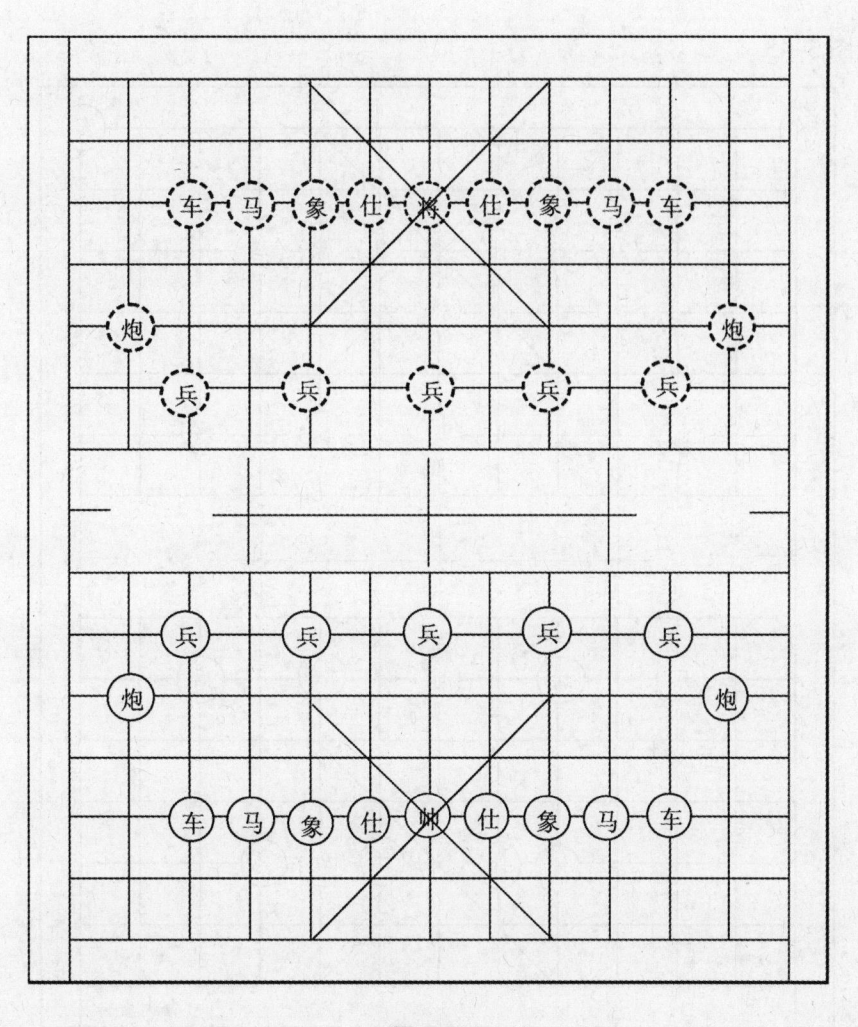

图 3-42

车十一右平十三，	车 3 退 2；
车三左平一，	车 11 进 4；
车十三进十五将军，	将 7 进 4；
车一进十五，	炮 2 右平 7；
炮二右平五，	炮 12 进 7；
炮十二左平七，	炮 12 右平 7；
炮五进十打兵，	前炮 7 进 11 打炮；
象五右进七吃炮，	炮 7 进 10 打兵将军；
象七左退五，	车 11 右平 12；
炮五退七，	车 12 进 15 左退锐对角吃马；
炮五右平七将军，	车 10 退 6 锐对角右进 7 吃炮；
车一退六锐对角右进七杀将，	蓝方认输。

结局见图 3–43。

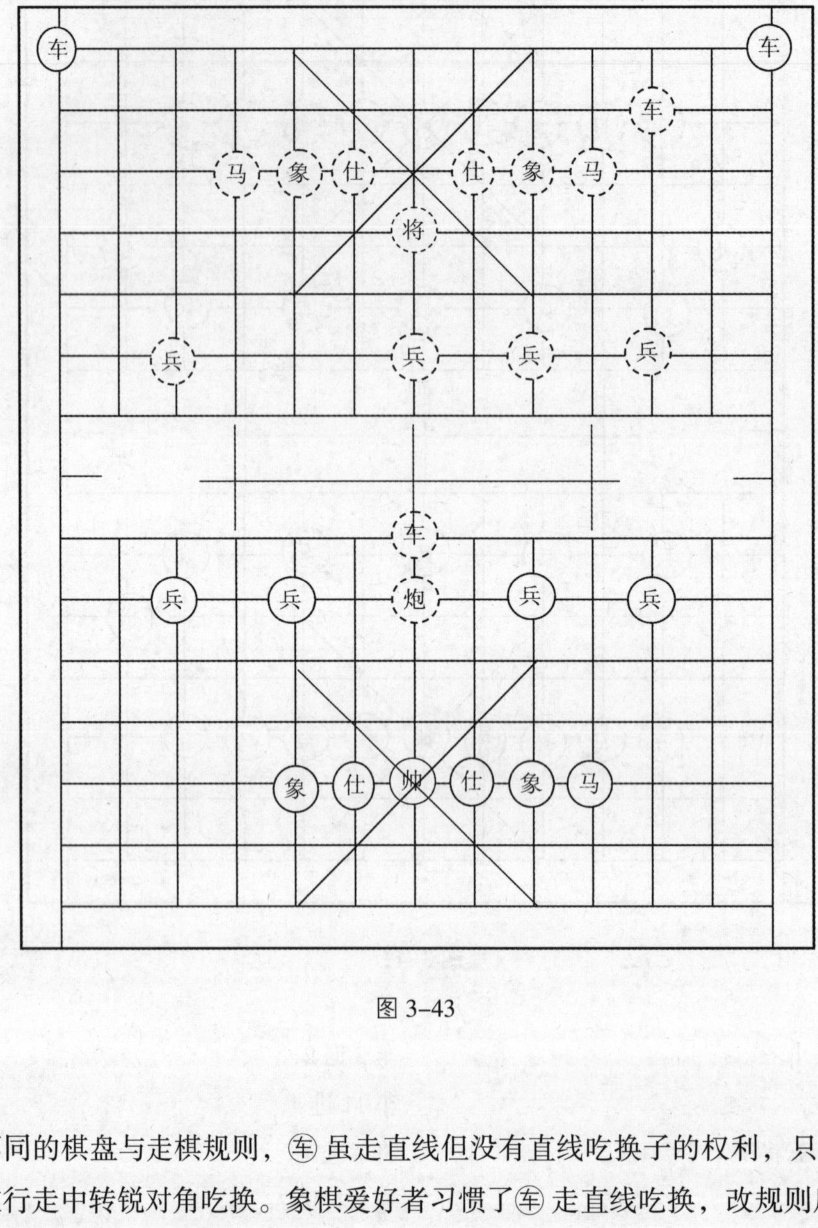

图 3–43

点评：

由于不同的棋盘与走棋规则，[车] 虽走直线但没有直线吃换子的权利，只能做到直线拦阻，必须在行走中转锐对角吃换。象棋爱好者习惯了[车] 走直线吃换，改规则后，对[车] 的威力存在认识上的误区，未能及时地护卫大本营，导致惨败是必然的。通过该谱认识一下[车]的作用和防护方法是很有必要的。

（三）史吏车情联攻防战

开局，由于各方[将]（[帅]）都不在原位点，也就相安无事，当红方一行走子，就将军了，围绕将军反将军，展开了决战，好一场拼杀。

开局见图 3–44。

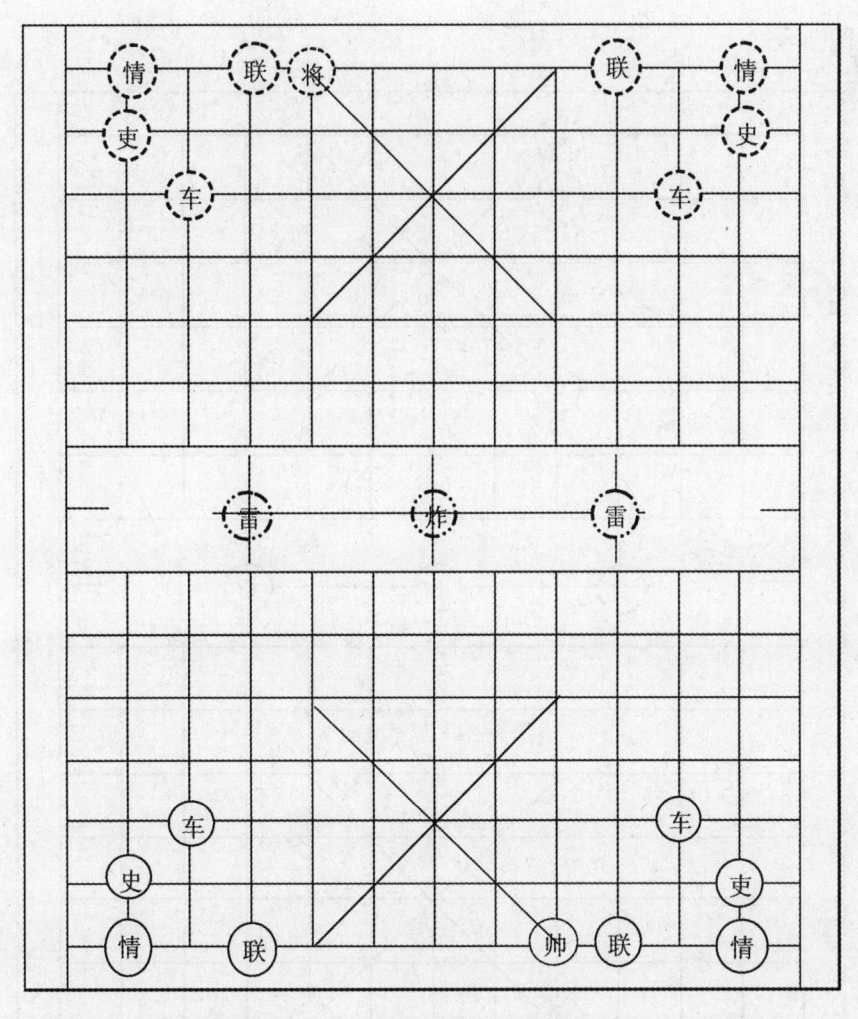

图 3-44

车三进七将军,
情十二左进三锐直线退七吃情,
史二右平九将军,
情二右进六,
情三右退六锐直线进五吃情,
车十一左平四锐对角右进六吃车,
吏十二左进九钝直线左平六吃吏将军,
联四右平五,
联十左进五,
史九进十一钝对角左进六吃史,
前联五进十一吃联,
吏六左进五钝直线进十一吃车,

情 2 右进 11 锐直线退 9 吃车;
联 4 右平 5 将军;
史 2 右平 8 将军;
情 12 左进 2 锐直线右平 8 吃情;
车 11 进 14 锐对角左退 8 吃情;
吏 12 左进 8 钝直线进 11 吃车;
车 3 右平 9;
联 10 左进 9;
联 5 右进 9;
车 9 左平 7 锐对角右退 8 吃史;
车 8 进 6 锐对角右退 9 吃联;
蓝方认输。

结局见图 3-45。

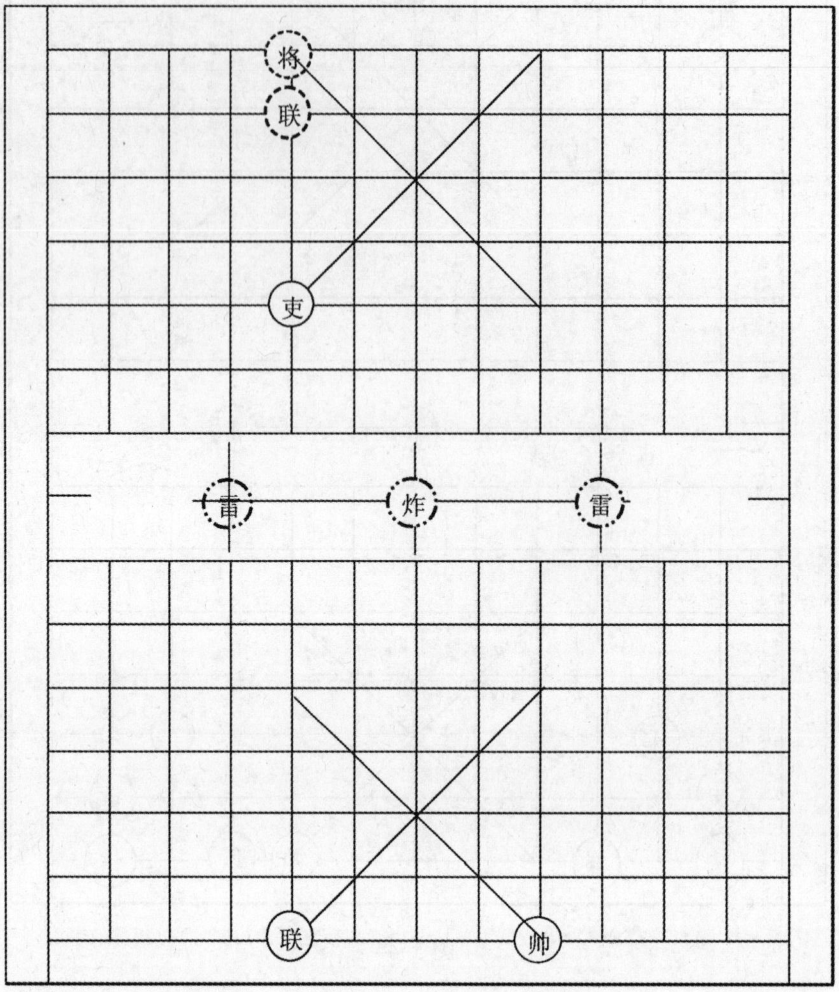

图 3-45

点评：

由于强强对抗，红方虽先走，但处在动态之中，易暴露目标，且易遭受静动打击，不便于行动中自我防护，输的机率大。如果，红方一开始各子紧扣，抓住蓝方误走机会，谋定而后动，一举连杀，胜的机率也很大。

练习这个谱的目的，主要让弈者充分了解车、情、史、吏、联的走棋规则与怎样避开雷、炸这个问题，特别比较一下车的规则。传统象棋中的车，是不能对面的，谁先对面谁被吃换，而谋略象棋规则一中的车是可以对面的，因为它走直线可以，但不能吃换子。

雷、炸虽然在棋盘位列上，车、情、史、吏、联出杀招时，一点不觉得雷、炸有什么防碍，将、帅未动蓝方就输了。当然也有很多变数，结局也会千变万化，留给弈者思考。

（四）阵圈争夺战

开局见图 3-46。

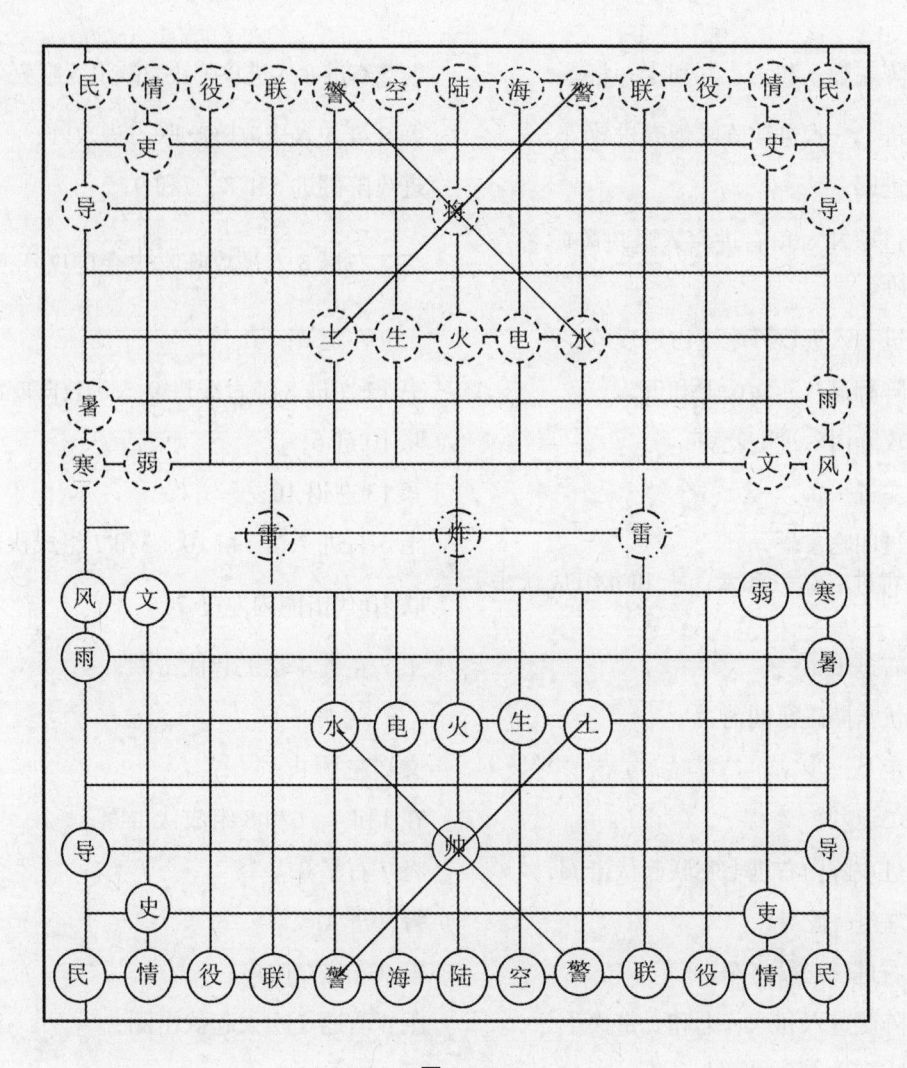

图 3-46

导十三进四吃拿风，	导 13 进 4 吃拿风；
联十进七，	联 4 进 6；
空八进七，	空 8 进 7；
导十三左退十二，	空 8 左平 7；
陆七进六，	陆 7 进 6；
在八和十、七和九组成进攻阵，	生 8 左进 7 碰炸消，
	陆 7 进 10 吃陆；
空八出阵左退七吃陆，	空 7 进 10 吃空；
进攻阵翻进八和十、九和十一吃联水电将军带子联雷，	火 7 左进 4 入进攻阵碰雷消，
	史 2 进 3 钝对角右进 4 吃联占领进攻阵；
吏十二左进十钝直线进十一吃史夺进攻阵将军，	将 7 退 2；
联四右进六，	警 5 右进 8；

进攻阵左翻八和六、九和十一将军，
联六进十一入进攻阵吃情夺进攻阵，
海六进四，
史二进三钝对角右进六入进攻阵吃警夺进攻阵，
海六进七入进攻阵吃空占进攻阵，
进攻阵翻退八和六、七和五，
电进攻阵内六进七吃吏，
文二左进一，
导一进四吃拿暑，
雨一右进三在三和六、七和九组成伏击圈，
土九右进十，
雷出伏击圈碰寒同消，
放弃走下一步，
弱十二退六，
电五进攻阵内右进七吃联起伏击圈，
雨三左进一吃导，
雨一右进三吃役将军，
进攻阵翻进六和八、七和九带火生，
进攻阵翻进六和八、九和十一吃拿土警，
进攻阵翻进六和八、十和十三带生，
雨三右退五，
暑十三左退十，
导十二右平十三，
情二左进一，
暑十左进八在五和八、五和七组成伏击圈吃拿海消进攻阵，
役十一进三，
文一右平二，
警九进四，
雨五右退八将军，
在九和十一、三和五组成进攻阵，
导一右退三，
情一右进十二锐直线左平六杀将，

情2右进8入进攻阵锐直线退5吃吏夺进攻阵；
警8进5入进攻阵吃联占进攻阵；
进攻阵翻进6和8、7和9；
空7右退8入进攻阵吃史夺进攻阵；
土9左退6；
吏12左进8钝直线进9入进攻阵吃海；
联10进6；
寒13左退10；
土6右进7在7和10、5和7组成伏击圈；
联10伏击圈内左平7；
土7左进4吃土起伏击圈；
文2左平1；
在1和4、6和8组成伏击圈；
将7右平8；
警9进4；
警9左进7吃电；
土4右退7吃火起伏击圈；
民13左进12；
海6进3入进攻阵吃生占进攻阵；
将8进3入进攻阵；
进攻阵翻进6和8、5和7带子海；
进攻阵翻进6和8、7和9；
进攻阵翻进6和8、9和11带子海；
导1进4吃拿寒；
民1左平2；
雨1右退4；
情12左进11；
情11左进6锐直线退6吃雨；
导1右退4；
导4右平7；
蓝方认输。

结局见图 3-47。

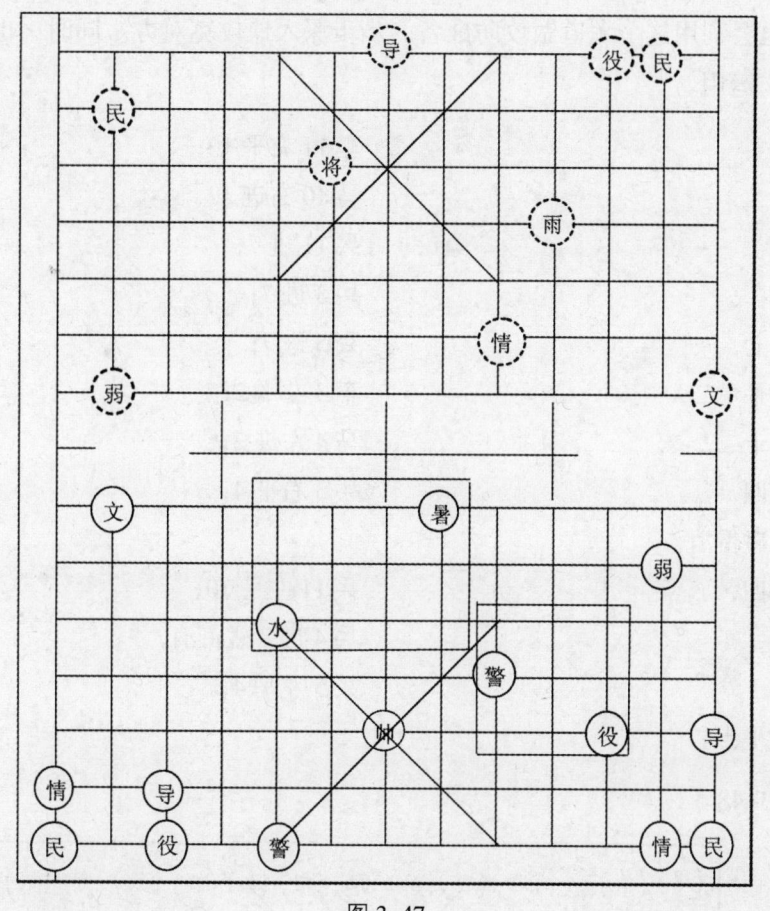

图 3-47

点评：

一开始，红方就做好了设置进攻阵的打算，而蓝方误以为红方是单兵种进攻，故以单兵拦击。不料，红方突然宣布设置了进攻阵，使蓝方措手不及。双方围绕进攻阵展开了占领争夺战。蓝方企图用已占领的进攻阵压向对方大本营，不料红方早有准备，突然宣布组成伏击圈，最终导致蓝方进攻阵被消灭。当蓝方再度用㊗㊗㊗㊗作最后一搏时，红方用暗藏的㊗杀了将，结束了这场战斗。

在这过程中，有多个地方变步走，每个变步都很好地改变了结果。另外，如果蓝方尽早谋划防守阵建设或利用占领的进攻阵，加强打击力，稳步推进，也会得出不同的结果。

这个谱，主要是围绕进攻阵的占领反占领，让奕者认识进攻阵的作用。红方碰㊗消㊗弃走一步迷惑蓝方，实际上是为了用进攻阵作进攻，再用㊗伺机而动打赢对方。在本谱中，记录进攻阵带子时，阵内子可不记，带子时要记，可根据实际情况灵活掌握。

五、全局

（一）初步认识开拓平安大道

说明：

整盘棋开局，用走棋规则对弈，后设阵圈对攻。通过这样的练习，可以打消人们面对子

多而无从入手的顾虑。子虽多，只要有战略思维和战术本能，就能在大本营两翼开辟出平安大道来。战时也会利用这个大道做攻防准备，步步深入地攻克对方。同时，也让弈者初步认识阵圈的设置与运用。

1. 车三左平二，　　　　　　　　　　车 11 右平 12；
   马四左进二，　　　　　　　　　　马 10 右进 12；
   兵三进七，　　　　　　　　　　　兵 11 进 7；
   兵五进七，　　　　　　　　　　　兵 3 进 7；
   兵十一进七，　　　　　　　　　　兵 5 进 7；
   车十一右平十二，　　　　　　　　车 3 左平 2；
   马十右进十二，　　　　　　　　　马 4 左进 2；
   兵三右平四，　　　　　　　　　　兵 3 右平 4；
   兵四进八碰雷消，
   兵五左平四，　　　　　　　　　　兵 11 左平 10；
   兵九进七，　　　　　　　　　　　兵 4 进 8 碰雷消，
   　　　　　　　　　　　　　　　　兵 5 左平 4；
   兵十一左平十。

中盘见图 3-48。

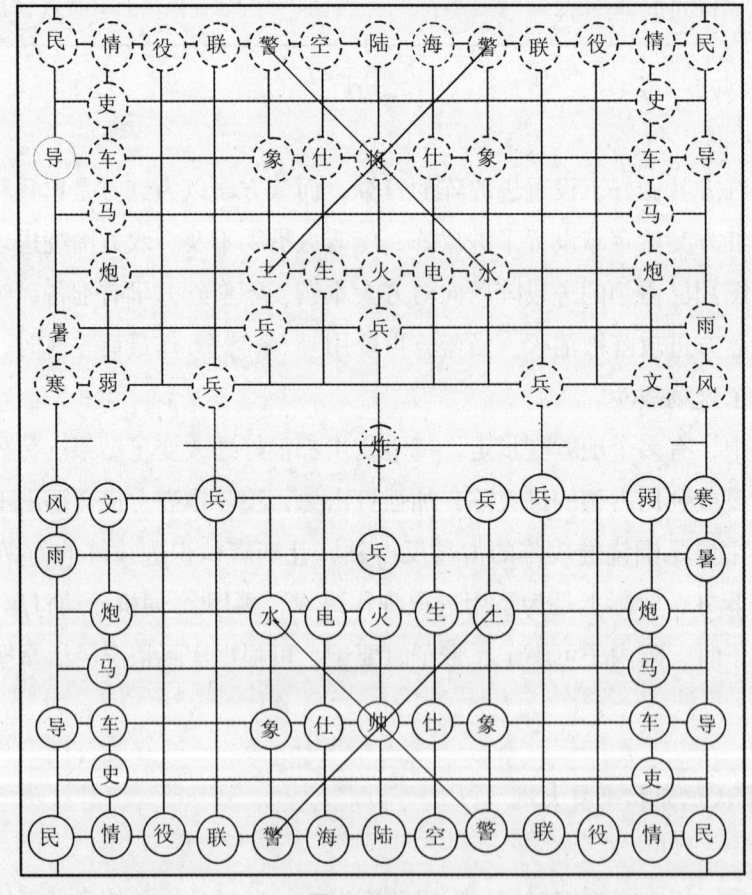

图 3-48

双方都心平气和地在大本营左右两翼走棋，无意进攻对方。直达对方底部的 13 条纵线中唯有 3、4、10、11 纵线，其余纵线都不同程度地被⑨⑩⑪⑫⑬⑭⑮⑯⑰⑱棋子所阻挡。如果是规则二，则不行走不能吃的子一直不行走，对方就无法从这个纵线渡子力，规则一无此规定，只能用重兵把守。㊗㊙也难以开道，只能通过 3、4、10、11 纵向对方阵地走子。双方都很清楚，要想靠近对方大本营，只能走大本营两侧。同时，要想使 3、4、10、11 纵子力不受㊗㊙的先期打击，就必须将它们转移，以保安全。双方都有这种意愿时，也就出现了三对 11 纵、十一对 3 纵的二㊗对望，十对 4 纵、4 对十纵的二㊗相对于山河两岸，平等地碰了一次㊙以示友谊的良性局面。

　　在这种互示友好共同开辟平安大道的友谊状况下，双方谋划不同，走子的方向不同，步点、左右子力不对等，这就为今后的攻防留下了伏笔。

2.

炮二平四，

炮十二左平十，

马十二左进十一，

车二右平三，

兵四进八吃兵，

联四进五吃炮，

兵十进八，

炮十进十一打炮，

马十一进十吃兵，

马二右进三。

炮 12 左平 10；

马 12 左进 11；

炮 2 右平 4；

车 2 右平 3；

兵 10 进 8；

炮 10 进 11 吃炮；

马 11 左进 10 吃兵；

兵 4 进 8 吃兵；

联 4 进 8 吃炮；

马 2 右进 3；

中盘见图 3-49。

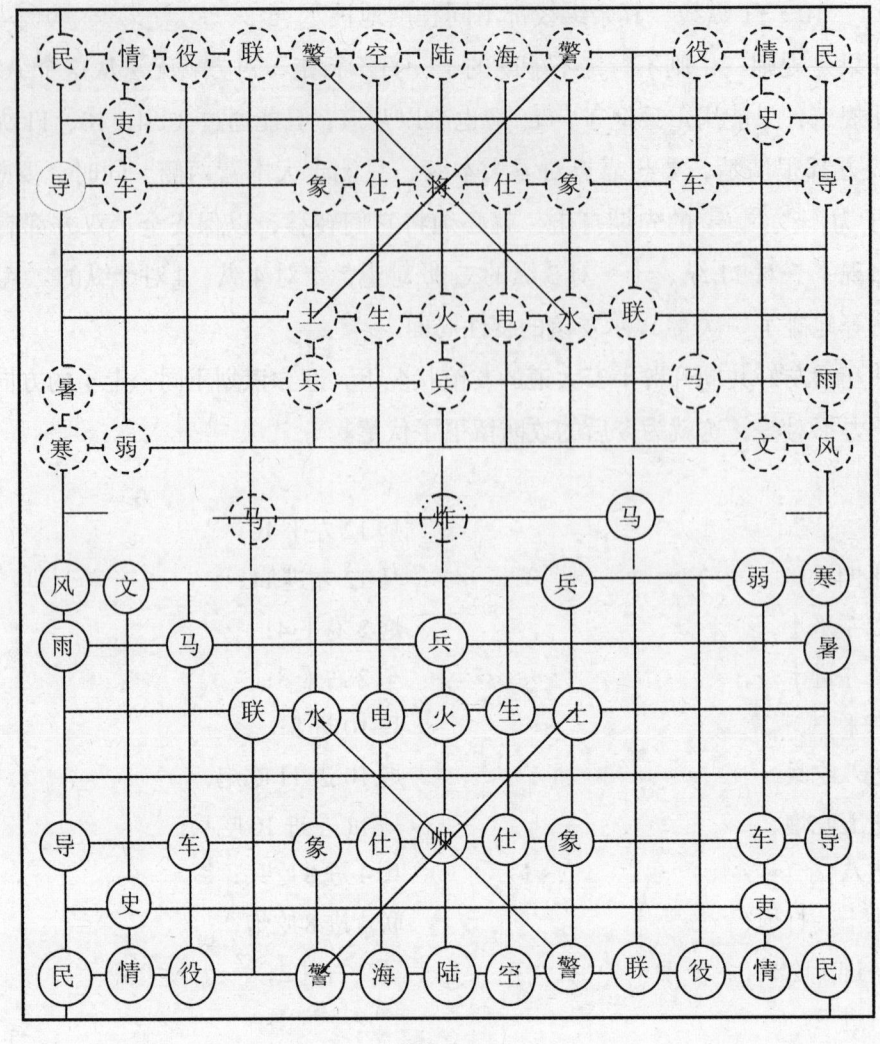

图 3-49

点评：

进炮挑衅，马入山河，均衡相待。蓝炮对红联挑衅，红炮应对，把平安大道顿时变成了战场通道。在一场小战斗中，双方欲展开一场大战，都把马运抵了山河间。正所谓，欲发大军，粮秣先行。

3.
陆七右进十二，　　　　　　　　　陆7右进12；
警九右进十二，　　　　　　　　　空8进7；
马三右进五，　　　　　　　　　　警9右进12；
空八进七，　　　　　　　　　　　空8退6；
空八退六，　　　　　　　　　　　马3右进5；
在十和十二、四和六组成进攻阵，　在10和12、4和6组成进攻阵；
兵九退六，　　　　　　　　　　　兵9进7；

中盘见图 3-50。

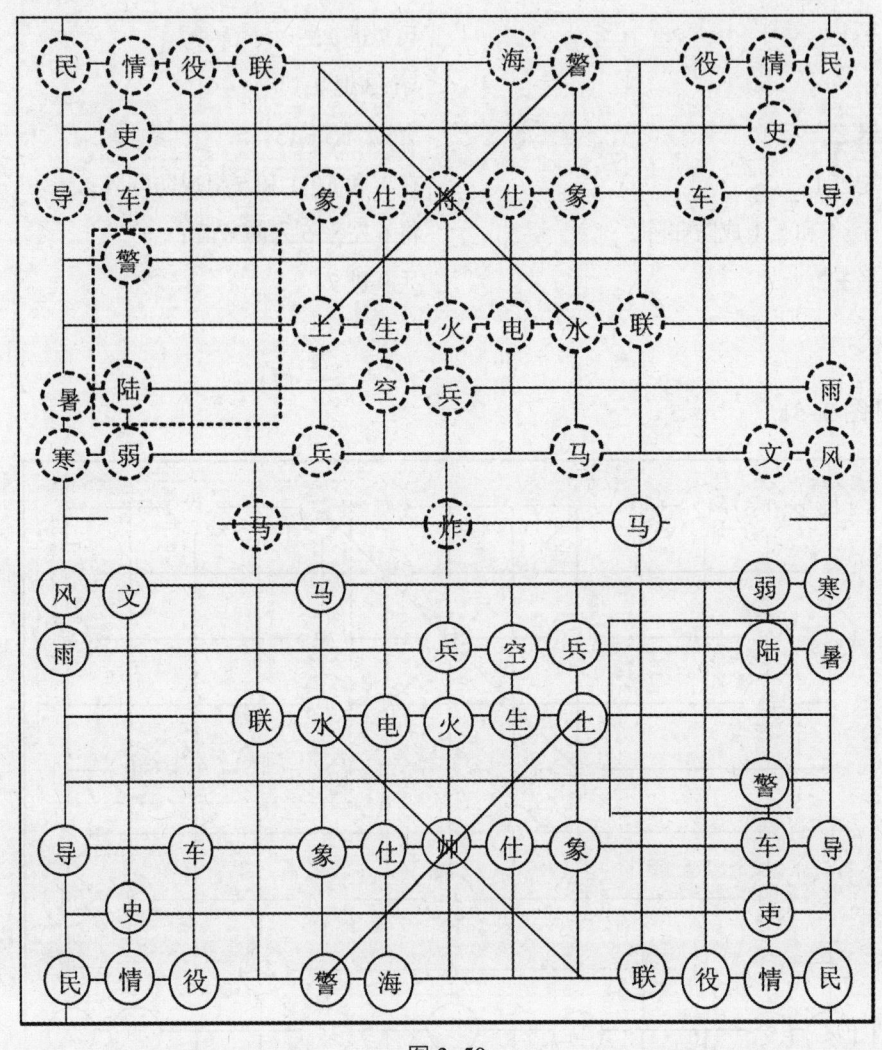

图 3-50

点评：

双方为了保马，蓝方出动了㋥㋺，红方也出动了㋥㋺，均用㋓调动了对方的马，使己方马脱险，至此双方子力都未上对岸。大兵压境，组成进攻阵应对。

4.	情2右进5；
车三进五，	民1进2；
情二右进三，	史2进5；
史二进五，	车3进5；
民一右进二，	兵9退7；
兵九进七，	将7退2；
帅七退二，	将7左平6；
帅七左平六，	仕6进4；

仕八进四，
仕六右平七，
兵七进七，
导十三退二，
吏十二左进十一，
在1和5、1和5组成防守阵，
文二右平三，
文三左平二。

仕8左平7；
兵7进7；
导13退2；
吏12右进13；
在1和5、1和5组成防守阵；
将6左平5入防守阵；
兵9进7；

中盘见图3-51。

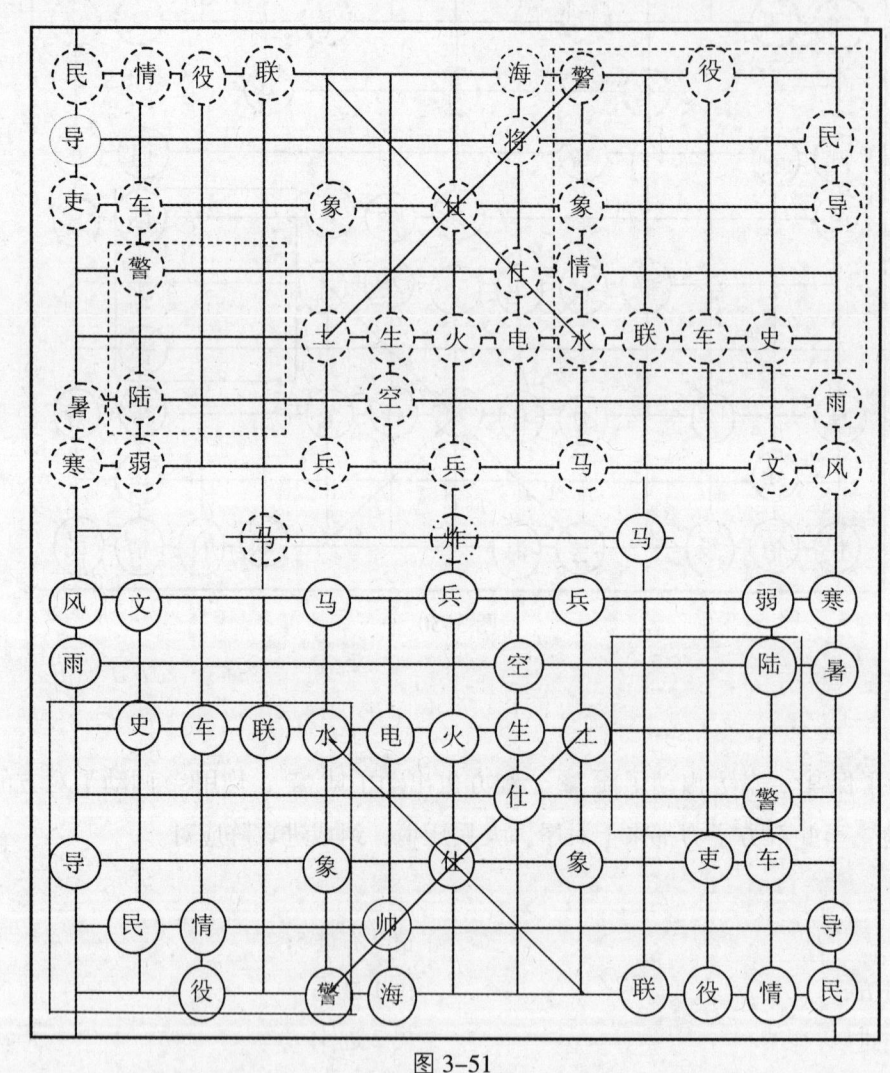

图3-51

点评：

红蓝双方在不对等的抗衡中，双方调动各种力量起来应对，将 帅 在大本营中活动寻机，使对方不知所措。在一片虚拟和平的气氛中，宣布组成了防守阵。

5.
导十三左平八，
兵九左平八，

兵七进八，
马五右进七吃马，
空八右平十一入进攻阵，
生八左进八吃兵，
联四进八吃马，
水五左进四吃联出防守阵，
联十进八吃联，
电六右进七吃生，
帅六左平五进入防守阵，
导八进三吃拿仕，
车三进九锐对角退四吃土出防守阵，
土九右进十吃史，
导八退二，
空十一左进八出进攻阵，
导八进三吃拿电，
土十左进十一吃车将军，
吏十一左进十钝直线进十四入防守阵杀

导 13 左平 8；
兵 9 左平 8；
兵 7 进 8 碰炸消，
兵 8 左平 7；
马 5 右进 7 吃兵；
兵 7 进 8 吃马；
空 8 右平十一入进攻阵；
生 6 左进 8 吃生；
联 10 进 8 吃联；
联 4 进 8 吃马出防守阵；
史 2 进 6 钝对角右进 4 吃联；
进攻阵左翻 10 和 8、4 和 6 带陆警将军；
电 6 右进 7 吃电；
土 9 右进 10 吃水出进攻阵；
役 11 右进 12；
导 8 进 2 吃拿海；
电 7 左退 6；
吏 13 左进 10 钝直线进 8 吃车；
将 5 阵内左平 4；
象 5 阵内左进 3 吃土；
蓝方认输。

结局见图 3-52。

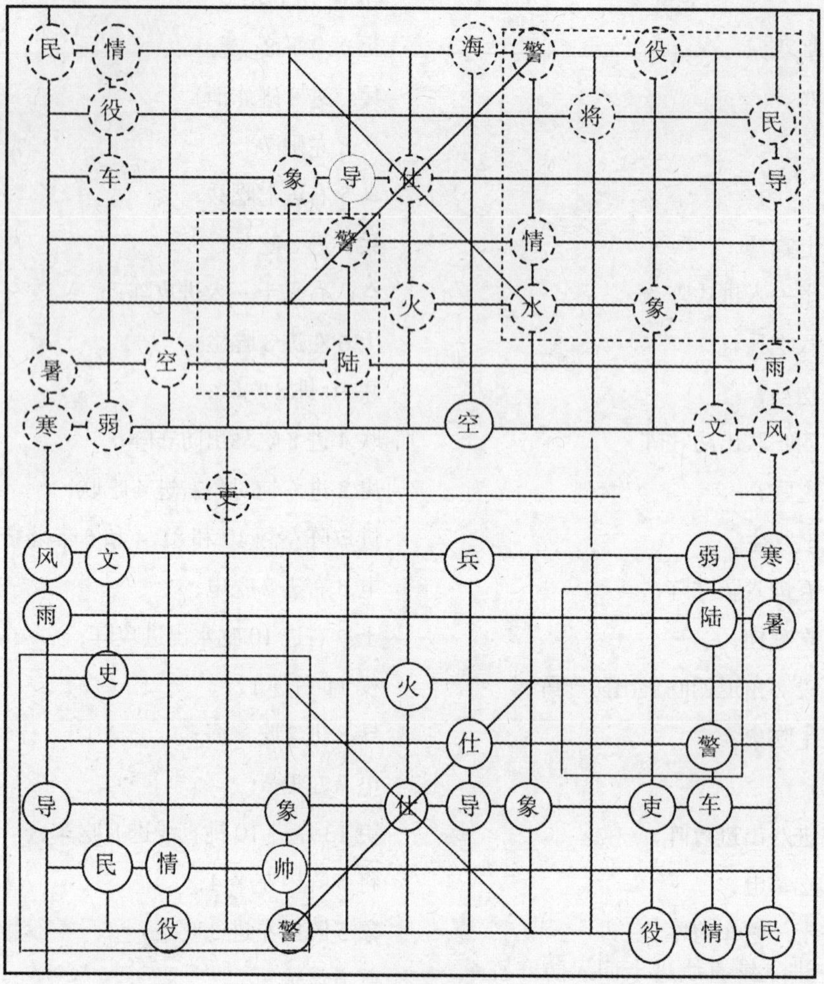

图 3-52

点评：

对弈双方，由于红㊋与蓝㊋在大本营中所走位置不同，在㊐挑衅战斗中致使双方兵力失衡。蓝方惊恐，红㊋失魂，只得进防守阵中谋求保护。蓝方欲再组进攻阵用㊉麻痹追赶时，不料误走㊋被红㊉把握时机，一举歼灭。可谓：乘胜追击，大意失荆州。

本谱主要弈练全局棋子的走棋规则，使练习者在温和的气氛中激战，掌控对方，保护自身的安危，并通过该谱克服子多无从下手的难题。从中也告诉人们一个道理，子多不怕，怕的是无心去弈练，弈了就有门道，有了门道就有打赢对方的办法，就可巧夺㊋（㊋）。

(二) 左翼进攻右翼策应

说明：

双方各自在大本营左翼集结兵力会剿对方的右翼，为了达到目的，大本营右翼做好向左翼补给的准备。通过对称到不对称的真实的弈练体验，摸拟攻防之战略战术，在不自觉中宣布组成防守阵，从而熟悉规则之运用。

1. 兵十一进七,
   兵九进七,
   炮十二左平十一,
   炮二右平三,
   车十一进四,
   兵三进七,
   车十一左平九,
   马十右进十二,
   马十二左进十一,
   陆七右进十二,
   兵七进七,
   兵七右平八,
   兵五右平六,
   兵九右平十,
   兵三右平四,
   兵四左平三,
   车三进六,

   导一右平三,
   导三进四吃拿兵,
   导三退二,
   导十三进四吃拿风,
   民一右进二吃炮,
   在九和十三、五和九组成防守阵吃拿兵文炮,
   兵十一防守阵中进九,
   弱十二防守阵中右平十一,
   兵十一防守阵中右平十二,
   兵八右平九入防守阵,
   联十左进九,

   兵 11 进 7;
   炮 2 左平 1;
   兵 9 进 7;
   车 11 进 6;
   兵 3 进 7;
   车 3 进 4;
   导 13 左平 11;
   导 11 退 2;
   马 10 右进 12;
   导 1 右平 2;
   兵 7 进 7;
   兵 5 进 7;
   兵 5 左平 4;
   马 4 左进 2;
   导 11 进 3 吃拿炮;
   象 9 右进 11;
   兵 4 进 8 碰雷消;
   兵 3 右平 4;
   导 2 右平 4;
   兵 9 右平 10;
   弱 12 左平 11;
   炮 12 进 14 打史;
   炮 1 进 9 打寒;

   车 3 右平 4;
   马 2 右进 4;
   导 4 退 2;
   联 4 左进 2;
   导 4 进 3 吃拿兵;
   在 9 和 13、3 和 7 组成防守阵。

中盘见图 3-53。

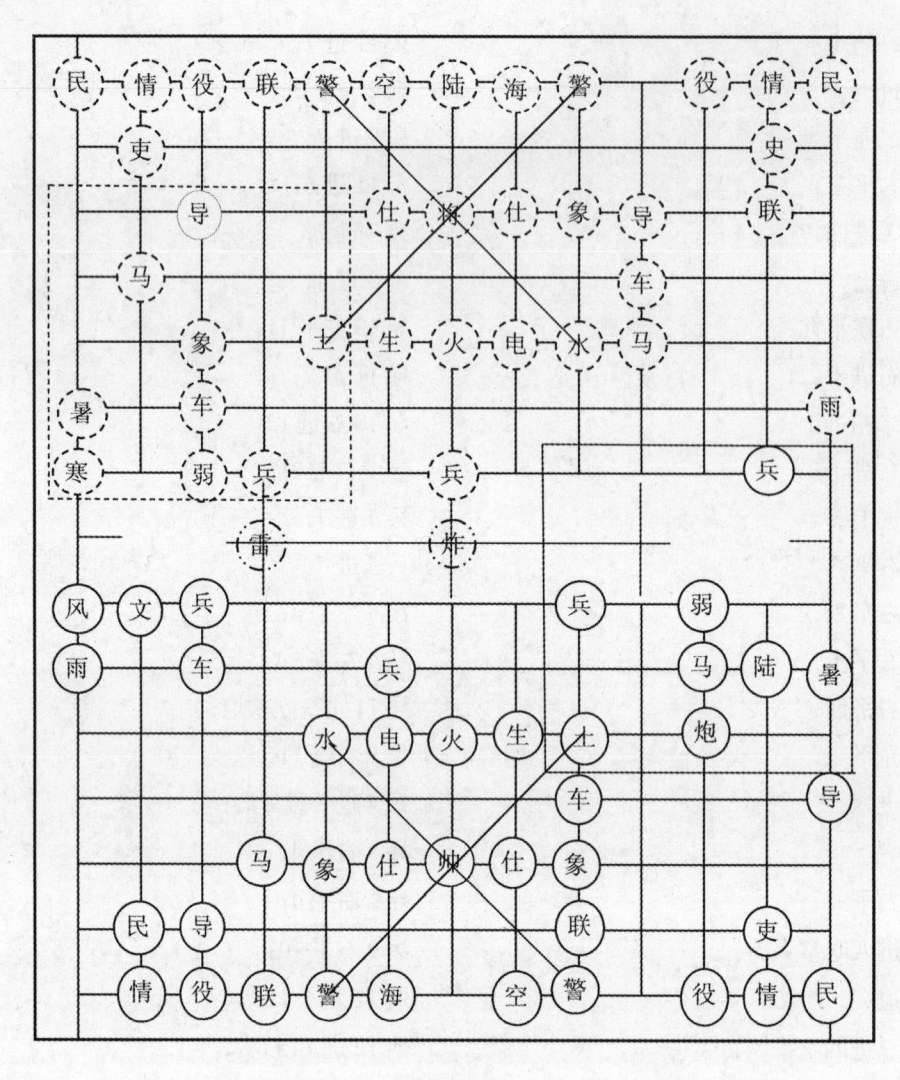

图 3-53

点评：

双方都在阻击战中，有意无意地宣布组成防守阵。一边创造组防守阵条件，一边在牵制对方，在条件与时效达成后宣布组成防守阵，达到预定目标。

2. 导十三左平十二，　　　　　　　　　　　　马 4 左退 2；
　 导十三进五入防守阵吃拿马，　　　　　　车 4 进 11 入防守阵锐对角左退 3 吃马；
　 炮十一防守阵内进六吃车，　　　　　　　联 2 右进 4；
　 吏十二左进十钝直线进十一吃联，　　　　史 2 进 3 钝对角右进 4 吃吏；
　 导十二防守阵内左平十一，　　　　　　　导 11 防守阵内退 2 出防守阵；
　 兵十二防守阵内左平十，　　　　　　　　役 3 进 3；
　 导十一防守阵内右退十二出防守阵，　　　导 11 进 1 入防守阵吃拿兵；
　 导三右平七，　　　　　　　　　　　　　导 4 退 2；
　 联四进二，　　　　　　　　　　　　　　导 11 防守阵内左平 10；
　 兵六进七，　　　　　　　　　　　　　　导 4 右平 7；
　 兵十防守阵内右平十三，　　　　　　　　雨 1 右退 4；
　 弱十一防守阵内右平十三，　　　　　　　弱 11 防守阵内左退 10；
　 暑十三防守阵内左进十，　　　　　　　　象 11 防守阵内左平 10；
　 联四左进二，　　　　　　　　　　　　　将 7 进 4；
　 暑十防守阵内退八，　　　　　　　　　　暑 13 防守阵内退 5；
　 暑十右进十二，　　　　　　　　　　　　兵 7 进 8 碰炸消，
　 　　　　　　　　　　　　　　　　　　　导 7 进 3 吃拿火；
　 土九防守阵内右平十，　　　　　　　　　民 1 进 2；
　 土十防守阵内进八在十和十二、八和十
　 一组成伏击圈吃拿史，　　　　　　　　　电 6 右进 7；
　 联二右平四，　　　　　　　　　　　　　电 7 右进 10 在 10 和 13、7 和 9 组成伏击圈吃拿文风；
　 陆十二防守阵内进十互动入伏击圈，　　　导 10 防守阵内进 4；
　 兵十三防守阵内左平十二入伏击圈，　　　联 10 进 12 跨己吃防守阵吃联；
　 雨一右退十吃联，　　　　　　　　　　　暑 13 防守阵内互动跨己进 9 入伏击圈；
　 民十三进二，　　　　　　　　　　　　　暑 13 伏击圈内左平 11；
　 情二左进一，　　　　　　　　　　　　　暑 10 左进 8 出伏击圈吃电
　 生八左进七，　　　　　　　　　　　　　兵 10 防守阵内互动进 8 入伏击圈碰雷消，
　 　　　　　　　　　　　　　　　　　　　土 9 右进 10 在 8 和 10、8 和 11 组成伏击圈吃拿兵水；
　 导七退一，　　　　　　　　　　　　　　导 7 左退 6；
　 导七进二吃拿火，　　　　　　　　　　　导 6 右平 7；
　 导七退一，　　　　　　　　　　　　　　生 8 左进 7 吃生将军；
　 车三右平九入防守阵锐对角左进七吃生，　车 11 防守阵内进 12 跨伏击圈锐对角右退 7 吃车将军。

中盘见图 3-54。

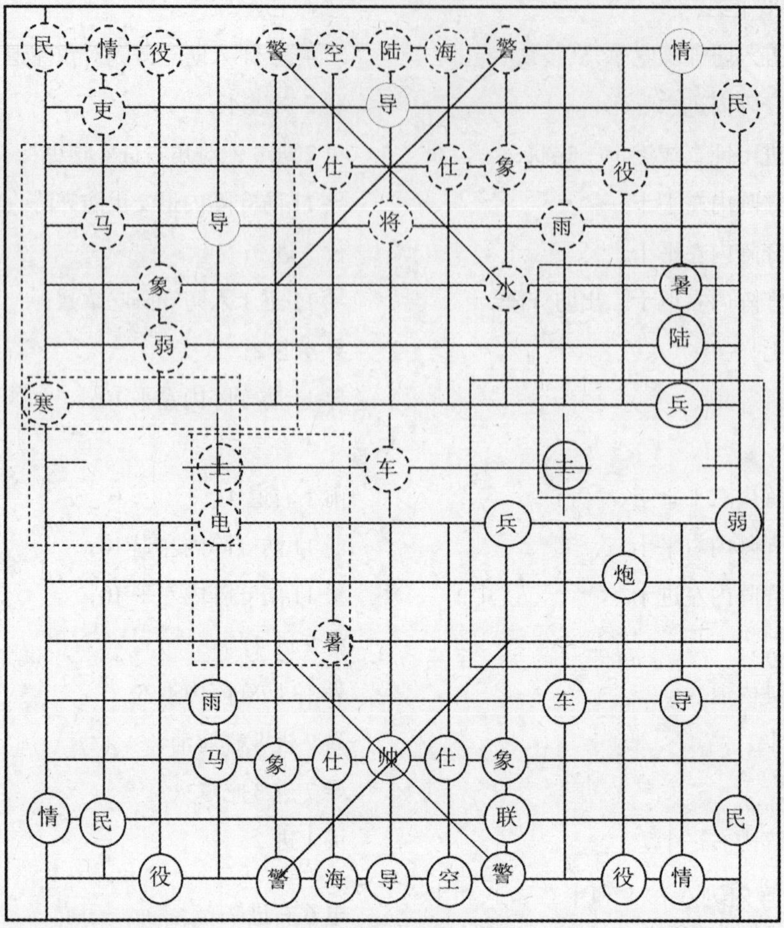

图 3-54

点评：

红方在激战中，急忙组成伏击圈，通过伏击圈深入敌战区。蓝方在慌忙中也急于组成伏击圈，可孤军深入彼方大本营。因此，双方都对对方构成了威胁。如何解决，就看下面一战。

3. 象五右进七，　　　　　　　　　　水 5 左进 4 吃土消伏击圈吃拿暑；
　 联九左进七，　　　　　　　　　　导 7 进 3 吃拿象；
　 炮十一防守阵内左平七出防守阵将军，陆 7 进 5；
　 车十左平八，　　　　　　　　　　水 5 彼防守阵内进 11；
　 车八进九锐对角左退七吃车，　　　雨 4 左进 2 吃兵入彼防守阵；
　 炮七进十一打陆将军，　　　　　　象 5 右进 7 吃炮；
　 联七进十一吃象将军，　　　　　　情 12 左进 7 锐直线退 5 吃联；
　 车七退四锐对角左进十二吃雨入防守阵，水 4 彼防守阵内右平 5；
　 情一右进十一锐直线左平七杀将，　蓝方认输。

结局见图 3–55。

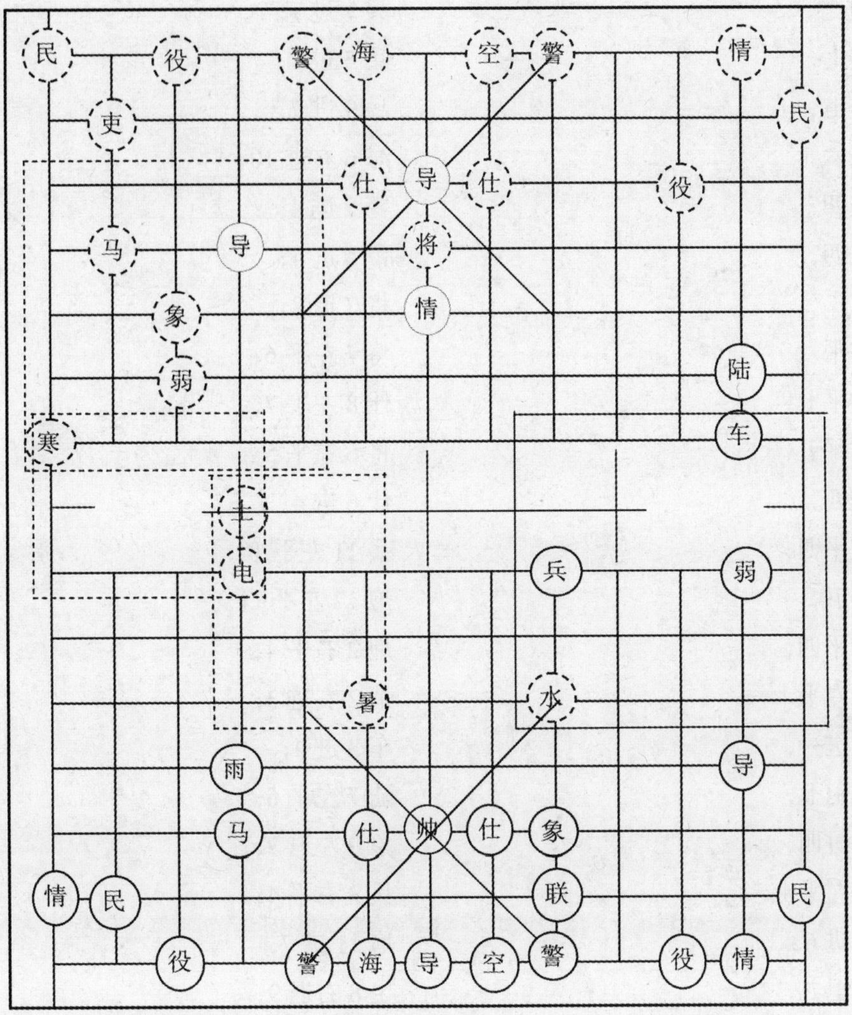

图 3–55

点评：

红方在右翼未能得利，改而进行正面较量，同时在左翼埋下[火]种。蓝方宣布组成伏击圈深入对方大本营也未有好处，改为正面较量，却不知[将]暴露在外。因此，双方在正面较量之后，都有损失，就在蓝方利用[水]在红方防守阵的优势实施进攻且得意时，红[情]突然袭击，使蓝方措手不及而认输。如果红方不赢，蓝方的[水]一步就可组成伏击圈宣赢，其结果就不是红方赢而是蓝方赢了。

（三）正面进攻两翼策应中间突袭

说明：

通过这个棋谱的弈练，让人们系统地认识阵圈设置功能、运棋规则和互动规则。学会正面进攻、两翼策应的战略战术，了解起消阵圈的意义和方法。

1. 兵七进七，　　　　　　　　　　　兵7进7；
   兵五进七，　　　　　　　　　　　兵5进7；
   兵九进七，　　　　　　　　　　　兵9进7；
   陆七进六，　　　　　　　　　　　海6右进10；
   警九进四，　　　　　　　　　　　警9进4；
   警五进四，　　　　　　　　　　　警5进4；
   帅七退二，　　　　　　　　　　　将7退2；
   帅七左平六，　　　　　　　　　　将7左平6；
   仕八左平七，　　　　　　　　　　仕8左平7；
   帅六左平五，　　　　　　　　　　将6左平5；
   仕六进四，　　　　　　　　　　　仕6进4；
   炮二右平四，　　　　　　　　　　兵11左平10；
   车三进五，　　　　　　　　　　　炮12左平11；
   兵三右平四，　　　　　　　　　　炮2右平4；
   炮十二左平十一，　　　　　　　　情2右进3；
   情二左进一，　　　　　　　　　　车3进4；
   象九左退七，　　　　　　　　　　陆7左平6；
   车十一进四，　　　　　　　　　　象9左退7；
   兵十一左平十，　　　　　　　　　兵3右平4；
   炮十一进6，　　　　　　　　　　 炮11进7；
   生八右退九，　　　　　　　　　　生8右退9；
   生九右进十二，　　　　　　　　　暑13左退10；
   暑十三左退十，　　　　　　　　　车11进4；
   生十二右进十三在十和十三、四和六组
   成伏击圈，　　　　　　　　　　　在1和5、1和5组成防守阵；
   在一和五、一和五组成防守阵，　　生9右进12；
   空八进七，　　　　　　　　　　　空8进7；
   兵四进七，　　　　　　　　　　　生12右进13在10和13、6和4宣伏击圈；
   弱十二退六入伏击圈，　　　　　　联10左进7；
   在七和九、五和七组成进攻阵，　　在8和10、7和5组成进攻阵。

中盘见图 3-56。

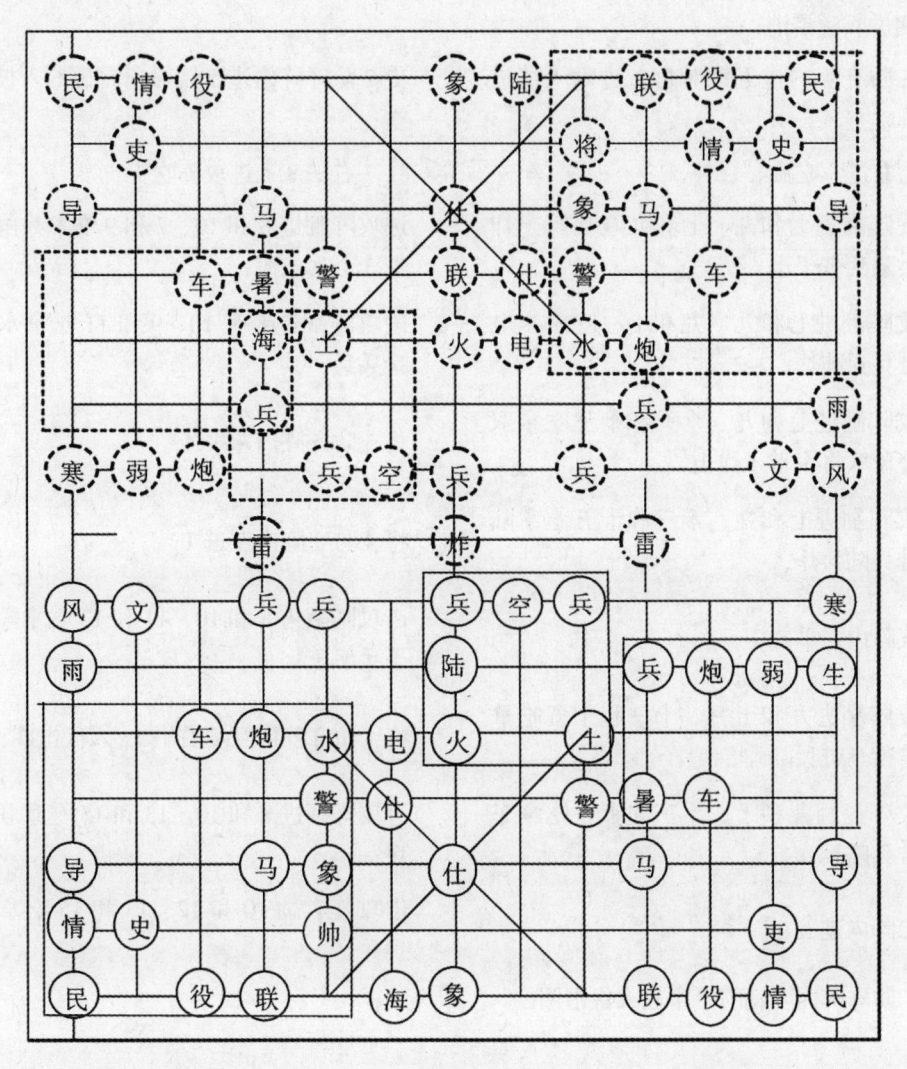

图 3-56

点评：

双方在各自的阵地内布置了阵势，并做了精心的防御性战略部署，先后宣布组成了具有战略、战术意义的伏击圈、防守阵、进攻阵。在此过程中，双方虽有争锋相对形势，但却不愿宣战。双方形成三角防御、阵圈互动体系，都锁定了远程打击战略目标。可谓，箭在弦上，一触即发。

但也要看到，双方在着子步点的编号上呼叫一致，由于棋盘格线编号是从左到右的，呼号一致，但不等于着子步点相同，因此攻防就会出现左右差异。

2. 兵四进八碰雷消；

史二防守阵内进五锐对角右进六入彼进攻阵吃空，

陆七右进八吃史，

进攻阵翻进七和九、七和九吃兵阵子炸土兵陆兵带子土，

进攻阵翻进七和九、九和十一吃拿水电火带兵兵陆炸，

进攻阵翻进七和九、十一和十三吃拿双仕警象联将军带子炸土，

进攻阵翻进七和九、十三和十五吃拿陆象带兵陆兵炸，

帅五阵内左平二，

进攻阵翻进九和十一、十三和十五吃拿联情役马带兵陆炸，

进攻阵退翻九和十、十三和十一吃拿车炮带兵陆兵炸，

帅二阵内进五，

帅二防守阵内互动右平十三入伏击圈。

史2防守阵内进5锐对角右进6入彼进攻阵吃空；

兵7右平8入进攻阵吃史；

进攻阵翻进8和10、7和9吃拿兵阵中子双兵带3个兵土海；

进攻阵翻进8和10、9和11吃拿水电炮带子兵兵兵；

将5防守阵内左平4；

将4防守阵内左进1；

进攻阵翻进8和10、11和13吃拿警仕马象带子兵海土；

将1防守阵内互动右平13入伏击圈；

进攻阵翻进8和10、13和15吃拿联海带兵兵兵；

进攻阵右翻10和12、13和15吃拿役带子兵兵兵；

中盘见图 3-57。

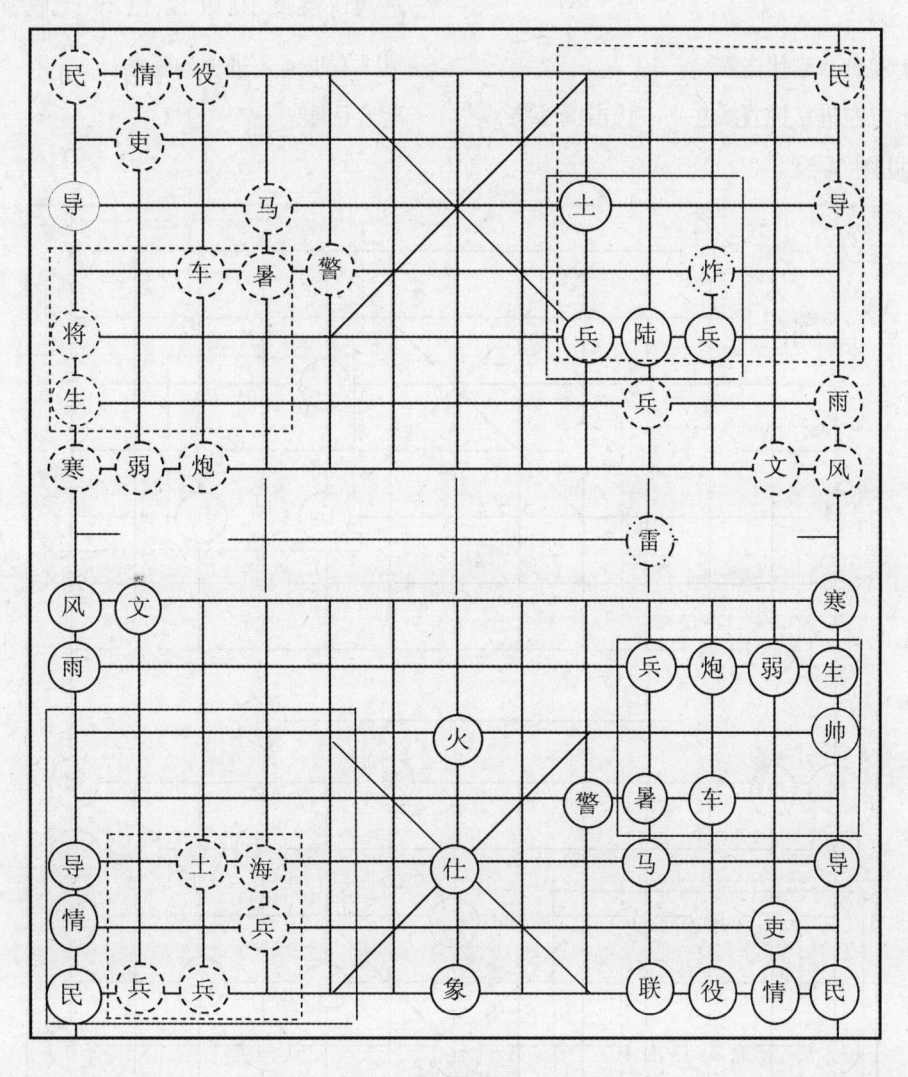

图 3-57

点评：

双方过河未能阻拦，红方直进大本营拿将，不料向前而未向右翻而使将逃脱，后赶时，将已互动至伏击圈逃生，红方也同样危险。蓝方进攻阵直入大本营，帅急忙逃脱，互动至伏击圈中逃生。红方蓝方进攻阵虽打进大本营至对方防守阵中，双方都损失了一边战斗力，然而不容忽视的是己方阵地还有强大战斗力，输赢未定。

双方都有考虑打进攻阵，然而进攻阵中子多，且隔1步，打一次只能吃拿1个，打掉一个后进攻阵已开走，不易拦击。假如有两个以上进攻阵，就可以考虑用进攻阵围堵消灭对方。好比航空母舰，即是对方用炮导轰炸，战斗经验多的航母在驾驶员的驾驶下也能照常前进。有几个航母组成战斗群，从不同地点阻击，打掉对方航母是可能的。

3.
　　暑十左进八起伏击圈，
　　吏十二左进三钝直线左平一伏击圈杀将，
结局见图3-58。

进攻阵翻退10和12、13和11吃拿车带子同风1右退4入进攻阵吃陆；
蓝方认输。

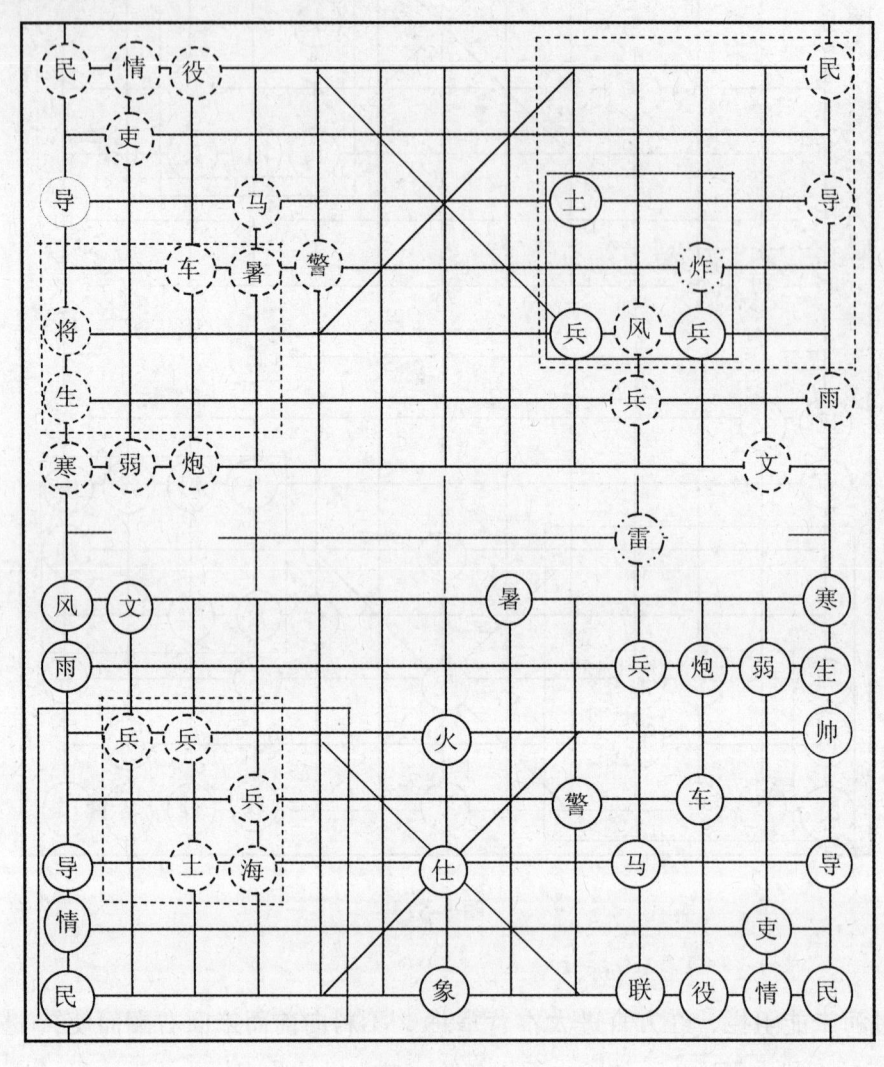

图 3-58

点评：

蓝方未能预料到㊙所处位置危险，以为没事，既想退回进攻阵又想打对方进攻阵，可谓雄心勃勃，却不知红方起伏击圈用意，结果红㊙乘势杀将。如果说，红蓝双方在山河中各自用进攻阵翻吃打进攻阵，奇偶进攻阵虽不全灭，也会使进攻阵中子减少，或许在翻行中就能消灭对方。一方如有两个进攻阵，一个进攻阵深入，一个守护在防守阵上方，则局势也会大变。

本谱主要是说明进攻阵的开进方法，㊙㊙的互动过程以及防守阵、伏击圈、进攻阵在棋盘中达到合一的策略。改变过去传统象棋的㊙㊙死守大本营的观念，放眼看谋略象棋，打赢对方不在于明争暗斗，而在于创造条件或等待条件成熟时的奇袭。

第四章　第二套游戏规则

本章主要依据第二套规则（简称规则二）展开介绍。先说明第二套游戏规则，然后用图文并茂的方法解释规则，使读者一目了然。再用棋谱抛砖引玉，让弈棋者从摸索中学会对弈。

规则图解，就是按照规则所示，在棋盘上画出行子方式图。根据该子的走法，实际对弈中应注意到的事项进行解释，便于下棋者更好地实际运用。同时，用图这种形式，便于区别规则一与规则二。与上章相同的图则省略。

棋谱如第三章规则一所说，仍然以五局方式练习，例举了几十个谱，供弈者练习时参考。把棋子看成一个活生生的人和一群团体力量时，就能体悟到棋盘如战场、棋子似战力的意境，对弈仿佛就是一场围绕帅将展开的攻防军事演习。

在棋谱中，阵圈区域记录方式采用1和几纵、1和几横表示；进攻阵翻行，带子改用"带"什么子；防守阵用"防"代称，进攻阵用"阵"代称，伏击圈用"圈"代称，直线用"直"，对角用"角"表示等等，便于弈者、裁判在比赛时快速记录，减少记录长度。这是更加实用的记录方法。

平常练智、练勇、练谋、练术，用时就可登峰造极。子多用处多，子变盘不变，以不变应万变。

第一节　规则说明

双方隔1至4步走，帅先将后，对弈于山河，弈先预约；阵圈宣布组成和进攻阵翻行后，彼方先走。消雷炸后，己方先走；左为山，右为河。

一、走棋规则

帅将：大本营内4格直线、对角走1，沿画角线走至外格点，进退，吃换；所在的米回字区域为大本营，是争夺中心，被控制无法移动为输，另一方为赢，双方都有兵力无法控制即为和；在阵圈中帅将见面无碍，非阵圈不得见面，非阵圈见面为输。第一轮回，不杀将。

雷炸：不动，属公共，遇棋阻，碰则同消。阵圈内同待，亦可沿直线、对角出阵圈同消一切子，遇棋则阻，脱离阵圈仍属公共。

[民]：直线、对角走1，进退，遇棋阻，吃换；9横外阵圈内外，可自愿吃翻[空]或[海]。

[文][弱]：直线走1，进退，遇棋阻，不行走不能吃，吃换；入营不吃，误吃则拿；9横外阵圈内外，可自愿吃翻[陆]。

[导]：走直线、对角，进退，隔己方2子进1步吃拿1子；连续拿，则继增隔1子；另线回，从2始。

[炮]：走直线，进退，遇棋阻，跨1子吃换。

[兵]：直线走1，9横外左右向前，只进不退，6至9横内前后左右进退，遇棋阻，吃换。

[仕]：1步后沿画角线走1，进退，遇棋阻，吃换。

[马]：走直线1对角1，进退，直线上遇棋阻，吃换。

[象]：走对角2，进退，对角中遇棋阻，吃换。

[车]：走直线，进退，遇棋阻，吃换，直线转锐对角吃换。

[情]：走对角，进退，遇棋阻，吃换，对角转锐直线吃换。

[史]：走直线，进退，遇棋阻，直线转钝对角吃换。

[吏]：走对角，进退，遇棋阻，对角转钝直线吃换。

[役]：直线、对角走1至2，进退，走桥、两边过岸（出入阵圈不限），跨己不跨彼，吃换。

[警]：直线、对角走1至3，进退，跨己不跨彼，吃换。

[联]：走直线、对角，进退，跨己不跨彼，吃换。

[海]：直线、对角走1至4，进退，走水段过岸（出入阵圈不限），跨己不跨彼，吃换。

[陆]：直线、对角走1至5，进退，走桥过岸（出入阵圈不限），跨己不跨彼，吃换。

[空]：直线、对角走1至6，进退，走山段过岸（出入阵圈不限），跨己不跨彼，吃换。

[风][雨][寒][暑]：走对角1直线1对角1，进退，直线上有棋阻，吃换，不行走不能吃。

[水][电][火][生][土]：走直线1对角1直线1，进退，对角上有棋阻，吃换，不行走不能吃。

二、防守阵设置与运棋规则

1. 设置：1至9横间营外边线，设与营相同的回字区域，有任意5子走入，隔回宣布组成，确认后作标记显示区域存在，不移动。

2. 运棋规则：显示后，防守阵内彼子全拿，己子均可沿直线、对角进退，遇棋则阻，吃换。按走棋规则出入，吃换出入后隔回收，隔2回不收彼方拿起当俘虏；拥俘，待己防守阵需要时把被吃同子放入使用，俘子消；无子为消防守阵，防守阵可重组。

三、进攻阵设置与运棋规则

1. 设置：任一田位，由[海][陆][空][警][联][役]任意2子走入，隔回宣布组成，确认后作标记显示区域存在。

2. 运棋规则：显示后，彼方子全拿；己方子均可沿直线、对角进退，遇棋阻，吃换，按走棋规则出入；无子为消进攻阵，进攻阵可重组；拥任意一子一线可沿直线翻行进退、吃拿，过岸，翻行后本方子跟留不限，遇一子无位放则阻。

四、伏击圈设置与运棋规则

1. 设置：

盘上任一区域，其一由[风][雨][寒][暑]中某子与[水][电][火][生][土]中某子走入，子成双目斜角而立，即可宣布组成；其二由[风][雨][寒][暑]中任意2子成双目斜角而立，即可宣布组成；其三由[水][电][火][生][土]中任意2子成目斜角而立，即可宣布组成。确认后作标记显示区域存在，不移动。

2. 运棋规则：显示后，彼方子全吃拿；伏击圈中子均可沿直线、对角进退，遇棋则阻，吃换；子按走棋规则出入，彼方非吃换子或阵中子不得入内，误入拿掉；组成伏击圈棋子，唯有彼方同类子或伏击圈盖住吃、拿，吃、拿1个后，另关联子全部拿掉，伏击圈消失；伏击圈消失后，未被伏击圈盖住的子不变；己方起走或进攻阵翻带一个组成伏击圈子后，另子与伏击圈内子不变；组成伏击圈子可两类重组，亦可单类重组，亦可多方连组。

五、阵圈互动规则

设置好两个以上阵圈后，即可进行阵圈互动；阵圈中棋子均可沿直线、对角一步往来于阵圈之间；棋子往来，落点遇己棋则阻、彼方棋可吃换或阻；往来途中内、外跨己不跨彼，亦不垮彼方阵圈；互动过程中，对方可以走棋拦阻，亦可待停稳吃换，拦击于中途或消灭于落脚地。凡阵圈显示区域，均不影响己方依走棋规则走子，彼方依走棋规则不得跨越。

第二节　规则图解

一、开局

双方隔1至4步走，[帅]先[将]后，对弈于山河，弈先预约。阵圈宣布组成和进攻阵翻行后，彼方先走。消[雷][炸]后，己方先走；左为山，右为河。

释：双方隔1至4步走，对弈于山河，弈先预约：一轮中，双方排好子后，弈前先约定一回合隔1步走，还是隔2步、隔3步、隔4步走。确定后中途不再变。彼此双方两阵对峙，围绕山河作攻防。

其余与规则一相同。

二、将帅仕雷炸

（一）[帅][将]：大本营内4格直线、对角走1，沿画角线走至外格点，进退，吃换；所在的米回字区域为大本营，是争夺中心，被控制无法移动为输，另一方为赢，双方都有兵力无法控制即为和；在阵圈中[帅][将]见面无碍，非阵圈不得见面，非阵圈见面为输。第一轮回,不

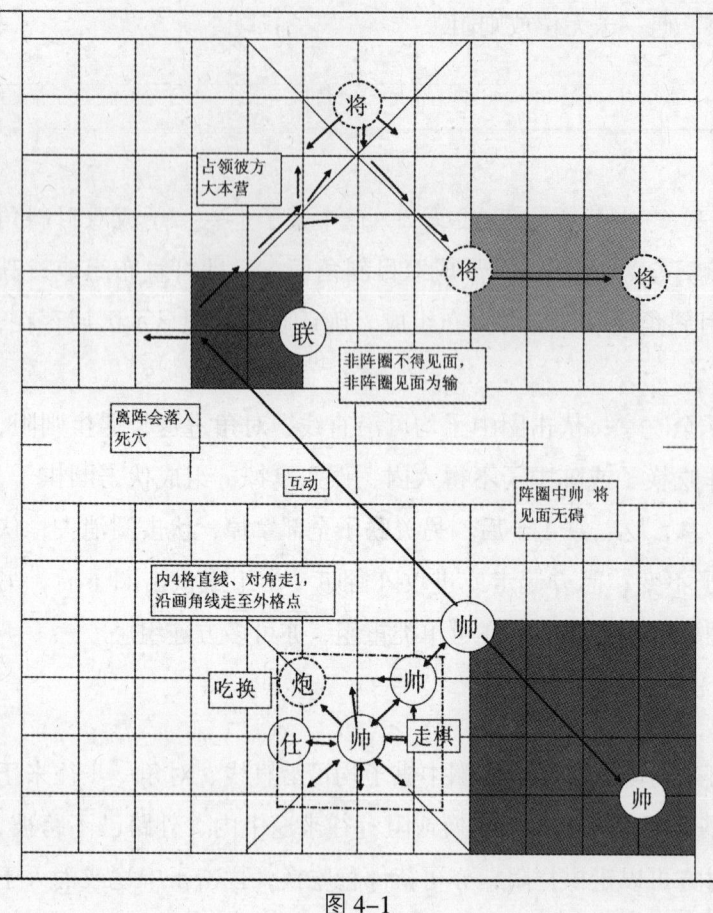

杀将。（见图4-1）

释：1. 大本营内4格直线、对角走1，沿画角线走至外格点：大本营有20格，25个纵横交叉的步点，但它每次只能在内4格的9个步点中沿纵直线（横直线、对角方向）走1个步点；在画角线（对角线）上时，以1个步点可沿画角线（对角）至外格点，行走时不能超过1个步点。在内4格中可沿非画角线（对角、对角方向）行走，但在外4格只能以画角线行走1个步点，绝不能沿非画角线的对角方向（纵直线、横直线）行走。

2. 规则未规定它不出营，所以它可以出营活动。它可以借大本营中的进攻阵设置与翻行进入进攻阵，可通过画角线进入设在大本营边线的防守阵，或提前将帅（或将）行走至营边线，等待本方设置防守阵时将它包含进去，也可通过大本营中的伏击圈，在大本营内4格时被设置进去，也可行走至伏击圈中。在阵圈中的帅（或将）可以通过进攻阵翻行和阵圈互动，跨越山河进入彼方地域。随阵圈可走遍全盘，但不能脱离阵圈离开大本营，若随阵圈离开大本营后，脱离了阵圈，落入非大本营地域，则算落入死穴不能动，这就离输不远了。如果它落入彼方大本营，一样可以在彼方大本营中沿内4格纵直线（横直线、对角方向）与画角线（对角）活动，称为占领对方大本营。

3. 第一轮回，不杀将：由于它在一轮回中，双方可以选择隔1至4步行走，假如选择隔4步，那么一方在第一轮回的连续行走中就可以杀将，另一方还未行走就已经输了，也就无法再弈了。因此，规则规定第一轮回，不杀将。即是双方选择隔1步，也没关系，因为隔的越少在第一轮回杀将的机会越低。隔1与隔2步不可能，隔3隔4有可能。所以，有必要作这一规定。双方根据隔步数多少，规定隔多少能杀将较为合理。

其余与规则一相同。

（二）仕：1步后沿画角线走1，进退，遇棋阻，吃换。（见图4-2）

释：1. 1步后沿画角线走1：在内4格原点向画角线行走时，分别可以向2横退1个步点、向4横进1个步点、向7纵左（右）平1个步点。若向非画角线方向行走，就会被视为无效子。

2. 随阵圈可到大本营以外的地域去，亦可到岸外彼方地域活动。规则虽未规定它不出营，但是，随阵圈在大本营外或大本营内活动时，切不可脱离阵圈落入非画角线外，一旦落入非画角线以外，即成为死穴点，不能动。因为除了本方和对方大本营有画角线外，其余地域没有画角线，所以它不能脱离阵圈。假若，随阵圈刚好落在对方大本营的画角线上，即属占领对方大本营，则照样是可用活子。它也可随进攻阵翻行和阵圈互动到彼方大本营的画角线活动。在彼方大本营画角线上仍沿1个步点进退，遇本方子阻，遇对方棋子可以吃换，不吃换则为阻。

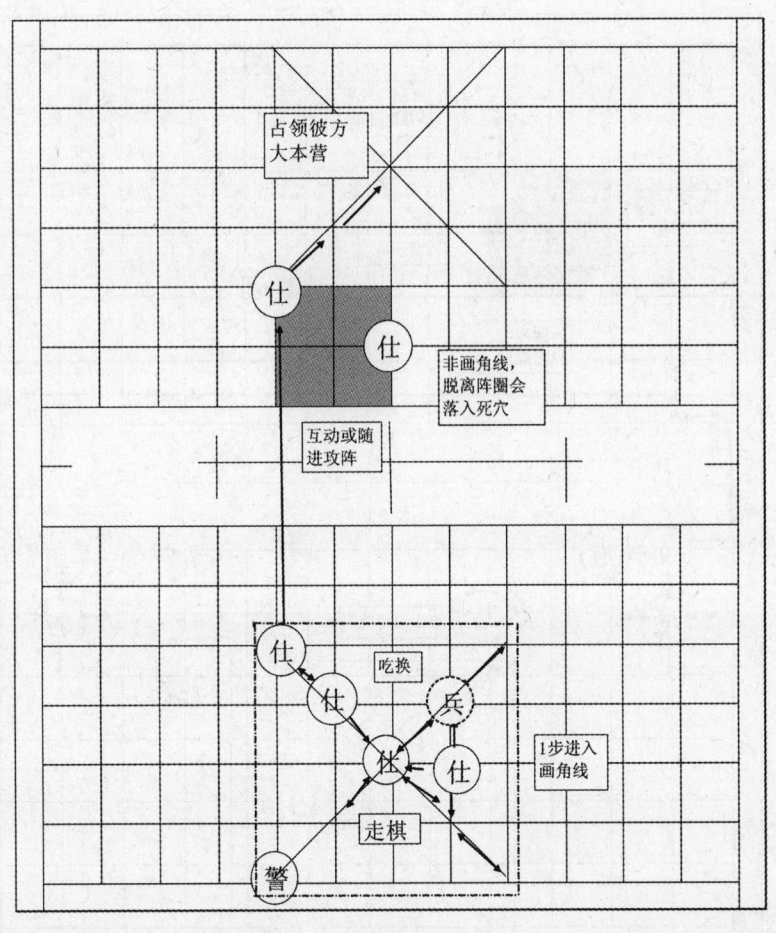

其余与规则一相同。

（三）雷炸：不动，属公共，遇棋阻，碰则同消。阵圈内同待，亦可沿直线、对角出阵圈同消一切子，遇棋则阻，脱离阵圈仍属公共。图与规则一相同。

释： 1. 不走动：它在原位点不行走。

2. 碰消：碰消与再走一步属一步棋，在棋谱上分两步记录。碰消后，已方也可以放弃不走。也就是说，消雷炸后，本方应先走，可以不走。不走时要向对方说一下，自动放弃权力。例如，一方碰雷消后，接着再走一步，因某种原因考虑，走不如不走有利时，就选择不走，告诉对方消后不多走这一步。不走时，只要本方或对方已开步，就不能反悔，放弃时要无怨无悔。不放弃时，只要未说放弃，对方不能因故强迫放弃，这是规则给予的权力，只有本方才有权放弃。在一轮多步走中，它可被一方用来连续发挥作用。

其余与规则一相同。

三、文弱兵马象

（一）文弱：直线走1，进退，遇棋阻，不行走不能吃，吃换；入营不吃，误吃则拿；9横外阵圈内外，可自愿吃翻陆。（见图4-3）

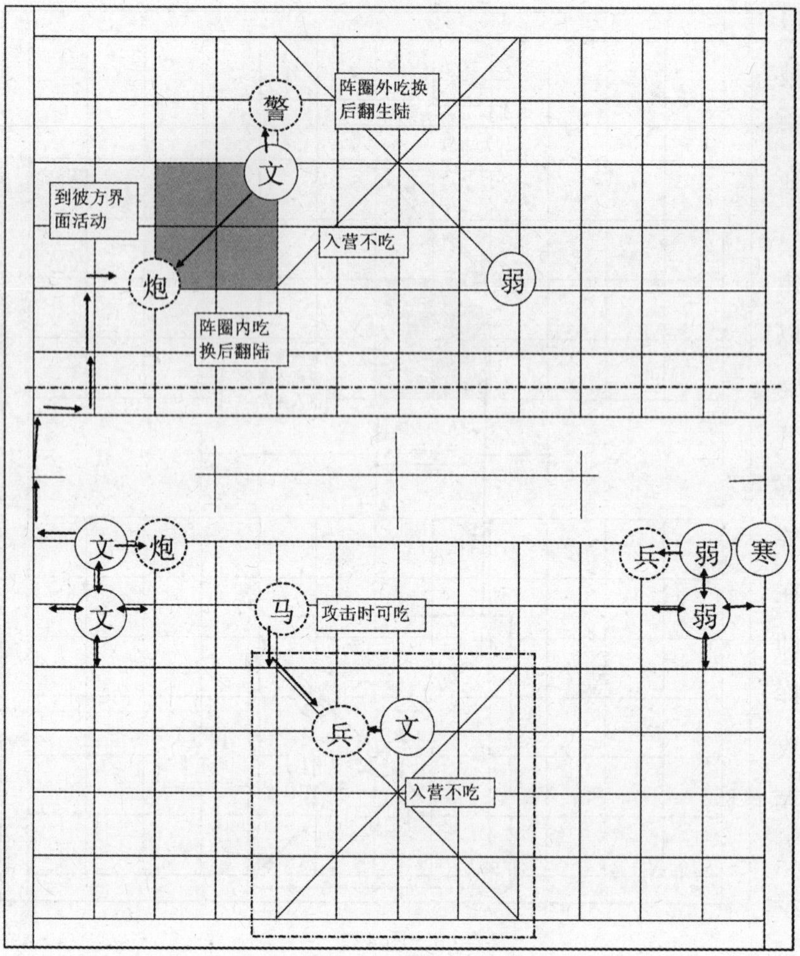

图 4-3

释：1. 直线走 1，进退，遇棋阻，吃换：它可行走全盘，在原位点就可以沿纵直线（横直线）走 1 个步点。以 1 个步点进退，遇本方棋子则阻，遇对方棋子可吃换，不吃换则为阻。由 7 横过山河时，可分别从 1 纵、4 纵、7 纵、10 纵、13 纵的 8 横以 1 个步点挺进。在 8 横线上，只能前后进退，不可以左右移动，因为它行走的是 1 个步点，山河是由两格组成，2 纵、3 纵、5 纵、6 纵、8 纵、9 纵、11 纵、12 纵在山河中没有明显步点，所以不能通过。它位列岸口，要快速过河，可借架在山河中的防守阵（进攻阵、伏击圈）过岸，另一种是通过阵圈互动过岸，还有一种由进攻阵翻行时带过岸。

2. 不行走不吃：它在原位点不行走时，则不能吃换（或吃拿），必须待行走过 1 个步点后，方可吃换（或吃拿）。如果它一直不行走，就一直不能吃换（或吃拿）。正所谓：不行走为藏，藏者不可食；行走为现，现者可食。但是，规则规定防守阵、伏击圈将它涵盖后可以吃拿，一直不行走也有风险的。

3. 入营不吃，误吃则拿：由于它一直不行走存有风险，规则也给它特殊化的照顾，即入营后在不具攻击力的情况下，任何棋子不能吃它，体现本棋对文物与弱视群体的重视。从规则来看，它完全可以在彼方大本营中享有此特权。文弱二子一旦进入彼此大本营后，任何子不能吃换，不能利用阵圈设置吃拿，进攻阵可以翻行覆盖，但不能利用进攻翻行吃拿。如果对方棋子误吃，就要无条件地拿掉吃换（或吃拿）子，甚至一方利用阵圈吃拿入营的文弱，该阵圈拿掉。入营后若用文弱攻击对方，同样要被吃换（或吃拿），规则只保护没有战斗力的文弱。

对方要在入大本营前打击，因为一旦入彼方大本营后就等于占领了彼方营地。入彼方大本营后，享受与在本方大本营一样的待遇。进攻阵翻行时遇到规则规定"不行走不能吃"

子，可以覆盖而不能吃拿，进攻阵翻过规则规定"不行走不能吃"子和组成伏击圈子一样，仍原位不变。翻行时，规则规定"不行走不能吃"子与组伏击圈子，仍属棋阻，阻子不阻阵。假如，规则规定"不行走不能吃"子走到大本营吃换（或吃拿）子后，就失去了特殊保护，同样可以被吃换（吃拿）。

但是，㊊㊋虽处大本营中，可事实上又在阵圈中时，不受特殊性保护，只要在大本营的阵圈中仍然可吃。即使处在大本营中，只要被对方阵圈所覆盖，就可吃拿。因此，用㊊㊋保护大本营或大本营中的㊌㊍，仍有很大风险，不是到了大本营后就有无限的特殊性。就像战争，文物与弱势群体，它本没有作战能力，是战争的受害者，这些受害者已被转移到安全区（如大本营），就不能损害它，若一方利用它来阻挡或转化为战士后，也就改变了本质，攻击它也就合情合理。

4. 9横外阵圈内外，可自愿吃翻㊏：㊊㊋在规则中，是最弱的，甚至不如兵。它可以过岸，行动慢，能走到9横外不容易，用吃翻这种形式给予鼓励。值得注意的是，9横外阵圈内外，有三层意义。其一，彼方地域，指的是9横以外（含9横）；其二，是阵圈内外，也可以在本方（公共山河）地域的阵圈内外吃翻；其三，只要条件成熟，不分彼此的阵圈。内外，是指在阵圈中向外吃，和由外向内吃，为前提条件。只要遇到，就有吃翻的可能。

5. 吃翻：有四种情况，一是在彼方地域的阵圈中吃翻；二是在本方地域的阵圈中一步从A阵圈互动到彼方地域入B阵圈吃翻；三是在彼方地域的阵圈中出阵圈吃翻；四是直接在本方阵圈中吃翻。吃翻时，要先吃换子给对方看，待对方确认没有问题后，再翻㊏，此吃翻过程属一步棋，而不是两步棋。

一旦吃翻确定后，只能按所翻字规则走，不再是㊊（或㊋）了。这样战时的㊊㊋，就因战时需要转变为㊏，加大㊏军之力。因此，㊊㊋在最后惨棋中的吃翻力量可想而知了。

6. 自愿：吃翻的前提是自愿。一轮多步走时，连续走几步，吃翻的话可使杀将的机率大。如果吃翻后利用㊏的快速度，下一步就能杀将或能控制重要子力则可吃翻，吃翻后没有什么作用，反而失去受保护的优越性，就可不翻。若吃换后不自愿翻，要向对方说明，一旦彼此走了下一步棋则不能反悔。

（二）㊎：直线走1，9横外左右向前，只进不退，6至9横内前后左右进退，遇棋阻，吃换。

图与规则一相同。

释：㊎随进攻阵翻行，或宣布组成阵圈、或因阵圈互动后，处在阵圈中也与其它子一样同待，阵圈内一样纵直线（横直线、对角方向）进退。这样，㊎借助阵圈之力，也可至本方全境。若因起、消阵圈，或进攻阵翻行后未带走落入5至1横以内，也就落入了死穴点，等待本方阵圈救援，否则就不能走动。在一轮多步走中，获救援和过岸的机会大增。

其余与规则一相同。

（三）㊐：走直线1对角1，进退，直线上遇棋阻，吃换。图与规则一相同。

释：直线上遇棋阻：直线是纵直线与横直线的统称。它在原点沿纵直线（横直线）走1

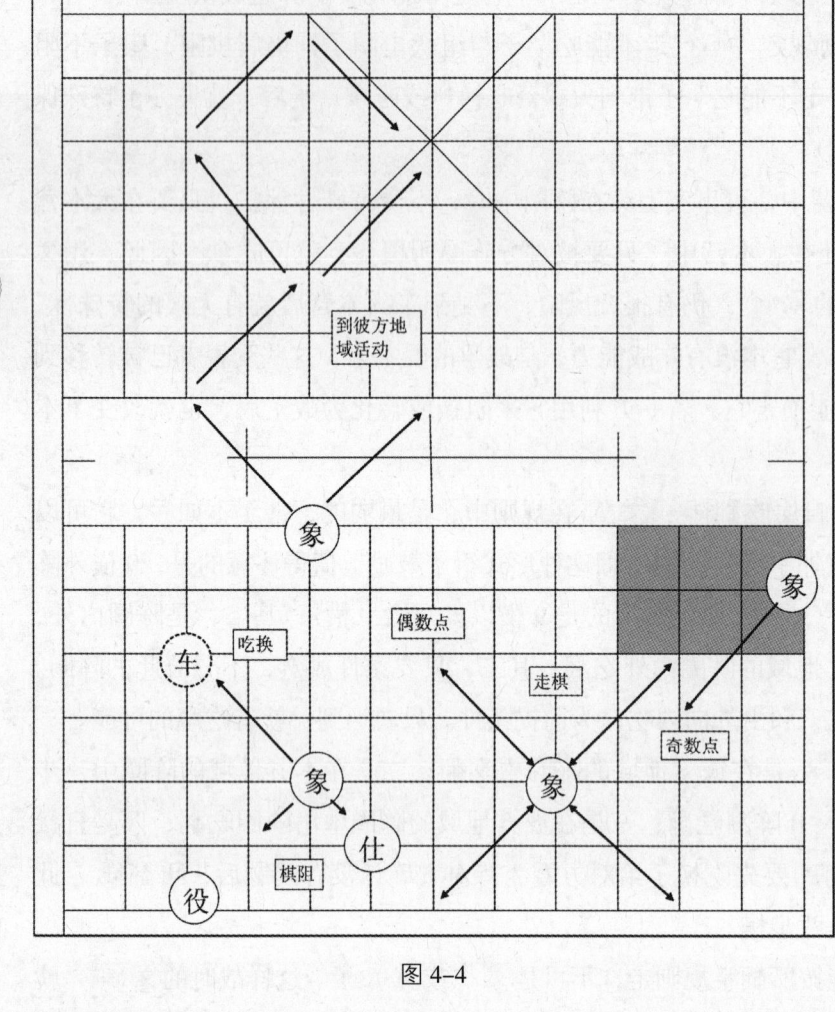

个步点时，遇到本方或对方子时皆为阻，不能按预定目标到达。待下一步消除棋阻后，方可行走至预定目标。在一步与多步走中，加上它的行走变化，避棋阻的机会大增。

其余与规则一相同。

（四）象：走对角2，进退，对角中遇棋阻，吃换。（见图4-4）

释：走对角2，进退：它沿对角走两个步点进退，可以过岸活动。

其余与规则一相同。

图4-4

四、车情史吏

（一）车：走直线，进退，遇棋阻，吃换，直线转锐对角吃换。（见图4-5）

释：吃换，直线转锐对角吃换：它的吃换方式，既可直线吃换，又可直线转锐对角吃换。它走出1个步点后，有两种吃换方式3个目标可选择，走之前就应该想好再动子，动子时只能选择一个目标吃换或走棋。直线转锐对角吃换，在一步中是连续的，吃换时要沿路径走给对方看，不走给对方看属无效吃换。在一轮多步走中，可发挥远程打击作用。

其余与规则一相同。

（二）情：走对角，进退，遇棋阻，吃换，对角转锐直线吃换。（见图4-6）

释：吃换、对角转锐直线吃换：它的吃换方式，既可对角方向吃换，又可对角转锐直线吃换。它走出1个步点后，有两种吃换方式3个目标可选择，走之前就应该想好再动子，动子时只能选择一个目标吃换或走棋。对角转锐直线吃换，在一步中是连续的，吃换时要走给对方看，不走给对方看属无效吃换。在一轮多步走中，可发挥远程打击作用。

其余与规则一相同。

（三）史：走直线，进退，遇棋阻，直线转钝对角吃换。

文、图与规则一相同。

（四）吏：走对角，进退，遇棋阻，对角转钝直线吃换。

文、图与规则一相同。

五、民役警海陆空联

（一）民：沿直线、对角走1，进退，遇棋阻，吃换；9横外阵圈内外，可自愿吃翻空或海。（见图4-7）

释：1.可走全盘，它走1纵、4纵、7纵、10纵、13纵过山河。因它只能行走1个步点，而山河中唯有1纵、4纵、7纵、10纵、13纵与8横交差形成步点，所以其余步点就不能过，也不能在8横上左右行走。随阵圈可以任意过山河，也可以通过阵圈互动过山河。

2.9横外阵圈内外，可自愿吃翻空或海：9横外阵圈内外，可自愿吃翻空（或海）。9横外阵圈内外，有三层意义。其一，彼方地域，9横以外（含9横）；其二，是阵圈内外，也可以在本方（公共山河）地域的阵圈内外吃翻；其三，只要条件成熟，不分彼此阵圈。内外，是指在阵圈中向外吃，和由外向内吃。只要遇到，就有吃翻的可能。

它有两个民在不同的位置上，吃翻后有可能是空也有可能是海。由于空和海的速度不同，吃翻后就有先机存在。

3.吃翻：有四种情况，一是在彼方地域的阵圈中吃翻；二是

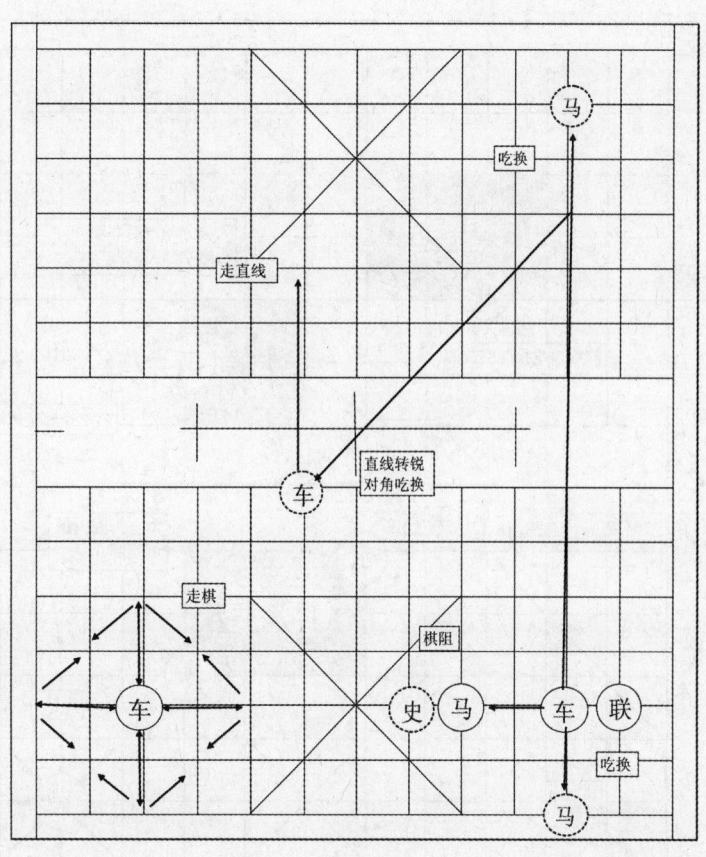

图 4-5

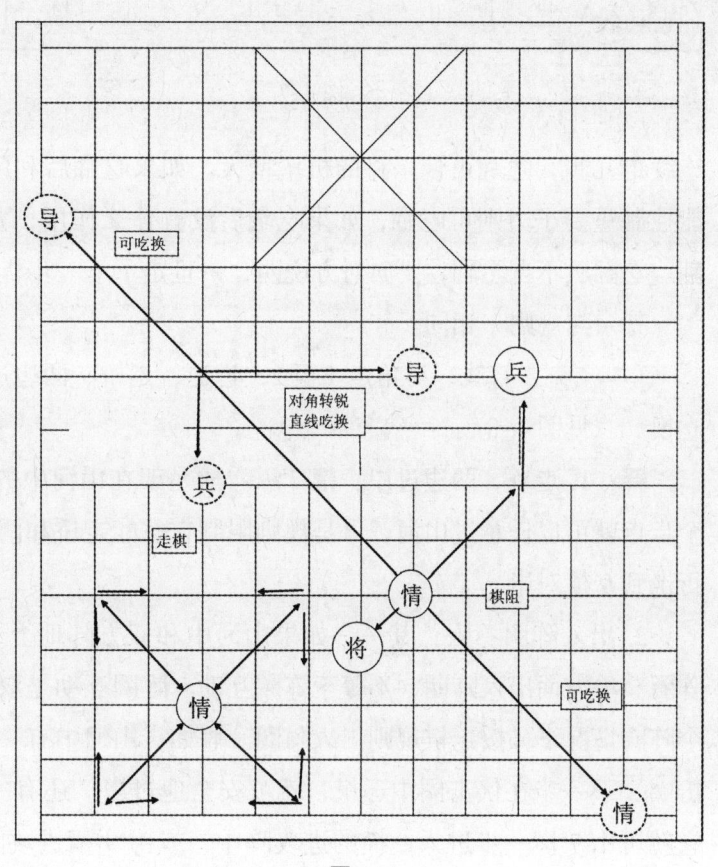

图 4-6

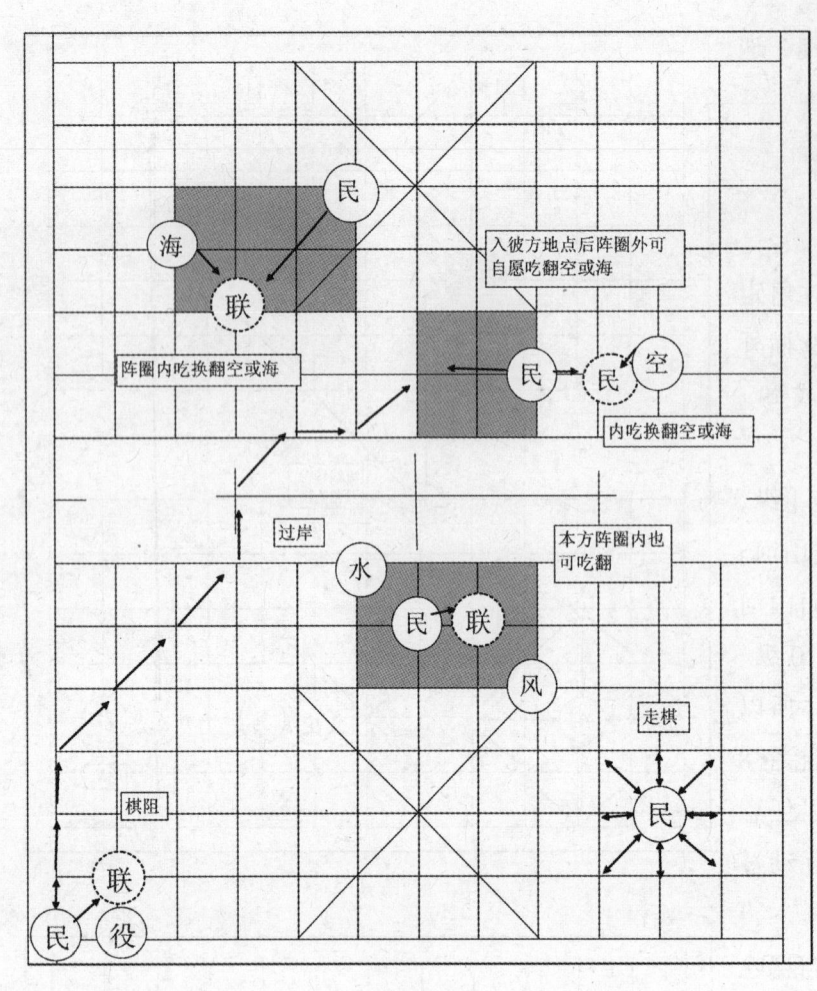

图 4-7

在本方地域的阵圈中一步从 A 阵圈互动到彼方地域入 B 阵圈吃翻；三是在彼方地域的阵圈中出阵圈吃翻；四是直接在本方阵圈中吃翻。吃翻时，要先吃换子给对方看，待对方确认没有问题后，再翻，吃翻过程属一步棋，而不是两步棋。

一旦吃翻确定后，只能按所翻字规则走，不再是空（或海）了。这样战时的民，就可能因战时需要转变为陆，加大海军之力。因此，民在最后惨棋中的吃翻力量可想而知了。

4. 自愿：吃翻的前提是自愿。一轮多步走时，连续走几步，吃翻可使杀将的机率增大。如果吃翻后利用海的快速度，下一步就能杀将或能控制重要子力则可吃翻，如果吃翻后没有什么作用，反而失去受保护的优越性，就可不翻。吃翻后不自愿翻，要向对方说明，一旦走了下一步棋则不能反悔。

其余与规则一相同。

（二）役：直线、对角走 1 至 2，进退，走桥、两边过岸（出入阵圈不限），跨己不跨彼，吃换。（见图 4-8）

释：1. 走桥、两边过岸：把 7 纵看成是架在山河中的桥梁。它最多可走 2 个步点，按 2 个步点就可以任意过山河，可是规则限制它只能走桥和两边过岸，只能走 1 纵、7 纵、13 纵行走到 9 横对岸。

2. 出入阵圈不限：其一，如果山河中和双方阵地上，有阵圈存在，就可以单方面出入阵圈。单方面出入阵圈，不等于阵圈互动。阵圈互动是双向的，而单方面出入阵圈，是在一个阵圈情况下，按走棋规则出入阵圈。假如，山河中有一个本方的伏击圈，它就可先进入伏击圈，下一步在伏击圈中运棋，就可安全地过岸。还有一种情况，9 横以外有一个进攻阵，它就可由 7 横一步进入 9 横的进攻阵中，或由 9 横进攻阵中的子一步出进攻阵至 7 横，就轻渡了山河。其二，互动本身也算出入阵圈。如果在山河两侧有可互动的阵圈，即可进行双向互动,那么也就不受限制。

其余与规则一相同。

(三) ㊣:直线、对角走1至3,进退,跨己不跨彼,吃换。

文、图与规则一相同。

(四) ㊗:直线、对角走1至4,进退,走水段过岸(出入阵圈不限),跨己不跨彼,吃换。(见图4-9)

释:1. 走水段过岸:在山河中,不能走山段过岸,只能走水段的8纵、9纵、10纵、11纵、12纵、13纵至9横,亦可停留于山河中的10纵步点。

2. 出入阵圈不限:如果水段和山段的双方阵地上,有阵圈存在,就可以单方面按走棋规则出入阵圈。阵圈互动,也就不受山段限制。

其余与规则一相同。

(五) ㊣:直线、对角走1至5,进退,走桥过岸(出入阵圈不限),跨己不跨彼,吃换。(见图4-10)

释:1. 走桥过岸:只限于4纵、7纵、10纵过山河,其它地方不准过。

2. 出入阵圈不限:除走4纵、7纵、10纵的山河段过岸外,如果其它山河段有阵圈存在,也可以单方面按走棋规则出入阵圈。阵圈互动也不受此限制。

其余与规则一相同。

(六) ㊣:直线、对角走1至6,进退,走山段过岸(出入阵圈

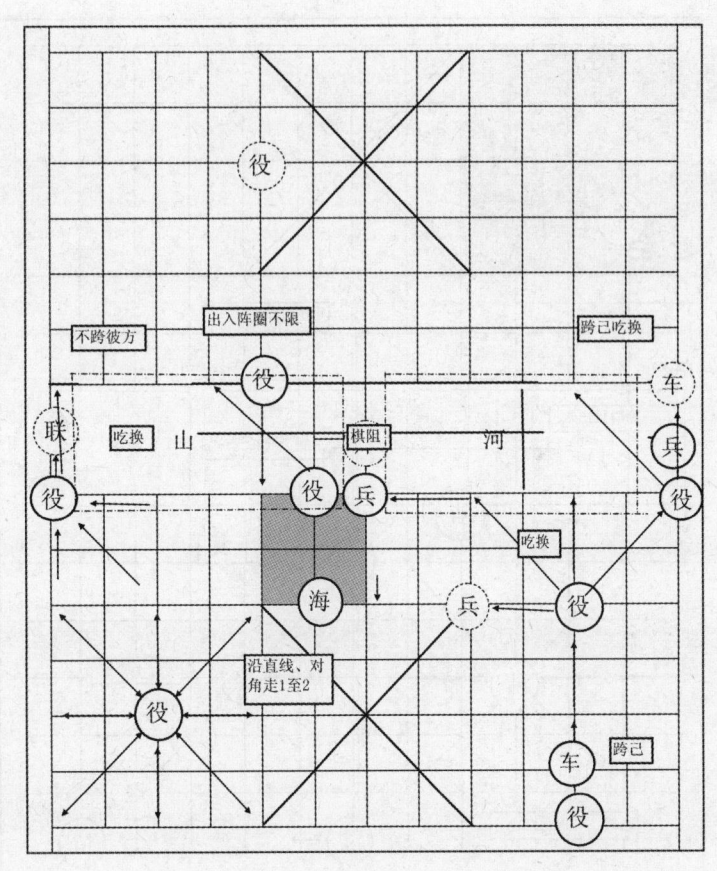

图 4-8

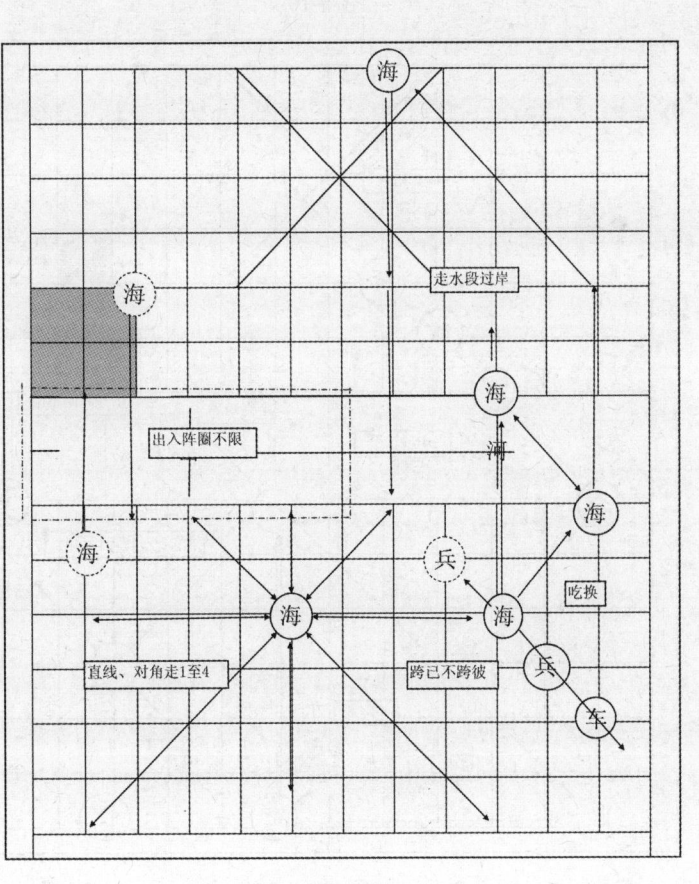

图 4-9

不限)，跨己不跨彼，吃换。（见图4-11）

释：1. 走山段过岸：只限于走1纵、2纵、3纵、4纵、5纵、6纵过山河，其余地方不准过。

2. 出入阵圈不限：如果7纵、8纵、9纵、10纵、11纵、12纵、13纵有阵圈存在，就可以按走棋规则出入阵圈，阵圈互动则不受此限制。

其余与规则一相同。

（七）㊙：走直线、对角，进退，跨己不跨彼，吃换。

文、图与规则一相同。

六、水电火生土风雨寒暑

（一）㊗㊙㊙㊙㊙：走直线1对角1直线1，进退，对角上有棋阻，吃换，不行走不能吃。（见图4-12）

释：1. 走直线1对角1直线1。它是人为创造事物的象征，走直线1个步点后，再走对角1个步点，而后走直线1个步点，是连续的一步棋不能拆分两步或三步。走直线1对角1直线1，它不光可以走成目，还可走成口、日、田，具有很强的灵活性、选择性与应变能力。

2. 对角上有棋阻：由于它走的是3格长方形，棋阻机率高，有两个对角，不利于近距离的防护。两个对角上，同时有两个子时，就很难行走。两个对角

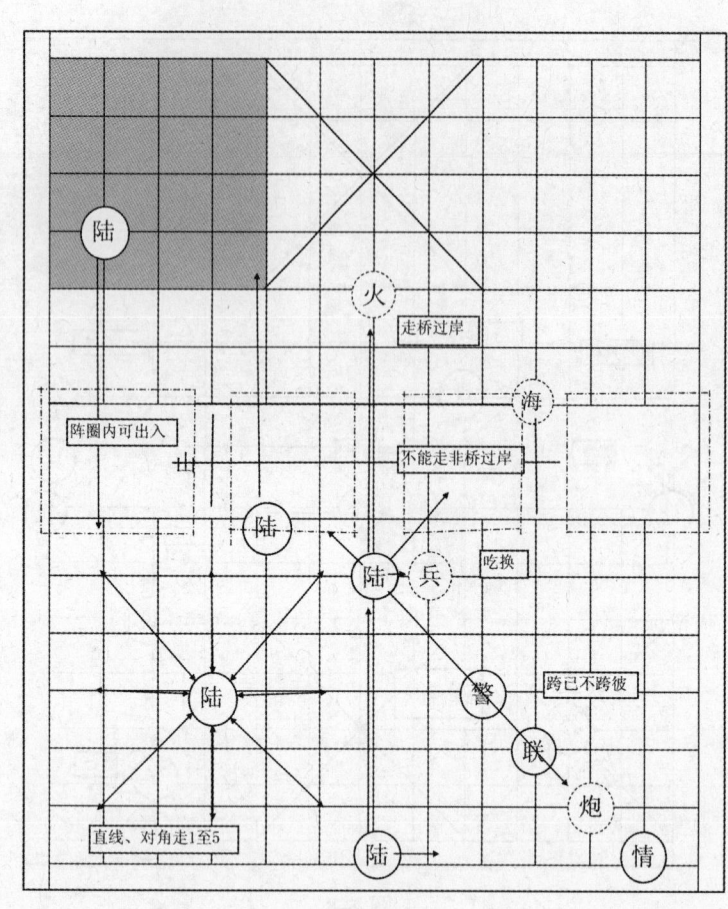

图4-10

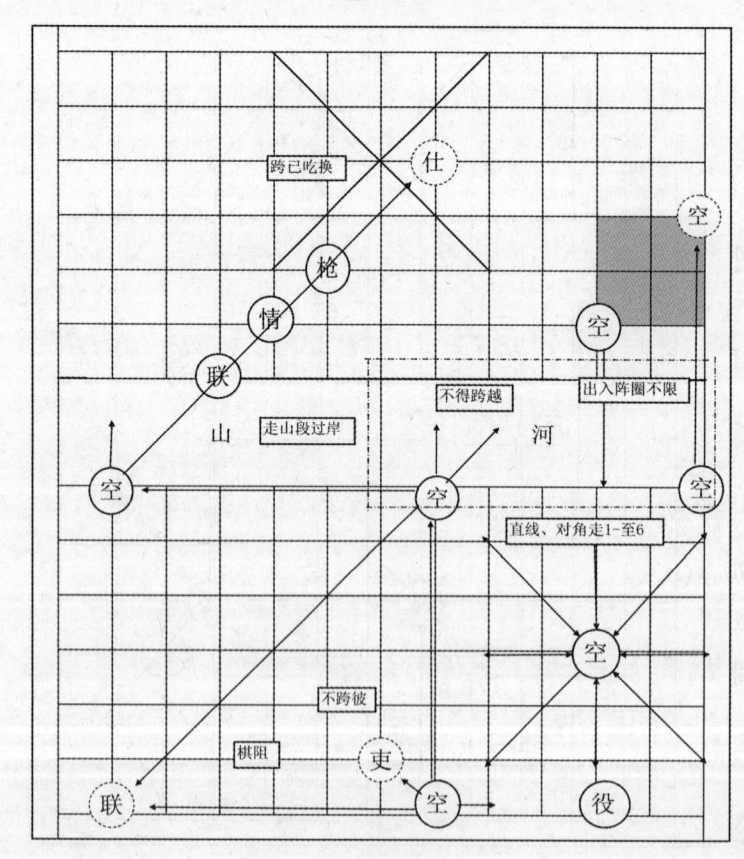

图4-11

上有一个子时，就容易得多。就是在对角的两个点上有棋时，可以有选择地避开，走棋时，不限于走目。另外，走直线1对角1直线1选择口（还是日、田）时，只能有一次吃换，一步中不能有两次以上的吃换。如：走口时，只能吃一个，而走日时就有两个，甚至走田、目时有好几个可吃，只能选择有利的一个吃换，其它为阻。

3. 不行走不能吃：是指开局时所处的原位列点上，不是非开局时的原位列点。因为㊌㊋㊍㊌㊏是人为现象，不行走时忽隐忽现，不易掌握，故不能吃换（或吃拿）。行走，则可掌握方向与范围，故可吃换（吃拿）。它处在开局原位点上不行走则不能吃换（或吃拿），一旦行走了就可以吃换（或吃拿）。进攻阵翻行时遇到"不行走不能吃"子，可以覆盖而不能吃拿，进攻阵可以翻过"不行走不能吃"子与组成伏击圈子一样，仍原位不变。翻行时，"不行走不能吃"子与组成伏击圈子，仍属棋阻，阻子不阻进攻阵。行走则可吃换（或吃拿）。

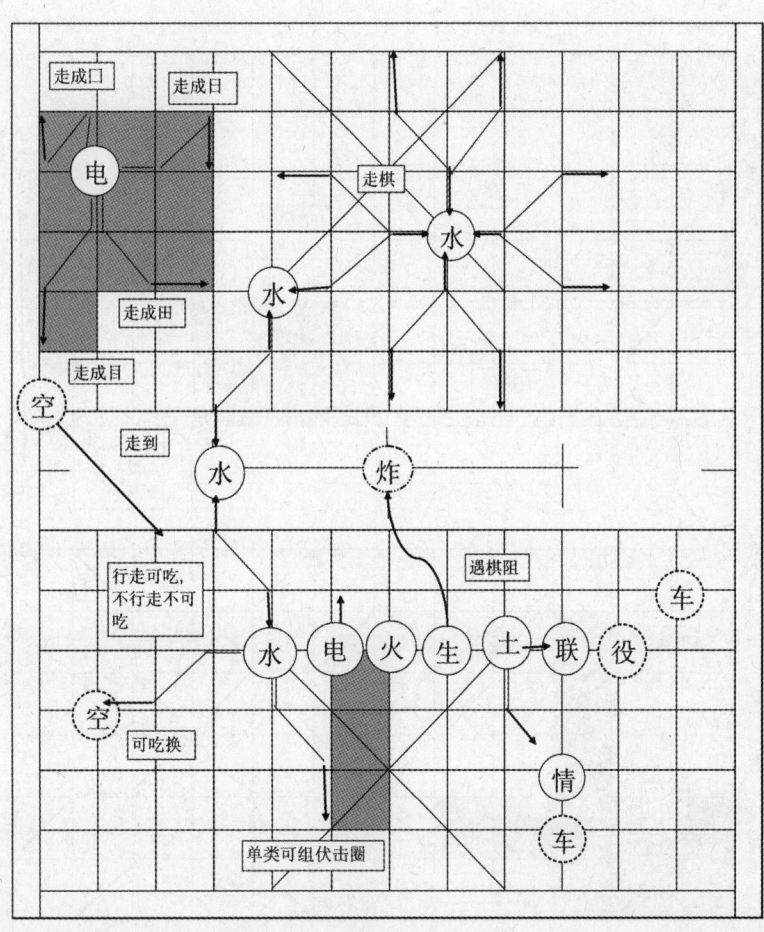

图 4-12

就全盘棋子而言不行走子，有两层意义：其一是规则未规定不行走不能吃子，阵圈设置后，可以全拿；其二是规则已规定"不行走不能吃"子，对已规定的"不行走不能吃"子，进攻阵翻行后，可以越过但是不能吃拿。反而规则规定"不行走不能吃"子，如㊌㊋㊍㊌㊏可以起动组成伏击圈子打进攻阵，这就是"不行走不能吃"的优势所在。这一点，比规则一优越。

其余与规则一相同。

（二）㊋㊌㊏㊐：走对角1直线1对角1，进退，直线上有棋阻，吃换，不行走不能吃。（见图4-13）

释：1. 走对角1直线1对角1：它是自然事物的象征。走对角1个步点后，再走直线1个步点，而后再走对角1个步点，是连续的一步棋，不能拆分成三步。规则未把它的形态固定化，它不光可以走成双目，还可走成口、日、田、目，具有很强的灵活性、选择性与应变能力。

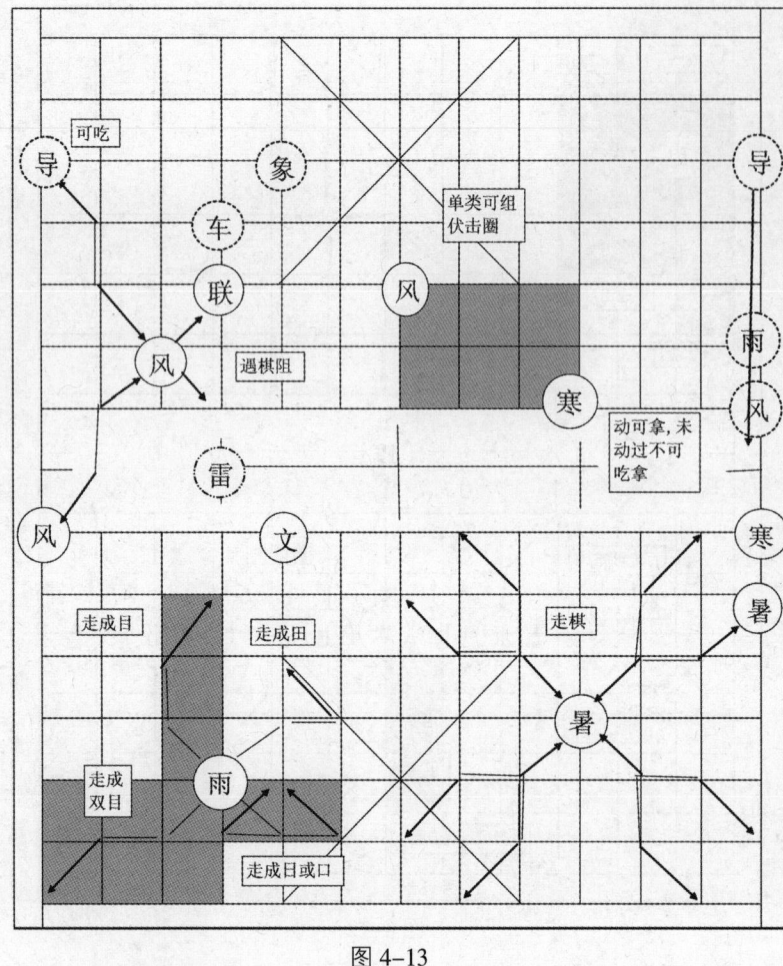

2. 直线上有棋阻：它走的是6个格。就是在直线的两个点上有棋时，可以有选择地避开，走棋时，不限于走6格双目。这就好比在不同环境下的气候，其气流大小、范围宽广都是不同的，会因环境的变化而变化，不会千篇一律。因此，允许它有所选择。但是，组成伏击圈时只能用规则的有利面最大值双目，不允许有其它的选择。另外，走对角1直线1对角1选择口（还是日、田、目）时，只能有一次吃换，一次中不能有两次以上的吃换。如：走口时，只能吃一个，而走日时就有两

图4-13

个，甚至走田、目、双目时有好几个可吃，可选择有利的一个吃换，其它为阻。

3. 不行走不能吃：是指开局时所处的原位列点上，不是非开局时原位列点。因为风 雨 寒 暑 是自然现象，不行走时忽隐忽现，不易掌握，故不能吃换（或吃拿）。行走，则可掌握方向与范围，故可吃换（或吃拿）。进攻阵翻行时遇到"不行走不能吃"子，可以覆盖而不能吃拿，进攻阵可以翻过"不行走不能吃"子，"不行走不能吃"子与组成伏击圈子一样，仍原位不变。翻行时，"不行走不能吃"子与组成伏击圈子，仍属棋阻，阻子不阻进攻阵。行走则可吃换（或吃拿）。

就全盘棋子而言"不行走不能吃"子，有两层意义；其一是规则未规定不行走不能吃子，阵（圈）设置后，可以全拿；其二是规则已规定"不行走不能吃"子。对已规定"不行走不能吃"子，进攻阵翻行后，可以越过但是不能吃拿，反而"不行走不能吃"的风 雨 寒 暑 可以走子组成伏击圈打进攻阵，这就是"不行走不能吃"的优势所在。这一点，比规则一优越。

其余与规则一相同。

七、炮 导

（一）炮：走直线，进退，遇棋阻，跨1子吃换。

释：文、图与规则一相同。

（二）导：走直线、对角，进退，隔己方2子进1步吃拿1子；连续拿，则继增隔1子；另线回，从2始。（见图4-14）

释：规则未规定它不过岸，因此它可以过岸活动，行走于全盘。

其余与规则一相同。

八、阵圈

（一）防守阵设置与运棋

设置：1至9横间营外边线，设与营相同的回字区域，有任意5子走入，隔回宣布组成，确认后作标记显示区域存在，不移动。（见图4-15）

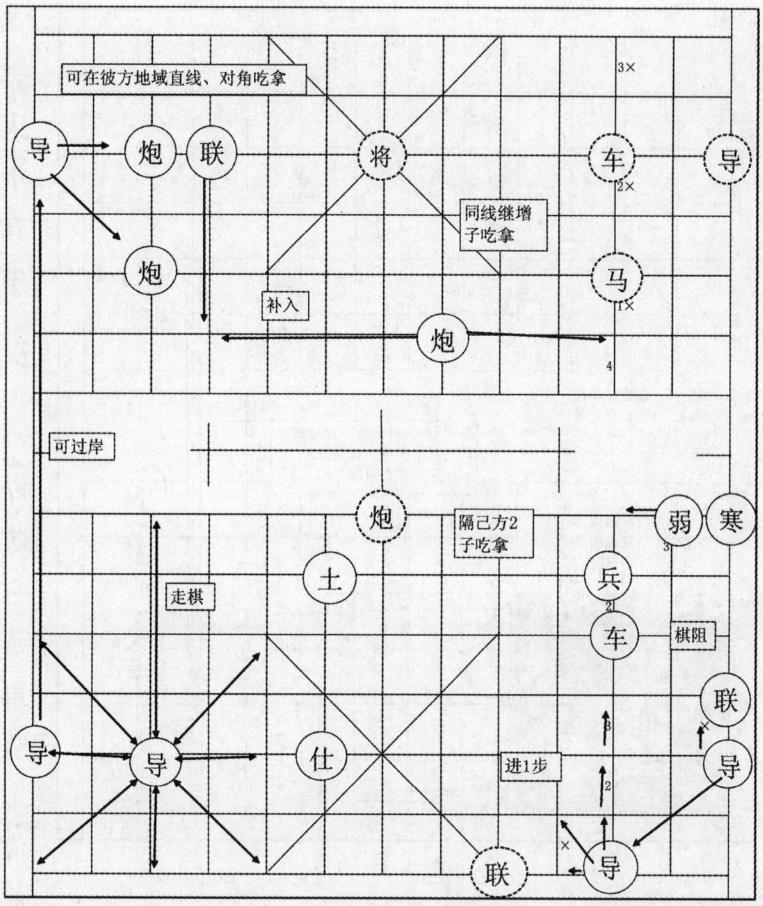

图4-14

运棋规则：显示后，防守阵内彼子全拿，己子均可沿直线、对角进退，遇棋则阻，吃换。按走棋规则吃换出入；吃换出入后隔回收，隔2回不收彼方可拿起当俘虏；拥俘，待己防守阵需要时把被吃同子放入使用，俘子消；无子为消防守阵，防守阵可重组。（见图4-16）

释：1.有任意5子走入，隔回宣布组成：这是防守阵的设置之一。任意5子走入，隔回宣布组成。在预设的区域内走进任意5个子后，让对方走一次，待己方走时即可宣布组成。假如对方走时吃换了一个或几个以后，待己方走时因子力不完整不能宣布组成，唯有相继走来的5子是完整的才可宣布。没有这个过程，是不能宣布组成的。但也可顺延这个过程，也就是不要用5个回合连续走入5子，而是在不自觉的攻防中逐步进行，用十几个回合在预设地域进出，双方用十几个回合迂回攻防，待对方有重要子进入预设地域后，突然宣布组成。既宣组了防守阵，又吃拿了对方的重要子力，可谓一举多得。

隔回与隔步宣布组成是有区别的，走一次子为一步，本方走完一轮为一回，对方走一轮本方走一轮为一个回合。假若，一回是隔3步，一方走完才算一轮，而不是一步，不像规则一隔1步走。就是前一回准备好，待对方走完一回合后，己方走时就可宣布组成。一个不善于进攻者，它完全可以先将大本营中的9个子中的5个走到一侧，设置一个防守阵后，再将防守阵中的快速子出阵走到另一侧，宣布组成一个防守阵，形成大本营左右翼防守阵，将大

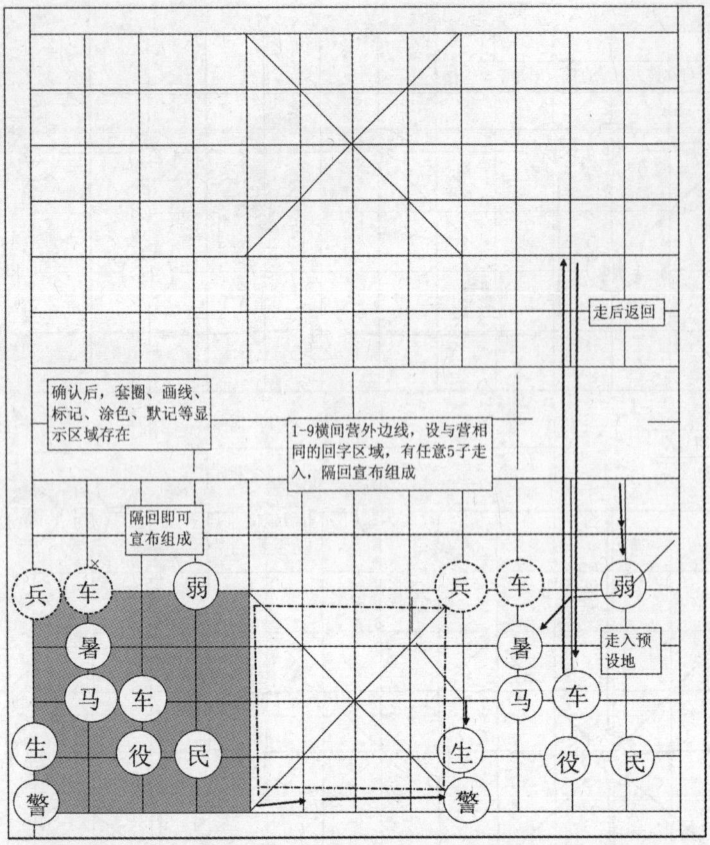

图 4-15

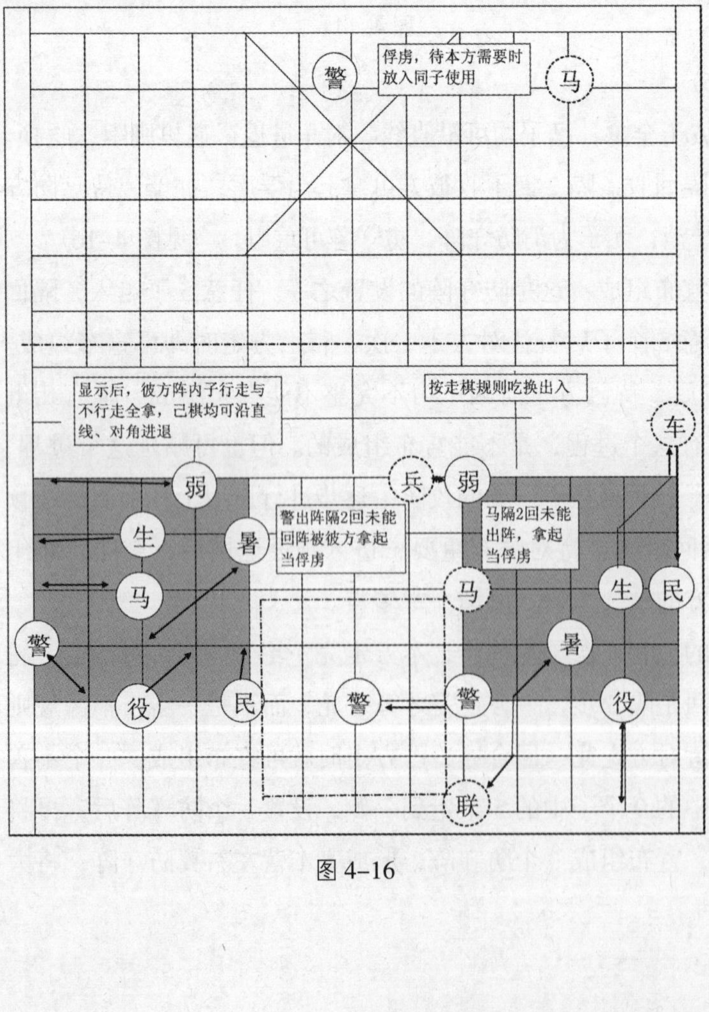

图 4-16

本营与左右翼防守阵连成一片，[将]（[帅]）左右互动，对方怎么攻也很难突破。这种方法，隔一步走可以，如果多步走的话，胜算就会小得多。因此，就需要优先做好攻防措施后，再合力谋划宣布比较好。

有任意 5 子走入，实际上并不难，它只要用进攻阵翻带就可以了。如果大本营两边都是预设防守阵地域，中间有个进攻阵，它只要用进攻阵把中间的子带到预设地就可以了。宣布组成后，再将进攻阵中子有选择地保留与吸收，就可以翻行到另一个预设地再组成防守阵。完成防守阵组成后，把进攻阵开出，再做为组成进攻阵、伏击圈用。这样一个进攻阵（或两个进攻阵），就可以在本方作防守阵、伏击圈部署，既方便快捷又优化子力，更安全可靠。规则中，对同时存在的数量并无明确规定，就是让弈者在完全掌握了走棋规则后，在棋盘上大胆地运用防守阵（进攻阵、伏击圈）来对弈，集中优势兵力打歼灭战。这更加体现出现代战争中运用航空母舰战斗群的思维理念。

在下棋时，可以将防守阵理解为第二个指挥部或移动中的指挥部。用棋指导战争时，应把大本营看成是一个国家的首都，防守阵应看成是第二个首都或是行都所在地，这样防守阵的作用就会突出起来，其重要性就显而易见了，就不会忽视防守阵的设置。

2. 走入：具体地说，就是从预设地域以外走来的子。在一轮多步中，可将预设地域内的子连续几步走出后，隔几回（或下回）再返回到预设地域，都是可行的。

3. 显示后，阵内彼子全拿：这是防守阵运棋规则之一。防守阵确定后，指的是宣布组成后防守阵内有彼方棋子时全吃拿，以后进入则不是吃拿，而是吃换（或吃拿）。防守阵所涵盖的彼方子全部（也包括规则规定"不行走不能吃"子内）无条件地拿掉，拿子的过程与宣组的过程是一步棋。

4. 出入吃换后隔回收，隔2回不收彼方拿起当俘虏：这是防守阵运棋规则之二。防守阵中的子，为了保卫大本营才会进入，进入后才会坚守护将，随其互动。它离开防守阵出去吃换对方子力后，在未被对方吃换掉的情况下就应收回，待2回也未被对方吃换掉本方也未收回子，这不是客观因素而是主观因素所至。主人如此傲视对方，对方就可将此子作为俘虏对待，待己方防守阵需要时将经教化后的俘子放入使用，这是符合现代战争理念的。其实，吃换后隔回收，对于本方来说是好事，但因出防守阵吃换后成为了重要棋阻，收回有可能造成更大损失情况下，被迫弃子是可以理解的。值得注意的是，无论本方或是彼方，这种方式的弃子会给自身留下隐患，给彼方创造了不定的先决机会，是不可取的。好比俘虏，善于利用俘虏者，经教化后会为我所用，其作用是可想而知的。谋略象棋既然是现代战争的缩影，也不会忽略这一环节，用棋这种形式来时刻提醒。若对方宽容，也可放弃不收，超过两回不收，该子则不予俘子收起。

在多步走时，是隔回而不是隔步。它包括所有子，也包括进攻阵、伏击圈的子，这就是防守阵自身的能量。可以缓收，也可以不收，也可以收后随时作俘，也可以不作俘子放进去，这完全由防守方自己决定，故说规则二要比规则一强悍得多。对方要打掉防守阵，可发挥一轮多步走的优势连续吃拿，唯有消灭掉防守阵中的子力，无子才可消阵。还可以在对方无子后，本方用子占领，防守阵即为本方所有。

进攻阵、伏击圈，完全落入或部分落入彼方防守阵以后，也必须在两个回合以内撤出，若无法撤出的，连同进攻阵和子全部当俘虏拿起，待需要时放入本方子，放本方子时，只放子不放进攻阵，以显现防守阵的威慑；完全从防守阵出去的组成伏击圈子，超期不归的，不着俘子处理；有关进攻阵阵子，出去后即行组成进攻阵的，也可不着俘子收回处理；从防守阵互动至彼方（或本方）的进攻阵、伏击圈，也不着俘子处理。

有一点值得注意的是，彼方子全拿，指的是防守阵组成前的彼方子，而不是组成防守阵后。即是规定两回内必须退出，否则就当俘虏，其实两步内，足能组成伏击圈，一旦组成伏击圈就不能吃拿，也不能把组成伏击圈子当俘虏抓，非组成伏击圈时是可以当俘虏抓的，有必要提醒一下。

一轮多步走时，子可在本方防守阵中连续行走，也可在对方防守阵中连续吃换与行走。

5. 拥俘待己防守阵需要时把被吃同子放入使用，俘子消：这是防守阵运棋规则之三。拥俘后，本方需要时，把与对方俘子相同的本方子放回本方防守阵内。如对方㊣因超过两回未能及时收回被拿起当俘虏，一直放在棋盘底1横线外（或棋盘1横线外的右下角），隔1至数回后，把与俘子相同的本方⑳放回本方防守阵中使用，俘子算消失。俘子放回时，放好的过程算一步棋，放好后对方先走，本方不得既放棋又先走子。不得将俘子放到伏击圈、进攻阵中使用。

其余与规则一相同。

(二) 进攻阵设置与运棋

设置：任一田位，由㊵㊄㊇㊋㊊㊎任意2子走入，隔回宣布组成，确认后作标记显示区域存在。（见图4-17）

运棋规则：显示后，彼方子全拿；己方子均可沿直线、对角进退，遇棋阻，吃换，按走棋规则出入；无子为消进攻阵，进攻阵可重组；拥任意一子一线可沿直线翻行进退、吃拿，过岸，翻行后本方子跟留不限，遇一子无位放则阻。（见图4-18）

释：1. 由本方㊵㊄㊇㊋㊊㊎任意2子走入：这是进攻阵的设置规则之一。预设地址后，只需有㊵㊄㊇㊋㊊㊎中的任意2子走入就满足了设置条件。所谓走入，是指棋子只要在预设地外1至多步走入。

2. 隔回宣布组成：这是进攻阵的设置规则之二。只要在预设的区域内有本方㊵㊄㊇㊋㊊㊎任意2子走入后，让对方走一次，待己方走时即可宣布组成。假如对方走时吃换了一个或几个以后，即是到本方走因子力不完整也不能宣布组成，唯有走来的2子是完整的才可宣布。

3. 显示后，彼方子全拿：这是进攻阵运棋规则之一。显示后，走棋规则规定"不行走不能吃"子不拿外，彼方其余子不管行走未行走，都吃拿，以显示进攻阵的强大。宣组前，预设地域有未行走过的子，但不是规则规定开局时的原位列的"不行走不能吃"子，是可以涵盖的，进攻阵显示后就可以吃拿。如果在确认显示时，有涵盖规则规定了的开局时的原位列"不行走不能吃"子，则不准确认显示。

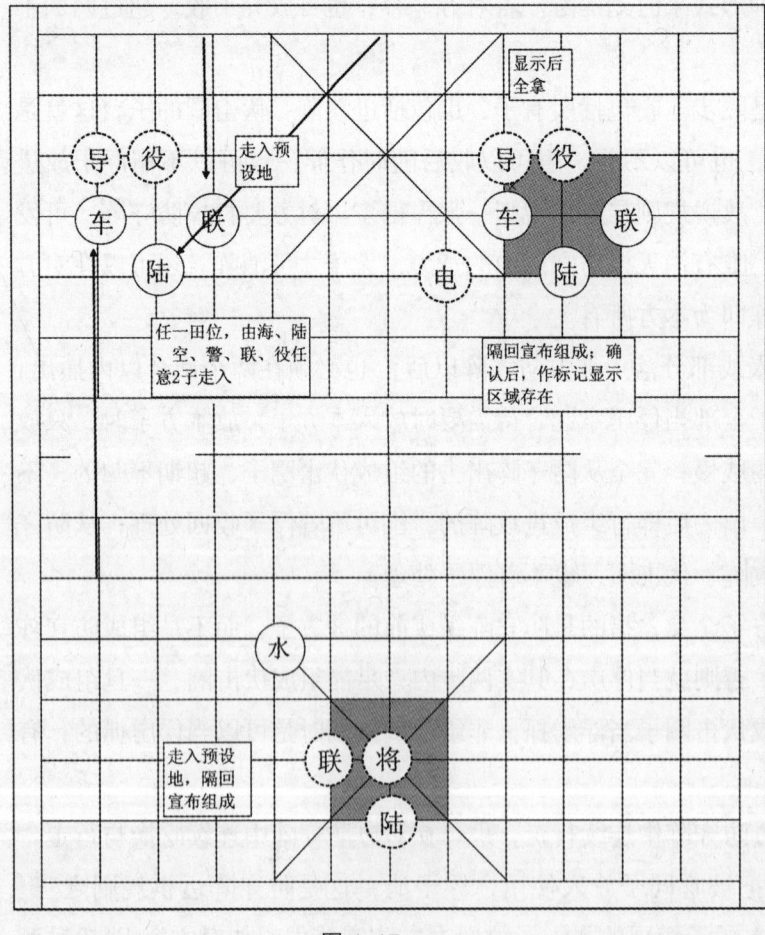

图4-17

强行确认显示的,属无效宣组。拿子与宣组的过程是一步棋,不要分步走。它完全可以在本方地域内准备宣组条件,不需要冒险在对方地域上创造条件宣组。

4. 己方子均可沿直线、对角进退,遇棋阻,吃换:这是进攻阵运棋规则之二。拿掉彼方子沿纵直线(横直线、对角方向)1步至多步进(或退)。进退时遇本方子阻,遇彼方子进入可以吃换。一轮多步走时,子可以连续在对方进攻阵中行走与吃换可连续在对方防守阵、进攻阵内翻行吃拿,也可以用翻压一半压伏击圈的办法,连续两次通过伏击圈,吃拿伏击圈中的子力。

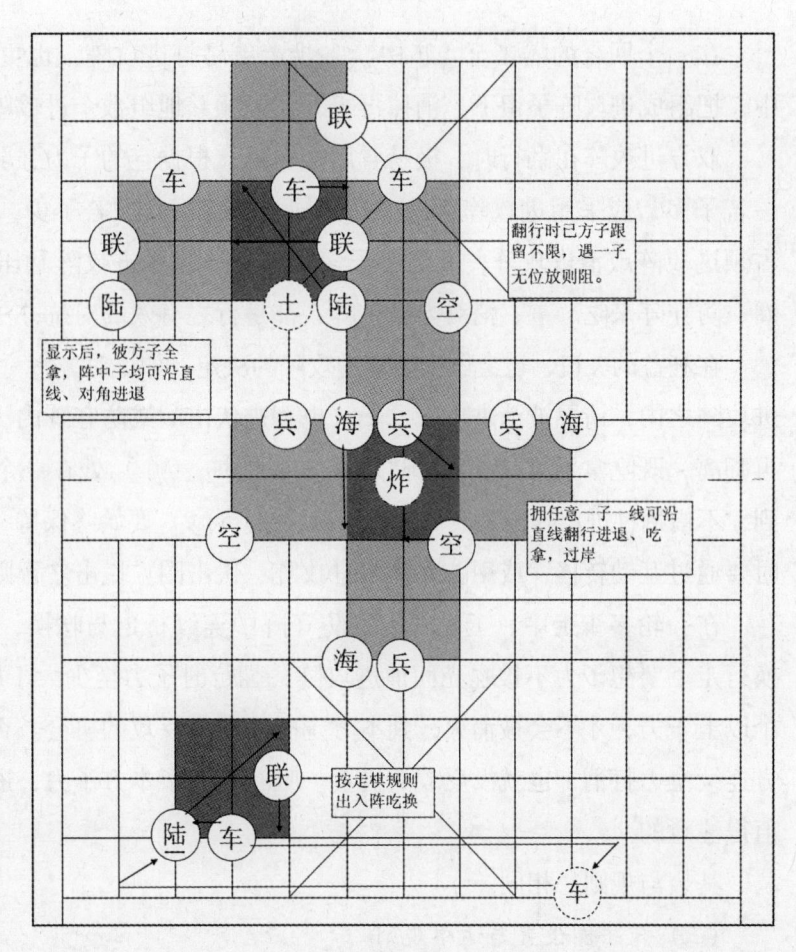

图 4-18

5. 无子为消进攻阵,进攻阵可重组:这是进攻阵运棋规则之三。进攻阵内子在攻防中,全部被对方吃换(或吃拿),或本方因需要起走所有子后,即为进攻阵消失。最后1个子与进攻阵消失,为一步棋。消失后,进攻阵可以重新按条件宣组。所谓无子,既没有本方子也没有对方子,如果没有本方子,但有对方子即为对方占领。在一轮多步走中,重组的机率大。

它可以贴近进攻阵的边线与进攻阵中的有效子组成,宣布组成后,可合可离。翻行后本方子跟留不限,遇一子无位放则阻。如果说,本方子阻止,而本方又可能重叠时,就不能翻行,成为翻阻。根据进攻阵中的子多少,选择向哪个个方向翻行,选择带多少子走,不一定全带走。这既优化了进攻阵中的子力,又为进攻阵翻行时解决了空间问题,翻行不因本方子重叠而影响进程,提升了进攻阵的战斗力。

进攻阵被对方伏击圈宣压后,在被压的进攻阵子全被吃拿时,本方只要有一线一子就必须翻离伏击圈所压区域,否则很危险,向伏击圈方向翻时会悬浮于伏击圈内。翻离时在进攻阵中非组成伏击圈子全拿,组成伏击圈子不能吃拿,也就是说伏击圈不变。若进攻阵中刚好有消同类组伏击圈子时,该子应完全处直截吃换状态,翻行后正好可吃换组成伏击圈子,算消伏击圈有效。若在进攻阵中,不是完全处吃换状态,则无效。

在一个回合的隔1至4步中，多步走更易打进攻阵，也更易组成进攻阵。如果在翻行中，把组成进攻阵子留下，消掉再组，可以频繁地组数个进攻阵。

双方进攻阵在翻行时，极易看出强弱来，根据它的子力强弱与多少，决定战术方法。其一若子多，应采用进攻阵对进攻阵的同步翻压；其二若子少，则采取子力吃换（拿、消），占领进攻阵或消进攻阵；其三在子多力强时，除用进攻阵翻压外，还可采用突然组成伏击圈、防守阵来吃、拿、消对方进攻阵，都是行之有效的对抗办法。

在利益的关口，也会做出牺牲进攻阵的决定。如，对方将（帅）处在一个进攻阵或半个进攻阵之内，请愿被消进攻阵拿子，也翻进伏击圈或防守阵内。因为它可以先覆盖拿子，后再翻离，既吃拿了子又保住了进攻阵。即是将（帅）处在一个进攻阵之内，刚好可以覆盖到，不惜牺牲进攻阵也是值得的。所以，将（帅）要始终保持一个进攻阵之外的距离，不足时要通过互动转移，或用防守阵（进攻阵、伏击圈）拦击。否则，只能无避而输。

在一轮多步走中，子可在本方防守阵中连续行走与吃换，也可在对方防守阵中连续吃换行走。要想子力不被吃光而消进攻阵，翻行时子力至少大于所走步数。如隔4，必须有5个以上子力，才不会被消灭，到本方走时才会有反攻的机会。否则，小于4子时，就会被对方连续全力打消，也就没反攻的机会。唯有保存了本方子力，进攻阵才有反攻的本钱，这是值得注意的。

其余与规则一相同。

（三）伏击圈设置与运棋规则

设置：盘上任一区域，其一，由风雨寒暑与水电火生土中某子走入，子成双目斜角而立，即可宣布组成；其二，由风雨寒暑中任意2子成双目斜角而立，即可宣布组成；其三，由水电火生土中任意2子成目斜角而立，即可宣布组成。确认后作标记显示区域存在，不移动。（见图4-19）

运棋规则：显示后，彼方子全吃拿；伏击圈中子均可沿直线、对角进退，遇棋则阻，吃换；子按走棋规则出入，彼方非吃换子或阵中子不得入内，误入拿掉；组成伏击圈子，唯有彼方同类某子或伏击圈盖住吃、拿，吃、拿1个后，另关联子全拿掉，伏击圈消失；伏击圈消失后，未被伏击圈盖住的子不变；己方起走或进攻阵翻带一个组伏击圈子后，另子与伏击圈内子不变；组成伏击圈子可两类重组，亦可单类重组，亦可多方连组。（见图4-20）

释：1.盘上任一区域，由风雨寒暑与水电火生土中某子走入，子成双目斜角而立，即可宣布组成：这是伏击圈设置规则之一。它由6格组成，全盘可以设置，包括彼此大本营。它只要风与水二子成双目斜角而立就可以宣组。它完全可以在变化形态中，自然地走成双目斜角，自身不一定要走成双目与目的格子相重。走最后一个子合的与宣布组成，为一步棋。

棋盘上，可设置250个对称与不对称的双目伏击圈。

2.盘上任一区域，由风雨寒暑中任意2子成双目斜角而立，即可宣布组成：这是伏击圈设置规则之二。风雨在行走过程中，自觉不自觉地成为双目斜角时，即可宣布组成。

走合的最后一个子与宣布组成，为一步棋。

棋盘上，可设置250个对称与不对称的双目伏击圈。

3. 盘上任一区域，由⑭⑮⑯⑰⑱中任意2子成目斜角而立，即可宣布组成：这是伏击圈设置规则之三。⑭⑮在行走过程中，自觉不自觉地成为目斜角时，即可宣布组成。

对称时，从1纵至13纵横向可设4个、全盘可设56个；从1横至15横纵向可设4个，全盘可设48个。

不对称时，从1纵至13纵横向从2纵至13纵可设3个、从3纵至13纵可设3个、从4纵至13纵可设2个、从5纵至13纵可设2个、从6纵至13纵可设2个、从8纵至13纵可设1个、从9纵至13纵可设1个，一共可设12个，全盘纵向可设168个；从1横至15横，纵向2横至15横可设4个、3横至15横可设3个、5横至15横可设3个、6横至15横可设3个、7横至15横可设2个、8横至15横可设2个、9横至15横可设2个、10横至15横可设1个、11横至15横可设1个、12横至15横可设1个，一共可设22个，全盘横向可设264个。全盘对称与不对称时，一共可设536个目字伏击圈。

4. 在一轮多步走中，伏击圈中子可以连续沿纵直线（横直线、对角方向）行走，对方可连续在伏击

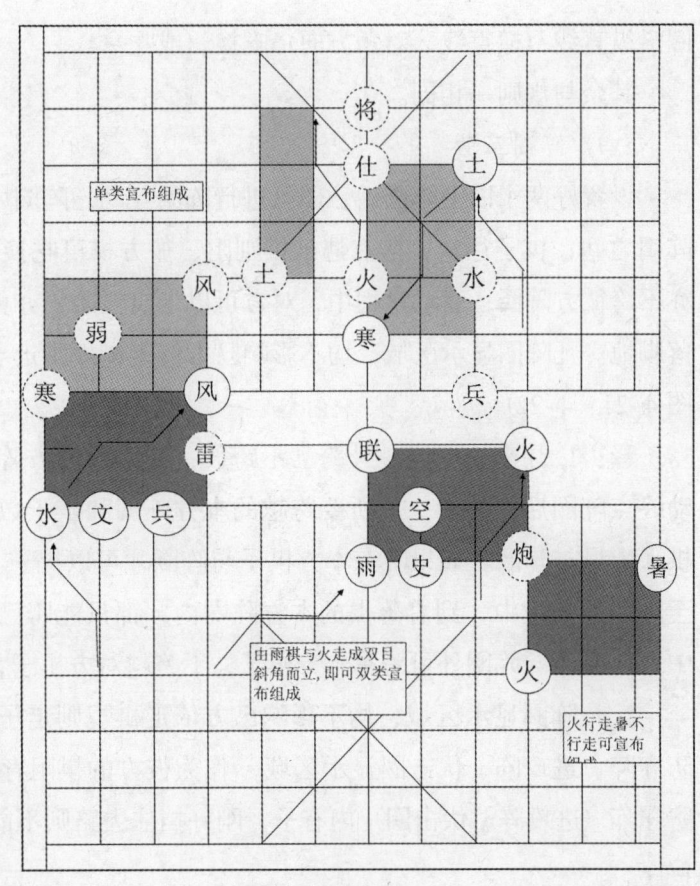

图 4-19

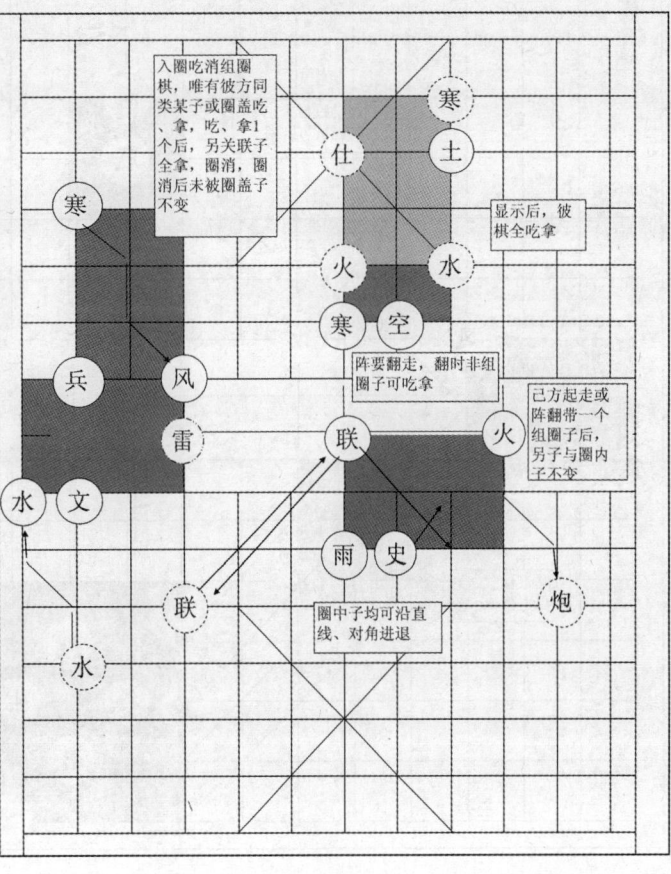

图 4-20

圈沿纵直线（横直线、对角方向）吃换（或吃拿）。

其余与规则一相同。

（四）阵圈互动

设置好两个以上阵圈后，即可进行阵圈互动；阵圈中棋子均可沿直线、对角一步往来于阵圈之间；棋子往来，落点遇己棋则阻、彼方棋可吃换或阻；往来途中内、外跨己不跨彼，亦不垮彼方阵圈；互动过程中，对方可以走棋拦阻，亦可待停稳吃换，拦击于中途或消灭于落脚地。凡阵圈显示区域，均不影响己方依走棋规则走子，彼方依走棋规则不得跨越。（见图4-21、4-22）

释：1. 往来途中内、外跨己不跨彼，亦不跨彼方阵圈：互动前，先确定互动开始与互动终点阵圈后，再看一看所要跨越的本方阵圈和棋子数量，而后再看一看不能跨越的对方棋子数量与阵圈。如果唯有本方棋子与阵圈才可以提子。拿起棋子，经本方起步的阵圈内，至阵圈外的途中，到着落点的本方阵圈内，都只能跨己方棋子。因此，在互动线上往来途中，阵圈内与阵圈外可跨越本方棋子，不跨越对方棋子，亦不垮彼方阵圈。

2. 凡阵圈显示区域，均不影响己方依走棋规则走子，彼方依走棋规则不得跨越：本方防守阵、进攻阵、伏击圈显示区域，作为彼方的棋阻存在，子过阵圈将受影响。如果某个防守阵（进攻阵、伏击圈）内有子，刚好挡住去路则不能通过。其一用子将它吃换后让后面子通过；改纵直线（横直线、对角方向）通过。一般能够跨越20格的防守阵、4格的进攻阵、6格的伏击圈，唯有远程子的炮、车、情、史、更、联、陆、空等能够跨越整个阵圈，其余子只能跨越某个防守阵（进攻阵、伏击圈）的一个角。跨越阵圈的子行走时，必须符合走棋规则规定，假如落入某个防守阵（进攻阵、伏击圈）内，就不是跨越阵圈，而是进出阵圈。这一点，必须认真对待，以免出错。

其余与规则一相同。

总之，如果把防守阵看成是模拟大本营、或高度隐秘的指挥中心的话，那么进

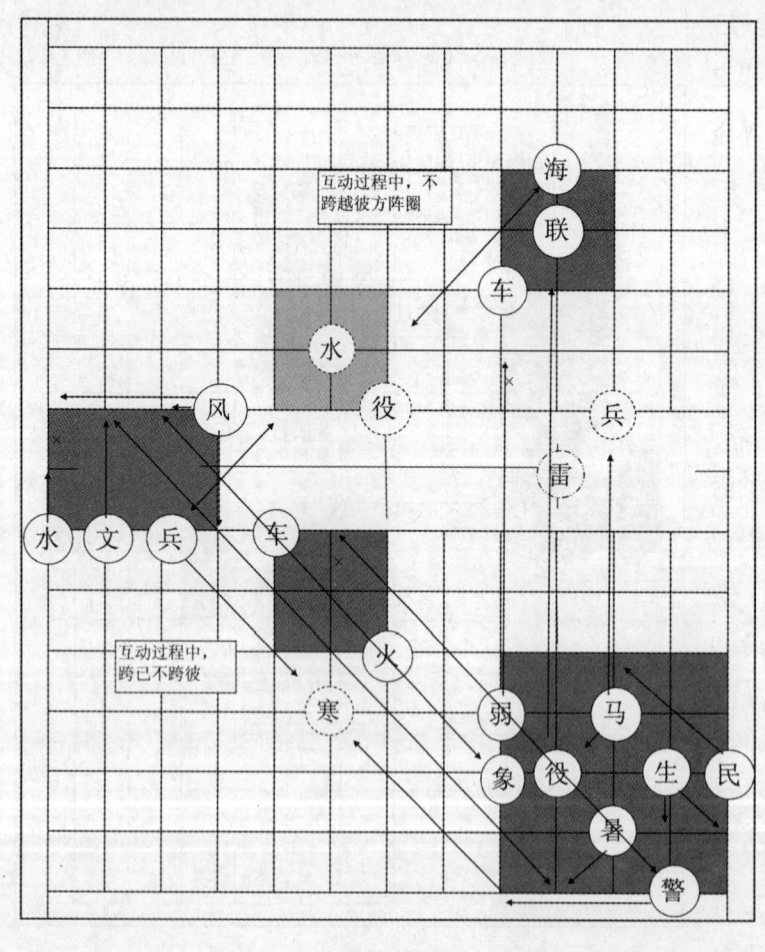

图4-21

攻阵就是水中的航空母舰、陆地的装甲群、空中的航天站、山上的炮导基地、水中的潜水战斗群；伏击圈就是码头、港口、地下工事、仓储基地、机场、通讯中继站、前沿阵地等高度隐秘场所。可想在这复杂的立体环境中，把它们联系起来肯定不容易。互动时，本方子连同阵圈中的子都跨越并规定不跨越对方子与阵圈，是多么重要。必须学会借助本方间的外力援助，才能实现，并且把阵圈中的跨越，看成是上升力的作用，赖有跨越的作用力，才一飞冲天。借助互动这个补给线，为本方防守阵、进攻阵、伏击圈的快速组建创造便利条件。

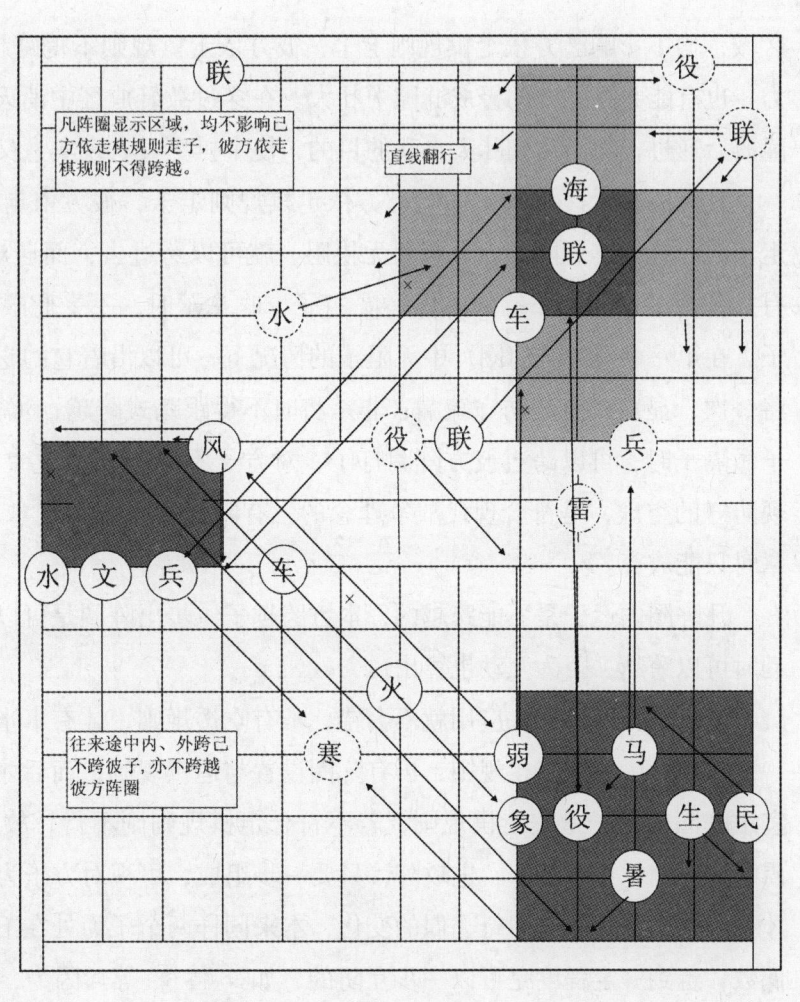

图 4-22

同时弈者也要看到，阵圈地点（山河中隐蔽格线视同格线，隐蔽格线不影响阵圈）的设置，对阵圈互动的成效是有影响的，这一点不应被忽视。只有把阵圈设置在同一条直线或同一条对角线上时，互动效率才会高，否则虽有阵圈却不便于互动的发挥，不是被对方的子、阵圈、互动线阻住了，就是被己方的互动线挡住了，那实不应该的。要想方设法调整部署，以符合互动战术应用为准；战略上每个互动线，要有三个以上可选择的通畅道路，一条受阻另一条马上顶替，方为上策。阵圈中子没有贵贱之分，只要需要，均是互动下的子民。

对影响的棋阻子应极力消除，以利互动为上。若没有互动网络，再多阵圈也作用不大，子力用完了没有补充，就会很快被消灭。在互动过程中，如果中途转折，或返回，就必须在中途的阵圈中停留，等下一步再走或向下一个阵圈互动。互动中途不能转弯，自转弯视为无效子。互动时要沿途走给对方看，不能从一个防守阵（进攻阵）不声不响地提到另一个伏击圈，放下就算了，沿途要经对方确认正确才行，未得到确认属无效互动。对于重叠阵圈，有显示界限的，一样按互动规则进行，没有显示界限的仍按阵圈运棋规则进行。

在战时，应把防守阵、进攻阵、伏击圈看成是城、市、镇的缩影。它只能"往来途中内、外跨己不跨彼，亦不垮彼方阵圈"，体现了战时警戒级别的升级。而规定"凡阵圈显示

区域，均不影响己方依走棋规则走子，彼方依走棋规则不得跨越"，体现特种部队的作战能力，也有能力在己方的警戒缝隙中壮大。在穿过敌警戒区中消灭敌人是有困难的，必须消除障碍后通过，从而达到壮大自我的目的，使本棋更具有现实意义。

凡阵圈显示区域均不影响己方依走棋规则走子，彼方依走棋规则不得跨越。这说明在走子时，凡遇本方阵圈时，只要无棋阻，就可以跨过去；而遇对方阵圈时，则不能跨过去。有几种情况例外，那就是杀将、炮打子、吃拿子时，不受此限。如：车 情 史 吏 远程吃换子，在第一个对方阵（圈）中无阻子的情况下，可以沿着它的吃换线跟踪越过该阵（圈）杀将一次，显观对方的防守疏漏；非杀将时不得跟踪式跨越；炮，刚好遇彼方阵圈中有本方子做隔子时，可以跨过彼方阵圈打子，对方子不可；导，吃拿子时，可以跨越彼方阵以体现防守的空虚，是符合现代战争理念的。有阻时，不可以吃拿，则只能吃拿阻子，不能吃拿时只能放弃。

凡阵圈内运子是不能跨越的，本方跨越子1步出阵圈是可以跨越的，还包括阵圈之间互动时可以跨越，因为互动也算出。

依规则指明的方法应用就不会错，唯有吃透规则，才有事半功倍的效果出现。

在规则中先有走棋规则，再有阵圈设置与运棋规则，而后才有阵圈互动规则。因此，在宣组阵圈前的子是按走棋规则，若不符合走棋规则则不行，故，棋阻是阵圈设置的最大障碍。伏击圈优于防守阵、进攻阵，只要一步组成，可视对方子为无阻子，而本方子必须走后才行。整个棋盘充满着奇、偶的变化，本来同样两个子力处在不同的棋盘位列上，是对称的偶数，走到一定程度是可以一步互防的，如役 情 警 等。因为，某个子随阵圈后，改变了对称线点，也就变化成了非对称的奇数了，这样使奇数变成了偶数，使偶数变化成了奇数，使得整个棋充满着神秘性和趣味性，增强了棋的娱乐性、趣味性，这是古老象棋所不能及的，也是谋略象棋的独到之处，给弈者增加了不少乐趣，有助于老年人、青少年提高记忆力。

另外，在阵圈设置上，规则一与规则二在准备、宣布组成上有着差异性。例如：规则一，就地走动准备后要等几回才能宣布组成；规则二，外地走入后隔回宣布组成。说明准备的方法不同，宣布组成的速度不同，正是这些不同，使谋略象棋充满了无穷的活力，也使弈者在不同的方法与速度中历练，增强战斗力与指挥艺术技巧，无论在平时与战时都能得心应手，发挥应有的特长。

直线、对角、斜角三者相互是独立的，走直线子要用直线子力来克，对角子要用对角子力来克，斜角子要用斜角子力来克，三者之间不能互克。要相互克，唯有车 情 史 吏 海 陆 空 警 联 役 民。

行棋必须按照走棋规则、阵圈规则、阵圈互动规则来，利用好规则多加思索后，方能做到出其不意、攻其不备；也才能准确设棋阻，预防对方出其不意。因此，弄清规则是很有必要的。

第三节 棋 谱

如果说，通过谋略象棋规则一使中国传统象棋得到了升华，那么，谋略象棋规则二就使谋略象棋规则一得到了升华，只有升华才有意义，才会更精彩。

第四章棋谱，依规则二行走子，为了着子记录简明扼要，凡防守阵、进攻阵、伏击圈宣布组成或组成一律使用“设”代替。防守阵简称“防”，进攻阵简称“阵”，伏击圈简称“圈”，如设防、设阵、设圈。直线简称“直”，对角简称“角”。进攻阵翻行时的带子只记录行走子，在阵中未动的不记，以便减少记录长度与速记。本谱，以红蓝双方对弈。

一、习局

（一）车情史吏

1. 车情史吏原位之攻防（见图 4–23）

[车][情][史][吏]的攻防，受走棋规则的限制。[车]走直线，直线吃换、转锐对角吃换，从图上看，它在原位上前方有己方一子挡住，就不能前进；[史]走直线，转钝对角吃换，从图上看，它在原位上 1 步就可杀进彼方大本营；[情]走对角，对角吃换、转锐直线吃换，从图上看，它一步就能吃掉对方的[导]，不吃[导]可吃[陆]至[炮]的任 1 子；[吏]走对角，转钝直线吃换，从图上看，它一起步什么都可吃，也只有[联][役][情]吃不到，被边线挡住了。

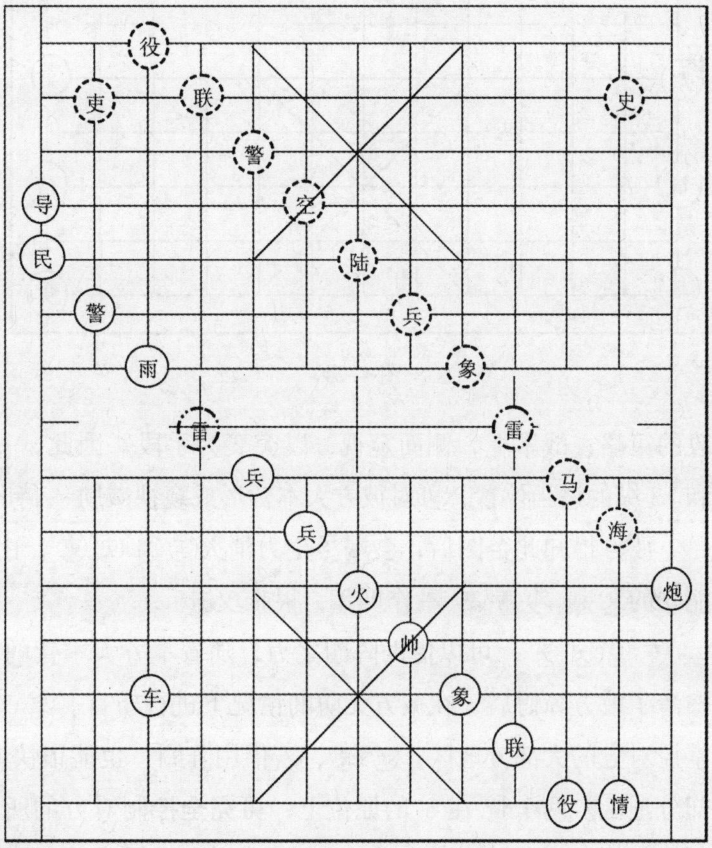

图 4–23

[车][情][史][吏]所处位置不同，攻防区域也就不同；由于规则所给权限不同，攻防的范围也就不同；[车]的打击线路是直线上的进、退、左、右、左锐对角、右锐对角，[情]的打击线路是对角上的进、退、左、右、左锐直线、右锐直线，[史]的打击线路是直线上的左钝对角、右钝对角，[吏]的打击线路是对角上的左钝直线、右钝直线。弄清线路，有利于实际应用。特别是到最后，子少阻力小时它们作用大，但自身防范难度也加大，也是彼方首先锁定打击的目标。

这是隔 1 步，若是隔 2、隔 3、隔 4 步走变化会更大。如[情]，第一步吃[役]或向 13 纵走

1步，直接对对方大本营构成直接或间接威慑。但是，如在一个回合中打不跨对方，下个回合就可能被动埃打，本方由强势逆转为弱势。

所以，防守意识、攻防局势会随着一个回合的长短而增强或减弱，不是谁比谁厉害的问题，而是战略部署的强与弱。在习局中，逐点、逐线、逐子地摆弄是掌握技巧的一种方法，是速成的一种手段。

2.车情史吏位置调整后的攻防策略（见图4-24）

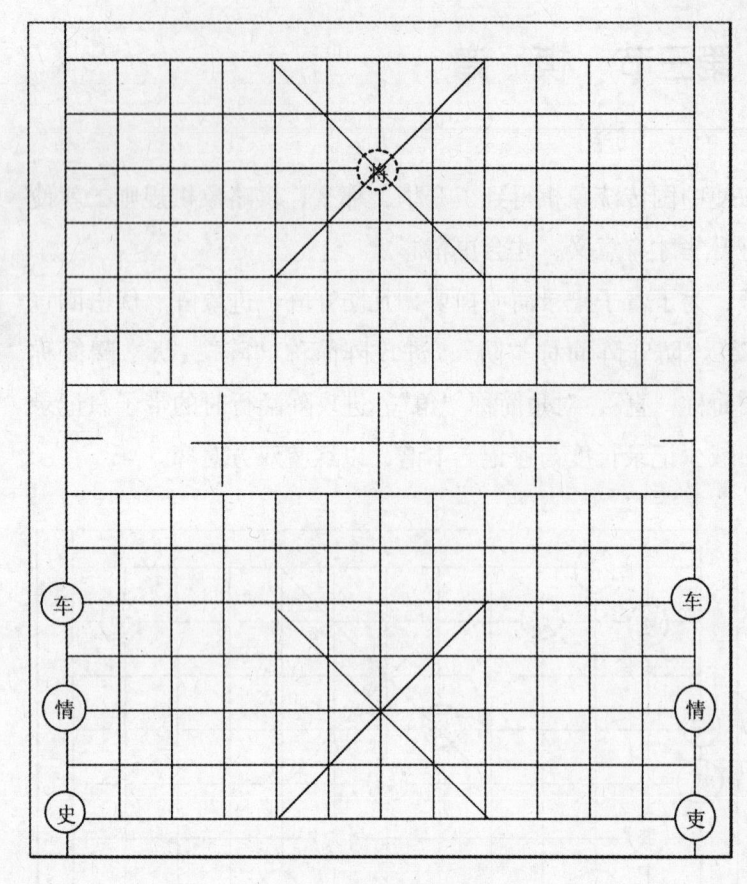

图4-24

任何子都受规则限制，车情史吏也不例外，受走棋规则的限制，在攻防战略战术上就有所不同。在战略上，采取以守为攻的策略；战术上，侧面窥视，以突袭为手段。因此，一开始，就将车情史吏走到1纵和13纵的适当位置，可对彼方大本营形成窥视威胁，待时机成熟后，一举突袭。

彼方得知此企图后，会竭尽全力消灭车情史吏，由于2纵、12纵的前沿有不行走不能吃的文弱风雨寒暑作屏障，很难攻击。

车情史吏，可以借助阵圈之力，随着本方大本营的将（帅）移动不断位移，待本方扫清了彼方障碍后，在彼方无防的情况下进行斩首。史吏，在2横的两个对角上，可远程掌控对方的大部分地区；车情，若借用阵圈，也能很快调整到合适的位置，掌控对方的大部分地区。两个情在导的原位上，可完全控制对方的所有地域，将（帅）走到哪里都可以控制住。战术上，车史吏可为情开路。这些，都是很好的运用技法。

（二）海陆空警联役的攻防（见图4-25）

按规则，若选择一回隔4步，那么，

联十左进六，

联四进十二，

联四右平七将军，

联七进十三杀将，

就赢了。

再如，空即便是只能走山段过岸，也能在三步内杀将，即：

空八左进四,
空四进十将军,
空四右进七杀将。

㊗ 若不是限制它走中间桥过岸,那么3步内也能杀将。如:

陆七左进三,
陆三进九将军,
陆三右进七杀将。

由于第一回合中规定不杀将,那么,㊗、㊗、㊗的杀将计划就落空了。初学者,也只能选择隔1至2步、隔3步,隔4步要到极高深阶段才行,况且在第一轮回中走4步也不能杀将,到对方走时必变成孤军深入,不但杀不了将,反而丢失了子力。在第一轮回中,应尽力调动子力,保护大本营中的㊗(㊗),防止对方第一轮的连续打击。一般利用正面㊗㊗㊗㊗㊗不行走不能吃的优势,先把㊗沿画角线转至营边线。

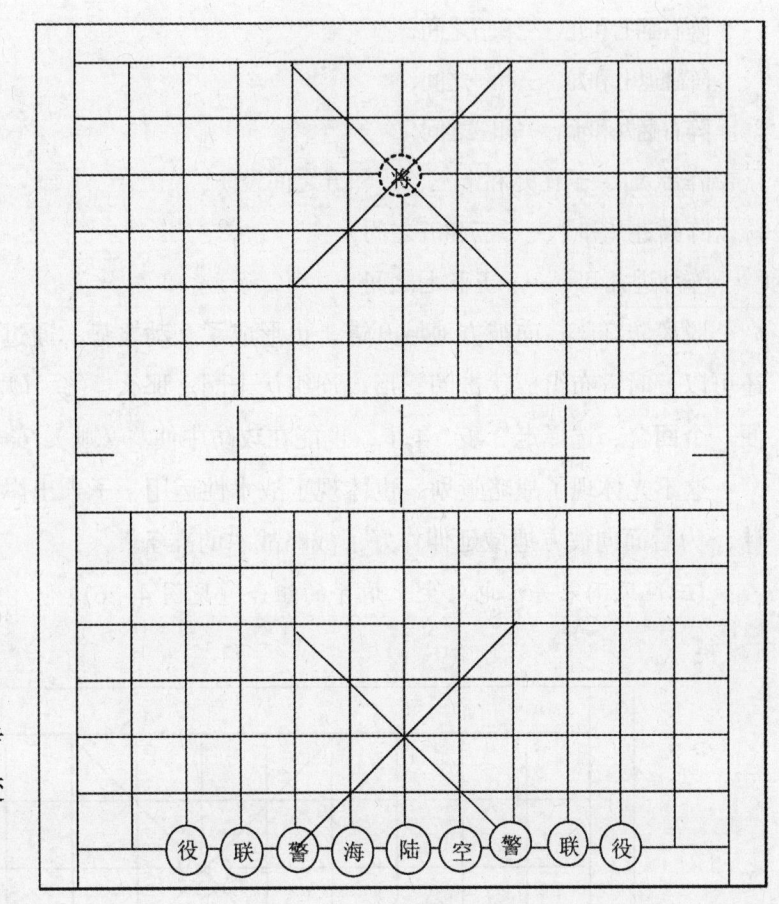

图 4-25

如:警九进三,
将七右退八,
将八右退九,
将就可进大本营底角线;
到第二轮时,左边的联四进四,警五进四,即可设进攻阵;
第三轮进攻阵翻进大本营,使㊗进入进攻阵;
第四轮通过进攻阵带来的子力翻入大本营以外,继而设防守阵;
第五轮进攻阵翻出防守阵,形成守而攻之态势。

如,
联四进四,
警五进三,
在三和五、三和五设阵,
阵右翻五和七、三和五之间,

阵右翻七和九、三和五之间，

阵翻退七和九、三和一之间，

阵右翻九和十、一和三之间，

阵带入 5 子在九和十三、一和五之间设防，

阵翻进九和十一、三和五之间，

阵翻进九和十一、五和七之间。

脱离防守阵，向彼方地域开进，也形成了互动之势，通过进攻阵翻带了⑨⑩⑪⑫⑬，还可以及时宣布组成伏击圈，形成连组伏击圈。那么，将（帅）的防守也就得到保证，即便一个回合，选择走3步、4步，也能在攻防中使将（帅）安全。

这不光体现了战略策划，也体现了战术性运用，子未出岸界，就作好了攻防策划与设计，为后面向彼方地域延伸作好了战略战术的准备。

(三) 风雨寒暑水电火生土炮导的组合（见图4-26）

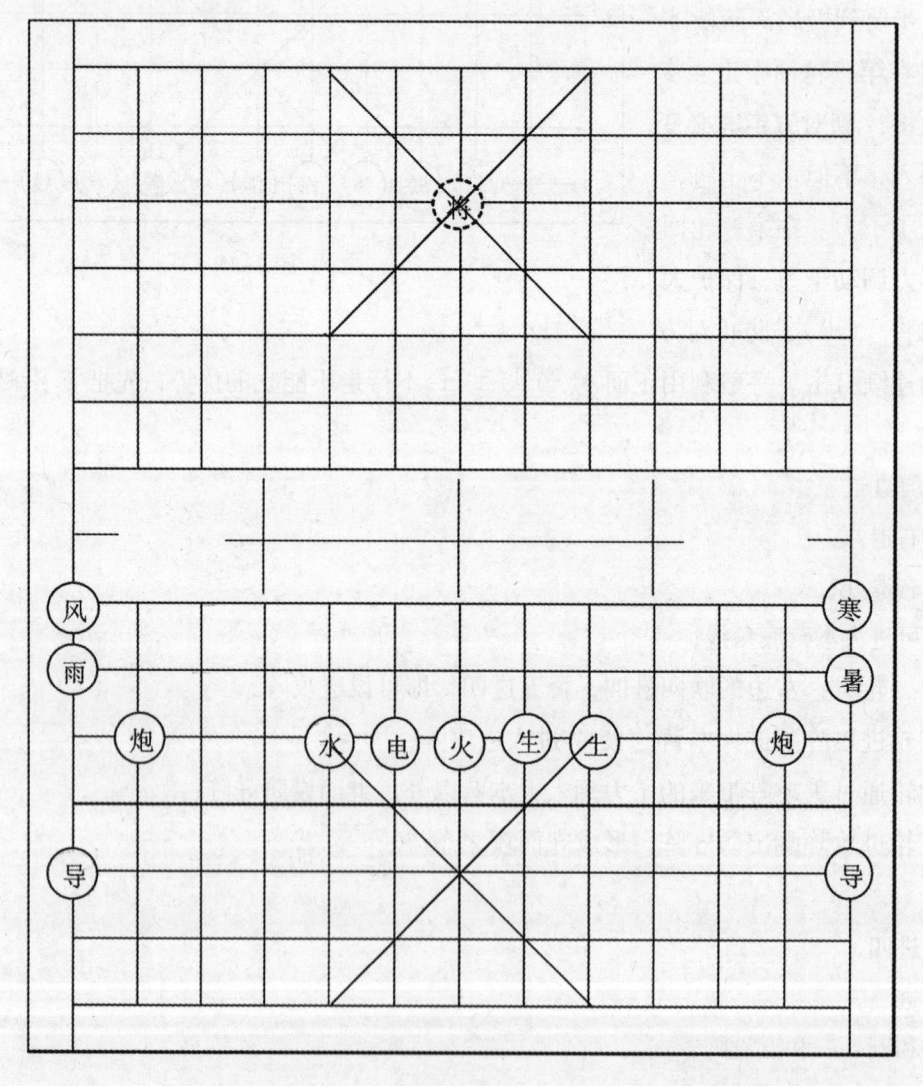

图 4-26

[风][雨][寒][暑]与[水][电][火][生][土]，有三种组合组成伏击圈。其一，先走[风]后走[水]，可有4个组合机会；其二，[风]与[寒]组合成伏击圈，可有12个组合机会；其三，[水]与[土]组合成伏击圈，可有20个组合机会。一共可组成36个不同的伏击圈，全盘任何一地都可组合到，[炮][导]与伏击圈配合起来应用，更具战斗力，更易控制大本营之[将]（[帅]）。

如，[风]一右进四，[寒]十三左进十，随时可对对方区域构成威胁。[风][雨][寒][暑][水][电][火][生][土]在规则二中不受双目与目的限制，它可以随意调整走棋的方式，这样既可适当地调整位置又可快速组合，更加灵活多变。

[风][雨][寒][暑]走出复返后，[水][电][火][生][土]中的某子任一步都单类或双类组合成伏击圈，对本方地域守护。如，[电]、[生]进行组成可封河岸[水][电][火][生][土]，互相退组可护大本营。[水]进与[雨]封左岸，[土]进与[暑]封右岸；[火]左右退都可与[雨][暑]组成伏击圈，封堵大本营两侧的平安大道。

在组合成伏击圈的同时，也可为[炮][导]助力。如[炮][导]置于大本营3横两侧后平行调整，只要兵力一变化，子一行走就控制了大本营中的[将]。[导]也是位于大本营底线，左右平调，只要一变化，子一行走就对彼方大本营构成威慑之势。[炮][导]在一条直线或对角上，[炮]可为[导]开路，让[导]吃拿。

[水][电][火][生][土]与[风][雨][寒][暑]，在变化中都会为[导]助力和开路，使[导]更具有战斗力。尤其在多步走中，潜在作用力会更大，[炮][导]也可为组成伏击圈消除障碍，使伏击圈的组成变不可能为可能。

这些都需要弈者在长期的习练中不断总结，用任意子力组合成习局，把相应的子带入后看棋阻，看吃换（拿）的情况，看攻防力度与攻防要点，进行格、线、点的练习与总结，并作好记录。

二、惨局

（一）民与伏击圈争雄

双方约定隔1。

开局见图4–27。

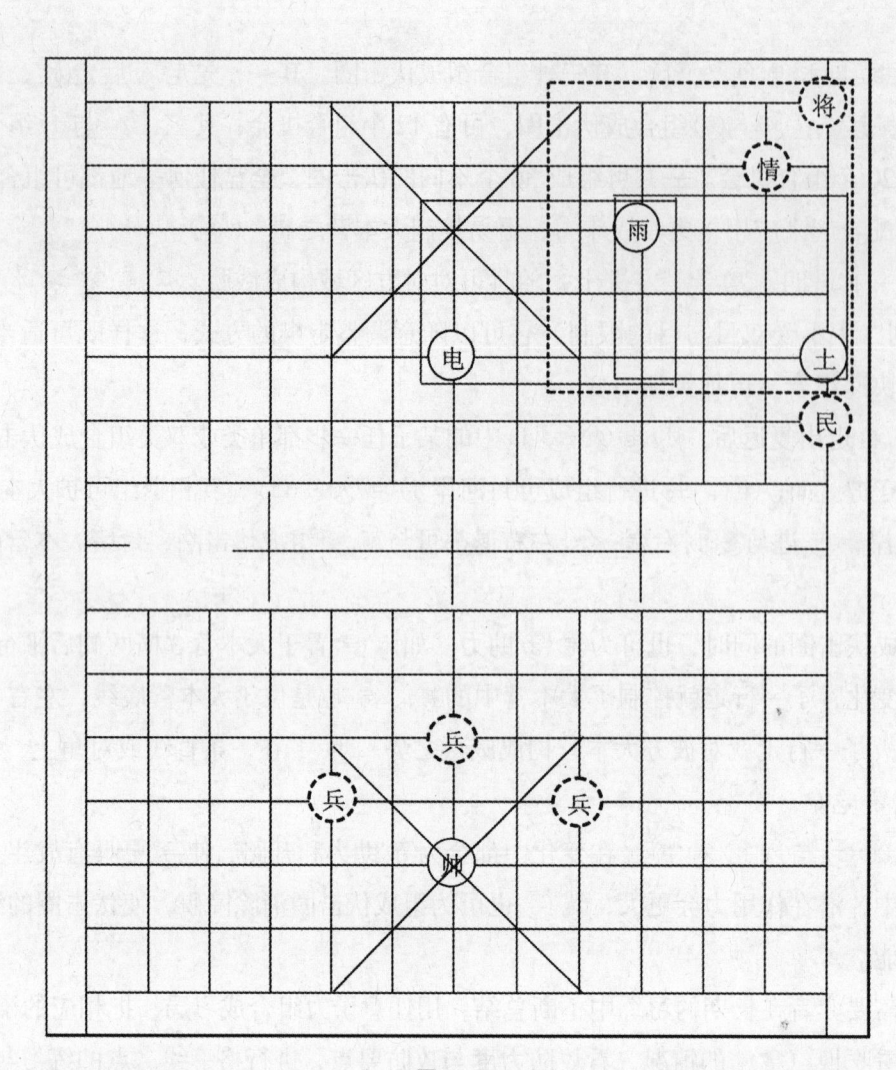

图 4-27

土十三左进十二吃情起圈，	将阵内 1 右进 2 吃土；
电七右退十，	民 1 右进 2；
电十左退七，	民 2 左进 1；
雨十右退十二，	民 1 右进 2；
电七右退十，	民 2 右进 3；
电十左退七，	民 3 右进 4；
雨十二左退十，	兵 5 进 13；
帅七退二，	民 4 右进 5；
电七右退十，	民 5 右进 6 将军；
帅七左平六，	兵 5 进 14；
电十左退七吃兵，	兵 5 右平 6；
帅七左退五，	民 6 右进 7 将军；
帅六左退五，	兵 9 进 13；
雨十左退八，	兵 9 左平 8；
雨八左退五在五和七、二和五设圈吃拿兵民，	蓝方宣输。

结局见图4-28。

点评：

红方把伏击圈打进了蓝方的防守阵中，㊣在角落动弹不得，好在㊣来得及时，才免遭㊣的杀将。由于红先，㊣起伏击圈吃㊣，㊣也进一步吃㊣，红方自知伏击圈不变化难以克㊣，于是起伏击圈走㊣。蓝方已算定㊣在防守阵中灵活，不易被重组的伏击圈伏击，况且红方重组也不易，决定用㊣进攻，与㊣配合，也许还会有赢的机会。

㊣虽只能走一步，但它不论走直线还是对角，几步都能到达彼方大本营，而㊣㊣自身防护差，必须组成伏击圈才有胜算。因此，红方㊣㊣急匆匆退至本方大本营，果真㊣快，慢了就麻烦了。

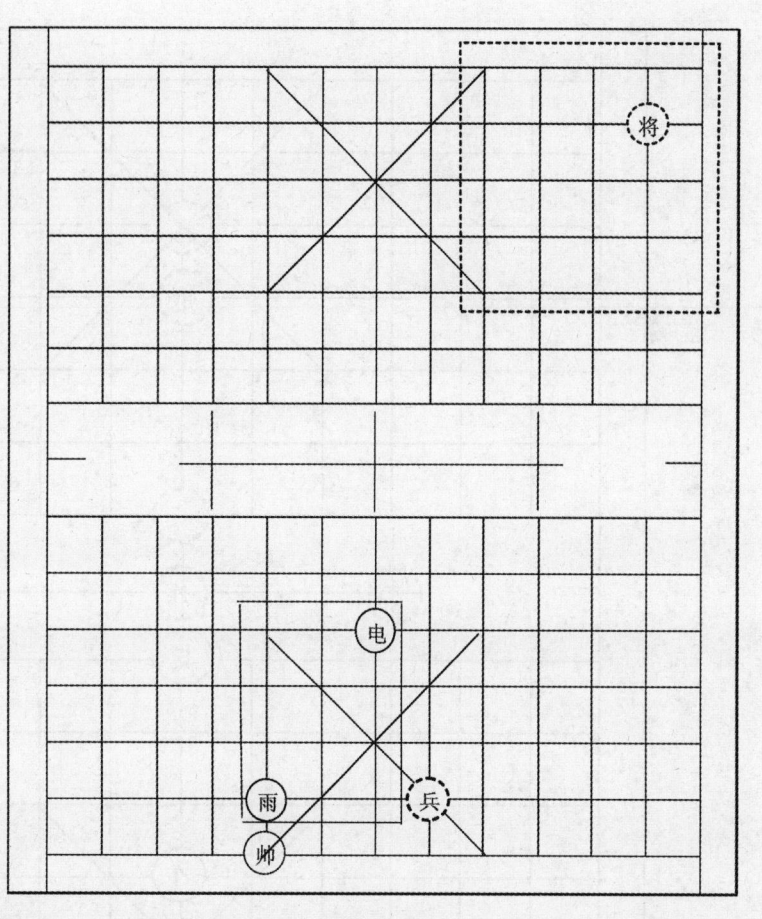

图4-28

如果用㊣或㊣吃一个㊣或一个㊣，则和棋。假如，吃一个㊣损失组圈子，那么红方就会输。所以，红方想方设法要组成伏击圈，利用㊣退虚张声势，吸引㊣㊣来攻，正在㊣㊣忙于围㊣时，红方突然宣布组成了伏击圈，导致蓝方损失了㊣㊣，蓝方迫于无奈宣布输。只差一步，蓝方先，红方也会输，当然，其中还有很多变数存在。

值得提示的是，这一步之先后，就相当于处事中的一念之差。迟一步与早一步地果断决策，其结果就大不一样。所以说，棋锻炼人，增加弈者智慧与决策能力，胆识与善谋，就是这个道理。这一点，弈者今后需多加注意。

（二）史联交锋

开局见图4-29。

1. 双方约定隔1

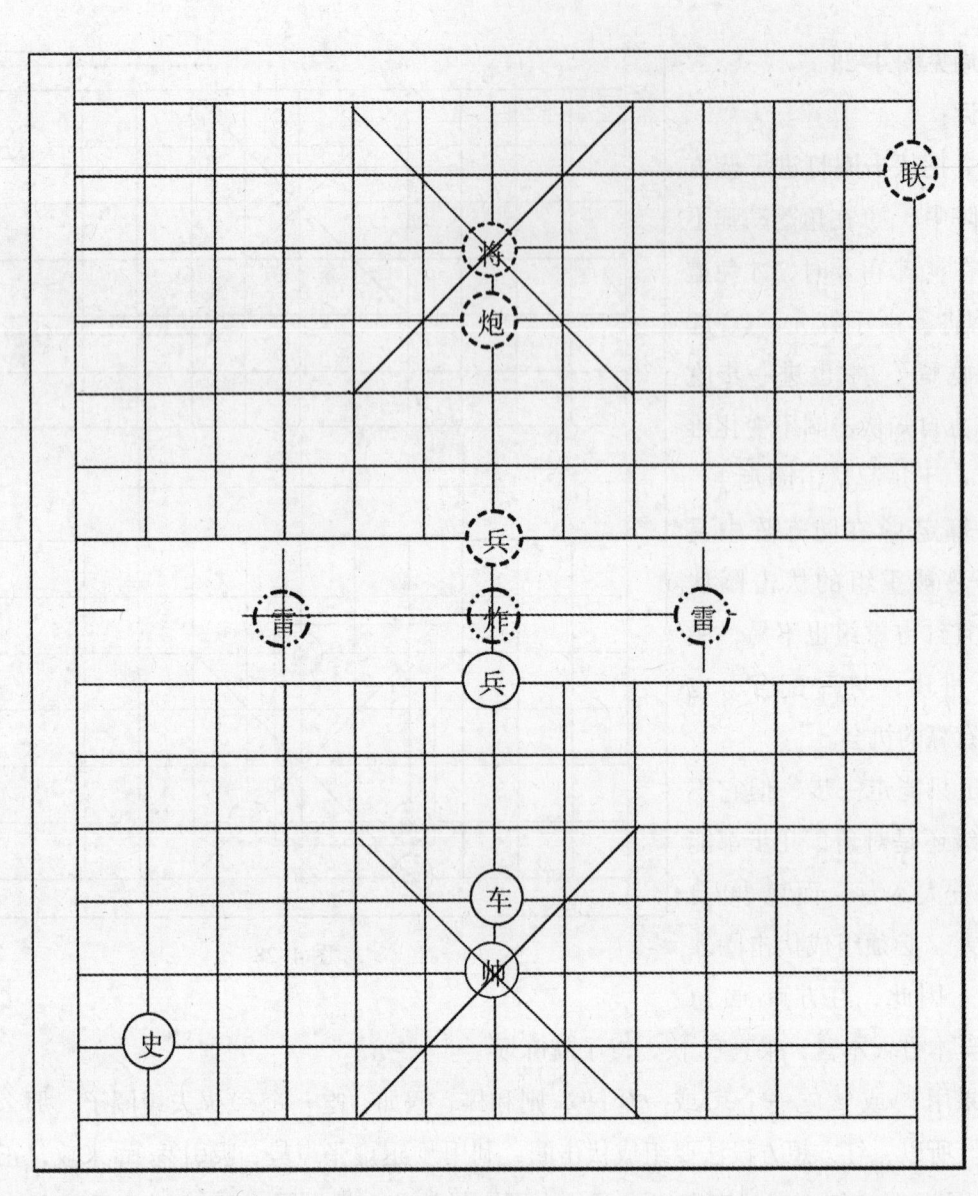

图 4-29

(1) 史二进十五将军，　　　　　　　　　　联 1 右平 8；
　　帅七右平八，　　　　　　　　　　　　炮 7 左平 6；
　　兵七碰炸消，
　　车七进九吃兵将军，　　　　　　　　　炮 6 右平 7；
　　车七右平八将军，　　　　　　　　　　炮 7 左平 6 将军；
　　车八左平三锐角右进七杀将，　　　　　蓝方认输。

结局见图 4-30。

图 4-30

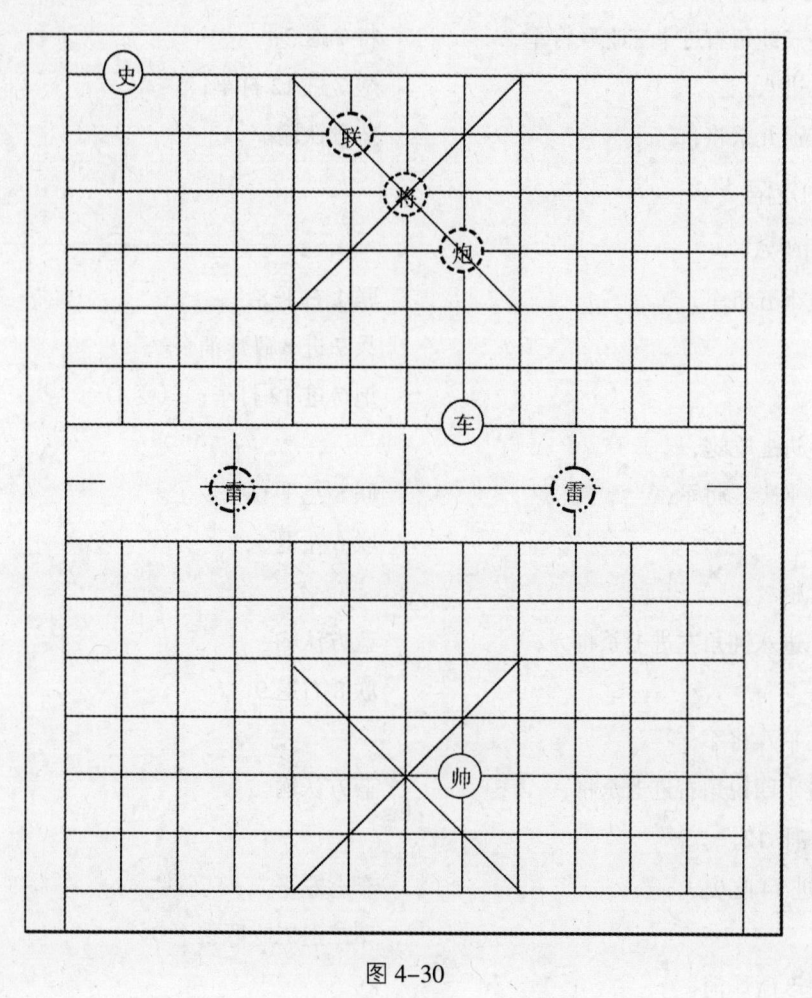

点评：

㊣一开局就处将军态势，由于规则规定，第一回合不杀将。于是㊣ 行走到15 横重新将军，蓝方急用㊣来挡，由于㊣受㊣的保护，吃不合算，用㊣将军，因㊣纵横两处将军使蓝方无防范，只得认输。红㊣也可以直接吃㊣，㊣则不能吃㊣，㊣也不能吃㊣，这是逼杀。

(2) 兵 7 进 8 碰炸消，

联 1 进 13 将军，　　　　　　　　帅七右进八；

联 1 退 12 将军，　　　　　　　　帅八退三；

炮 7 进 12 打车，　　　　　　　　史二进八钝角右进七杀将；

蓝方无避宣输。

(3) 兵 7 进 8 碰炸消，

联 1 右进 13 将军，　　　　　　　帅七右进八；

联 1 进 14，　　　　　　　　　　车七左平五将军；

将 7 退 2，　　　　　　　　　　　车五进十四将军；

蓝方将无法走动而宣输。

(4)兵七进八碰炸消,

史二进三钝角右进十三吃联将军, 　　　　将 7 退 2;

帅七右进八, 　　　　炮 7 进 12 打车;

史十三退九杀将, 　　　　蓝方认输。

2. 双方约定隔 2

(1)帅七右平八,

史二进十五将军, 　　　　联 1 右平 8,

　　　　兵 7 进 8 碰炸消,

　　　　炮 7 进 12 打车; 　(变 1)

帅八左进七吃炮,

史二右平十二将军, 　　　　联 8 左平 6,

　　　　联 6 左退 5;

史十二退二,

史十二进八钝角左进七杀将, 　　　　蓝方认输。

(2)变 1 　　　　联 8 右退 9,

车七右平八将军,

车八进十四锐角右进七杀将, 　　　　蓝方认输。

(3)联 1 右平 12,

联 12 进 14 吃史, 　　　　车七左平二,

　　　　车二退二吃联;

兵 7 进 8 碰炸消,

炮 7 进 13 打帅, 　　　　红方认输。

3. 联 1 右平 8

炮 7 左平 6, 　　　　史二右平十二,

　　　　车七右平九将军;

联 8 左平 5,

联 5 进 12 吃车, 　　　　史十二进十五将军,

　　　　史十二左平九钝角左退七杀将;

蓝方认输。

(三) 用什么子就有什么样结果

双方约定隔 3。

开局见图 4-31。

图 4-31

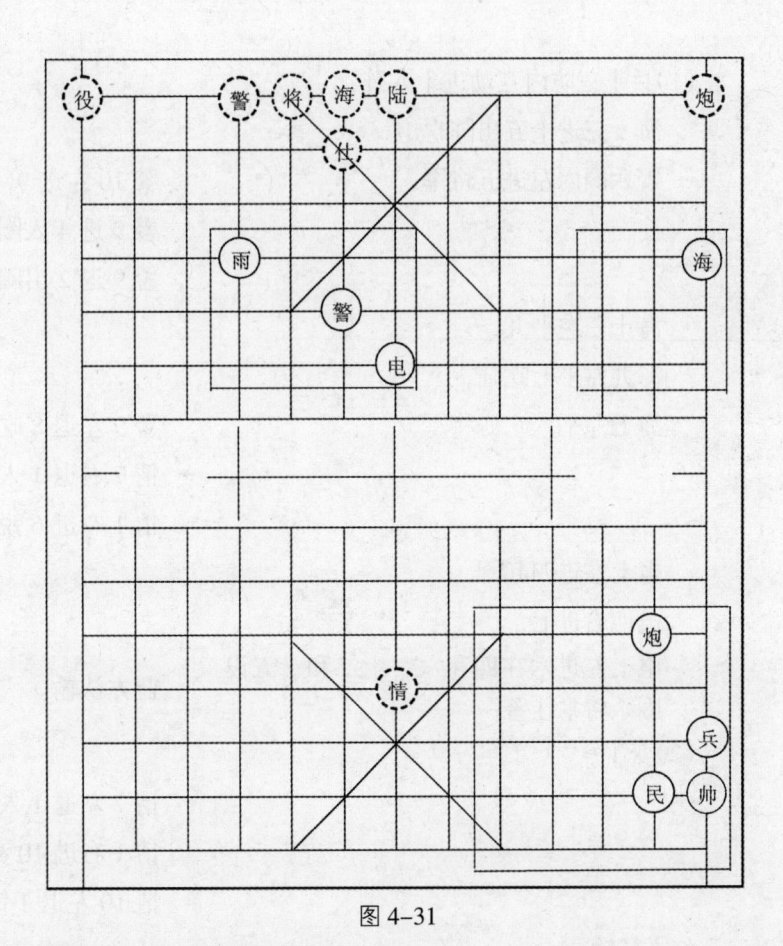

1. 双方约定隔 3

(1) 结局见图 4-32。

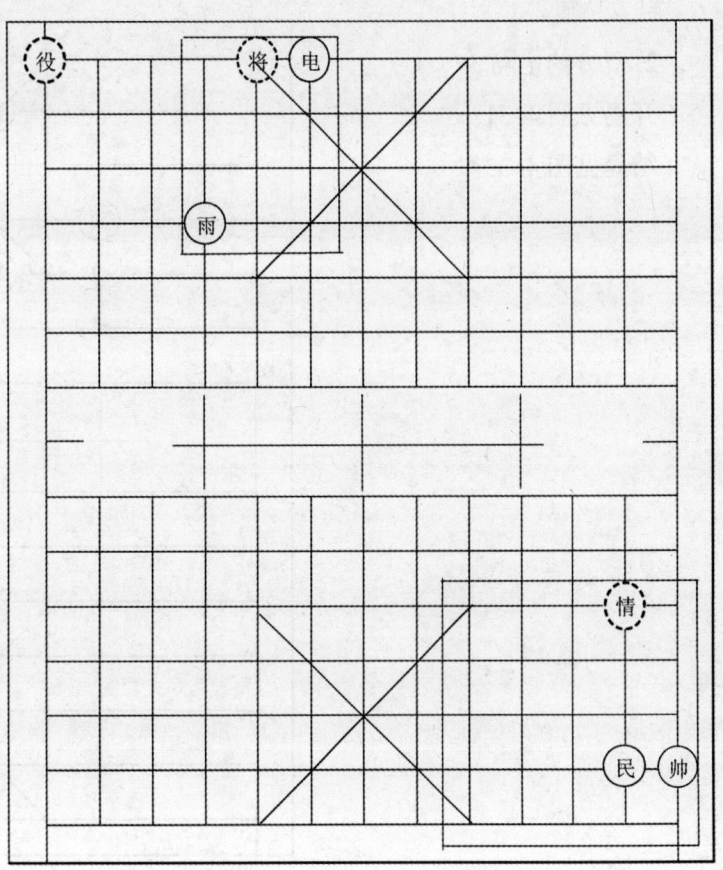

图 4-32

(1) 兵十三防内互动进十入阵，
　　海十三进十五出阵吃炮，
　　警六圈内左进五将军，

　　海十三左平九，
　　海九左平七吃陆，
　　海七左平六吃海将军，

　　电七左进四起圈，
　　电四右进七，
　　电七左进六在四和六、十二和十五设圈杀将拿仕警，
(2) 变1

红方认输。

2. 双方约定隔3
开局见图4-31。
结局见图4-33。

警10左进9(变1)，
警9进4入圈吃警，
警9退2出圈；

警9左退8吃海
情7右退1入阵吃兵夺阵；
情1右进6锐直左平2入防吃炮弃阵；

蓝方认输。

情7左退1入阵吃兵夺阵；
情1右进10弃阵；
情10左退1锐直进14入防杀帅；

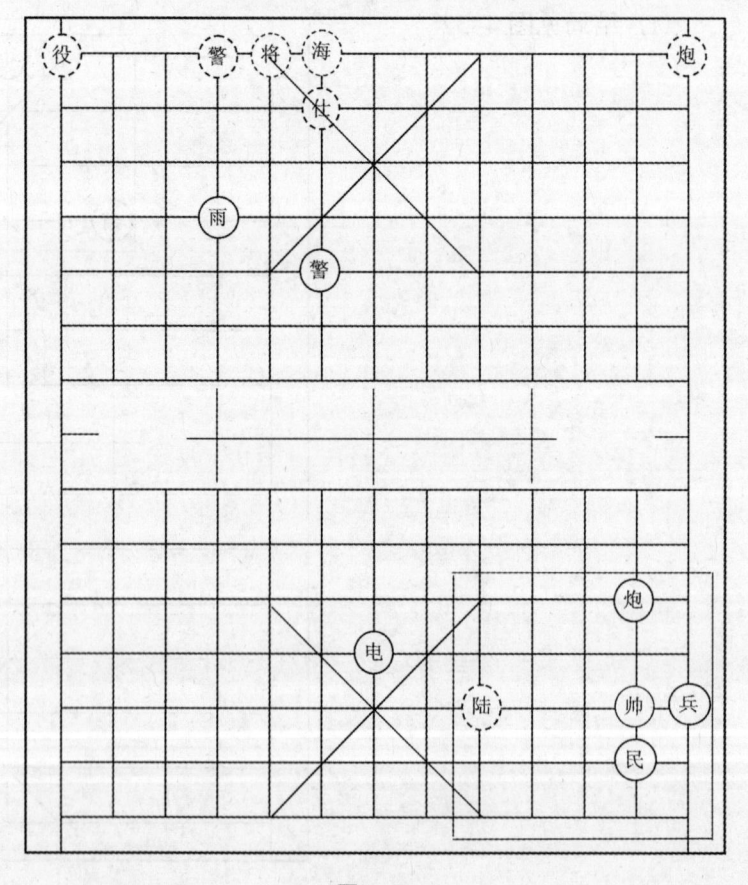

图4-33

陆7左进4，

陆4左平1入阵吃海占阵，

陆1阵内左平2， 帅十三阵内左进十二，

　　　　　　　　　　　　　　　　电七右退八起圈，

　　　　　　　　　　　　　　　　电八左退七吃情；

陆2阵内进9起消阵，

陆2右进6入防将军，

陆6防内左平2杀将； 红方宣输。

点评：

是隔3，双方都有机会巧杀，关键在于如何调动子力，用什么子力在3步内打赢对方，一着不慎，就会全盘皆输。红方快速变化伏击圈杀将，蓝方则用㊗快杀，双方用什么子就有什么样的结果。

（四）破连组圈

双方约定隔4。

开局见图4-34。

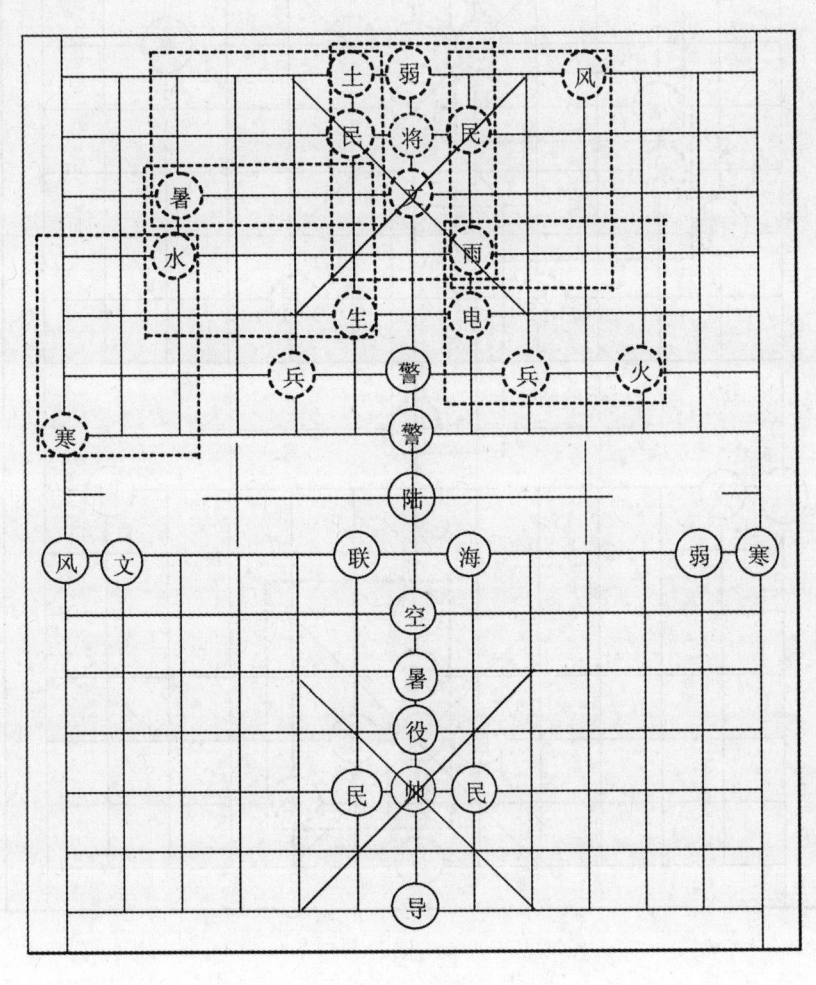

图 4-34

1. 电 6 右进 7 在 7 和 8、5 和 8 设圈吃拿警警陆，

寒 13 左进 10 起圈，

寒 10 左进 7 吃暑，

火 3 右进 4 起圈在 4 和 7、9 和 11 设圈吃拿海空，　　寒十三左进十一，

　　　　　　　　　　　　　　　　　　　　　　　　寒十一左进八吃雨消伏击圈拿风

　　　　　　　　　　　　　　　　　　　　　　　　寒八右进十一，

　　　　　　　　　　　　　　　　　　　　　　　　联六左进二；

火 4 左进 3 起伏击圈，

火 3 左进 2，

火 2 右退 5 在 5 和 7、11 和 14 组成伏击圈杀将，　　红方认输。

结局见图 4-35。

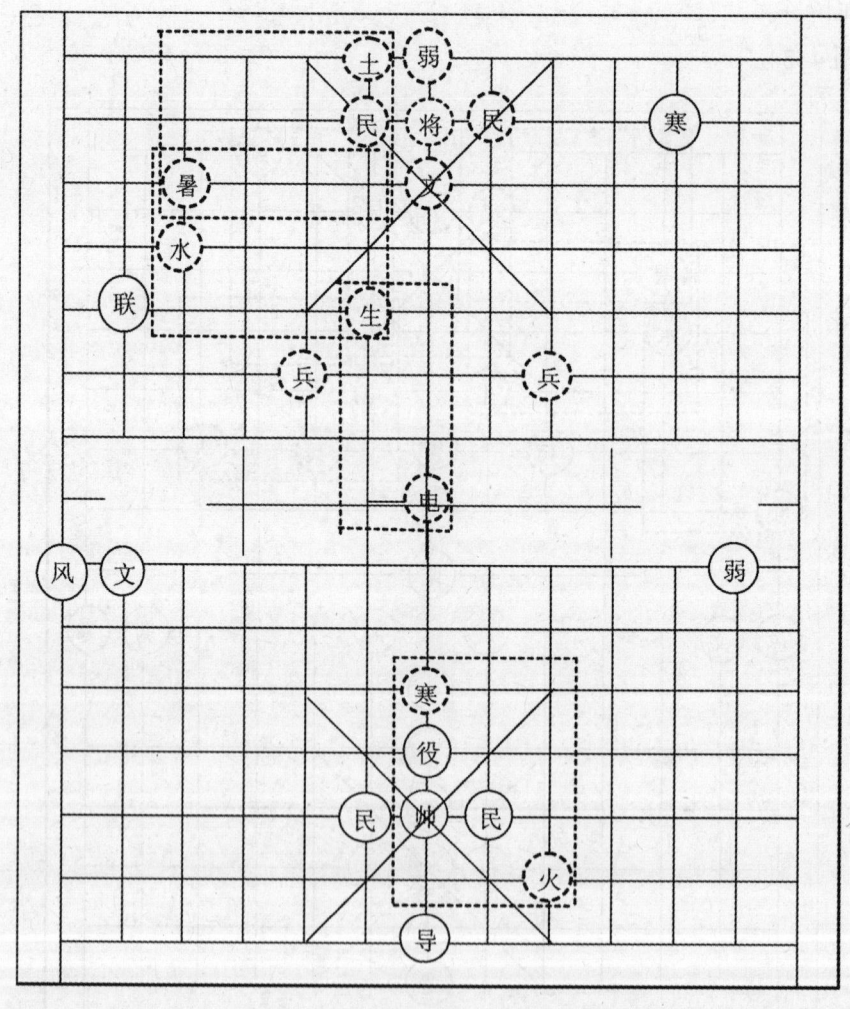

图 4-35

2. 双方约定隔 4。

开局见图 4-34。

联六右进九吃兵，

联九左平五吃兵，

寒十三左进十，

寒十左进八吃雨消圈吃拿连组的火电风土生暑水寒，　　　　民 6 进 3，

　　　　　　　　　　　　　　　　　　　　　　　　　　民 6 进 4 吃寒，

　　　　　　　　　　　　　　　　　　　　　　　　　　民 6 退 3，

　　　　　　　　　　　　　　　　　　　　　　　　　　民 6 退 2；

空七进十一，

空七右平十将军，

空十左进七杀将，

　　　　　　　　　　　　　　　　　　　　　　　　　　蓝方认输。

结局见图 4-36。

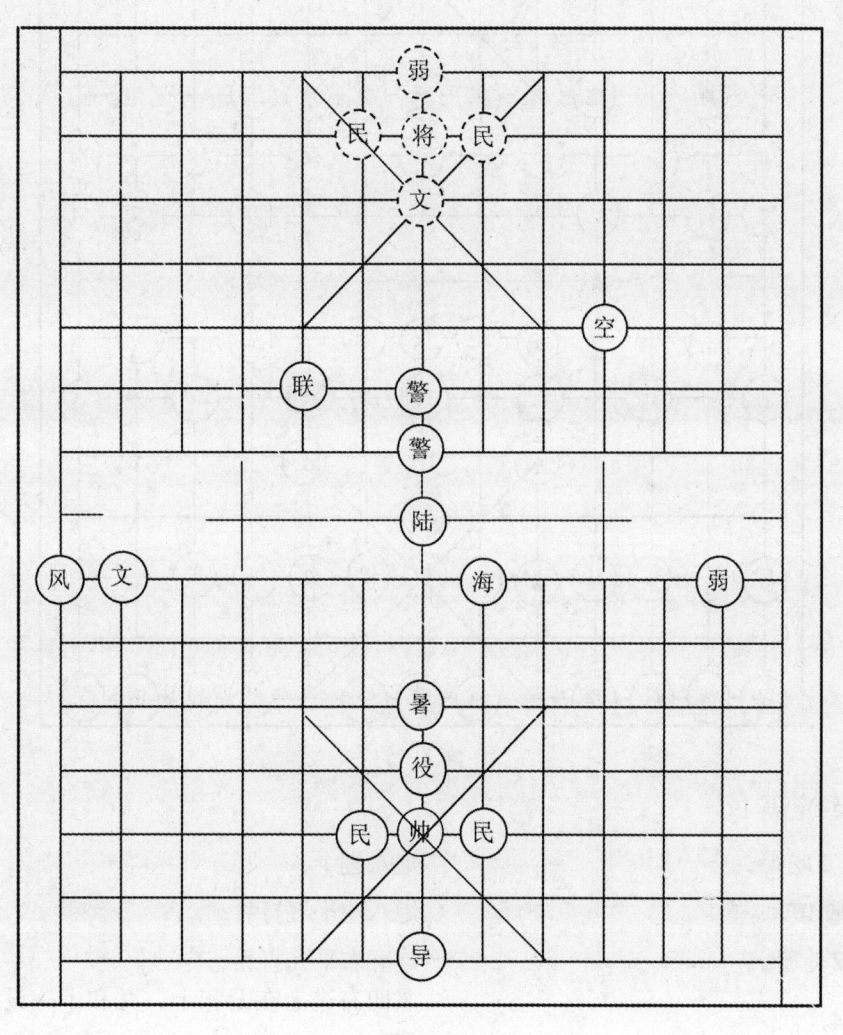

图 4-36

点评：

从这个谱可以看出，在多步走时，设置这样多个连组伏击圈是有很大风险的，也是不可取的。一旦一个被吃换，其余连组子皆有可能被拿掉，那是得不偿失的。本谱有多种赢法，应该多方位、多角度思考。在快杀中，谋定而后动，动则损根基，基损棋（子）破。本棋最大的特点，就是多方位进攻。

三、布局

（一）深入敌境

布局时限30秒钟。

红方布局见图4-37。

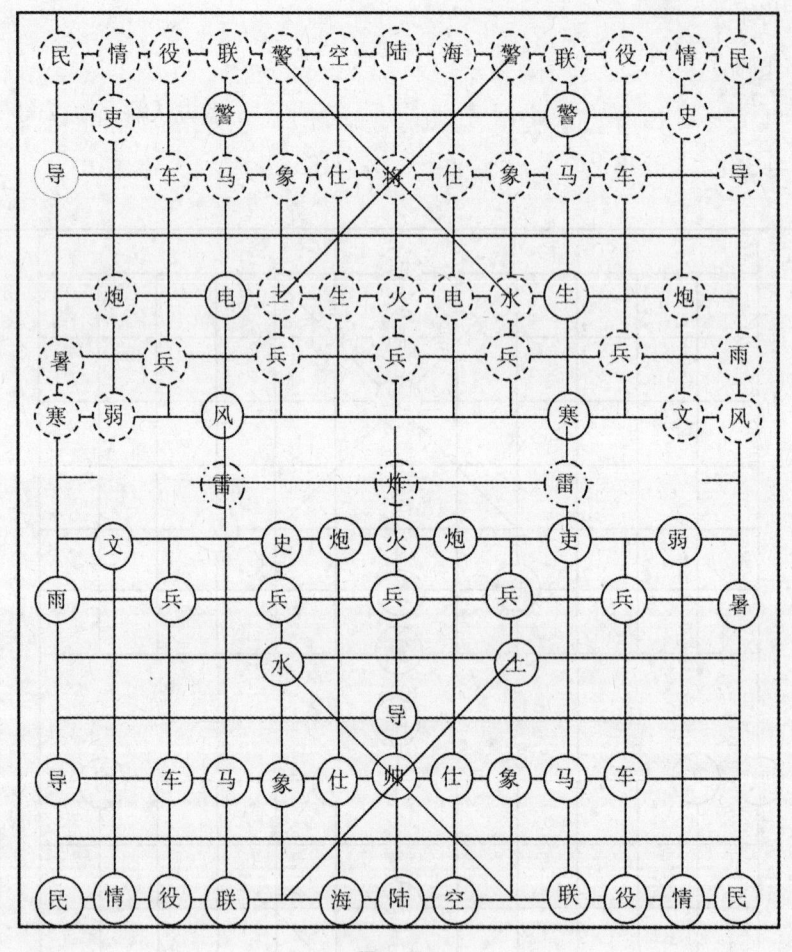

图4-37

1. 双方约定隔1

联10进2吃警，　　　　　　　　炮八进十；
陆7右平10，　　　　　　　　　炮八左平五打兵；
联4进2吃警，　　　　　　　　炮五右平九打兵；
海6进4，　　　　　　　　　　风四右进七在七和十、九和十一设圈拿水电火兵；

蓝将无避而认输。

2. 双方约定隔 2

联 4 进 2 吃警,
联 10 进 2 吃警,

炮八进十,
炮八左平五打兵;

联 10 进 5 吃电,
联 4 进 5 吃生,

炮五右平九打兵,
风四右进七在七和九、九和十一设圈拿水电火联兵;

史 2 进 3 钝角右进 5 吃炮进圈,
史 5 右平 6 钝角右进九吃史,

在七和十、七和九与寒设连组圈将军
炸七圈内跨圈进十三杀将;

蓝方认输。

3. 双方约定隔 3

联 10 进 2 吃警,
联 10 进 5 吃电,
联 10 进 7 吃风,

在七和十、七和九设圈,
警十进十五吃联,
警十左平九吃警将军;

海 6 左平 5 吃警,
空 8 左进 4 吃生,
陆 7 右进 10,

炸七圈内进十碰兵消,
雷十圈内左进七碰火消,
吏十左进七钝直进十三杀将;

蓝方认输。

4. 双方约定隔 4

联 10 进 2 吃警,
联 10 进 5 吃电,
联 10 进 7 吃风,
联 4 进 2 吃警,

在七和十、七和九设圈,
史五进九钝角左进一吃导,
炮六右进九打兵,
史一退十二将军;

吏 12 右进 13 钝直进 4 吃史,
空 8 进 7,
空 8 进 12 将军,
空 8 左进 7 杀将,

红方认输。

点评：

此局，用生（或电）与风组成伏击圈，即杀将。再在七和十、七和九设圈后炸出圈也杀将。布局是柔性过程，考验的是修为，而不是快杀。布得得体，弈得就会生动活泼，体现出水准。布得不好，眼看将死对方，实质无棋味。本谱只是个开端，有好的等弈者体悟与体验，见机行子。

（二）静动结合

此局以隔 4 布局，红方布局时准备好了两轮十步以上的子力，即是蓝方先走，两轮 8 步内足够吃换后，红方还有子力杀将。如果红方先走，只需备下一轮 4 步吃换子力后，即可杀将。布局方考虑越深远，准备越充分，杀将的几率越大；若在一定时限内考虑不深入，准备又不足，彼方就会有机会逃脱布局方的包围圈。即便双方约定隔 1 或隔 2、隔 3，作为布局方也要隔 4 步准备子力，胜算才大。

静（不行走），就是眼看着被彼方吃拿而不心痛，那是有准备地先失而后得；动（行走），就是吃拿对方后，准备待彼方走时，失而复得。由于规定第一轮回内不杀将，这为对方提供了解围之机。布局时，准备了几路杀将，谁先谁后，都会产生不同的效果和不同作用。

布局，既是静动结合，也是平战结合。平时，利用和平气氛向对方地域布局，如布局方先行则胜算大，另一方先行就有解围的可能。连续打击的时效，间断性打击的时效，拿子的点不同，还有谋略的深浅与方式方法等，都会对结果带来影响。

布局时限 1 分钟。开局见图 4-38。

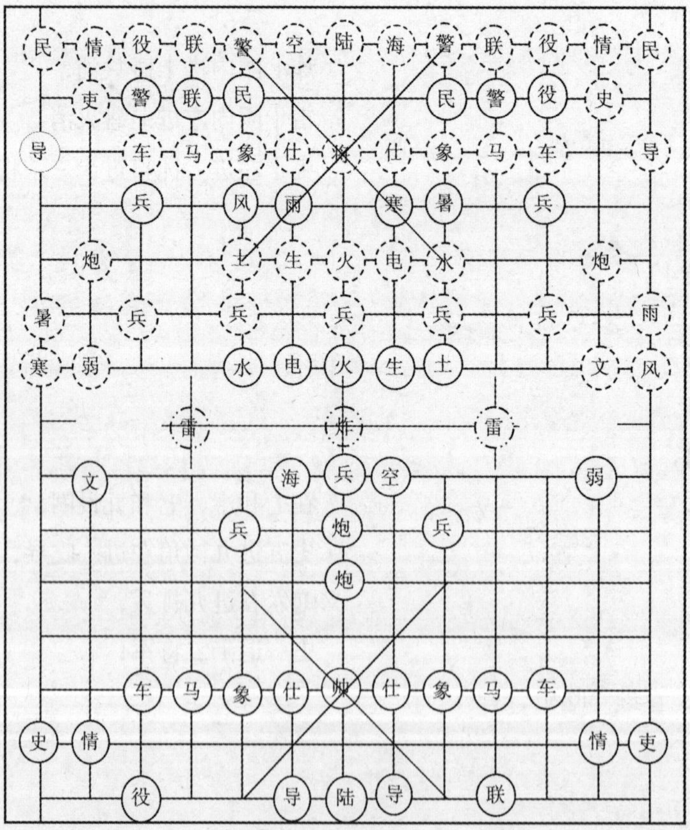

图 4-38

1. 双方约定隔4

在五和七、九和十二设圈吃拿双兵火生土,

在七和九、九和十二设连组圈吃拿兵水电,

在三和五、十三和十五设阵吃拿象马车警联役,

在九和十一、十三和十五设阵吃拿车象马役联警;

蓝方认输。

结局见图 4-39。

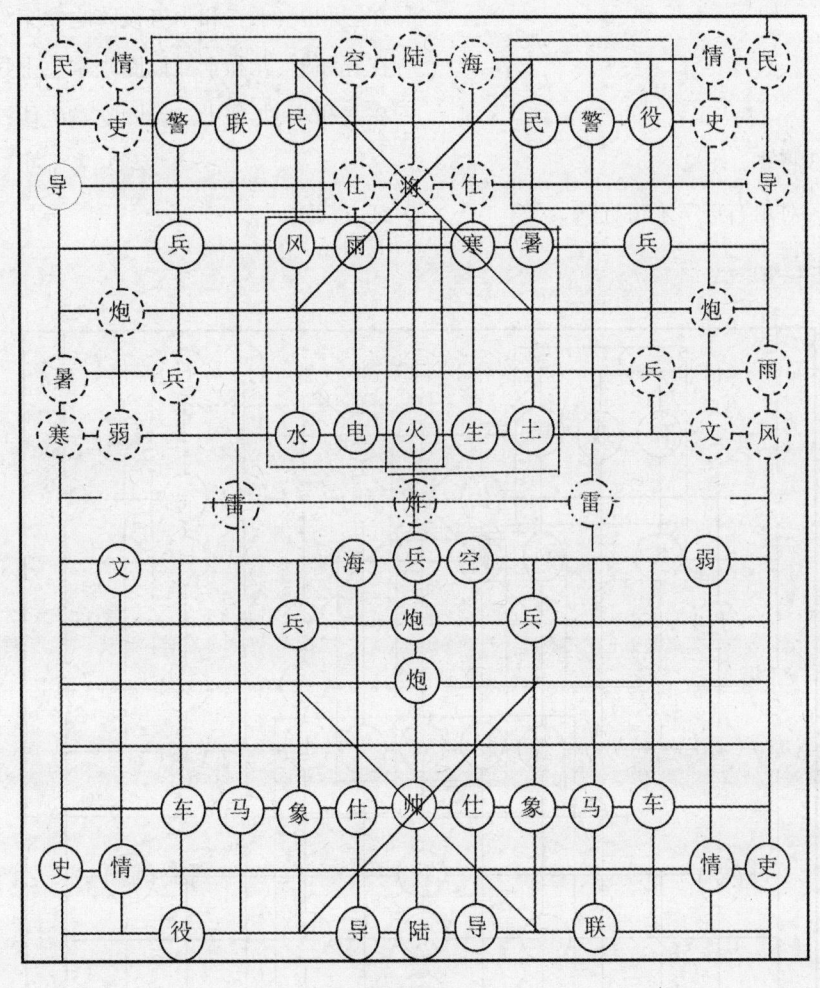

图 4-39

点评:

红方隔4步,利用4步之机组成伏击圈、进攻阵,在宣布组成后,采取静动吃拿战术,使彼方失去战略优势,下4步无法脱生而被迫投降。布局,要么不动,动则掌控对方。可是对方失去的太多,无力还手,故不战而降,有失弈棋之作为,易缓图。

2. 双方约定隔 4

炮 2 右平 4,

仕 6 进 4 吃寒,

风 1 右退 3 吃兵,

火 7 左退 6 在 3 和 6、2 和 4 设圈吃拿暑役警民,

在五和九、五和九设防(变 1),

在三和五、十三和十五设阵吃拿车马象警联役,

在五和七、九和十二设圈吃拿生土兵兵,

在六和八、九和十二设圈吃拿电仕;

文 2 右平 3 将军,

史 2 进 8 钝对角右进 7 杀将宣赢,

红方认输。

结局见图 4-40。

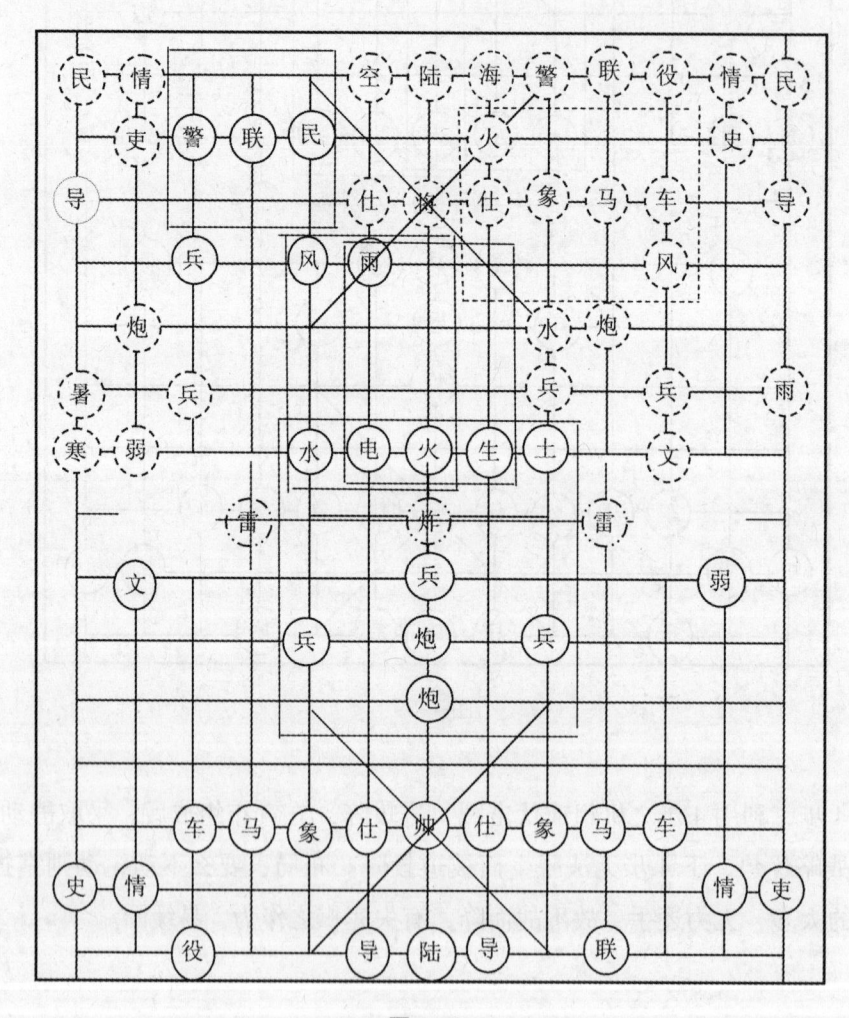

图 4-40

点评：

红方自以为布局缜密，因此大举进攻。蓝方疏于防范，眼看处在险境，然而越险越安全。蓝方抓住时效出击，杀帅获胜。但是，在第一轮不杀将蓝方先走的情况下，只要红方不急于进攻，先护好大本营，那么蓝方先走布局也就失去作用。要想布局胜，其一先下手为强；其二向对方布子同时，把本方先保护好，否则功败垂成，攻彼需防护自己；其三用什么布子，就有什么样的结局；其四帅周围要有4步以上的守护子力，经得起8步以上的打击，切不可利彼失己。

3.

文2右平3，
史2进8钝对角右进6吃仕，
史6右平11，
史11左平8钝对角左进7杀将；

（变1）车十一进九锐对角左退十碰雷消，
联十进十一吃炮，
联十进十三吃马，
联十进十五吃联，
仕八进四（变2），

红方认输。

4.
文2右平3，
史2进8钝角右进5吃马，
史5左平1，
史1右平5钝角右进7杀将；

（变2）马十左进九，

红方认输。

四、摆局

（一）一字长蛇阵

双方约定隔1。

开局见图4-41。

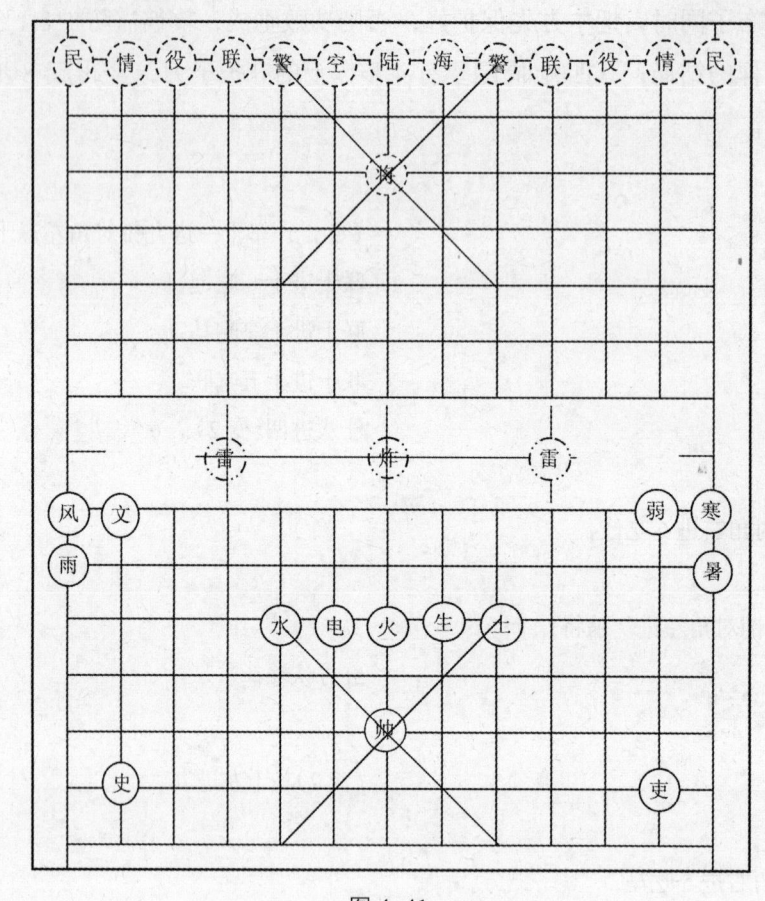

图4-41

风一右退四，	空8进5；
寒十三左退十，	海6进5；
水五右退六在四和六、二和五设圈，	联4进6；
火七右退八在八和十、二和五设圈，	警5左进3；
暑十三左退十一在八和十一、三和五设圈，	在6和8、5和7设阵；
雨一右退三在三和六、三和五设圈，	阵翻进6和8、7和9（炸）将军；
帅七右平八入圈，	役3左进1；
文二右平三将军，	联10进6；
文三退六，	警9右进11；
文三退五入圈，	役11右进13；
弱十二退六，	在1和3、3和5设阵；
弱十二左平十一，	在11和13、1和3设阵；
弱十一退五入圈，	警3阵内退2出阵；

文三左平二出圈，
弱十一圈内退四，
文二退四，
史二左平五入圈将军，
吏十二左退十一，
士九圈内左退八，
吏十一左进九入圈，
文二右平三入圈，
中盘见图4-42。

联10左退6；
在6和8、1和3设阵；
将7左平3互动入左阵；
联6进6出阵；
联4左平2；
陆7右平11弃阵入右阵；
左阵翻退1和3、1和3；
联6左平5。

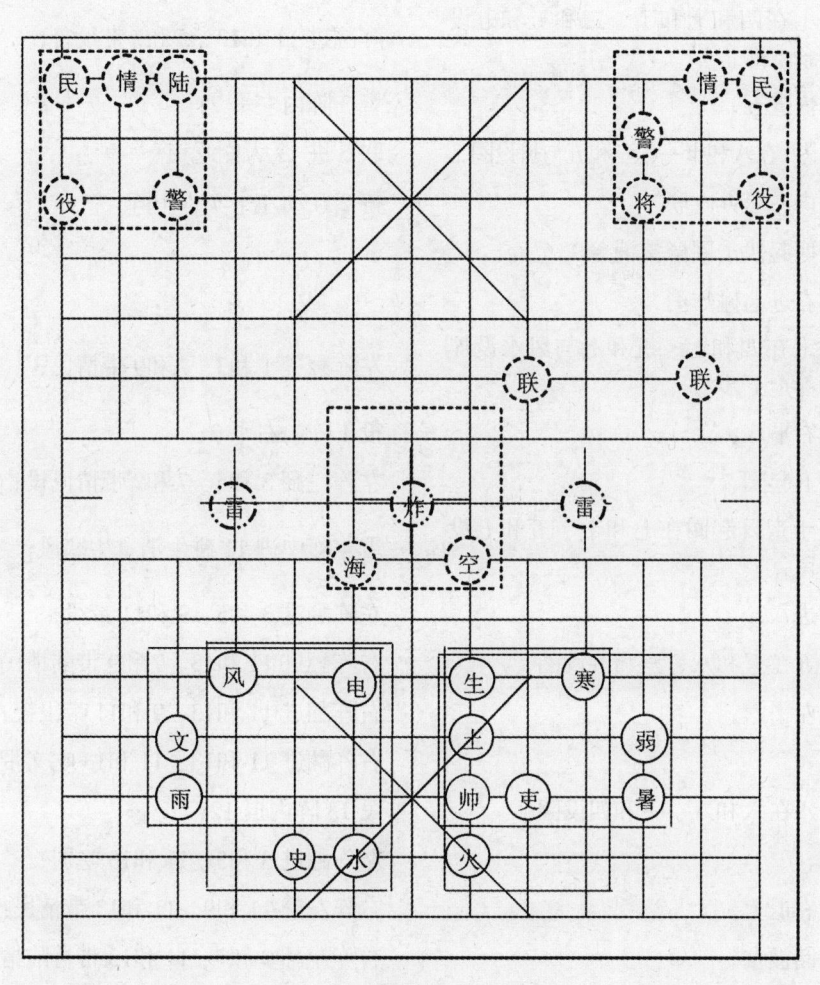

图4-42

至此，红方完成了4个伏击圈设置，无一子在伏击圈外。蓝方也完成了三个进攻阵的设置，除双联在进攻阵外，其余子全分布在进攻阵内。红方以蓝方无子消本方伏击圈之优势，做好固守应战准备，蓝方以三个进攻阵互动，做好了进攻、防守的两手准备。红方误以为不能越阵杀将，故来叫将，因而才有红史隔阵望将之故。其实只要彼阵中无子挡，远程子是可以追杀一次的。

史五圈内进四叫将，
帅八圈内互动左平六，
帅圈内六左平四，
帅圈内四右平六，
帅六圈内互动右平八，
帅八圈内互动左平四，
帅四圈内右平六，
帅六圈内左进五吃联，
生八右进十一起圈，
土八左进七在四和七和十、二和五和七设连组圈吃拿空海，
弱十一圈内进五，
生十一左退八在八和十一、三和五与暑设圈，
弱十一圈内左退九吃联，
土七左进四起伏击圈碰雷消，
电六起圈右进七碰炸消，
寒十左进七在四和七、五和七与风水设连组圈（放弃走下步），
帅五互动右平八，
水六左进五起圈，
生八右平十走日起圈在七和十、五和七设圈吃拿情民，
暑十一左进八，
火八左进五在五和八、三和五设圈，
帅八圈内左平六，
雨三右退六，
水五右退八在六和八、一和四设圈，
弱九进四，
帅六圈内右退七，
役民误闯圈被拿，
阵误入圈子全拿阵消，
帅七圈内左退六，
帅六圈内进四，
帅六圈内退二，
水八右退九起圈吃役消阵，
红方宣和。

将3阵内左平2；
左阵翻进1和3、3和5带警情民；
联2右平9；
右阵翻进11和13、3和5带陆情民；
将2左阵互动12入右阵；
左阵翻进1和3、5和7带警役；
联9进12吃史将军；
将12互动左进8入中阵；
警3阵内进7；

阵翻进11和13、5和7带役警；

警3阵内左平2；
联5进13入圈吃吏；
警2互动左平7入中阵；

左阵翻进1和3、7和9带情民；
役1阵内右平2；
左阵左翻3和5、7和9带情民役；

雷4阵中进11碰生消拿生寒风；

左阵翻进3和5、9和11带役；
右阵翻进11和13、7和9带陆情民；
右阵翻进11和13、9和11带役警；
右阵翻进11和13、11和13吃文带陆情民；
民13阵内退12；
左阵翻进3和5、11和13吃弱；
右阵左翻11和9、11和13带情民役；
右阵左翻9和7、11和13带警陆情将军；
左阵翻进3和5、13和15带役将军；
警7阵内进9；
将8阵内进9；
中阵翻进6和8、9和11；
蓝方求和；

结局见图 4-43。

图 4-43

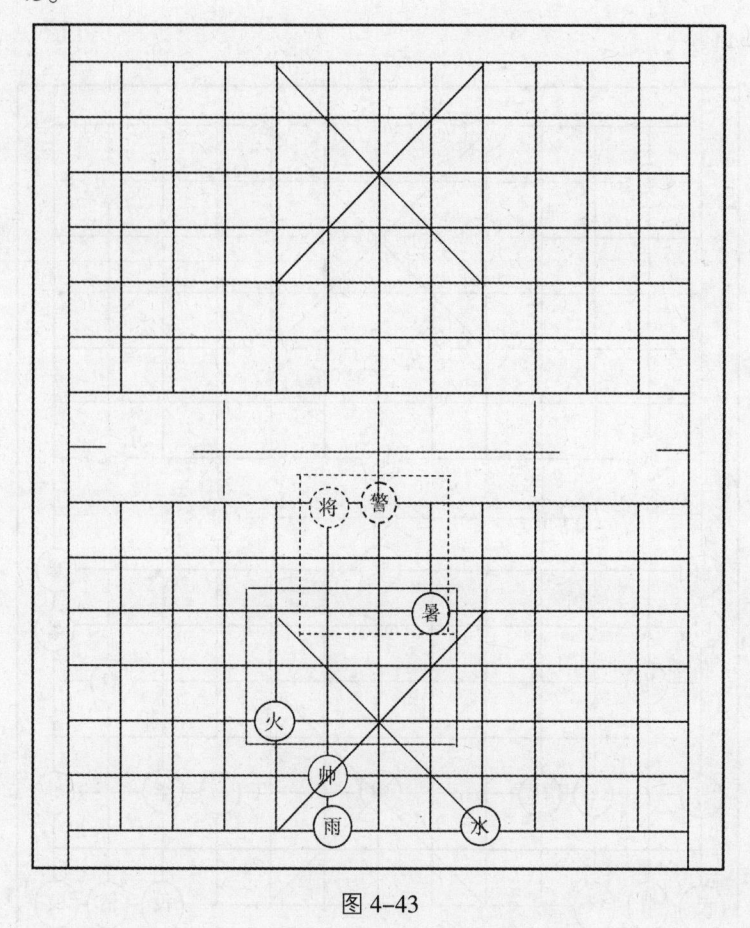

点评：

一方拥有组成伏击圈兼攻防能力，却无主动出击的能力；另一方有主动攻击的能力和攻防准备。蓝方虽有强而有力的进攻能力和战略多于战术的准备，可对红方变化无常的攻防战术不了解，最终损兵大半，难以突破伏击联防。

如果蓝方主动用炸消土消连组圈或许可破红方，当红方起圈消雷炸后，蓝方才想起用剩余的雷消圈，可已鞭长莫及了。红方伏击圈防线破解后面临重组，可蓝方进攻阵来迟，当红方利用剩余子力再组伏击圈后，蓝方左阵快速开进，面对红帅犹豫不决，未能抓住机遇用阵压帅，红方帅起后才后悔已晚。蓝方匆忙用右阵开进，由于急功好利，见帅就压，结果阵子全消，力量损失过半。急忙调动中阵子力准备开进，一不小心被红方把观望等待的左阵消灭。此时，蓝方连同将只有一阵2子，自感无力消灭伏击圈，只好向红方求和。红方衡量之后，认为重组伏击圈跟在进攻阵后面难度大，且一不小心，会在重组中失去组圈子，弄不好折戟沉沙，只好同意和。其实水起圈后的红帅已不在伏击圈中，而蓝将却在进攻阵中，一个在阵圈中一个不在阵圈中，不在的红帅自然是输了，然而蓝方误判，所以导致求和局面。

该谱告诉我们一个道理，那就是面对强攻不可怕，怕就怕失去机遇，且未能运筹帷幄地衡量利害关系。

(二) 阵地战对决游击战

开局见图 4-44。

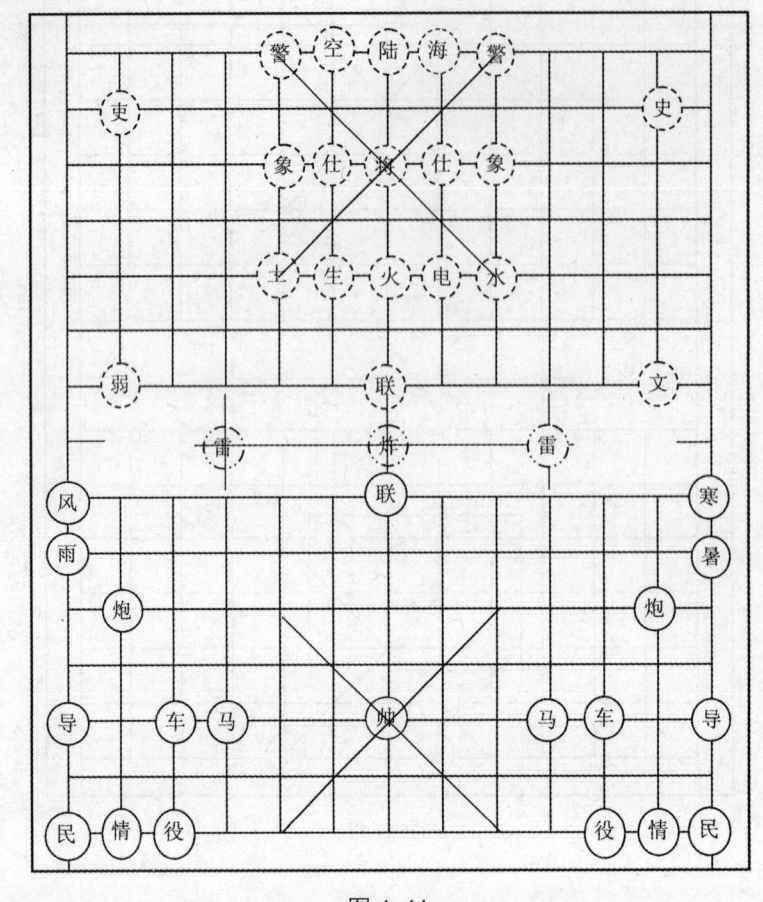

图 4-44

1. 双方约定隔 1

炮二进十四打吏，	电 6 右进 8 碰炸消，
	联 7 进 9 吃联将军；
车十一进十一锐角左退七吃联，	史 2 进 4 钝角右进 7 吃车；
炮十二左平七，	陆 7 进 4；
车三进十一锐角右退七吃史，	陆 7 进 9 吃车；
炮七退四，	空 8 进 7；
风一右退四，	陆 7 退 8；
寒十三左退十，	在 6 和 8、7 和 9 设阵；
寒十左进七在四和七、五和七设圈，	阵退翻 6 和8、7 和 5 带陆；
炮七进十过圈入阵打陆将军，	空 8 阵内左退 7 吃炮；
炮二退十三，	警 9 右进 11；
炮二进十五，	警 5 左进 2；
役三右进五，	海 6 左进 2；
导一右进三，	在 1 和3、3 和 5 设阵；

役五右退七,
役七右平九,
导三右退七,
导七进二吃拿空,
役十一左进九,
在七和九、一和三设阵,
前役九进攻阵内左平八,
阵右翻九和十一、一和三吃拿海文消阵带役帅导,
寒七左进五吃警起圈,
凤四右进七在五和七、七和十一设圈,
马四右进五,
情二右进十锐直线左平一吃弱,
民一进二,
情一右进五吃象,
情五左退一,
阵翻进九和十一、三和五带导,
雨一右进三,
情一右进四锐直左平二吃土,
寒五左退二起圈吃警,
阵翻进九和十一、五和七带役帅导,
雨三右进五走日在二和五和七、七和十和十二设连组圈,
阵翻进九和十一、七和九带导,
帅十一阵内互动左平六入圈,
暑十三左退十一,
雨五右进七起圈,
雨七左退五,
暑十一左进九,
暑九左进七,

暑七左进五,
暑五左退二,
在五和七、七和十设圈杀将,

阵翻进1和3、5和7带警;
警2阵内右平6互动入中阵;
左阵翻进1和3、7和9带海;
左阵翻进1和3、9和11带文（未拿署）;
阵翻进1和3、11和13吃拿导带海（未拿役导）;
阵翻进1和3、13和15吃拿情民导带文;
阵右翻3和5、13和15吃拿马带海文;

警6阵内右平9出阵;

警11退1;
警11右平12吃炮;
弱12右平13;
将7左退6;
将6右进7;
阵翻退6和8、5和3;
象5左退3;
阵翻左6和4、5和3带生仕将;
土9右退12;
警12进4吃情;
火7左平6入阵;
阵翻左4和2、3和5带水仕火将;

象3左进1;

阵翻进4和2、5和7吃导带双仕;
阵翻进4和2、7和9吃役带生水火;
阵翻退4和2、7和5带水火生雷;
阵翻退4和2、5和3带双仕雷火;
水3阵内退4;
象1右进3入阵;
雷4阵内左平12碰寒消;
阵翻右4和6、3和5带将仕水火象;
阵翻右6和8、3和5带将仕水象生;
阵翻进6和8、5和7带双仕将水;
蓝方认输。

结局见图 4-45。

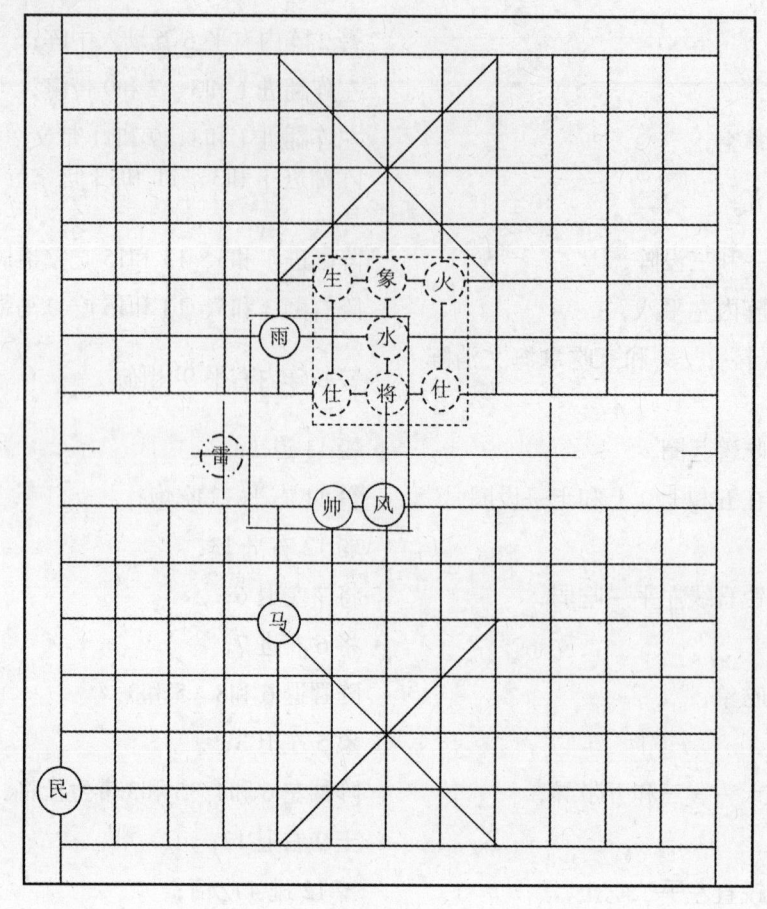

图 4-45

点评：

好一场战斗，由于子力不对称，双方开始进行强强对攻，红方急忙组成伏击圈与进攻阵，蓝方也忙组成进攻阵应对。红方进攻阵打消后，依靠伏击圈守护，蓝方用进攻阵与红方进攻阵对应，一度㊚处死穴状态。红方不得已起圈后不再宣布组成，而蓝方把㊚接应到进攻阵后，急用㊨消㊧，本以为破连组圈，结果红方未宣。蓝方把住时机用进攻阵抓㊙收拾组圈子，不料，被红方突然宣布组成伏击圈而遭杀将。蓝方未吃㊨，结果被㊨所迷惑。

本谱主要让弈者知道，本方子落入死穴后，应该如何保护与救援。

2. 双方约定隔 2

炮二右平七，

车三进十五锐角左退二吃吏将军，　　　　　　警 9 进 2，
　　　　　　　　　　　　　　　　　　　　　　警 9 右平 12 吃车；

车十一进十五锐角右退十二吃史将军，

车十二左平六锐角右退七杀将，　　　　　　　蓝方认输。

3. 双方约定隔2

史2右平4,
吏12左进10,

陆7右进10吃车,
电6右进7碰炸消,
联7进9吃联,

陆10左平6,
警9左进8,

在6和8、2和4设阵,
象5右退7,

将7阵内左退6,
阵右翻8和10、2和4带将仕陆,

阵右翻10和12、2和4带象仕警,
空8进2,

将阵内10右平11,
海6进4,

阵左翻10和8、2和4带仕象将,
在6和8、2和4设阵,

左阵左翻6和4、2和4,
将阵内9互动6入左阵,

蓝方认输。

4. 双方约定隔3
史2进4钝角右进7吃联,
吏12左进11钝直进13吃车,
吏11右退12钝直退11吃炮,

炮二右平七,
车三进十三锐角右退四吃吏将军;

车十一进十一锐角左退七吃联,
寒十三左进十;

风一右进四,
寒十左进七在四和七、九和十一设圈吃拿火生土;

车七进十入圈,
炮十二左平九;

左炮七左平六,
右炮九退四;

炮九左平二,
车七左平一;

炮六左平三,
炮二右平三将军;

马四右进五,
马十左进九;

后炮三右平八将军,
炮八进十四入阵杀将;

车十一进十一锐角左退七吃史,
马四右进五,

生8左进7碰炸消，
联7进9吃车将军，
联7进13杀将宣赢，

5. 双方约定隔3

炮二右平七，
炮七退四，
炮十二左平七，

寒十三左退十，
风一右退四，
寒十左进七设圈吃拿联史，

红方认输。

6. 双方约定隔3

变2

车三进十四，
车三右平八锐角左退七杀将宣赢，

7. 双方约定隔4

寒十三左进十
风一右进四，
炮十二进十四打史，
风四右进七在七和十、九和十一设圈吃拿
电火水联，

联七右进十一，
联十一进十四将军，
炮十二左平六杀将，

炮十二左平二打吏；

红方认输。

陆7进4，
史2进4钝角右进9吃联，
联7进11吃炮；
(变2)

空8进7，
空8进12将军，
空8左进7杀将；

蓝方认输。

将7右退8，
吏12左进11钝直进13吃车，
吏11左退8钝直左平1吃暑（误吃暑），
吏1右进3钝直进13吃车；

蓝方认输。

(三) 雷炸建功

双方约定隔1。

开局见图4-46。

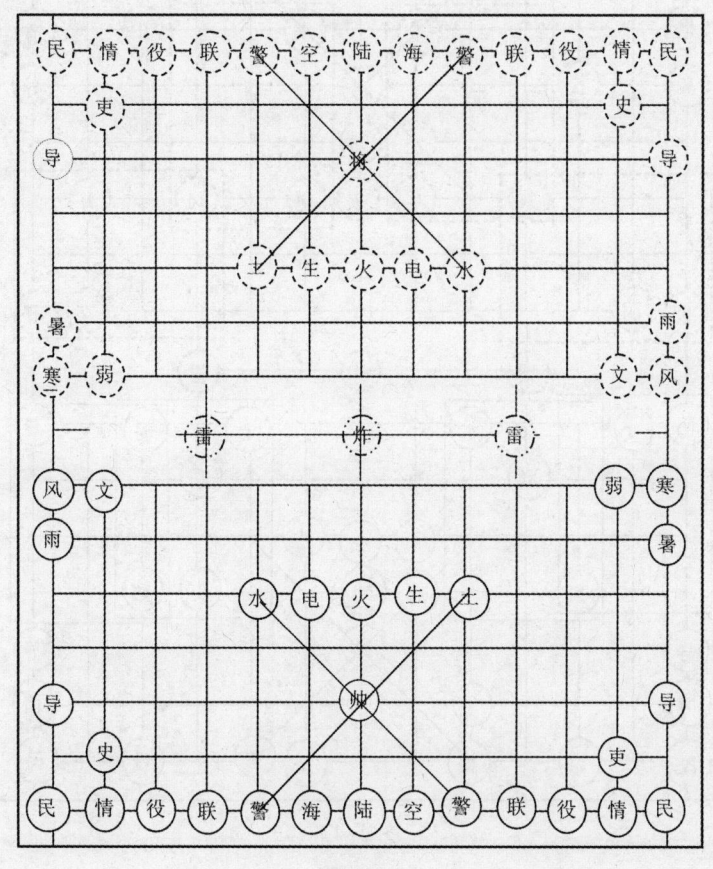

图4-46

1. 运畴帷幄

寒十三左退十一，
暑十三进七走日在十一和十三、四和七设圈，
风一右退三，
雨一进七走日在一和三、四和七设圈，
水五进七走日在三和五、四和七与风设连组圈，
土九进七走日在九和十一、四和七与寒设连组圈，
联十进六入圈，
弱十二圈内左平十一，
联四进六入圈，
情十二右进十三，
吏十二左进十入圈，
史二右平五，
情二左进一，
海六进四，
陆七进四，

风1右退4；
雨1进7走日在1和4、5和7设圈；
寒13左退10；
暑13进7在10和13、5和7设圈；
土9左退8在8和10、2和5与寒设连组圈；
水5右退6在4和6、2和5与风设连组圈；
史2右平3；
役11进3；
导1右平2；
海6左进2入圈；
吏12左退11；
空8进4入圈；
陆7进4；
情2左进1；
情12右进13；

中盘见图 4-47。

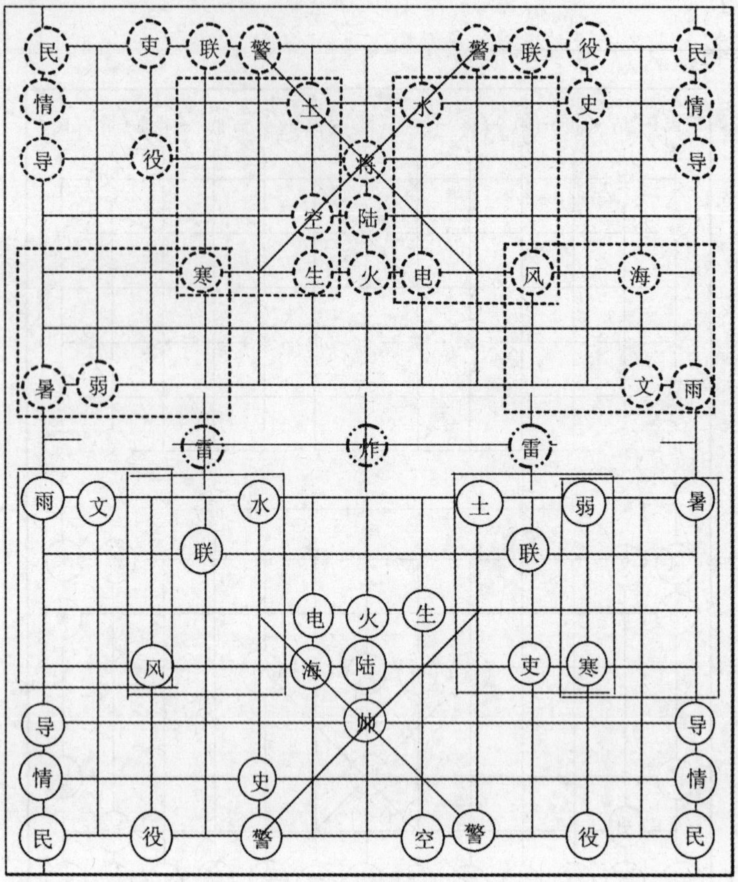

图 4-47

点评：

双方都已在前沿做好防守准备，在防守的同时也做好了进攻准备，子虽未过岸，但各方都不同程度地把矛头对准了对方的大本营和大本营中的㊙㊗。㊙㊗虽原位未动，但都做好了随时撤离的准备。双方都用不同手段观察着对方的一举一动，在调动中牵制对方，可谓暗潮汹涌，伺机待发。

2. 山河之争

在五和七、三和五设阵，	在7和9、3和5设阵；
阵翻进五和七、五和七，	阵翻退7和9、3和1；
在六和八、二和四设阵，	在7和9、4和6设阵；
海六右平八，	警5进4；
在七和九、三和五设阵，	在5和7、4和6设阵；
右阵翻进七和九、五和七带海，	将7阵中退1；
役十一左进九，	警9左进7入阵；
导十三左退十一，	史3右平5；
导十一进一吃拿役，	联10左进5入阵；
役九进五入阵，	联4右进9入阵；

役三右进五，
役五进五，
在五和九、五和九设防，
中盘见图4-48。

役11左进九；
海2圈内互动右平5；
联5左平3互动入圈。

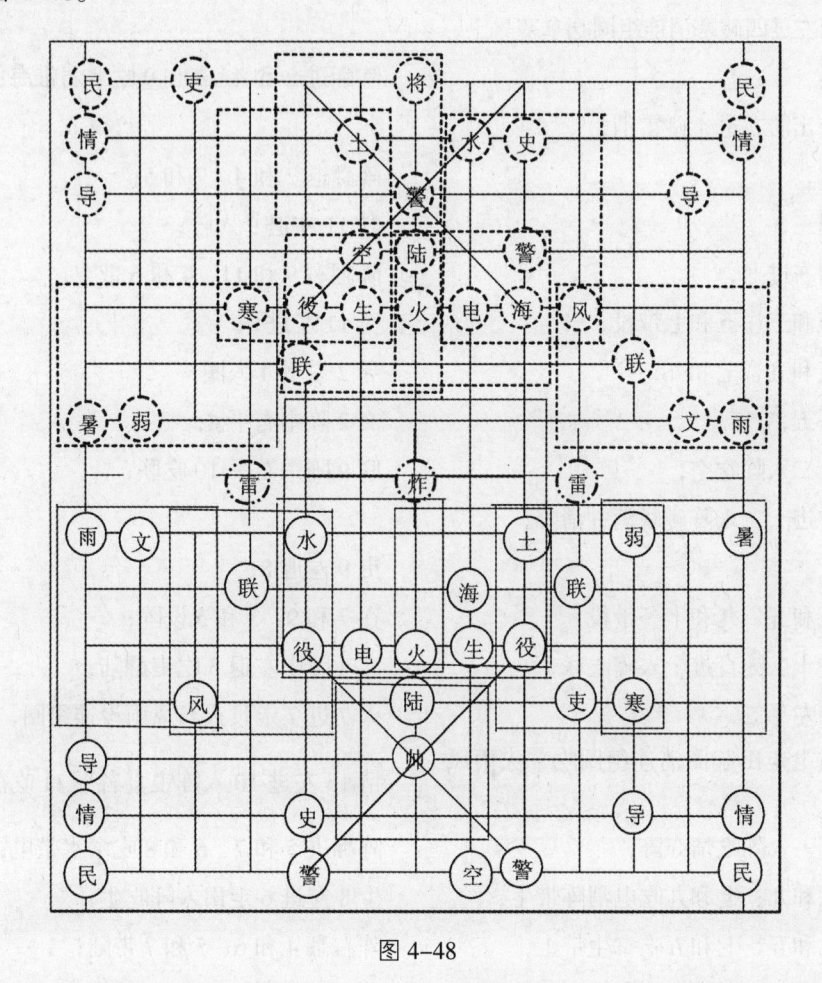

图 4-48

点评：

各自都做好在自己的本土打一场大仗的准备，左右两翼有伏击圈防护，唯中路不保，于是各自在地域内调动，并使进攻阵组成与对方不同位置的奇偶阵。蓝方为了避免㊙被对方的㊙咬住，于是退至底线。由于奇偶进攻阵不宜克敌，双方都暗自调集子力，再组防守阵，占领山河。蓝方即便是㊙被吃拿也不理会，可惜的是伏击圈设置时并未考虑红方的下一步行动，结果被红方占先。红方轻意调动两个㊙，就组成了防守阵，蓝方限于被动。

现实告诉我们，防守阵、进攻阵、伏击圈的位置、样式很重要，关系到今后的运用效果与成败，切不可不谋而动。

3. 勇者胜

导十一左平九,
导九进三吃拿警,
导一右平五,
导五进四吃拿役,
炸七防内左进四碰寒消连组圈吃拿寒暑土,
放弃走,
海八防中出防右进十碰雷消,
拿圈中海,
导五左退三,
役五阵内右进七,
阵翻左五和三、五和七带役,
阵翻进三和五、七和九,
联十左平五,
联四进十二入阵吃空,
雷四阵中进十二入阵碰联消并消阵,
放弃走,
阵翻进三和五、九和十一带役,
吏十左进十一钝直进十入阵吃联,
联五圈中左平三,
水五右进七走田起圈消连组圈吃拿火雨风水,
联三进十一入阵吃情夺阵,
阵翻进七和九、七和九吃电消阵带生,
阵左翻七和五、七和五吃拿生带土,
阵翻进五和七、九和十一带土,
联三右平五弃阵夺阵吃警,
史五左平四将军,
火七右进九走田与寒设连组圈,
空八进四入阵,
史四右平十二将军,
导九进四吃拿陆消阵,
导九退二,
警九进四将军,
役九左平七,
导九退一,
史十二左平四将军,
史四右平六入阵,

海5左平2互动入圈;
史5左平2;
联9右平11互动入圈;
在2和4、5和7设阵;

阵翻进2和4、7和9吃拿弱带海;

阵翻退2和4、7和5;
联11左退9入阵;
阵翻右9和11、4和6带空;
吏11左进9;
导2右平4入圈;
文2阵中右平4;
联9阵中右平10吃联;

吏9左退8;
在7和9、3和5设阵;
文4阵中左退3吃吏翻陆;
火7进7走日火与风雨设连组圈;
情13左进10入阵锐直右平11吃役占阵;
阵翻进5和7、6和8吃拿水带电;
生8左进6走田入阵吃生;
阵右翻4和6、5和7带陆;
警7右进9入阵吃土夺阵;
吏8右进9钝直进5夺阵吃联;
阵左翻6和4、1和3带将;
史2右平6入阵将军;
导13左平7;
导4退2;
导7阵内退2;
吏9阵中左平7;
阵右翻6和8、1和3带导将;
导7阵中进三吃拿役;
导7阵内退二;
陆7右平10;
陆10右进7入阵;

火九左进七走田入阵吃陆起圈，
导九左平七，
导七进二吃拿导，
导七右平八，
导八左退七，
导七进二吃拿阵中导，
导七右平八，
导八左退七将军，
情十三左进十二，
情十二右进十三，
电六右进八，
警五右进六吃吏入阵，
文二右平三，
警六进四，
导二右平五将军，
导七右平十一，
情十三左进十一将军，
寒十一左进九起圈，
暑十三左进十一在九和十一、七和十设圈，
风三右进五起圈，
情十一左进三锐直右平八入阵吃史，
风五右进七，
雨一右进三，
情一右进十二吃情将军，
导十一左平六，
雨三右进五在五和七、十和十三设圈吃拿弱民，
电六防内右退九，
结局见图4-49。

吏7阵中进7吃火；
吏7阵内右退9；
导8左进7入阵；
民1右进2；
民2右平3；
民3右平4；
阵左翻7和5、5和7带吏；
阵左翻6和4、1和3带将；
民13左平12；
民12左平11；
吏5弃阵右进8钝直进14吃史；
弱12左平11；
民11左平10；
弱11左平10；
阵左翻4和2、1和3带将史；
情1右进2入阵；
将3阵内右平4；
情2左进1出阵；
弱10左平9；
阵右翻4和6、1和3带史；
民4阵内右平6吃情；
弱9退6；
情1右退2；
进攻阵右翻6和8、1和3带将；
民10左进9；
民6阵内右平8；
蓝方无子力而认输。

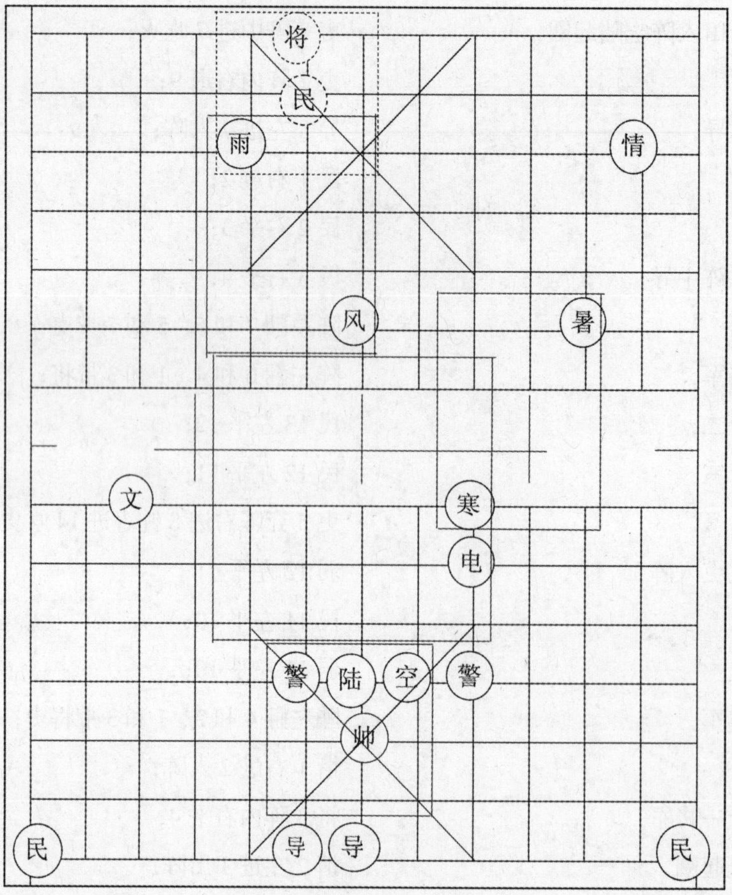

图 4-49

点评：

可以看出，双方都在进行相对连续的战术变化，一开始围绕着进攻阵展开突破与反突破，而后是远程子锁定目标与反锁定目标的战斗，到最后是伏击圈向彼方推进。在这一系列过程中，红[帅]始终未走动，蓝[将]在红方两个[导][情][史]的目标锁定中，不得不离开大本营，周旋于大本营左右。由于蓝方很难突破防守阵、伏击圈的阻扰，使得蓝方在大本营前沿很难施展。

红方巧妙地使用了山河中的[雷][炸]，不光损耗了蓝方的伏击圈，还有效地保住了本方的伏击圈。这一点蓝方吃了不少亏，好在大本营前沿都留下了几个不行走不能吃的子力，使蓝方难以打击大本营中的[帅]。蓝方也试图用双[情][史][吏]锁定目标，红方的伏击圈所在位置也帮了不少忙。无奈之下，也只好相互拼杀，最终蓝方因无子护[将]而宣输。

在这一仗中，关键是红方抢占[雷][炸]争先，既消灭对方又保存了自己的实力。使对方由优势变劣势，处处挨打。红方以优势兵力赢了对方，可喜可贺。另外，通过该谱，让弈者知道[水][风]另一种记录形式与进攻阵子翻带后的记录形式。

（四）大意失荆州

双方约定隔 1。

开局见图 4-50。

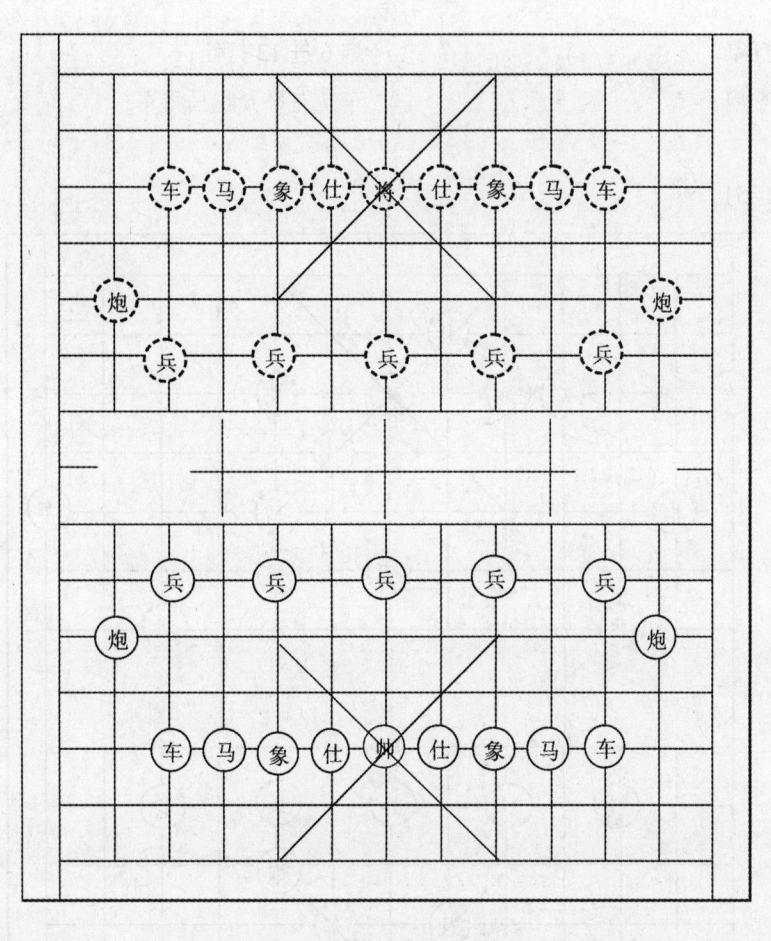

图 4-50

车十一右平十三，	车 3 进 5；
车十三进七将军，	兵 11 进 7；
车十三进十四将军，	炮 2 退 2；
车三左平一，	炮 12 右平 13；
车一进七将军，	兵 3 进 7；
车一右平九锐角左进三吃车，	车 3 右平 10；
炮二进十三，	炮 13 退 3；
车三进十四将军，	仕 8 退 2；
车三退十二将军，	仕 6 进 4；
车三左平一，	车 10 进 12 将军；
仕六进四，	车 10 进 13 吃马；
车一进十三吃炮，	车 10 进 15 将军；
象九左退七，	车 10 退 11 将军；
炮十二左平九，	车 10 左平 7 将军；
帅七右退八，	车 7 进 12 将军；
仕八进四，	炮 2 右平 6；
车十三退十一将军，	马 4 右进 5；

炮二右平5打象，　　　　　　　　炮6进12打仕；
马十左进八吃炮，　　　　　　　　车7左平6吃马将军；
红方认输。

结局见图4-51。

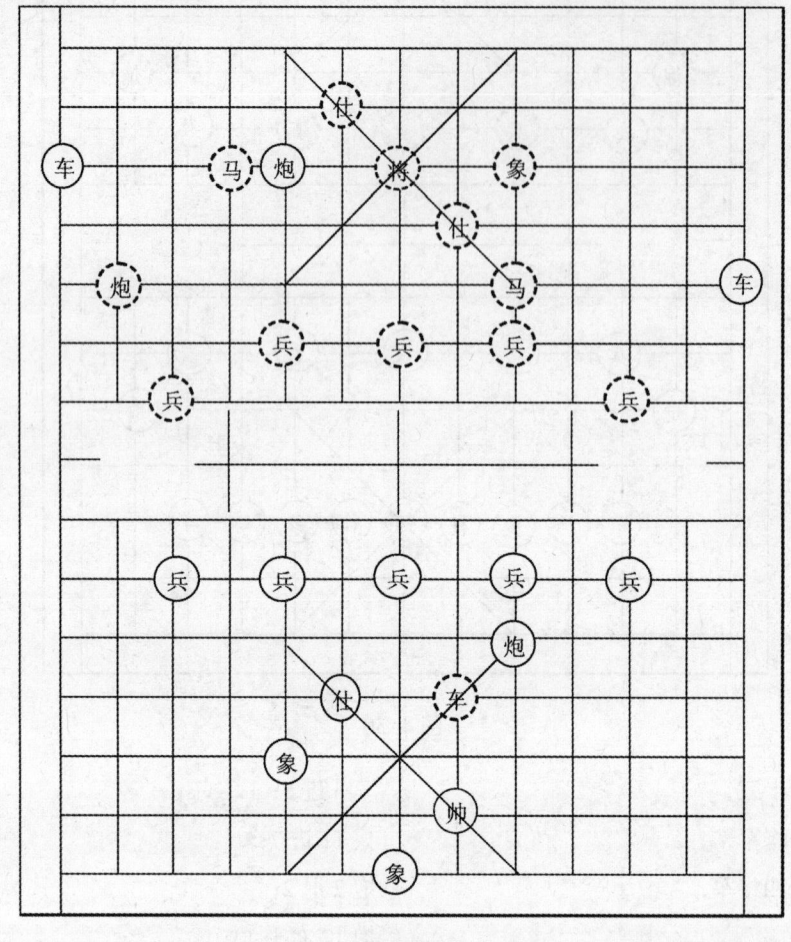

图4-51

点评：

红方太藐视对方，忽略自身的保护与建设，结果"大意失荆州"。

红方走双⟨车⟩进攻，迫使对方忙于用双⟨炮⟩招驾。蓝方在招驾应对中也用⟨车⟩瞄准红方大本营，红方全然不知蓝方企图：在己方占上风时用双⟨车⟩夹⟨将⟩，还吃掉红方一⟨车⟩一⟨炮⟩。蓝方用仅存的一⟨车⟩作苦肉计，保本方⟨马⟩杀彼⟨马⟩做迷惑，直杀红方大本营中的⟨将⟩，四次连续杀将，使红方无奈认输。如果不是规则二⟨车⟩直线可吃换，而是规则一⟨车⟩不能直线吃换，则局势就会大不一样。

其实，红方如果在蓝方将军时，吃掉来将的蓝⟨车⟩，输的不是红方而是蓝方，可是红方没有回杀、回保，结果输了，实在可惜。这一摆局告诉我们：棋如人，用子如用人。弈者清明时，回杀自如；弈者糊涂时，攻而不后保，最终导致失陷。同时也告诉弈者，谋略象棋棋盘比传统象棋棋盘大，格线点的数量也不一样，且规则也有所不同，⟨将⟩（⟨帅⟩）所处位置也不一样，因此，用传统思维是要吃亏的。所以，需重新学习，方能重塑精英。

五、全局

（一）战争设计

战争之前，能用棋这种形式来模拟一下，胜算会大得多。配合地形模拟，效果会更好。本谱是个假想，根据规则供弈者练习，使弈者在弈中提升境界。

双方约定隔1。

1. 部署调动

警五进四，	警5右进6；
海六左进三，	警9左进8；
陆七左进四，	海6进4；
联四进六，	陆7进4；
兵三进七，	空8进4；
炮二右平三，	役3进2；
兵七进七，	役11进2；
炮十二左平十一，	史2左平1；
兵十一进七，	吏12左退11；
风一右退四，	联4进5；
寒十三左退十，	联10进5；
空八左进三，	炮12右平11。

中盘见图4-52。

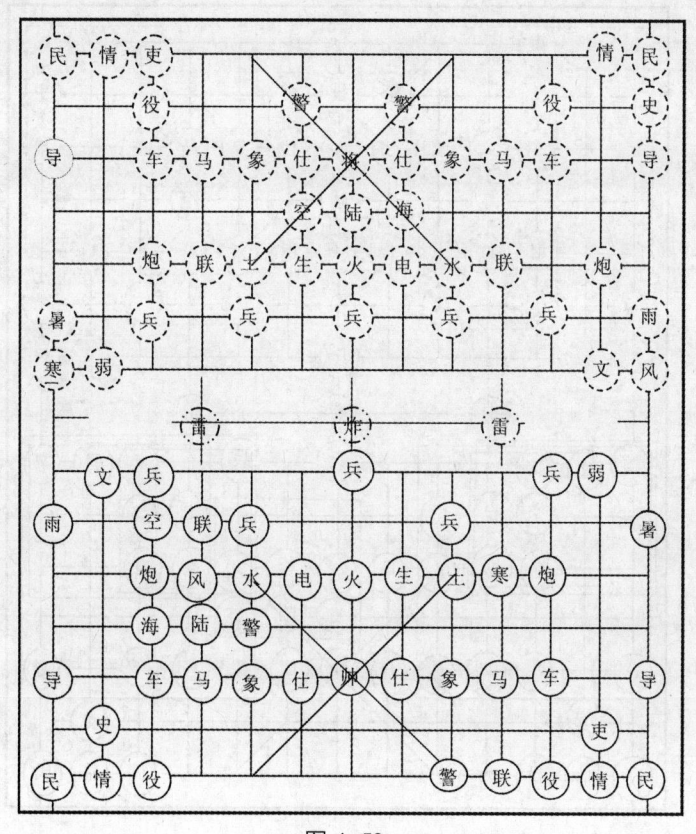

图4-52

点评：

部署双方，都根据兵力调动情况，做好了全民皆兵的战斗动员准备，以 ㊇ ㊉ ㊊ ㊋ ㊌ 作牵引，在各自阵地上部署兵力，部署中双方互不干扰。

2. 阵地设置

在一和五、三和七设防，
在三和五、四和六设阵，
阵右翻五和七、四和六带陆海，
阵右翻七和九、四和六带陆警，
阵右翻九和十一、四和六带陆海，
在二和四、五和七设阵，
前警九阵中右进十一，
警九进四入阵，
联十进六，
在九和十三、四和七设防，
阵左翻九和七、四和六带海陆，
在九和十一、五和七设阵，
雨一进七走口在一和四、五和七设圈，
暑十三进七走口在十一和十三、五和七设圈，
兵九进七，
中盘见图4-53。

在6和8、2和4设阵；
阵左翻6和4、2和4带陆空警；
阵左翻4和2、2和4带海陆警；
在1和5、1和5设防；
阵右翻4和6、2和4带警役陆海；
阵右翻6和8、2和4带陆役警；
阵右翻8和10、2和4带海役警陆；
在3和5、4和6设阵；
阵右翻10和12、2和4带警；
在9和13、1和5设防；
阵左翻10和8、2和4带警；
阵左翻8和6、2和4带役警陆；
在9和11、4和6设阵；
兵7进7；

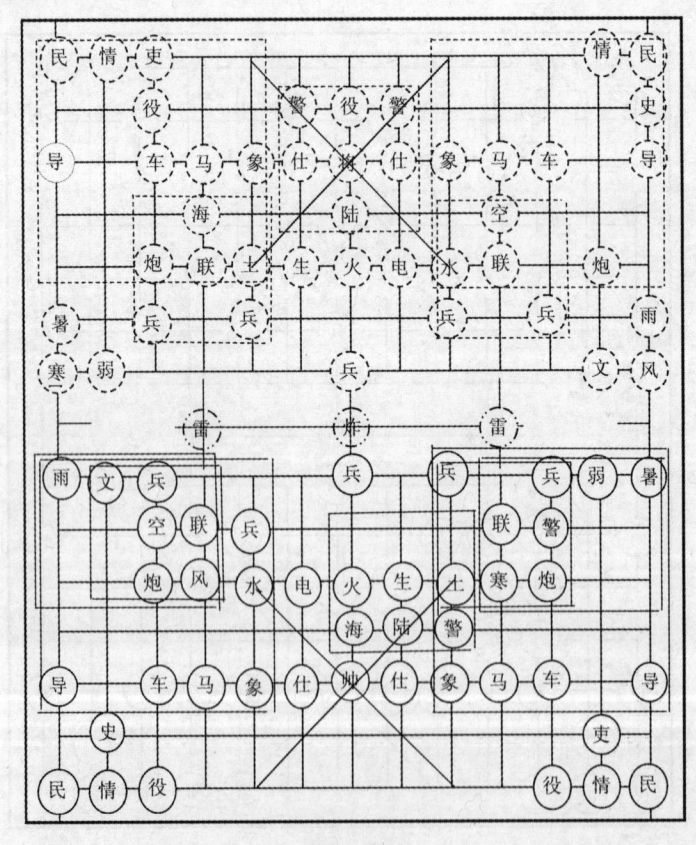

图 4-53

点评:

部署好有效子力后,进行阵地选择,各自在运动中有效宣布设置并组成进攻阵、防守阵、伏击圈。由于每个人的思维不同,方式方法不同,攻防策略不同,选取的地形也就不同。明显地表现在防守阵位置、进攻阵的奇偶设置、伏击圈的设置与待设置上。正因为有对称到不对称的设置,必会带来谋略意义上的变化。这个变化,都应该有利于本方的战略、战术技巧的发挥。面对阵地,以打赢对方为目的。

3. 战略进攻

左阵翻进二和四、七和九带炮吃兵,

左阵前翻二和四、九和十一吃拿炮带兵,

左阵翻进二和四、十一和十三吃拿车马入防,

阵翻进七和九、六和八吃陆带海,

土九右进七走田在四和七和十、五和七与风寒设连组圈吃拿警役消彼阵,

警九进五,

阵翻进九和十一、七和九吃拿联雷带炮

兵五右平六出防,
中盘见图4-54。

兵11进7;

阵翻进9和11、6和8海碰雷消阵并消海联兵拿炮;

中阵翻进6和8、4和6带双警役;

兵7碰炸消,

阵翻进6和8、6和8带陆;

阵翻进6和8、8和10吃拿海兵消阵带双警役;

右防中拿兵作俘消彼阵;

阵翻进3和5、6和8带联;

阵翻进3和5、8和10吃拿双兵联警炮消阵自消双兵;

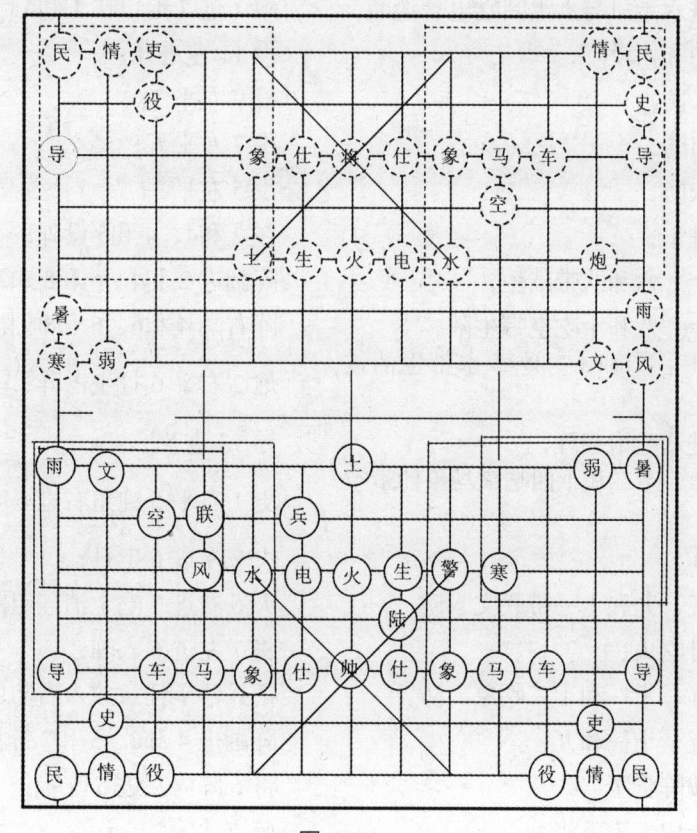

图4-54

点评：

红蓝双方为了抢占山河这个至高点，以便向彼方开进。红方出阵扰动后，蓝方匆忙出动进攻阵，结果不慎碰雷，既消子也消阵。蓝方后又出动中阵进攻，因遭遇突设的伏击圈，导致无子消阵；红方盲动，将进攻阵压进防守阵中，因忙于应对中间的进攻阵，阻挡它压向大本营威慑帅的安全，结果导致在防守阵中的进攻阵未能及时退出，子成了俘虏，进攻阵也因此而消阵。蓝方中阵消失，气急败坏地开进左进攻阵，虽然它与红方是横向奇偶阵，红方进攻阵翻吃后，蓝方进攻阵翻进时也把红方阵子吃光，导至红方消阵。至此，双方的进攻阵全部消失。

从这个争夺战的教训中，蓝方的心机与子力没有红方做得充分，特别是未能预见到连组伏击圈的存在。在这个山河战役中，蓝方战斗力大大减弱，红方占了上风，蓝方惨败。欣喜的是蓝方抓了几个俘虏可作备用。从整个战役的态势来看，双方失去了真正意义上的战力平衡。需重新作战略战术的调整，方可有所作为。

4. 战术进攻

车十一进九吃文，	文2右平3；
吏十二左进十一钝直进九吃车，	车3进7吃车；
在三和五、五和七设阵，	水5左进3走田吃吏；
阵翻进三和五、七和九带水，	空4进6出防；
空三阵内右进四入阵，	暑13左退10；
文二右平三入阵，	电6右进7走日在7和10、4和6设圈；
水五出阵右进六走口与土组圈吃电暑消圈，	风1右退4入防；
在八和十、四和六设阵，	雨1进7走口在1和4、5和7设圈；
兵六左平五入防，	役11左进九；
兵五右平六出防，	役9左平7；
兵六左平五入防，	役7左平五；
陆八阵内右进十，	役5左平3；
阵翻进八和十、六和八带陆生，	在2和4、4和6设阵；
阵翻进八和十、八和十吃空带生陆，	阵翻进2和4、6和8未拿陆；
阵翻进八和十、十和十一吃拿水带生消彼阵，	阵右翻4和6、6和8吃陆带水未拿生；
空四阵内右进八吃炮夺阵，	炮2右平6打生占阵；
阵翻进八和十、十二和十四吃拿马象仕带空将军，	导13进5；
联四进七入阵	史1右平5钝角右进6吃空夺阵；
阵翻进三和五、九和十一带联文入防，	火7左进6走日；
火七进七走日吃火，	火6右进7吃土消连组圈吃拿水风寒雨暑；
阵翻进三和五、十一和十三吃象入防，	将7左进6入阵；
阵翻退三和五、十一和九，	把兵俘子任意放入右防中；
警九进七入彼阵将军，	阵翻进4和6、5和7带将史；
火七右进九走田入阵杀将，	将6阵内左进5吃警；
	蓝方认输。

结局见图 4–55。

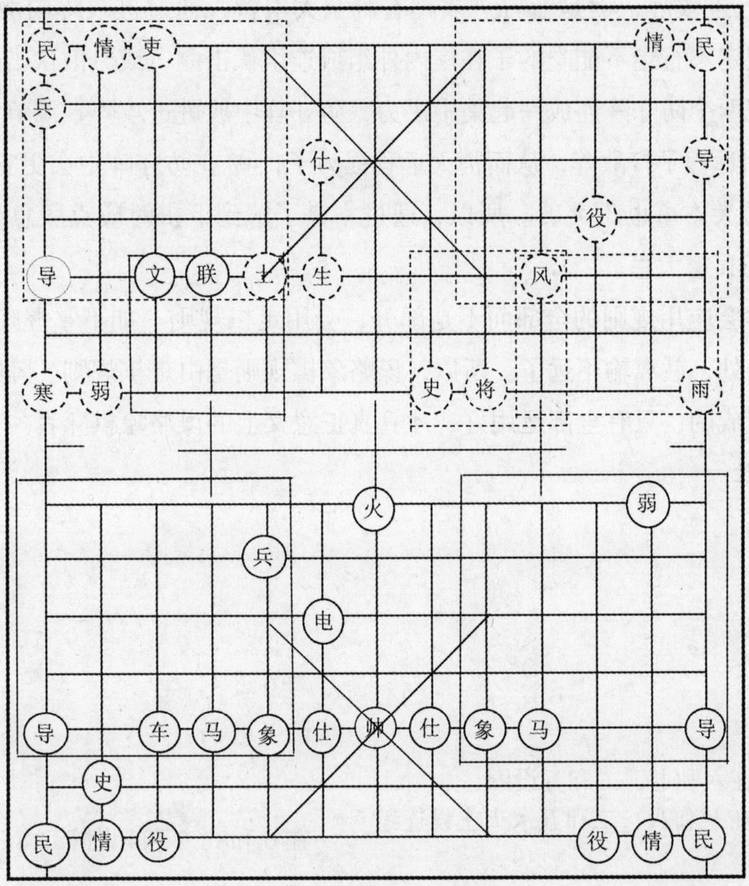

图 4–55

点评：

蓝方在气愤下，全力克进攻阵，终因子力不济被红方另一个进攻阵消灭。蓝方一直无力组成进攻阵，意欲组成伏击圈阻挡红方进攻阵深入，怎奈速度不济，被红方[水]消圈。红进攻阵逼进大本营，好在蓝方一[史]当先夺了进攻阵解了[将]危，还用[火]消掉了红方连组圈，又把红方俘子放入防守阵中壮大实力。蓝方得意下，趁红方进攻阵被防守阵围困败退时，也把夺来的进攻阵载着[将]准备渡过山河压向红方。哪里料到，被等候多时的红[火]燃着了。

从这个谱告诉弈者，要注视对方的一举一动，全面分析，才能避险，在危险中寻机消灭对方，也要学会灵活运用吃翻、夺阵、抓俘、打阵、[风][水]等。显而易见，规则二比规则一更需要有深谋远虑和灵活运用战略战术的技巧，也更能体现出谋略象棋是现代战争的缩影。

同样一盘棋，有对称的子力和不对称的部署，再有不对称的打击，然而输赢的关键在于弈者的决心。决心是战斗力生成的重要保证，也是战斗力组织的重要手段。有决心者，驾驭全盘，紧盯对方动向，盘算本方用子吃换（拿）、设阻的得失；没有决心者，紧盯本方动向，盘算自身得失，用什么战法无所谓，即使有战斗力也应用不得当，勇而无为。智者，应尽全力消灭对方子力，而后取[将]（[帅]）；愚者，心存侥幸杀[将]（[帅]），结果步步受困，未斩敌首却身陷重围。善谋者，集众力（阵、圈）奋力围堵，一举斩首；不善谋者，兵多不知用，分散组阵（圈），力量不集中，后援跟不上，有力不能出，自然必败。

如果㊙不入进攻阵，而是蓝方进攻阵右翻至大本营，通过进攻阵向两翼防守阵互动，伺机利用规则规定不行走不能吃的子在岸内外组成连组伏击圈（或分散伏击圈）形成战斗堡垒，甚至可以把两个防守阵连成一起集中子力，防守阵中放进进攻阵，调节力会更大且不易被对方掌控，用远程子打敌阵，从而消灭远程强力子，㊙在防守阵中会更安全，则可求和，这样的话红方再大本事也难突破。所以，通过本谱了解到下棋时应克服急躁情绪，待机再战，麻木行动乃兵家大忌。

弈者，要学会应用规则的全部而不是部分，会用走棋规则。如不掌握阵圈规则的妙用，更不知互动的长处，就离输不远了。所以，谋略象棋规则是由走棋规则、阵圈设置与运棋规则、互动规则组成的，只有全部运用好，才算真正意义上的谋略象棋弈者。

（二）车巧胜

双方约定隔2。

仕六进四，	
仕八进四，	海6进4，
	陆7进4；
水五右退六在六和七、二和五设圈，	
土九左退八在七和八、二和五水火土设连组圈，	在6和8、2和4设阵，
	兵7进7；
马十左进九，	
联十进七，	炮2右平4，
	兵3右平4；
导十三进五，	
空八进七，	兵4进7，
	联4进6；
联十右退十三，	
弱十二左平十一，	炮4左平2，
	炮2进11打炮；
联十三左进十二吃炮，	
空八右平十，	空8左进4，
	马4左进3；
在十和十二、五和七设阵，	
象九右进十一入阵，	在2和4、5和7设阵，
	兵4出阵进8碰雷消，
	风1右进4入阵吃空；

点评：

红方的㊣遭受㊨突如其来的打击，在预设的地域九和十三、五和九宣布组成防守阵计划落空，进攻阵又处蓝方下轮回的打击之列，进退两难，最终选择㊨势深入。

阵翻进十和十一、七和九吃风带象，
阵翻进十和十一、九和十一吃拿联空马消彼阵带象弱，

警九进四，
役十一左进九，

在九和十一、三和五设阵，
联十二左平十入阵，

车三进四，
车三右平四，

文二退六，
阵翻进九和十一、五和七吃拿车带役，

雨一右进四碰雷消，
车四进十二将军，
车四右平八锐角左进七杀将，

车3进5入阵吃弱，
车3阵内进7吃象消彼阵；

阵左翻6和4、2和4带陆，
阵左翻4和2、2和4带海陆象仕；

阵翻进2和4、4和6带仕象史，
警5进3；

车3右平4，
车4进11入阵吃联；

导1右退2，
文2右平3；

蓝方认输。

结局见图 4-56。

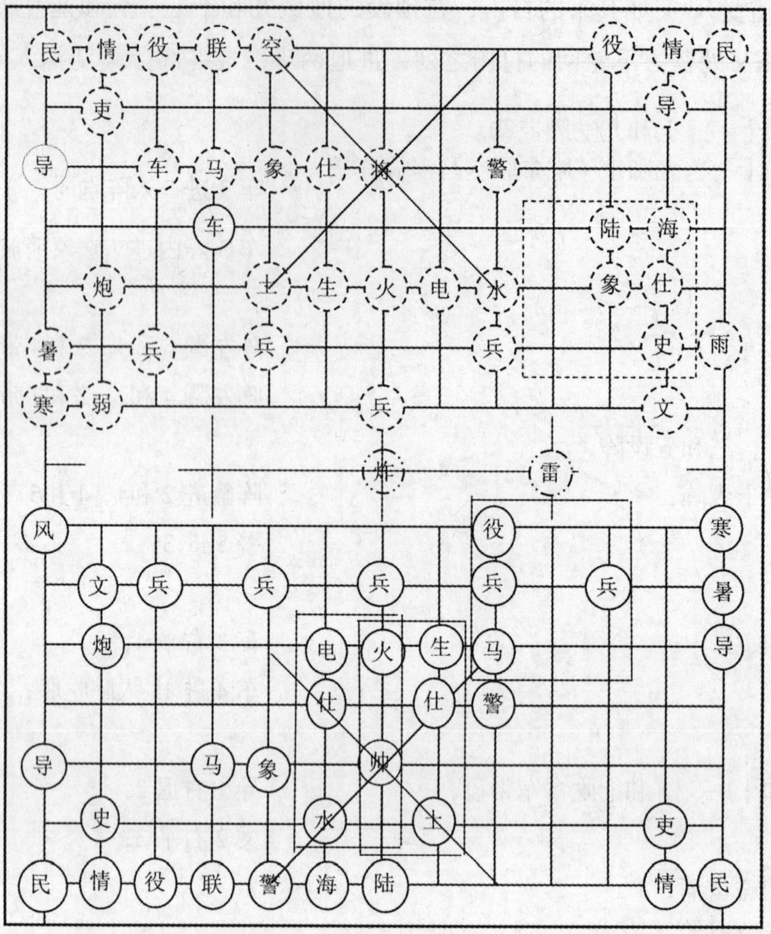

图 4-56

点评：

蓝方查看左正前方空虚，错误地估计红方不会从正面或右翼打击大本营，因此，把中路大本营中的进攻阵调至左侧，欲去攻打对方，不料山河阻隔，又遇红方快速组成进攻阵拦击。蓝方已在左翼策划杀将，企图以打阵为诱饵突破红方左翼进攻。谁知，红方已意识到蓝方用㊨消㊟的动机，打开㊋路障碍，至使㊋两步内快速杀进大本营，取得巧胜。

如果蓝方在第一轮的进攻阵争夺战中，用㊋抢夺红方进攻阵，而不是消进攻阵的话，那就会赢得时间与空间上优势。蓝方放弃夺阵而从大本营开出进攻阵，使红方赢得了时间与空间。红方抓住了对方大本营子的躁动，利用进攻阵拦击之机，开拓了左路，导致蓝方措手不及。本谱提示弈者，今后要注意到这类问题的出现。

（三）战术变化

1. 双方约定隔 3

联十左进九，
联九进十吃兵，
联九左平七吃兵，

风一右进四，
寒十三左进十，
寒十左进七在四和七、九和十一设圈吃拿火生土陆空兵，

炮十二左平十，
兵十一进七，
兵九进七，

兵十一左平十，
车十一进十吃兵，
车十一进十二吃车，

生八左进八碰炸消，
电六右进七，
电七右进八，
电八右进九在七和九、十和十四设连组圈杀将，

陆7进6吃联，
空8进7，
车3进4；

将7左退6，
仕8左平7，
联10左进4；

炮2右平4，
炮4进8打雷消，
后联4进11吃炮，
前联4退5；

在4和6、5和7设阵，
海6左进3吃车，
阵翻进4和6、7和9吃拿双兵带水电联；

蓝方认输。

结局见图 4–57。

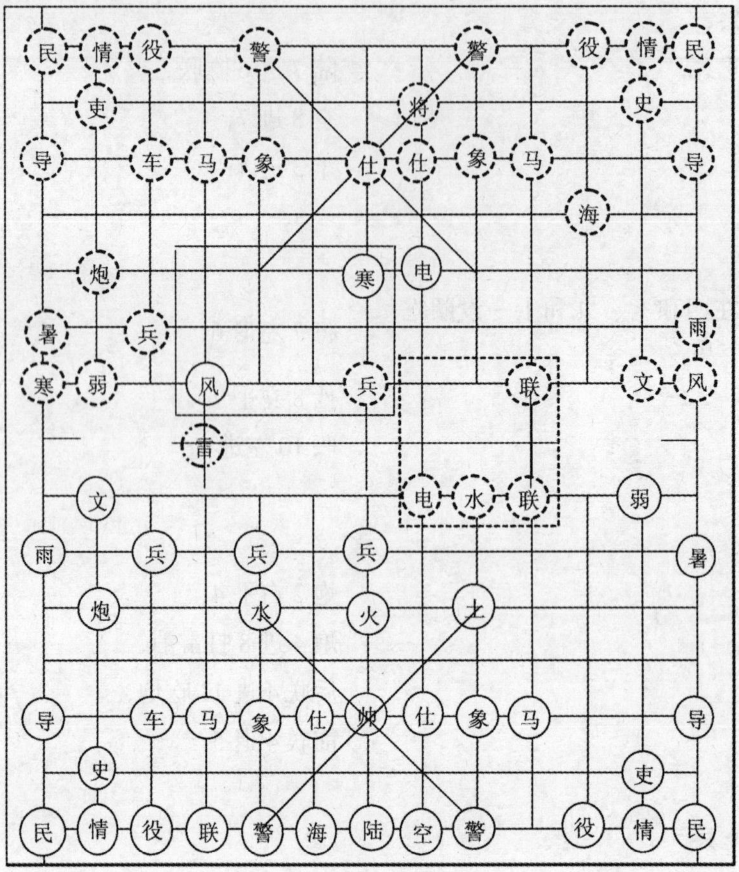

图 4–57

点评：

红方一开始就用[联] 与[风] [寒] 组成伏击圈吃[兵] 消障。蓝方不知是计，将[空] [陆] 升至岸边，遭红方伏击圈伏击，被伏击后把[将] 隐蔽，意图打开左翼通道。红方用[炮] [车] 作诱饵，蓝方也未了解是计，意图快速组成进攻阵开进对岸，待下轮进攻阵翻进红方大本营杀将，打了个如意算盘。就在蓝方高枕无忧时，红方意外发现，蓝方不行走不能吃的[电] 已随进攻阵而去，本方的[电] [生] 三步内可与[寒] 组成伏击圈。于是，它抓住时机，使[电] 轻松地与[寒] 组成连组伏击圈，杀将宣赢，取得了突袭成功的胜利。

2. 双方约定隔 4

寒十三左进十，

风一右进四，

风四右退七在七和十、七和九设圈，

联十左进九，　　　　　　　　炮 12 左平 10，

联 10 进 6，

车 3 进 4，

车 3 右平 10；（变 1）

风七左进四起圈,

联九进十吃兵,

联九左平七吃兵,

寒十左进七在四和七、九和十一设圈吃拿
火生土兵联炮将军,

陆7进4,

炮2进6,

炮2右平7打联入圈,

炮7进10打兵将军;

陆七进六吃炮,

陆七进十入圈,

陆七圈内右平四将军,

陆四右进七出圈杀将,

蓝方认输。

结局见图4-58。

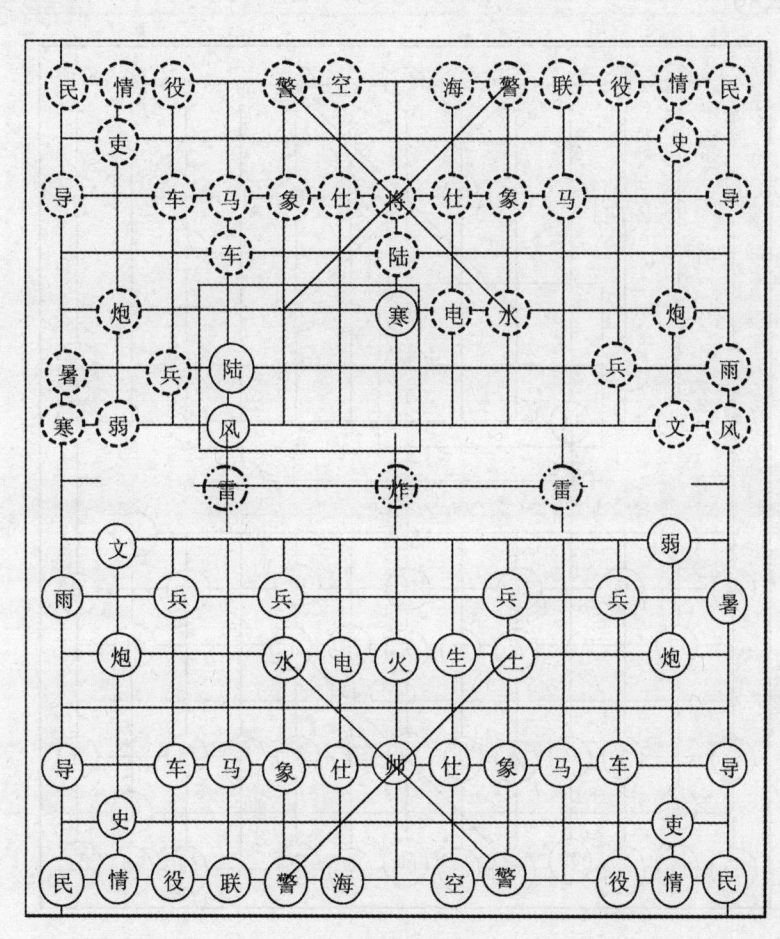

图4-58

3. 变1：

风七左进四，

联九进十吃兵，

联九左平七吃兵，

寒十左进七在四和七、九和十一设圈吃拿火生土兵炮联（变2），

将7左退6，

文2右平3，

炮2进6，

联4进12，

联4右平6将军，

联6右平7杀将；

红方认输。

结局见图4-59。

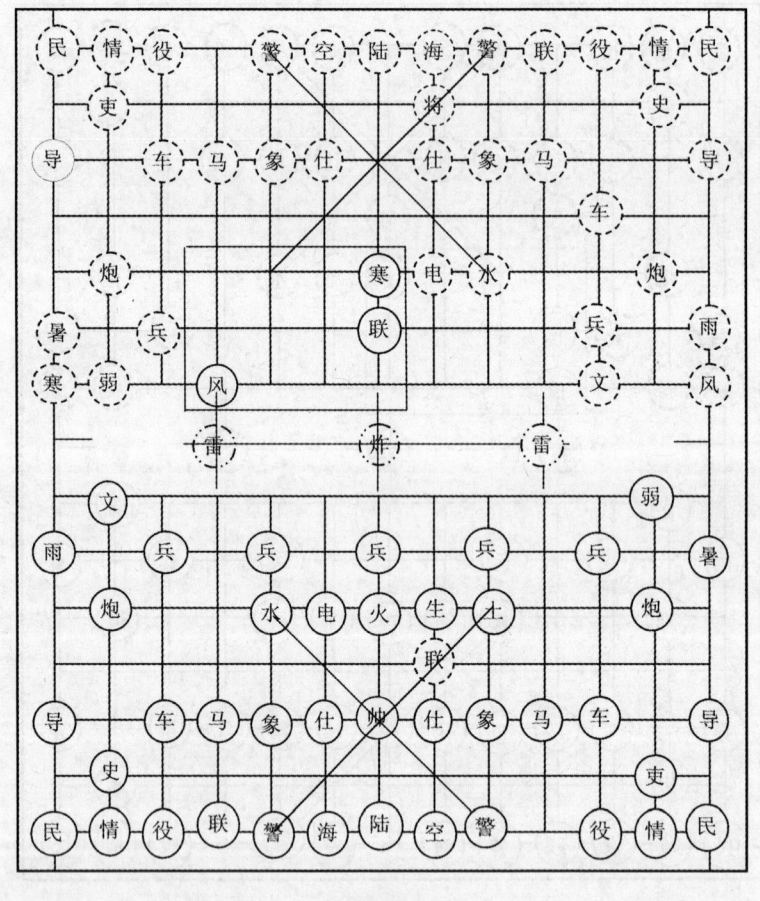

图4-59

4. 变2：

联七右平十，

联4进6吃联，

联4进7吃寒，

空八进三吃联，
炮十二左平十，
炮十进十三打马，
炮十退十，

联4进11，
联4右进6将军；

兵3右平4吃炮，
联10进7吃风，
炮10进8打雷消，
联10进12，
联10左进8将军；

仕六进四吃联，
联四进十二（变3），
联四右平六将军，
联四右进八杀将，
结局见图4-60。

蓝方认输。

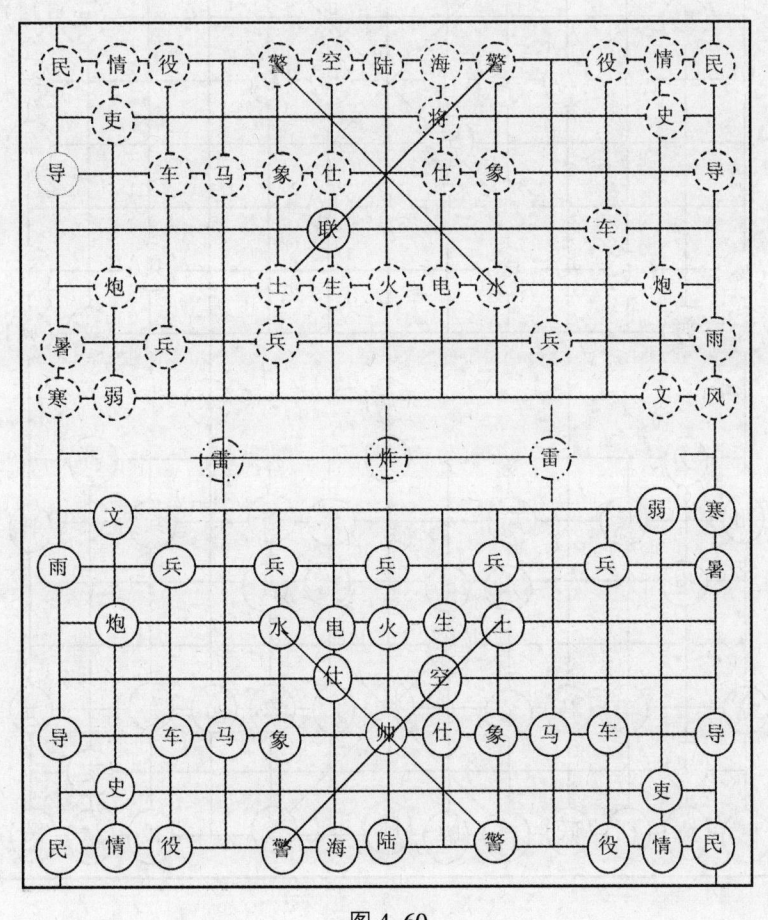

图4-60

5. 变3：

兵七右平八，

火七进七，

空八左进七，　　　　　　　　　情2左进1，

　　　　　　　　　　　　　　　兵4进7，

　　　　　　　　　　　　　　　车3左平1（变4），

　　　　　　　　　　　　　　　兵4进8碰雷消，

　　　　　　　　　　　　　　　水5左进4；

空七左进四，

空四进十二，

空四右平六将军，

空六右进八杀将，　　　　　　　蓝方认输。

结局见图4-61。

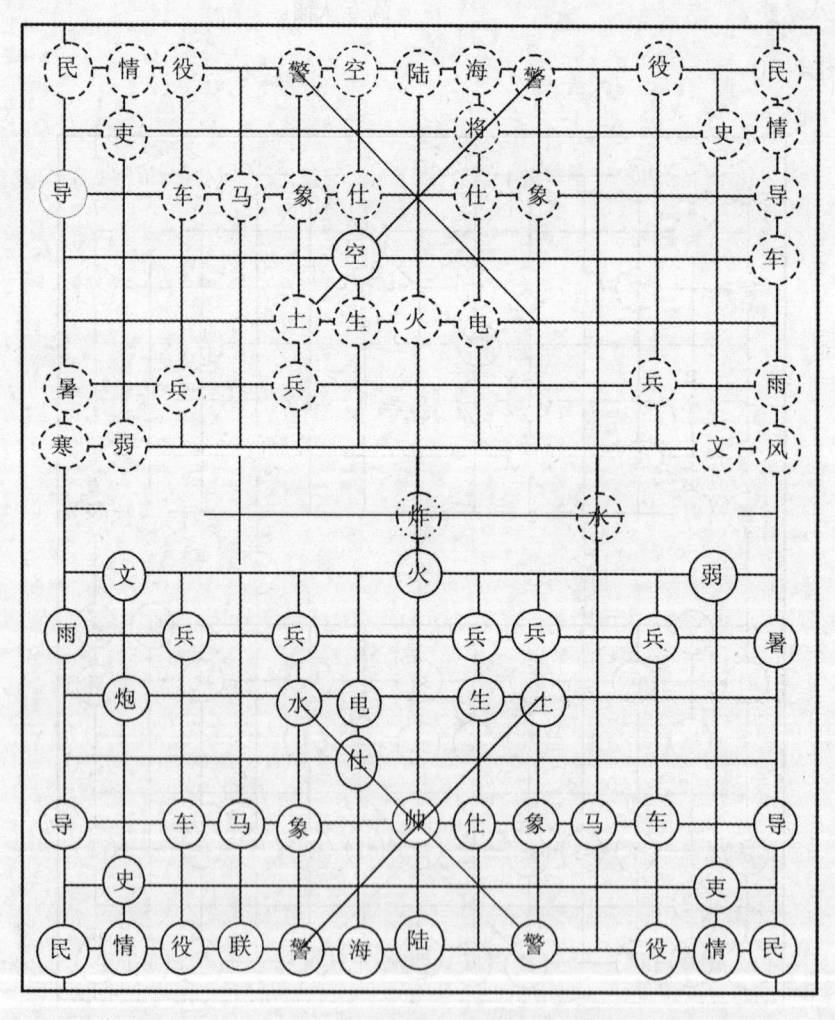

图 4-61

6. 变4：

兵 4 进 8 碰雷消,
水 5 左进 4,
水 4 右进 7 吃火消圈
电 6 右进 7 碰炸消,
车 3 右平 4;

联四左进十,
兵三右平四,
车三进十吃兵,
车三进十三吃车,

陆 7 进 6,
陆 7 进 11 吃空将军,
陆 7 进 13 杀将;

红方认输。

结局见图 4-62。

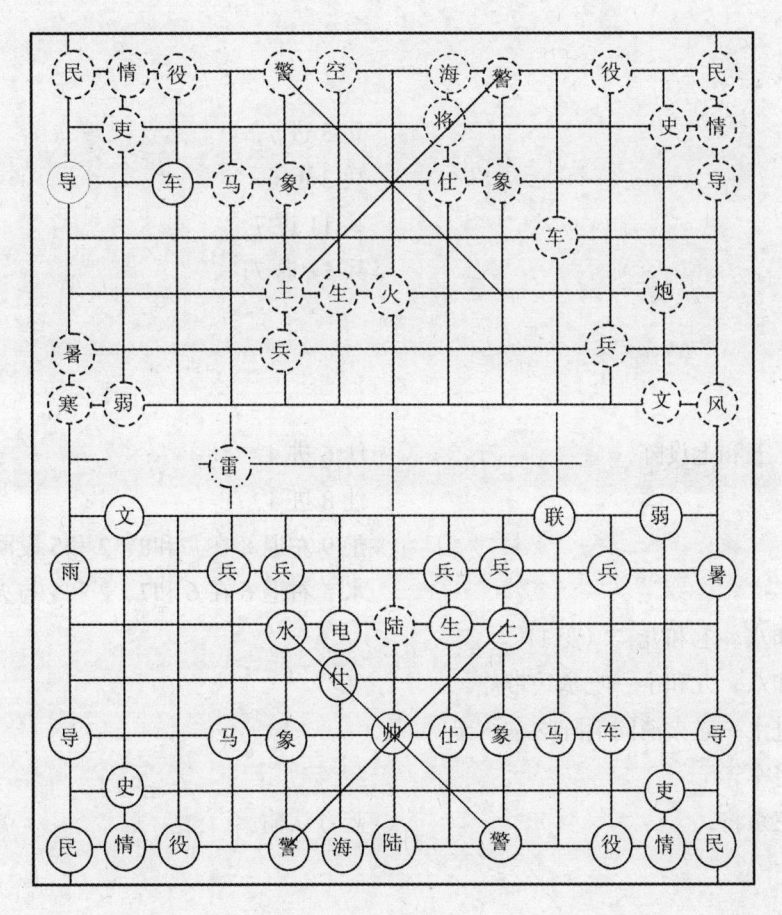

图 4-62

点评:

针对每个变化都要有不同的攻防策略,因为稍微不慎,就会导致失败。在多步走中,易被彼方远程锁定和强力子 海 陆 空 警 进攻。一旦彼方感到时机成熟,势必连续杀将。通过这样的变化练习，可以从中得到攻防技巧的锻练与启发，常常练习，妙趣横生。

隔步越多，保护㊙（㊙）的难度越大，弈者双方要提高谋略，善于巩固自身，抓住对方的漏洞，攻其不备，出奇制胜。保护自身的同时，创造攻击条件，借彼方的漏招，一气杀将，为上策；只为将军，而未能获胜为中策；为了将军，反让对方占了通道，遭至红方围将，乃下策。

变招的变化作用，就在于此。弈者从中得到快乐，旁观者增长了智慧。弈后遐思，回味无穷。更主要的，让弈者学会变招，认识连续变招的意义。根据记录，从后向前恢复，再重新走，始终使自己的思维处在变化中。

（四）进攻阵突袭

双方约定隔4。

1.

兵五进七，
兵五退六，
空八进七，
兵七进七，　　　　　　　　　　　　　　　兵3进7，
　　　　　　　　　　　　　　　　　　　　兵3退6，
　　　　　　　　　　　　　　　　　　　　兵11进7，
　　　　　　　　　　　　　　　　　　　　兵11退7；
陆七进六，
兵九进七，
兵九退七，
在六和八、五和七设阵，　　　　　　　　　仕6进4，
　　　　　　　　　　　　　　　　　　　　仕8进4，
　　　　　　　　　　　　　　　　　　　　土9左退8在7和8、2和5设圈，
　　　　　　　　　　　　　　　　　　　　水5右退6在6和7、2和5与火设连组圈；
阵翻进六和八、七和九，（变1）
阵翻进六和八、九和十一吃拿兵带炸，
炸七阵内进十一碰火消同消阵吃拿水土，
陆七进十将军，
陆七进十三杀将，　　　　　　　　　　　　蓝方认输。

2. 变1

阵翻进六和八、七和九带陆，（变2）
陆九进十出阵吃兵，
炸七阵内进十一碰火消拿水土将军，
陆七进十三杀将，　　　　　　　　　　　　蓝方认输。

3. 变 2

警九进四，
联十进四，
在九和十、三和五设阵，
阵翻进九和十、五和七设阵，
阵翻进九和十、五和七带车马象联，

警5进4，
联4进4，
在3和5、3和5设阵，
阵翻进3和5、5和7带车马象联；

阵翻进九和十一、七和九吃拿车马象，
阵翻进九和十一、九和十一吃拿双兵联消彼阵带车马象雷，
阵翻进九和十一、十一和十三吃警带雷，
雷十阵内左平八碰仕消，
象九阵内出阵杀将，
结局见图4-63。

蓝方认输。

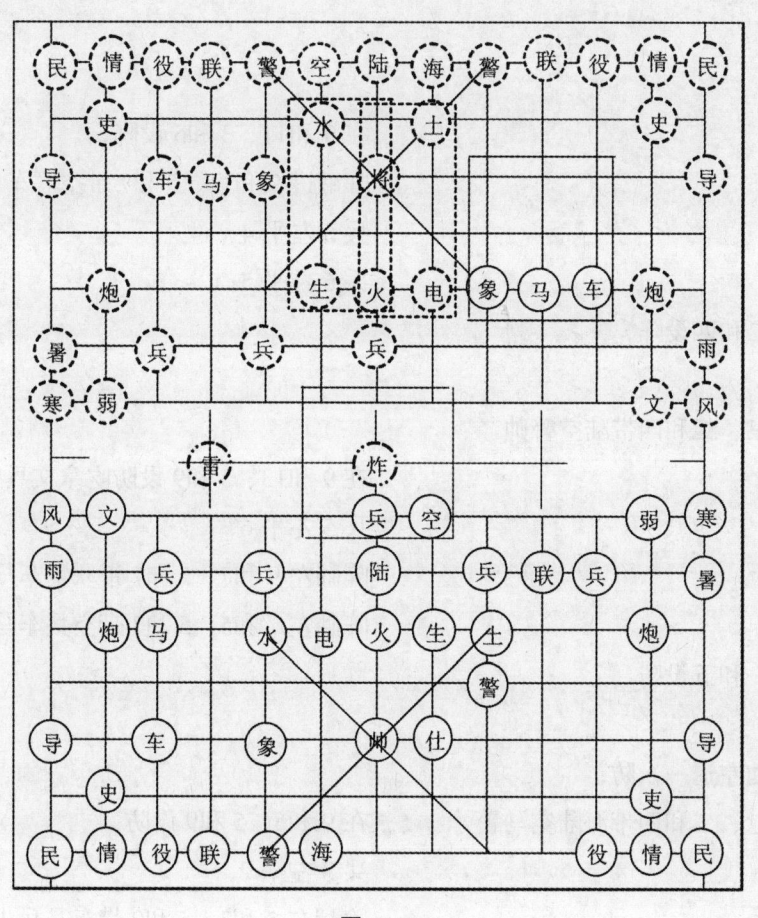

图4-63

点评：

凡是大战来临，两岸都用兵来回袭扰，以掩护大部队进攻。

进攻突袭，其一可从正面突然袭击，其二可从左右翼突袭，这都需要雷或炸帮助。如果没雷炸帮助，则不能破圈杀将。由于规则二规定象可以过岸，因此可在岸外谋生存。

从这个谱来看，带什么子，怎样带子，都有不同作用与效果。可用同样方法，隔1、隔2、隔3地练习，那么情形就会大变，有变才会有大智慧展现。

（五）阵地战

双方约定隔4。

1. 兵三进七，

风一右退四，

兵十一进七，

寒十三左退十，　　　　　　　　　　兵 11 右平 12，

　　　　　　　　　　　　　　　　　联 10 进 4，

　　　　　　　　　　　　　　　　　空 8 右进 11，

　　　　　　　　　　　　　　　　　兵 7 左平 6；

海六左进五，

陆七左进六，

空八左进七，

警九左进六，　　　　　　　　　　　在 9 和11、3 和5 设阵，

　　　　　　　　　　　　　　　　　阵翻进 9 和11、5 和7 带空联车马象，

　　　　　　　　　　　　　　　　　兵 5 左平 4，

　　　　　　　　　　　　　　　　　兵 6 左平 5；

在五和七、二和四设阵，

车三进四，

阵翻进五和三、二和四带陆空警帅。

史二进四，　　　　　　　　　　　　在 9 和13、5 和9 设防吃拿文兵，

　　　　　　　　　　　　　　　　　兵 5 左平 6，

　　　　　　　　　　　　　　　　　阵翻左 9 和7、5 和7 带联空车马象，

　　　　　　　　　　　　　　　　　阵翻左 7 和5、5 和7 带空兵车马象；

在一和五、一和五设防，

民一进二，

帅三阵内互动左退一入防，

阵翻右五和七、二和四带海陆空马警，　在 9 和5、5 和9 设防，

　　　　　　　　　　　　　　　　　兵 3 左平 2，

　　　　　　　　　　　　　　　　　阵翻左 5 和3、5 和9 带车马兵火电，

在6和8、6和8设阵；

阵翻右七和九、二和四带海警，
兵九右平十，
兵七进七入防，
兵七进八碰炸消，
阵翻进七和九、四和六带海，

　　在1和5、5和9设防吃拿兵弱，
　　阵翻右5和7、5和7带火电车马象，
　　兵3防内进9，
　　文2防内进9；

兵十进七入防，
兵十进八碰雷消，
在五和七、二和四设阵，
水五左进四碰雷消，
阵翻进五和七、四和六带象陆空，
风四右退六，

　　文2防内左平1，
　　炮2防内进11打炮出防，
　　炮2进15打情，
　　炮2右平4打联；

象九左退七，
生八右退九，
生九左进八在六和八、二和五设圈，
役十一左平十吃炮。

中盘见图 4-64。

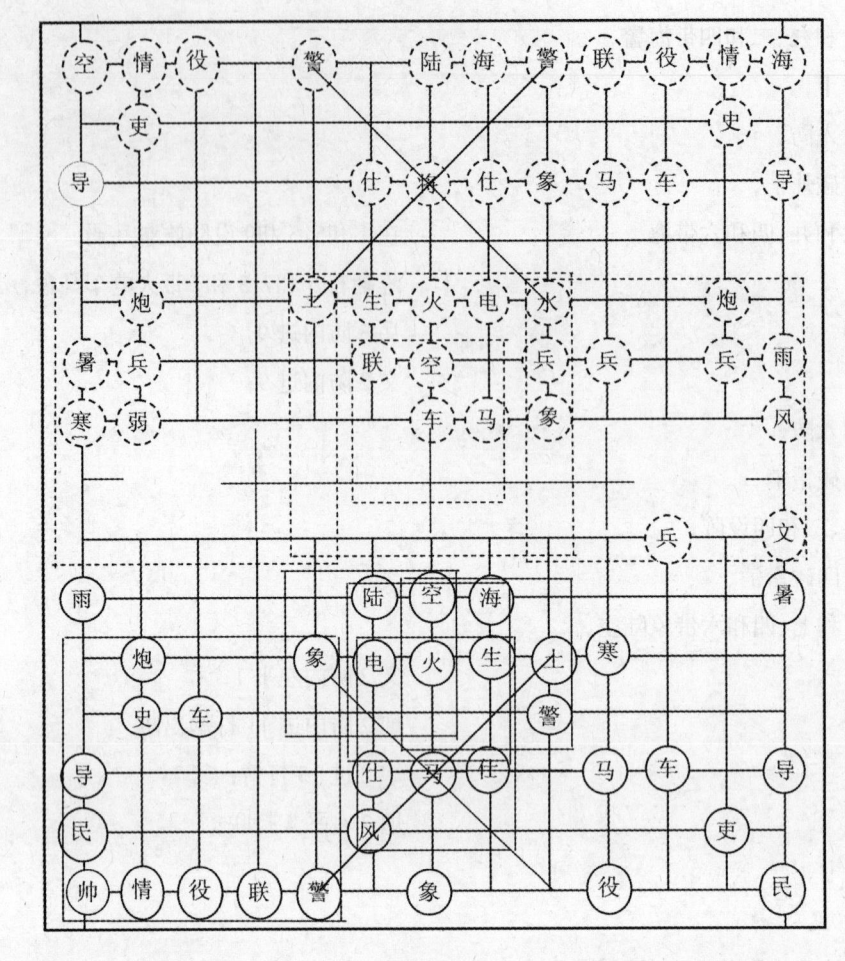

图 4-64

点评：

双方为设立阵地都动了很多脑筋，蓝方用进攻阵翻带子一个一个地设防守阵，最终取得成功，红方也用进攻阵翻带子组成了一个防守阵。雷炸可碰消一切子，因雷炸全部被蓝方抢先，红方为了减少被雷炸攻击的伤害，设法消毁了雷炸，使心情平静了许多。红方随后利用阵翻动调整了兵力部署，设置了一个防守阵、两个进攻阵，红帅也转移到防守阵中。在这过程中，双方都很友好地设阵地，完全有机会杀将也不理会，显示出君子好武而不好杀的姿态。谋求阵地与游击的统一。

弈者也要认识到在多步走中有以下几个要点：防守阵、进攻阵设置要隔回才能宣布，伏击圈就可以在多步中连续设立；不行走不能吃子，可以跨越但不能吃换拿，而在设防守阵时可拿；眼看可以杀将，但不能跨越阵子去杀等。

蓝方见左翼红方未设阵地，就用炮深入腹地，如果炮的正前方不是有文拦路，那么四步内就对帅构成威胁，结果因一回中的隔步不够而被红方吃换掉，计划落空。

2.

阵翻进五和七、六和八拿车空带火电，

阵翻右五和七、六和八拿马带火电象，

阵翻退九和十、六和八带火电吃拿兵，

暑十三进七走日入防吃文在十和十三、五和七设圈，

炮二防内进十一入彼防打炮，（变1）

炮二彼防内进十三出防将军，

炮二右平七杀将，

结局见图4-65。

阵翻进6和8、8和10吃拿陆空海带空车马，

阵翻进6和8、10和12带空，

陆7进4，

陆7进6；

兵2防内进7，

风1防内右进3吃火，

雨1进7走日在1和3、7和10设圈拿暑寒电消圈消彼阵，

弱12左平11；

蓝方认输。

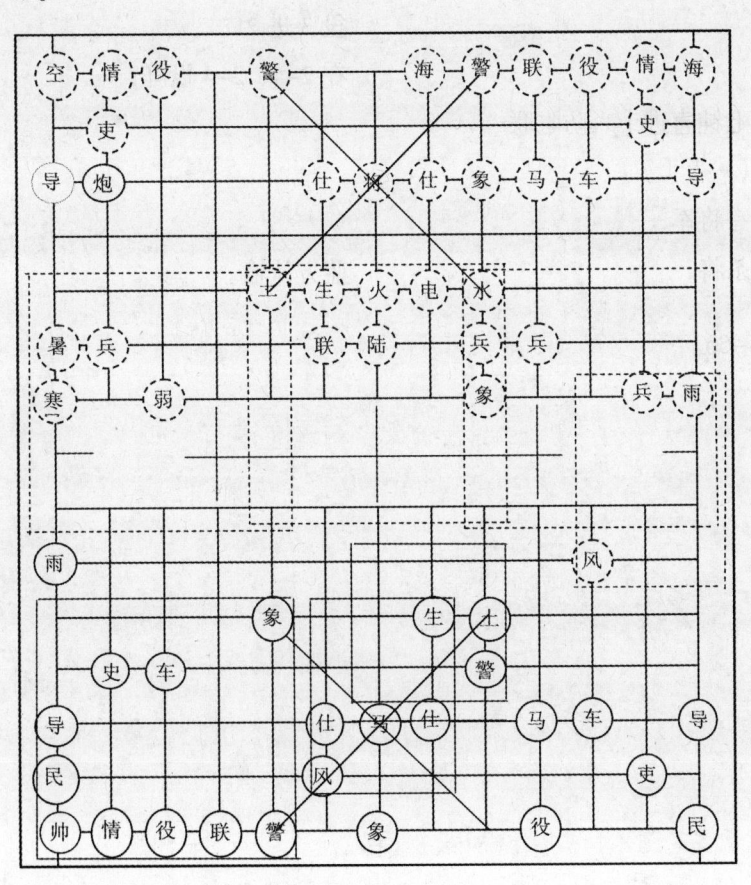

图4-65

点评：

看起来蓝方在前沿设了三个防守阵，任何子不能逾越，可谓高枕无忧。实际上，并非如此。不能跨越，但可进防吃拿子，借吃拿子可跨过。例如红炮，入防打过炮后，出防守阵杀了将，就是个成功例子。

3. 变1

炮防内二左平一，
史二防内左平一，
象五防内左退三，
联四防内进六出防，（变3）

风3右进5，（变2）
雨1右进3在3-6、10-13设圈拿土警马车，
风6右退8，
雨3右进6在5-8、11-13设圈拿生仕马仕风消彼圈与阵；

雨一右退四，
雨四右进六走日吃风拿雨消圈，
雨六右退九，
雨九左进七吃陆，

联8左平7吃雨，
联4进3，
役3进2，
在2-4、2-4设阵；

吏十二左进七钝直进十入防吃联
炮一右平七，
吏七右退十一将军，
炮七进十三杀将，

蓝方认输。

结局见图4-66。

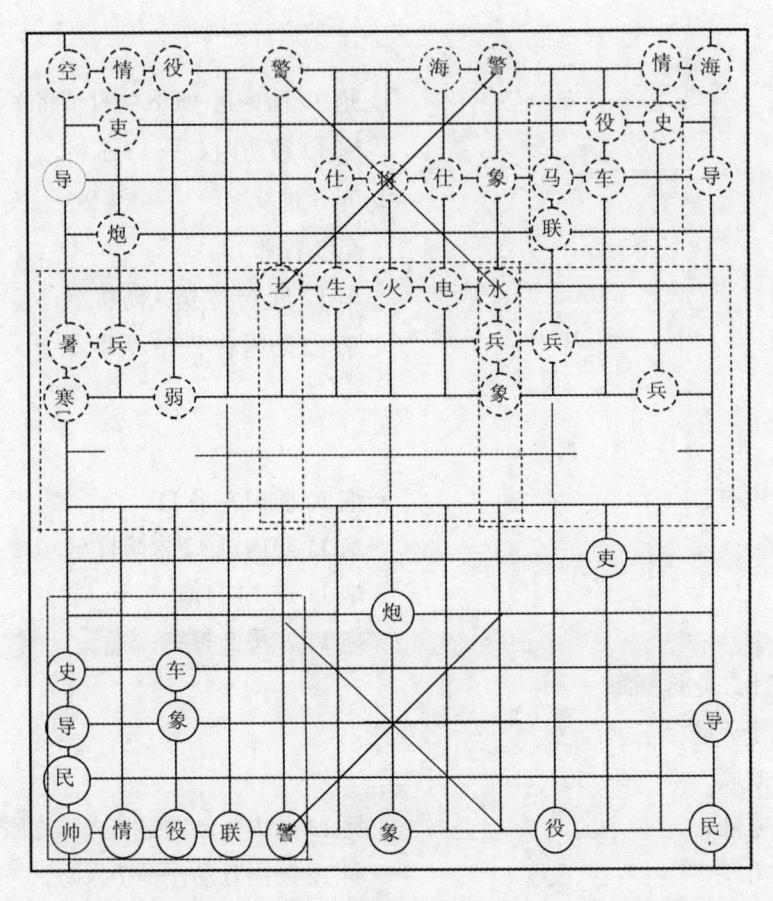

图 4-66

点评：

红方打乱了蓝方在正面设阵的企图，蓝方覆盖红方伏击圈后双设伏击圈横扫了红方大本营，几乎让红方全军覆灭。红方忍住气用剩下的一个㊙破伏击圈成功，蓝方也急忙在左翼设阵防袭，不料正面空虚，被红㊙杀将成功。

这个谱告诉我们，防守阵设的再多也难以阻止㊙的威慑，如果及早防范大本营，那么就没有事。红方虽只有一个防守阵，㊙也在角落中，但是假若蓝方集中子力在大本营内或附近，也很难被红方杀将，蓝方可力求和棋。

蓝方有设圈和远程子打击能力，和棋不太可能。可最终会被伏击圈步步为赢地杀将，错就错在，蓝方自以为有三个防守阵，大本营前方还有人为屏障，红方不可能杀进来，可放心进攻，结果就是因为这种麻痹输了棋。

通过此谱把谋略象棋推向高潮，也通过隔4的练习，引伸隔3、隔2、隔1的练习与思考，从不同结果中领略谋略象棋与现有各类棋的不同，也领略规则二与规则一的差别。

4. 变 2

①、炮 12 防内进 15 入防打情将军，
炮 12 彼防内右平 13 杀将。

②、车 3 进 9，
车 3 右平 12，
车 12 进 15 吃情入防将军，
车 12 防内右平 13 杀将。

红方认输。

5. 变 3

情二防内右进三，

炮 12 防内左平 11，
炮 11 防内进 12 入防打车，
炮 11 进 14 打情，
炮 11 左平 2 打吏；

民十三左进十二吃炮翻海，
联四防内进十入防，
联四右平六吃联，
联四右平七吃陆，

兵 12 防内互动左平 7 入防吃联，
弱 12 防内互动左平 7 入防，
吏 12 左进 11 钝直进 13 过防吃象，
吏 13 右退 7 入防；

雨一右退四入防，
雨四右进六出防，
雨六右进九吃象，
雨九右退十一吃风消圈拿雨，

导 13 进 14 过防拿炮，
土 9 防内右进 13，
导 13 进 5 入防拿史，
联 4 进 6 入防；

役三防内进三，
警四防内进四，
阵翻进七和九、六和八吃吏，
帅一防内右平五，

警 5 左进 2，
海 6 左进 3，
情 12 左进 10，
马 4 左进 3 入防；

警九进六，
阵翻进七和九、八和十吃双兵弱带警，
阵翻进七和九、十一和十二带警，
阵翻进七和九、十二和十四杀将，

蓝方认输。

结局见图 4-67

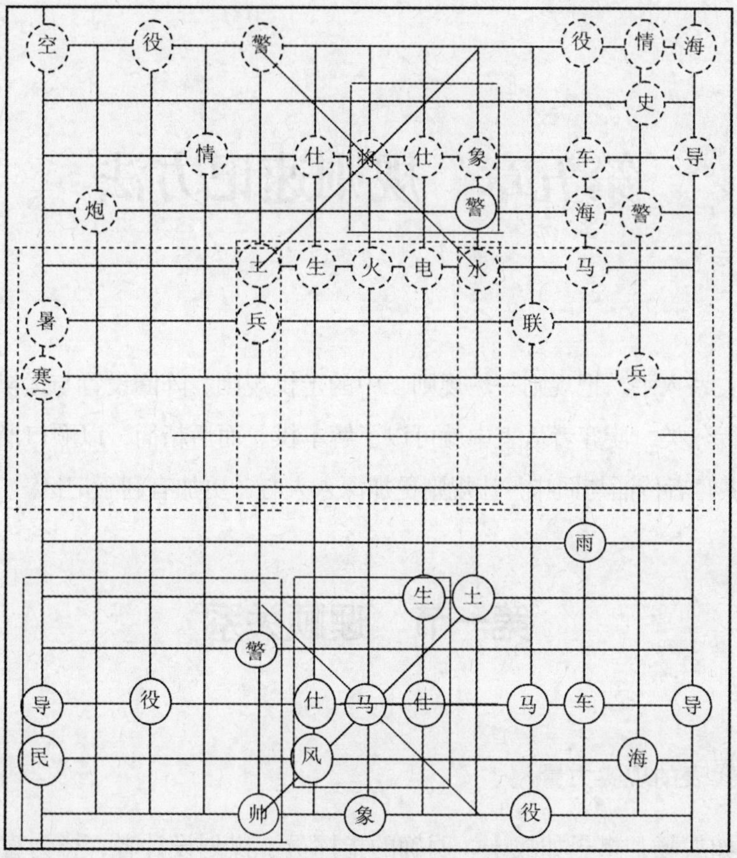

图 4-67

点评：

从变局中可以看出涉及到的规则很多，一不慎就可能违反规则，尤其是互动规则、着子记录规则与阵圈跨越规则等。随着对弈时间加长，棋子会越来越少，这就要求对[将][帅]的保护特别重要，最好是在[将][帅]的正前方、两翼等要有超过一回所隔步数的子力，才不会被一轮回杀将。有机会当杀就杀，不要侥幸等待，错过机会有可能被对方杀将，那就后悔莫及。

蓝方本可以用[联]在 4 步内杀将，却等待宣布组成进攻阵后再杀将，以为对方已无能为力，可谁能料到，红方正前方的进攻阵在 4 步内是可以跨过防守阵的。因为防守阵自身防护力是隔 2 回后收，而现在只隔 4 步，走完 4 步只是一轮回，跨防守阵杀将不违规，对蓝方来讲隔 4 太多，隔 3、隔 2、隔 1，也许不会。事实上在多步走中，出入阵圈跨越子可跨越。而阵圈内任何子不能跨越，只能按阵圈运棋规则走。

因此，规则指导行动，在规则内行子就是有理有节。弈者也可以通过不断的变化，来认知规则，从而学习规则二，比较规则一，就会发现两个规则各有短长，每个子、每个阵圈在特定环境中都会发挥其特长。在小小的棋盘上模拟战争、战斗，其乐无穷。

第五章　规则速记方法

本章从理顺关系入手，把规则一、规则二中的走棋规则、阵圈设置与运棋规则、互动规则用表格的形式进行分类，使弈者从表中就可以了解本棋。而后精简，以顺口溜的形式，深入浅出地说明规则，供弈者传诵与回味，让规则更加深入人心，更加有利于记忆。

第一节　理顺关系

一、棋子所代表的现实力量

诚言，棋盘如战场，棋子如战士。明确的指挥员、谋划设计者，皆为直接参与战场战斗的人和间接协助战场战斗的民族力量。作为一个战场指挥员，无论它的职务高低，军事行动前都应该考虑到这些有效因素，进行全局的战争设计、部署、准备，尽力使每场战斗能尽善尽美。

因此，谋略象棋的棋子，是全局的一部分，不是个体而是一支队伍，是整个战场的一部分。在不同的职能情况下，谋求有利的统一。由于谋略象棋规则一、谋略象棋规则二、传统象棋所给予棋子的能力不同，所以在不同规则下，棋子就有不同能力的发挥和战力表现。谋略象棋规则一、谋略象棋规则二给平战训练、战时战斗提供弈练选择。

假如，在两个强大集团中，用棋盘棋子这一特殊形式摆开阵势，每个子都集中一群力量，展开博弈演习，那会是多么精彩。例如，以四大洋、东海、海峡、南海、长江、大湖等为演习地，从弈博中体悟自己真实的军事才能。下面是子所代表的武装、非武装力量。

[文]：是一切文物、文体艺术力量的统称。

[弱]：是一切无防卫能力的力量统称。

[兵]：是一切武装兵员的力量统称。

[水]：是一切剩器的力量统称。

[电]：是一切交直流发配电设备的力量统称。

[火]：是一切可燃物质的火攻力量统称。

[生]：是一切生化力量的统称。

[土]：是一切坑道、隧道力量的统称。

[风]：是一切风力的力量统称。

[雨]：是一切利用雨湿力量的统称。

[寒]：是一切寒气力量的统称。

[暑]：是一切暑热力量的统称。

[导]：是一切射程超过 100 公里以上攻防武器的力量统称。

[炮]：是一切射程 100 公里以内枪炮攻防武器力量的统称。

[帅]：是己方各级指挥部的指挥员力量的统称。

[将]：是彼方各级指挥部的指挥员力量的统称。

[仕]：是大本营一切战勤力量的统称。

[象]：是大本营一切通讯勤务力量的统称。

[马]：是一切仓储物资供给的力量统称。

[车]：是一切驾驶力量的统称。

[海]：是一切海军力量的统称。

[陆]：是一切陆军力量的统称。

[空]：是一切空军力量的统称。

[警]：是一切武警力量的统称。

[联]：是一切联勤医护力量的统称。

[役]：是一切预备役力量的统称。

[民]：是一切民兵力量的统称。

[情]：是一切情报力量的统称。

[史]：是一切战地记者等舆论宣传的史记力量统称。

[吏]：是战争区域统治区、非统治区的地方官吏的力量统称。

[炸]：是爆炸力量的统称。

[雷]：是埋藏于暗处的鱼雷、地雷、水雷等爆炸物的力量统称。

二、规则与现实战场

（一）将帅

规则一中的[将]（[帅]）在大本营内沿直线走 1：是传统象棋大本营的延伸。

规则二规定[将]（[帅]）在大本营内 4 格直线、对角走 1，沿画角线走至外格点：主要是模仿指挥所指挥员日常在戒备空间中的工作情景。对角：它不但包括画角线还包括未画线的对角，一定意义上比传统象棋同样 4 格走的线多了许多；沿画角线走至外格点：主要模拟指挥所的特别通道，方便快速转移。实际上，能通往营外的唯有 4 条画角线，其余皆不能走，只有在设好（即将设置）防守阵或其它进攻阵、伏击圈情况下才能走入，否则很难防守，同样是传统象棋大本营的延伸。

走棋规则下[将]（[帅]）不能见面：主要参考古老象棋传统的习惯；在阵圈中可以见面：主要模拟现代将领借用战舰、航母平台近距离向对方阵地视察性示威，借用阵圈互动平台与战士打成一片，鼓舞士气的同时也为本方寻求战机。[将]（[帅]）立于大本营中央，体现[将]（[帅]）作战的决心和斗志。[将]（[帅]）在防守阵、进攻阵、伏击圈中时，应注重防守勿要进攻，因为，一旦被迫起、消后，[将]（[帅]）虽未被吃、拿，但未落入本方大本营则不在走棋规则内，等于掉入死穴，若本方无力再组阵圈救助就算输了。另一种情况，虽在本方大本营或阵圈中，因子力少，被对方控制住，无法走动也输了。战到最后子少能力有限，双方均无力掌控[将]（[帅]）所在的大本营或阵圈时即为和。对弈者应从棋子中得到自我攻防的启示，保护自已才能打赢对方。

（二）仕

规定[仕]在大本营中沿画角线走 1：主要模拟警卫人员守卫大本营；位列放于画角线外：主要模拟警卫人员的宿营地。有三个方向可以一步进入画角线，主要模拟卫士多方位通道选择，在一定的空间、时间、线路情况下，内卫人员才发挥作用，一旦脱离范围也有不便。就好比棋子，在大本营中沿画角线走，能发挥作用，随阵圈后更能发挥作用，若失去了阵圈或大本营这个载体，同样陷于死穴。

（三）象

规定[象]走对角 2：主要模拟外勤人员在执行工作任务时，多走小道的特点；速度 2 和不过岸：主要是规则一模拟外勤人员行动快但走不远，也不会派潜敌战区之特点，保持了传统习惯。随着棋盘的扩展走的点多了，自我安危是慎行的主要准则。规则二允许过岸，大本营中因特勤才派外办事，[象]在保护大本营的同时也担负营外攻防，所到之处是个联勤站，外派和随阵圈至敌占区。

（四）马水电火生土风雨寒暑

规定[水][电][火][生][土]走直线 1 对角 1 直线 1、[风][雨][寒][暑]走对角 1 直线 1 对角 1：主要模拟区块范围之大小与路径；[水][电][火][生][土][风][雨][寒][暑]不行走不能吃：主要模拟水域、电场、火场、生物区、土屯、风区、雨地、寒带、热带特点之不宜走动，动则有所利害。[水][电][火][生][土]是人为制造的大面积杀伤性武器，不到万不得已是不能动用的，无论平战还是战时，[水][电][火][生][土]都是军队现实生存的基本条件，既可相互连动也可与其它棋子互动，一旦延伸用于战争杀戮时，它不光能大面积杀伤人类也能大面积杀伤动植生态，非迫不得已不能用之。规定[马]走直线 1 对角 1：主要模拟物资仓储中的路径和区块，同时也保留传统的习惯；[水][电][火][生][土]位列在大本营上方：主要模拟营地正面人为障碍或天然障碍；[风][雨][寒][暑]位列在山河两端：主要模拟所选营地巧妙利用自然条件或人为条件阻截敌人偷袭。[马]缺乏远程攻防能力，虽有近距离攻防作用，但容易暴露，因此，它要及早入阵圈，特别要在伏击圈庇护下保全自身。组成伏击圈或连组伏击圈都对彼方构成具大威慑，起伏击圈或伏击圈消失同样对本方构成风险，把握时机，宜攻要狠，起防要有益。如果一方不具攻防效果，可以利用不行走不能吃的优势，等待或入已方已有阵圈待条件具备突然宣布组成，作用会明显。上半局应注重大本营的防护，下半局或随[将][帅]移居阵圈，作攻防互动考虑。一个人在[风][雨][寒][暑][水][电][火][生][土]的不同环境状态下经过长期锻炼，在实战中，他（她）们就会[风][雨]无阻、[寒][暑]无关、烟[火]不惊、[生][电]不怕、[水][土]常往、刀枪不入、勇往直前。

规则二规定[水][风]等既可走目、双目又可走口、田、日：主要摸拟自然界的范围变化调节空间与走棋点数，达到快速应用之目的，这一点与中国传统象棋有着明显的区别。

[马]也可走日与口，传统象棋的[马]走直线 1 对角 1 成斜角，而谋略象棋则规定[马]走直线 1 对角 1，并未规定走斜角。斜角二字，所带来的走法不同，值得让人思考。

（五）文弱

[文]设于岸边，主要模拟战场前沿的[文]物与从事文体艺术人员和[弱]视群体。规定它走 1，模拟移动速度慢，打仗必遭破坏，[文]不能因此而损。不行走不能吃：主要模拟[文]物、[弱]势群体赤手空拳不具攻击力，若予以攻击不就成了暴军，行走后说明参与了军事行动，具备了攻击力，若不吃反遭其害。它还有个特点，就是借助阵圈到达彼方地域后，可自愿吃翻另面按[陆]规则行走，前提是自愿，不愿也可不翻，即使想翻也要具备吃子条件，无条件也不能翻，一旦翻开另面后，就等于拥有了[陆]，好比战场上保护文 物工作者和被保护的弱者参加陆军战斗，由一个被保护的弱者成长为一名合格的战士，其攻防作用就不言而喻了。其风险是，若在不具备吃翻条件情况下，就已经起、消阵圈了，有可能在对方地域落入死穴，故应在到达彼方地域后应积极创造条件吃翻，增强本方力量。

（六）兵

规定[兵]在对岸内前后左右进退：主要模拟战场阵地前沿哨所的相互攻防联络和流动岗哨的布置；过岸进入彼方战场阵地只进不退：主要模拟特种勇士奋力向前的斗志和置之死地而后生的决心；规定走 1：主要模拟战士在无机械动力帮助下靠步行作战。

（七）史吏车情

规定[史]走直线并转钝对角吃换、[吏]走对角并转钝直线吃换、[车]走直线并转锐对角吃换、[情]走对角并转锐直线吃换，主要模拟它们的谋略和看待问题的方式，表面上给敌人正面的思考，实际上用各自的信息手段让人另眼看待，也告诉指挥员使用他们时，要从战略战术上运用，给敌人正面攻防的假象，实际上通过突然转弯奇袭目标，使彼方不知所措。提示弈者们需注意每个步点的变化，防止步骤调整而导致被彼方锁定。这就好比走直线与对角，转钝方向吃换是打击来至前方的攻击，转锐方向吃换是打击来至后方的威胁。在地面作战中，利用无限的进退吸引对方的注意力，突然转弯打击，使对方措手不及，这也是单兵种奇正相间的巧妙运用。它们有转弯吃换的持点，吃换后不能沿原路返回，甚至无子吃一直不能回该点（非吃换和阵圈中例外）。与[马]不同但相近，[马]吃换非吃拿，只不过走另线返回而非必须吃换返回，[车][情][史][吏]吃换后必须再吃换才能返回原吃换点。在规则二中，还规定[车]走直线吃换和转锐对角吃换，使[车]具备双重功能，模拟的是装甲车，前后左右都可以吃换，[情]也是如此，它走对角吃换和转锐直线吃换，都是增加战斗力的方法。

（八）炮导

规定[炮]走直线隔一子吃换：主要模拟[炮]在打击时不是一人需众力帮助；走全盘：主要模拟它的用途广，能装配在多种机动车上，重量轻便于携带；规定[导]走直线、对角：主要模拟导弹基地移动困难不便机动，起威慑作用比较合适；[导]隔己 2 子进 1 步吃拿彼方 1 子：主要模拟基地发射导弹不是一个部门，需多方配合才能有效打击；在同一方向继续吃拿时，需继增 1 子：主要模拟打了近的再打远处时难度增加，由近向远处打，需协调的力量更多，具体体现在导航需求；另线回从 2 始：主要模拟转移方向打击后再回到这个方向时，又从近处打起；进一步吃拿：主要模拟导弹基地自我防护能力，打出导弹后必然给彼子造成损害，同时也暴露了目标，移动一点可防止彼方锁定；吃拿：主要模拟导弹头的威力，说明伤害的是弹头而不是基地。吃换与吃拿不同，吃换就是本身要到被吃子原点替换，危险在于要有下一步的保护，容易吃换后被彼方吃换掉；吃拿只要创造条件，本身不需要到吃换点替换，可基地目标容易被彼方锁定，遭至打击。进入阵圈或随阵圈互动：主要模拟[炮][导]装备在舰艇、飞行物、流动车上的作战能力。

（九）民役警海陆空联

规定[民][役][警][海][陆][空][联]走直线、对角在一定的步点内活动：主要模拟现代部队装备的能力不是一样的，是根据不同用途配置不同装备的，因此用不同的速度来体现是最好不过的了；有条件地过岸：主要模拟各部所配装备的攻防特殊性；[民]主要模拟民兵攻防的特点；其数量多少：主要模拟整个国家武装部队的实际数量；跨己不跨彼：主要模拟部队在行动中能得到本方资助，而不能得到彼方资助，不但得不到反而受阻；[民]可随阵圈到彼方地域，通过吃翻变成更强有力的[空][海]：主要模拟人民群众有参与[空][海]等军种的活动机会，可给对方突然性打击，也可满足本方需要。但[民]一旦随阵圈过岸后无机会吃翻变子，却遇起、消，就会落入孤军深入，[民]一旦过岸就要设法变子增加本方力量。

（十）雷炸

规定[雷][炸]不移动：主要模拟山河岛屿中的水雷、地雷和预设桥涵炸弹等；碰消后本方先走：主要模拟起消炸弹是本方有所策划并非无奈之举，己方付出了代价先走一步作为补偿；山河扩展明显有 5 个步点：主要模拟人造和自然的岛屿暗礁，其余作为隐藏的山地道、海河底步点，只能过但不能停靠；山河中的中间线：主要模拟双方习惯中线；规则规定，[雷][炸]与阵圈子同待，亦可出阵圈同消或随阵圈起消脱离：主要模拟战时的鱼雷与其它布雷弹方式，一旦布出后就不能移动，它同样既能伤害对方也能伤害本方。[雷][炸]入阵圈后就是一个子，即可移动，像鱼雷一样出阵圈同消。起、消阵圈后的落点仍不能动，恢复公共：主要体现[雷][炸]的特殊性。

（十一）防守阵

规定防守阵内任何子均可沿直线、对角进退：主要模拟隐蔽的前沿指挥所中的人员往来是平等的，为了打赢，从上至下均为战士，一切行动服从于指挥所这个固定平台，依指挥部的运作而运作，故与公开的大本营不同；出入按走棋规则进行：主要模拟靠本身走棋规则给予的本能，没有特权；出入吃换子隔回需收回、不收回则为俘：主要模拟将领对有功者的重视和体现其阵地威严。所需指出的是，走棋规则下每个子都有独特本能，入阵后这种本能全被运棋规则所替代，故，出入阵圈都需考虑利弊。规则二规定组成防守阵子需走入，并规定一回合内能守住：主要模拟战时从外地调集战力到所设营地与当地力量共同布防，新来此地需逐步稳健，同时也要待消除干扰势力，才能站稳营垒。

（十二）进攻阵

规定进攻阵内子均可沿直线、对角进退：主要模拟移动的航母平台上是平等的，只有分工不同没有贵贱之分，为了一个目标才走到一起来了；规定组成进攻阵子条件：主要模拟这个平台唯有军方才能组建；任何子都可出入：主要模拟航母在行动中能广为吸引人才；沿直线翻行：主要模拟平台大转弯困难不易走对角的特点；一子一线可以翻行吃拿：主要模拟航母遭到攻击后，哪怕还剩一个人一个动力仓，也能启动智能装置与敌周旋，起死回生；设置时不得涵盖末动子、翻行时可覆盖未动子：主要模拟航母以及战舰的力量不足以消灭自然和人造生态，也就是说水中航母、天上宇航船、陆地装甲机群在自然与生态面前是渺小的；翻行时本方跟留不限：主要模拟航母平台每到一地有针对性优化人力资源。组成进攻阵子，宣布组成后可以出进攻阵另组成，看起来组成进攻阵子少实际上也不少。谋略象棋规则二规定组成进攻阵子需走入，并能在一定回合内能守住，就是模拟战时从外地调集战力到营地与当地力量共同布防增加了战斗力。新来此地需逐步稳健，同时也要待消除干扰势力，才能站稳基地。

（十三）伏击圈

规则一规定伏击圈只能由㊌㊀㊋㊏㊉任一子与㊁㊂㊎㊐中任一子走成双目斜角而立：主要模拟阵地伏击地利复杂性。规则二规定㊌㊀㊋㊏㊉与㊁㊂㊎㊐单类可组成伏击圈，既可扩大组成能力增加了组合数量；伏击圈内子均可沿直线、对角进退：主要模拟伏击阵地的平等性；组成伏击圈子唯有同类吃换或彼方伏击圈覆盖吃拿一个后另一个也拿：主要模拟伏击阵地的特殊性，非人力掌控，很大程度上取决于天时、地理，攻克了天时、地利自然失去了人和，瓦解就不言而喻了；规则要求㊁㊌等配合宣组：主要模拟战场中先选择好自然条件而后配合人为条件，或有人为条件待自然条件来配合，达到预定目的，具有很大的灵活性和可操作性。

（十四）阵圈互动

规则二规定阵圈互动时内外可跨己不跨彼：主要模拟集团军之间人员互相往来、装备物资补给；不得跨越彼方防守阵（进攻阵、伏击圈）：主要模拟敌方阵地的险峻，不易闯关，阵地本身就是险关。例如，伏击圈是自然与人为相结合的一块险峻之地，㊗㊗㊗战力和㊗㊗等不知情也就不能跨越与挺进，本方可以跨越是因为知情。互动过程中在走棋规则、运棋规则中享特权子力都要无条件地服从互动规则，按互动规则履行义务。

（十五）棋盘纵横数编

通过棋盘双方在同一个步点独立的相反编列锻炼，适应实战意义的需要。传统象棋左右两边的子力是一样的，而谋略象棋大本营的左右子力是不一样的。平常用习惯了，战时也就方便了。左为1：是棋盘平铺在双方的面前，左右是相反的，左为长故左为先；横向由近向远，故底横为先。

（十六）隔步走

规则一与规则二的部分不同，是因为规则二要求高些、阵圈设置难度大、过岸设限，不

容易走，适合慢性子乐于思考、练习时间长的人员；规则一要求低些、阵圈设置随意性大。过岸不设限，容易走，适合急性子、练习时间短的普通人群。

虽然规则二比规则一好下，但规则二中规定回合的隔步数是1至4，弈前商议，这既把复杂的规则简单化，又真实地再现了战场战斗。战场中，打一个战斗算1个回合，战斗中一方连续打好几次才停下，这不像传统象棋表述的搏斗。正因为规则二在一轮中可隔多步，化解难度的机率大了，甚至规则二比规则一好走。规则一、规则二同时推出，就是让不同人群、不同爱好者有选择的机会，达到共同提高的目的。

就规则二而言，在一轮隔2步、隔3步、隔4步是不可怕的，即使一回合隔4步，但第一回合只能将军而不能杀将帅，必经数回合方能决出胜负。一回合就能打败对方，只不过是天方夜谭。若一回合隔3步、隔4步，快的也要3至4个回合，慢的甚至十几个回合才能决出胜负。

先走为攻，后走为防。一个回合中隔的越多，意味着后走者越难防守；要想转守为攻，唯有牺牲保将帅，先守住将帅谋反攻；如果先走者冒进，孤军深入也不保。这就是模拟战争打响前，谁先谁后的利害关系，先打利多也要看怎么个打法，后打弊多同样在于用何战法与力度。现代战争，一开战连续投放战力让对方无还击机会，达到预期才停下来，一停下来对方就发起猛攻，所以，隔多步走由此提出来。

（十七）宣输与宣和

对弈双方的宣输、宣和，无论子力的大小与强弱，都应善待棋子。就好比现实战场中，无论是战败投降或困窘义举者，对于他们都应善待，不应再战，避免报复性暗杀，应用整编化解分歧。这是战场双方不成文的约定。

总之，走棋规则、阵圈设置与运棋规则、互动规则，主要模拟战争有关规章制度。那么多的参战人员装备，都来至不同地区，要在极短的时期整合形成统一战斗力，不熟悉他们已往的习惯规章制度是不行的。假如走棋规则就是参战前各部习惯执行的规章、等级制度，那么阵圈就是经战略整合过的作战规程。过去想不到的，一时做到了，这就是走棋规则与运棋规则所不同之处。

谋略象棋爱好者，通过练习，把复杂的规则简单化，再把它们综合起来归类，就能运用自如。进入战场后就不会被条条框框的规章所困惑，能很快理顺关系抓住要害。历史上有很多战争不是被敌人打败的，而是被自己心胸和自己所定的条条框框打败的。谋略象棋，所培植的就是能适应复杂环境下驾驭战场变化的全局指挥人才。在诸多的条条框框中，找到有利于打赢的规章来，运用于战场。表面看，海陆空警联役民并无多大战斗力。其实，它们只是代表战场中一种武装力量形式，只要把局部的实力有效整合，就有无穷的战斗力，使各部战力既可独立又可协同。

三、走棋路线的特点

在传统象棋中，人们早已注重了直线、直线转对角、对角这三者的关系了，车走直线、

[马] 走直线转对角、[象] 行对角就是最好的佐证，能过岸的唯有[车][马][炮][兵]，而且有特种用途，即[兵] 走1，[车] 无限步，[炮] 可跨越，[马] 占据一地，[将][仕] 守营，[象] 岸内补给，是个完善的军阵布置，既可守亦可攻。可惜的是它本身只适用两军面对面的近距离作战，而且是千年以前之作，延用至今，深入人心，能够通过棋盘、棋子、格线步点这一特殊载体，增加人的胆识、才干、聪明、智慧。

如今战况，特别是拥有现代科技手段，创造出现代化中远程武器装备。空中、地表、地下战场环境复杂。一不慎就中计，容易丧失战机和攻守不能兼顾等。因此，需要有一种工具，能在复杂形势、复杂环境、复杂状况、复杂气氛中快速理顺关系、分辨是非、果断决策、调动敌方而不被敌所动、用小的投入换取大的成效。所以，利用传统象棋作基础，扩展棋盘、增加格线步点、补充不同状态的棋子，立求用复杂的棋盘、棋子化解复杂的形势、复杂的战场、复杂的人际关系、复杂的思路，使人临危不乱，镇定自若地处理各种矛盾，达到以不变应万变之目的。

由于棋盘的扩展，大本营变大了，[将][仕] 走的空间步点多了。由于步点和山河变宽且山河中步点少的实况，在规则中规定[兵] 在对岸内前后左右可进退、过对岸后只进不退，目的在于前岸集结调动，使[兵] 能发挥合进作用。[雷][炸] 在山河中，特点在于不走动，特定功能在于坚守岛屿。

在走直线的[将]、[兵]、[文]、[弱]、[车]、[炮]、[导]、[史] 中，各有特定功能。[将]（[帅]）特定功能在于大本营内走直线（规则二不光走直线还走对角），可随阵圈到彼岸；[兵] 特定功能在于原位沿直线至对岸内进退，过对岸只能向前；[文][弱] 居岸口左右，沿直线后退，速度慢，意在告诫指挥员应谨慎保护后方才可进兵；[车] 走直线吃换和转锐对角吃换，是[车] 的发展，转锐对角吃换后不能沿原路径返回；[炮] 走直线，特定功能在于隔子吃换；[导] 也走直线，[导] 是[炮] 的发展，特定功能在于防御基地，隔己子吃拿以显示力量；[史] 走直线，特定功能在于转钝对角吃换，显示灵活，是[马] 的变化与发展。

在走对角的[象][情][吏]，[情][吏] 是[象] 的延伸。[象] 走对角，特点在于不过岸与过岸，如田；[情] 走对角，特定功能在于走全盘，吃换和转锐直线吃换；[吏] 走对角，特定功能在于转钝直线吃换，显示其机智，也是[马] 的变化与发展。

在走直、角连步中[马][水][电][火][生][土][风][雨][寒][暑]，[水][电][火][生][土][风][雨][寒][暑] 是[马] 的延伸。[马] 走直线转对角，特点在于走2个格，如日；[水][电][火][生][土] 走直线转对角再转直线，特点在于3个格，特定功能在于代表着人为创建条件，如目；[风][雨][寒][暑] 走对角转直线再转对角，特点在于6个格，特定功能在于利用自然条件，如双目；在直线、对角均可走中，[海][陆][空][警][联][役][民] 是本棋的独特，也是走直线、对角的综合，意在显示强有力。[海] 走直线与对角，特点在于走水段过岸，特定功能在于4步内吃换，且跨越己方子；[陆] 走直线与对角，特点在于走桥过岸，特定功能在于5步内吃换，且跨越己方子；[空] 走直线与对角，特点在于走山段过岸，特定功能在于6步内吃换，且跨越己方子；[警] 走直线与对角，特点在于过岸不受限制，特定功能在于3步内吃换，且跨越己方子；走直线与对角，特点在于综合了[车][情] 的作用，不转弯直接可以吃换，且跨越己方子；[役] 走直线与对角，特点在于走山河两边、桥过岸，特定功能在于2步内吃换，且跨越己方子；⑮走直线与对角，特点在于过岸，特定功能在于比⑲⑳㉑多走对角。㉒㉓还有个共同特点，那就是在阵圈内、外可以吃翻为另子力来。

防守阵的设置，特点在于在对岸内设置模拟大本营，特定功能在于为不能过岸的棋子创造过岸的机会，目的在于为所有子创建沿直线、对角多步走的运棋规则平台，方便调节战略位置，且子出入自由，吃换阵内外子按走棋规则进行，需隔步收回，不收回作俘虏；进攻阵的设置，特点在于以一个田位静止或翻行进退于全盘，特定功能在于通过翻行进退吃拿对方已动子，通过进攻阵内运棋规则有效调节进攻位置，达到为防守阵、伏击圈提供桥墩作用平台，且子进出自如；伏击圈的设置，特点在于使用人为条件下的㊀㊁㊂㊃㊄必须在自然条件配合下才能组建，且唯有对方用同类某子才能吃换消伏击圈，特定功能在于利用组成伏击圈机会吃拿对方已行走、未行走子，应用过程中还可起伏击圈重组，达到打开对方门户通道的作用，通过伏击圈内运棋规则有效调节战术运用效果，达到为防守阵、进攻阵提供桥墩平台的作用，且己方子按走棋规则进出自如；阵圈互动规则，特点在于把防守阵、进攻阵、伏击圈有效地连接起来、形成战线，特定功能在于使阵圈之间能很好地补充战力和快速转移，使走棋规则、阵圈运棋规则所不能之事通过互动来实现，且沿直线、对角一步进退于阵与阵、阵与圈、圈与圈之间，规则二规定中途还可跨越己方子；规则一则规定既跨越己方子又可跨越彼方阵圈。

理清了特点与功能之后，为速记口诀的理解与运用会起到帮助作用，达到举一反三的效果，使口诀达到画龙点睛的作用。

第二节　简化后的速记规则

一、简化后的走棋规则

（一）规则一

双方隔步走，帅先将后，对弈于山河。

帅将：营内直走1；

文弱：在岸内直走1，不过岸，入营不吃；

雷炸：不动，属公共，碰则同消。阵圈内同待，亦可沿直、角出阵圈同消一切子；

民：直、角走1，不过岸；

导：走直、角，不过岸，隔己方2子进1步吃拿1子；

炮：走直，跨1子吃换；

兵：直走1，9横内进退，9横外只进不退；

仕：1步后沿画角线走1，不出营；

[马]：走直1角1；

[象]：走角2，不过岸；

[车]：走直，直转锐角吃换；

[情]：走角，角转锐直吃换；

[史]：走直，直转钝角吃换；

[吏]：走角，角转钝直吃换；

[役]：直、角走1至2，跨己不跨彼；

[警]：直、角走1至3，跨己不跨彼；

[联]：走直、角，跨己不跨彼；

[海]：直、角走1至4，跨己不跨彼；

[陆]：直、角走1至5，跨己不跨彼；

[空]：直、角走1至6，跨己不跨彼；

[风][雨][寒][暑]：走角1直1角1成双目斜角，直上有棋阻；

[水][电][火][生][土]：走直1角1直1成目斜角，角上有棋阻。

（二）规则二

双方隔1至4步走，[帅]先[将]后。

[帅][将]：大本营内4格直、角走1，沿画角线走1；

[雷][炸]：不动，属公共，碰则同消。阵圈内同待，亦沿直、角出阵圈同消一切子；

[民]：直、角走1，可自愿吃翻[空]或[海]。

[文][弱]：走直1，不行走不吃，9横外阵圈内外可自愿吃翻[陆]；

[导]：走直、角，隔己方2子进1步吃拿1子；

[炮]：走直，跨1子吃换；

[兵]：直走1，9横内进退，9横外只进不退；

[仕]：1步后沿画角线走1；

[马]：走直1角1；

[象]：走角2；

[车]：走直，吃换，直转锐角吃换；

[情]：走角，吃换，角转锐直吃换；

[史]：走直，直转钝角吃换；

[吏]：走角，角转钝直吃换；

[役]：直、角走1至2，走桥、两边过岸，跨己不跨彼；

[警]：直、角走1至3，跨己不跨彼；

[联]：走直、角，跨己不跨彼；

[海]：直、角走1至4，走水段过岸，跨己不跨彼；

[陆]：直、角走1至5，走桥过岸，跨己不跨彼；

[空]：直、角走1至6，走山段过岸，跨己不跨彼；

[风][雨][寒][暑]：走角1直1角1，不行走不吃；

[水][电][火][生][土]：走直1角1直1，不行走不吃。

二、简化后的阵圈规则

（一）规则一

防守阵设置：营外边线，有任意5子走动，隔5回宣组，设与营相同的回字区域，不移动；

进攻阵设置：任一田位，由[海][陆][空][警][联][役]任意2子走动，隔2回后宣组，拥任意一子一线可沿直线翻行进退、吃拿；

伏击圈设置：任一区域，由[风][雨][寒][暑]与[水][电][火][生][土]中任一成双目斜角而立，即可宣组，圈可重组，组圈子亦可多方连组。

（二）规则二

防守阵设置：设与营相同的回字区域，有任意5子走入，隔1回宣组，不移动，按走棋规则出入，吃换出入后隔2回不收作俘；

进攻阵设置：任一田位，由[海][陆][空][警][联][役]任意2子走入，隔1回宣组，拥任意一子一线可沿直线翻行进退，吃拿；

伏击圈设置：任一区域，其一由[风][雨][寒][暑]与[水][电][火][生][土]中某子走入，子成双目斜角而立，即可宣组；其二由[风][雨][寒][暑]中任意2子成双目斜角而立，即可宣组；其三由[水][电][火][生][土]中任意2子成目斜角而立，即可宣组；组圈子可两类重组，亦可单类重组，亦可多方连组。

三、简化后的阵圈互动规则

（一）规则一

阵圈互动：设置好两个以上阵圈后，即可进行阵圈互动。互动过程中：内外跨己跨彼，亦跨越彼己阵圈。

（二）规则二

阵圈互动：设置好两个以上阵圈后，即可进行阵圈互动。互动过程中，内外跨己不跨彼，亦不跨彼方阵圈。

第三节　按规则分类表

在众多的棋子中，有不同的行走方式、原点起步的形态、速度限步、进退、棋阻、活动区域、吃子方法等，如何将其速记和尽快应用，就需要加以归纳总结。熟练后就可以用“行走代称"，来联想它的行走形态。

一、按走棋规则分类表

按走棋规则分类表（规则一）表1

双方隔步走

	棋子	行走格线方向	原点行走形态	行走简化形态	行走代称	限步	进退	涉及行走步点	行走涉及格数	棋阻	活动区域	吃子方式方法	特殊规定
1	将 帅	营内走1	田	回	将回出营	1	进退	1			大本营	吃换	被控制无法移动为输，另一方为赢。双方都告兵力无法控制，将见面无碍，在阵图中帅将见面，非阵图不得见面为输。
2	仕	1步沿画线走1	⊠	∠	仕走画线	1	进退	1		退棋阻	大本营	吃换	
3	兵	直走1	+	—	兵走直	1	对岸内进，对岸外只进不退	1		退棋阻	原点至破方区域	吃换	
	车	直走1	◇	→	车似箭	无限	进退	无限		退棋阻	全盘	直转锐角吃换	
	炮	走直1	+	—	炮隔子	无限	进退	无限		退棋阻	全盘	隔1子吃换	
	文 弱	走直1	✳	⋎	文走叉	1	进退	无限		退棋阻	全盘	吃换	
	史	走直1	✳	⋌	史走叉	无限	进退	2	2	退棋阻	不过岸	直转钝角吃换	
4	马	走直1角1	✳	⌐	马走日	2	进退	3	6	直上有棋阻	全盘	吃换	入营不吃
	风 雨 雷 电	走角1直1角1成双目斜角	✳	⌐	风行双目	3	进退	3	3	直上有棋阻	全盘	吃换	还可走口
	水 电 火 生 土	走直1角1直1成目斜角	✳	⌐	水走目	3	进退	3	3	角上有棋阻	全盘	吃换	

续表1
双方隔步走

棋子	行走格线方向	原点行走形态	行走简化形态	行走代称	限步	进退	涉及行走步点	行走涉及格数	棋阻	活动区域	吃子方式方法	特殊规定
5												
憎	走角	囚	ㄱ	憎似龟	无限	进退	无限		遇棋阻	全盘	角转视直吃换	
象	走角2	×	×	象走田	2	进退	2	4	不过岸	吃换	
更	走角	辛	人	更连雪	无限	进退	无限		遇棋阻	全盘	角转视直吃换	
民	走直、角	米	↙	民走米	1	进退	1	1	遇棋阻	不过岸	吃换	
导	走直、角1 2	米	↙	导隔双象	无限	进退	2		遇棋阻	不过岸	隔己方2子进一步吃军子	连续拿则继嚼1子;另线回,从2始
6												
役	走直、角	米	↙	役走米	2	进退	无限	4	跨己不跨彼	全盘	吃换	
联	走直、角1至3	米	↙	联走米	3	进退	3	9	跨己不跨彼	全盘	吃换	
警	走直、角1至4	米	↙	警走米	4	进退	4	16	跨己不跨彼	全盘	吃换	
海	走直、角1至5	米	↙	海走米	5	进退	5	25	跨己不跨彼	全盘	吃换	
陆	走直、角1至6	米	↙	陆走米	6	进退	6	36	跨己不跨彼	全盘	吃换	
空	走直、角	米	↙	空走米	无	阵圈内进退	无	无	遇棋阻	不动	碰则同消	阵圈内同待,亦可沿直、角出阵圈同消一切子,遇棋阻,脱离阵圈仍属公共。
7												
雷 炸	不动	○	○	属公共								

188

按 走 棋 规 则 分 类 表（规则二）表2

双方隔1至4步走，弈先约定，确定后中间不得更改。

	棋子	行走格线方向	原点行走形态	行走简化形态	行走代称	限步	进退	涉及行走步点	涉及格数	棋阻	活动区域	吃子方式方法	特殊规定
1	将 帅	营内格线走，角1，沿画角线走至外格点	困	用	帅困出营	1	进退	1		退棋阻	大本营	吃换	被控制无法移动为输，另一方为赢，双方都无法控制即为和。兵力无法控制即为和。将 将 面中中帅见面为输。
2	仕	一步沿画角线走1	⊥	△	仕画线	1	进退	1		退棋阻	大本营	吃换	
	兵	直走1	+	—	兵走直	1	对岸内进退，对岸外只进不退	1		退棋阻	原点至敌方区域	吃换	
3	车	走直	◇	→	车似箭	无限	进退	无限		退棋阻	全盘	吃换，直转锐角吃换	
	炮	走直	+	—	炮隔子	无限	进退	无限		退棋阻	全盘	隔1子吃换	不动不吃；入营不吃，误吃则拿：9横外阵圈内外，可自愿吃掉帅。
	文 弱	走直	+	—	文走直	1	进退	1		退棋阻	全盘	吃换	
	史	走直	✳	︶	史走叉	无限	进退	无限		退棋阻	全盘	直转锐角吃换	还可走口
	马	走直1角1	✳	︶	马走日	2	进退	2	2	直上有棋阻	全盘	吃换	
4	风雨雷暑	走角1直1	✳	︶	风行双目	3	进退	3	6	直上有棋阻	全盘	吃换	不行走不吃，亦可走口曰田目
	水电火生土	走直1角1直1	✳	︶	水走目	3	进退	3	3	角上有棋阻	全盘	吃换	不行走不吃，亦可走口曰田

续表2
双方隔1至4步走，亦先约定，确定后中间不得更改。

	棋子	行走格线方向	原点行走形态	行走简化形态	行走代称	限步	进退	涉及行走步点	涉及格数	棋阻	活动区域	吃子方式方法	特殊规定
5	悄	走角	囗	冂	悄似龟	无限	进退	无限		遇棋阻	全盘	吃换，角转锐直吃换	
	象	走角2	✕	✕	象走田	2	进退	2	4	遇棋阻	全盘	吃换	
	史	走角	✳	人	史走峕	无限	进退	无限		遇棋阻	全盘	角转钝直吃换	
6	民	走直、角1	✳	∠	民走米	1	进退	1	1	遇棋阻	全盘	吃换	入彼方地点后阵圈内外可自愿吃隔另面按空或海规则走不再变
	导	走直、角1	✳	∠	导隔双拿	无限	进退	无限		遇棋阻	全盘	隔己方子进一步吃拿1子	连续拿则继增1子；另线回，从2始
	役	走直、角1—2	✳	∠	役走米	2	进退	2	4	跨己不跨彼	全盘	吃换	走桥和两边过岸出入阵圈不限
	联	走直、角	✳	∠	联走米	无限	进退	无限		跨己不跨彼	全盘	吃换	
	警	走直、角1—3	✳	∠	警走米	3	进退	3	9	跨己不跨彼	全盘	吃换	
	海	走直、角1—4	✳	∠	海走米	4	进退	4	16	跨己不跨彼	全盘	吃换	走水段过岸出入阵圈不限
	陆	走直、角1—5	✳	∠	陆走米	5	进退	5	25	跨己不跨彼	全盘	吃换	走桥段过岸出入阵圈不限
	空	走直、角1—6	✳	∠	空走米	6	进退	6	36	跨己不跨彼	全盘	吃换	走山段过岸出入阵圈不限
7	雷 炸	不动	○	○	属公共	无	阵圈内进退	无		遇棋阻	不动	碰则同消	阵圈内同待，亦可沿直、角出阵圈同消一切子，遇棋阻，脱离阵圈仍属公共。

二、按阵圈设置与运棋规则分类表

按阵圈设置与运棋规则分类表（规则一）表3

		设置					阵圈行走				阵内子运棋规则					
	名称	盘内设置区域	设置条件	涉及格数	存在		行走状况	形态	简称	行走形态	简化形态	行走范围	行走兼并条	阵内彼兼子吃兼	行直进退	原点行走形态	简化形态	简称	棋则	吃兼率	出入	特别规定
					保持数量	排子数	起棋															
1	阵守阵	9843内外边线、设与营阵有任、即可宣布、或冠圈显示	有任意若干子未构、且隔5格内任、即可回棋子任、或冠圈显示	16格	不限	最多可期20子	无子为阵陈、可置组		圈（或弼）	不动	十		显示后、已棋彼棋子吃兼全兼	已棋均可沿直、角 进退	米	L	走米	退棋阻	吃兼	均按走棋规则进行	
2	迷惑阵	已誓阵边线任一田位、未涵盖方进、两线或冠圈显示	由海陆空警戒收任窄2子起动、且阳台回做个子、不这盘方角阵目、两线或冠圈显示	4格	不限	阵圈子不超7个	无子为阵陈、可置组		田（或圈）			翻行进退子全盘任一场点、包括本方大本营	翻行进退方英动、全吃兼、翻行后已方彼前方棋不显	显示后、已棋彼棋子吃兼全兼	已棋均可沿直、角 进退	米	L	走米	退棋阻	吃兼	均按走棋规则进行	
3	伏击圈	盘上任一3×2格组成圈内、两线或冠圈显示	由风雨雷霆中某棋与水电生生土中某棋进或目斜角而立、两线或冠圈显示	6格	不限	圈子不超7个	组圈棋、唯有该方同类棋子或圈内棋子或末斜角出、不起圈了后最棋下、组圈后不变、与圈经任一可、组圈子亦可走方进生		用（或圈）	不动			显示后、阵内彼棋全兼	已棋均可沿直、角 进退	米	L	走米	退棋阻	吃兼	均按走棋规则进行	
4	阵圈互动	设置两个以上阵圈后、即阵圈互动							战线					阵角中子均沿直、角一步往米格阵间之间		米	L	走米	搭点退己棋则阻、彼动互挤中、外跨己棋吃兼或显兼、他亦可待、怕棋栏、以汰未可、由于中跨地本方栏或彼方阵灭子落即坡	吃兼		凡阵圈显示区域、双方均不影响走棋规则走子。

按阵圈设置与运棋规则分类表（规则二）表4

	名称	设置条件	设置 步及数	存在 保持数量	捆子数	起消	行走状况	阵圈行走 形态	简称	行走形态	简化形态	行走条件与吃拿	翻阻	阵内被子均全拿	阵内子运棋规则 行走进退	简化形态	阵内子运棋规则 简称	挑阻	出入	特别规定
1	防守阵	9横内设置区域外边有任意子相设,与同阵对同圆子或画面显示区域	1.6格	不限	最多可用20子	无子为消阵,可重组		⊞	网（或防）	不动				显示后,阵内被子均全拿	已棋均可沿直、角进退	※	ㄥ	走米	退我阻	吃换	均被走棋规则出入	吃换出入后需回收,隔2回不收回收停,方案表当需停待,待己棋需要时间子放入使用
2	进攻阵	任一位由棋阵空警依设与同阵相设,与同圆子行走不管足或翻阵位或画面显示	4格	不限	阵子不限1个	无子为消阵,可重组。	捆一子可沿阵线翻行进退、吃子,过阵	⊞	田（或旗）	不动	翻行进退可置阵缘子所不行进,吃拿子,已棋行子1捆一地,包括本方大子	翻行进退一手无（不多未一方动子）,阵子放阻位后翻可翻阻,被方子所动	显示后,阵内被子无一手无,已放阻位方不变	已棋均可沿直、角进退	※	ㄥ	走米	退我阻	吃换	均被走棋规则出入	
3	伏击圈	盘上任-由田,雷,电,暴与雨,水,生,土等,其三由田,雷,电,暴,雨与任暴之面面立,即可圆,在中任一目或圆与田,中任盘之或圆交角立,即可圆,圆盘之或圆斜角面立。 (或画圆) 示区存在,不移动。	6格	不限	圈子不限1个	组圈棋,哺有他方同类军子或圆棋阻,后,圆棋,换,圆各也圆子,另即一组圈棋后,另阵与圆,圆棋内任后另,组棋,雄人后暴另阵与多万动组		⊞	用（或烟）	不动				显示后,阵内被子均全拿	已棋均可沿直、角进退	※	ㄥ	走米	退我阻	吃换	均被走棋规则进行	
4	阵圈互动	设置两个以上阵圈后,即可进行所圈互动							战线					阵圈中子均可沿步,角一步任彼阵圈之间	※	ㄥ	走米	落点遇已棋阻,棋则阻;彼方挡可以定棋,也挡出阻;圈往来阻待,吃换或亦可吃,吃换已换,仃换,拦、出,古中不跨彼跨阻,亦不得跨彼阵圈,彼方不得跨越		凡阵圈显示区域,本方均不影响彼走棋规则进走子,彼方可依走棋规则不得跨越。

192

第四节　速记口诀

综合口诀着眼于行走代称，用一个字或两个字作代表，使行走更形象，激发联想："前"代表兵，"田"代表象，"营"代表帅，"画线"代表仕，"双目"代表风，"日"代表马，"不动"代表雷，"目"代表水，"米"代表海，"隔子"代表炮，"隔双"代表导，"叉"代表史，"雪"代表更，"直"代表文，"箭"代表车，"龟"代表情，"防"或"网"代表防守阵，"阵"或"向"代表进攻阵，"圈"或"用"代表伏击圈，"战线"代表阵圈互动。阵圈是防守阵（进攻阵、伏击圈）的速写，这样易于记忆。

口　诀

兵勇向前象行田，帅营出头仕画线；
风行双目马走日，雷炸不动水走目；
海空陆警联走米，民役跟随亦走米；
炮打隔子导隔双，史如叉来更如雪；
文弱走直车似箭，知了情况如实龟；
防守似网山河在，进攻向鹰伏击用；
谋略象棋布阵势，九十一子展雄姿；
浪涌风急挡不住，阵圈互动似战线；
山高水深无所惧，集力同行履平地。

第六章　玩法进阶

战场如棋盘。命令原点部队向哪个方向开进，就可以用进、退、左进、右进、左退、右退、左平、右平的口令或通讯显示器显示出来。平战防守中，双方都可以通过雷达扫描、卫星定位、语音识别等措施，判断出各类部队的相对位置，甚至在战前已标入模图。然而战时，只要改变原纵横经纬序列，用同样编号（或烟火、信号弹、虚拟装备、气球等）就能麻痹对方。虽有定位卫星和雷达跟踪系统，只要用大本营作公开，把模拟的大本营伪装起来。还可以按防守阵、进攻阵、伏击圈的所在位置与格线点的数字编号设密码钥匙，敌方永不能破译。就棋盘棋子而言，一人走一步（或多步），对方打时己方静观，对方停时发起攻击，事半功倍，这就是规则二的奇思妙想。

棋盘中的防守阵就是模拟大本营，进攻阵就是综合进攻部队，伏击圈实际上就是利用战地自然条件和人为条件组合起来的安全防范区。这个安全区就好比给养补给站、仓储、装备修理所、野战医院等。

在拥有168个方格的棋盘上双方各设1至2个防守阵（一个拥有16个格子、25个步点，双方共2个）、各设1至4个进攻阵（1个拥有4个格子、9个步点，双方共4个）、各设1至6个伏击圈（1个拥有6个格子、12个步点，双方共9个）。如双方都如数设置，那么棋盘上都没有了走棋空间，而且进攻方阵和伏击圈都可以在棋盘上任意点设置，双方阵圈错综复杂地设置在不太远的地方，即使有了自己的阵圈后展开往来互动和阵圈中运棋也是困难的，棋子的走动，棋阻现象常见，难以运棋，更谈不上调动棋子伺机吃换。

所以，双方虽有了阵圈设置和运棋规则方便阵圈使用，但多了也会拥兵自重，装备作用难以发挥效率。因此，双方都应该认真思考、慎重对待阵圈数量的设置。可以在本方区域选一块地形建1个防守阵，作为第二个大本营，把一些行走速度慢的先移住防守阵中。这样，一可以保护自己，二可以保护大本营，三可以为将仕象做好转移准备。而后在山河岸边选一块"良田"建1个进攻阵作移动平台，先做进攻前的军力准备。选址设置时应考虑到防守阵与进攻阵之间棋子往来互动，有利于在棋子进攻时跟进补给。规则二利用水电火生土、风雨寒暑、文弱棋不行走不能吃的优势，先不走它。可以有效防止吃拿。在进攻过程中根据深入对方的程度和有利的攻守防护地形伺机设置几个伏击圈，根据需要在对方地域再组成1至2个进攻阵，这样，利用先设阵圈优势打击对方，迫使对方不能轻意地设阵圈。甚至在设之前先发制人，这样只能做出两种选择：其一，就是不设阵圈打阵圈，走棋阻止对方阵圈之间棋子互动，采取阵外打援的办法对抗；其二，先不忙设防守阵、进攻阵，发挥㊌㊎㊋㊍㊏和㊅㊇㊄㊆之优势，快捷地设立伏击圈，用伏击圈来覆盖进攻阵或在对方阵圈之间打伏击战。把对方阵圈孤立起来，围而击之（消阵圈）化被动为主动，趁主动态势考虑设置防守阵和进攻阵，这样既可以固守，又可以作好反攻前准备。

第一节　寄　语

　　双方应当认识到，不战而屈人之兵乃上策。在战斗中，以俘首而屈人，从而减少伤亡和装备物资的消耗。赢棋，只要吃换㊎（帅）或控制住即为赢。本来㊎（帅）㊏象是不过岸的，然而，通过阵圈设置和阵圈之间的往来互动以后，不光㊎㊏象能过河，㊊㊐㊌㊋也都可以通过阵圈过山河，本来受限的㊍㊎㊅㊇㊄也可通过阵圈过山河了，几乎所有棋子都可过山河。可双方棋子由于走棋步点、速度、方向有规则限制，离原点范围较近，也就作用不大，不如放在阵外或防守阵内设阻或围点打援则更好。把装备精良、速度快的㊍㊎㊅㊇㊄组合到进攻阵（航空母舰）上更能发挥控点范围广的作用。速度较快的㊌㊐㊋㊎㊏㊆虽行走方向有限可速度快，放在防守阵、进攻阵外利于快速阻击和救援，还可锁定㊎帅行踪。

　　㊎帅通过防守阵向进攻阵、伏击圈往来互动，不像传统象棋只限大本营内，现在它可以轻而易举地通过设在营附近的阵圈进入防守阵，由防守阵向进攻阵、伏击圈往来互动，行踪不定，而且距离不同、地域不同，有可能一行步就进入对方大本营地。甚至通过阵圈自由出入跑到大本营以外了，这就给斩首行动和围控行动带来麻烦。

　　作为战争最高㊎帅应稳坐大本营从而稳住官民之心。大本营是一方的根基，大本营吃紧，主帅跑了，势必六神无主。所以，作为一个明智者，不应轻易将大本营中的㊎帅移往它处。丢失大本营，在坚守中万不得已时才选择通过防守阵转移大本营的指挥中心。一旦转移了大本营后，其双方争战的交点也随之改变，那么新的大本营指挥中心就成了争夺中心，不得已时才可选择向进攻阵、伏击圈视察性地互动，应尽快再回到防守方阵中，以稳众心。

　　㊎帅可通过阵圈这个平台，利用往来互动的机会，调动对方军力来围堵，通过守株待兔、螳螂捕蝉的策略，上演金蝉脱壳，牵住对方棋子个个击破，实现打赢对方的目的。这是有风险的，要慎用。

　　面对彼方㊎（帅）往来互动于己方地域时，是观望还是徘徊无措。其实只要在阵圈互动之间用棋（奇术）设阻，也就迫使不能往来互动，利用㊎（帅）移址之机围困，从而实现打赢目的。㊎（帅）在阵圈中不像大本营1步走，而是沿直线、对角多步点行走，无论方向、速度都发生了突破性的改变。对于伏击圈来说，一个双目字范围足可覆盖进攻阵和一半防守阵，设伏击圈快，彼方一不小心，避不及就会被吃、拿。棋弈越久，子越来越少，弈者精力拖耗、心情不悦，极易麻痹疏忽，给对方可趁之机。

棋盘上棋子少了，地域大了，若发挥 风 雨 寒 暑 和 水 电 火 生 土，发挥组成伏击圈能力，伏击 将（帅）是"指步可待"的。同时，利用伏击圈快速设置的能力，设置伏击圈覆盖对方未行走子，打开跨越通道。

闲娱，用棋练智、练勇、练谋、练术。在博弈中时刻提示人们：战争不易，打赢更不易，防守更需稳健。用小的代价换取大的胜利，放眼看全盘，不争一子一线之得失，为了共同目标协力同心。方能做到：以"如雷似声、如动似震、如风似云、如电似光"的心境指挥全局。这就是谋略之重要，这就是谋略象棋设置之必要。要知谋略之深浅，弈上一局方知晓。

谋略象棋，是个新生事物，让人们完全了解和接受需要一个消化、吸收的过程。因此，对于一个新手来说，应从低到高练习，难度可分为三级，即：初、中、高三级。初级主要是熟识走棋规则，双方都用平常心走棋，待完全熟练后进入中级。中级走法就是一方按阵圈设置和运棋规则走，另一方仍按走棋规则进行，以阵圈打无阵圈或以无阵圈打有阵圈，双方轮流，从而达到锻炼提高的目的。当双方都经过了初、中级的训练以后，进入高级，双方都设置阵圈，用阵圈打阵圈，达到阵圈互动共同提高的目的。经过初、中、高三个阶段的练习，相信弈者获益匪浅，一定会轻松愉快地热恋上谋略象棋。

一、注意事项

传统象棋已有数千年，经过历代研磨，才得以流传，家喻户晓。人不是生来就会下棋，也是经过较长时间的认识和接受，由初学到精通。谋略象棋也一样，仍需有这个过程，只要热弈就可以精通。

对于一个初弈者来说，先认识后接受。认识就是从棋盘、棋子、步点入手。棋盘棋子，是以 将 帅 双方形势对等部署的，平战时互不干扰，战时的目标则是对方大本营及其 将 或 帅 。怎样才能快速掌控大本营和有力实施斩首行动，这是赢得对方的首要问题，也是初弈者急于学会的。

第一，弄清棋盘扩展的真正内涵。棋盘扩展不是凭空无据，而是适应现代化装备需要。无论是大小战场，都要有一定的活动空间和能够施展的线路。

第二，增加棋子，是把影响成败的因素列举出来，让人研究。学会调动一切力量，影响战争的形成与发展。

第三，增加过岸难度，接着探思棋子布局用意。各方棋子在棋盘上的布局分6块和1个公共块。

首先位居大本营中的 将 仕 象 和两侧的 车 马 ，这是原始排列；

其次，位居大本营底层的 海 陆 空 警 联 役 民 ，这是现有武装；

再次，围绕大本营上方的 兵 炮 导 ，这是基本防御体系；

第四，史 吏 情 文 弱 ，这是和平与战争的镜子；

第五，位居大本营上层的 水 电 火 生 土 ，这是人为设置抵御屏障；

第六，位居山河岸口两侧的 风 雨 寒 暑 ，这是山河两端的自然屏障；

第七，位居山河中的(雷)(炸)，这是山河中的天然暗礁或不为人知的人设暗碍。

这是个和平方阵，既能向对方显示防护实力又能在必要时快速守而攻之，符合兵家设防的基本原则。大凡军事设防无不依靠自然与人为屏障，指挥中心的两侧都有左右通道，这个通道是本方安全路线也是彼方直冲的方向。在这个问题上，是充分利用(水)(电)(火)(生)(土)(文)(弱)不行走不能吃的特点，来实现3、4、10、11纵的无阻直达路线，把阵地形象直观地放在弈者面前。

我们要清楚地知道，现代战争是快速的、非常规性，(车)(情)(史)(吏)最能体现非常规性。攻防兼备，而非单纯地攻、单纯的防，明防暗攻、明攻暗防，取决于应用中的方式方法。作为弈者，绝不是"和平"使者而是深入战场的勇士，代(将)(帅)行使司令职责。作为司令不光要调度还要对本方战力了如指掌，且深知影响军事行动的各种潜在因素，方能进行战略战术的策划和善用人力、物力，行令走子。

二、玩法综述

面对对方用兵袭扰山河和岸界(文)(弱)，甚至越山河军事分界线、大举来犯，作为决策者如何应对。善弈者，深知子力，凡谋之事，随机应变，不变应万变。

对于初级弈棋者，不能急于求成，应循序渐进，使对方感到欲吃不能、欲行有备、欲藏有攻、欲现有防，用心掌握全盘，用方法控制地域。

通过初、中、高三个阶段和谋略象棋的规则一、规则二习练，在总结经验教训的基础上锻造出来的谋略象棋爱好者，决非传统象棋爱好者能比——思路敏捷、反应快，掌握十步以内甚至十步以外发展是不成问题的。今后与人对弈，将不受初、中、高级时期的习练要求限制，将随机应变，任意选择什么弈法都行。可以在一局中，用单一走棋规则，适时设置阵圈，发挥运棋规则和互动作用，或者先设阵圈，利用运棋规则和互动作用调整部署，而后发挥走棋规则作用，甚至三种规则同时运用。只有依规则行子时，方能显见人棋合一。

无论是弈棋还是现实战场，要想制服敌人就要有较长时期的准备，才能实现自己意愿，满足程度取决于战略战术筹划谋略的深远。故如雷似声，打击前先迷惑对方。要使远程打击子发挥出突袭作用，就要瞒天过海，出手方能见成效。

无论是弈棋还是现实战场，要撼动对方，对彼方(将)(帅)围而不打，待对方走的空陷，一举里应外合。围控对方时在整盘棋子的部署上，周密部署后，动则损根基。棋子在防守时不动声色，攻击时连续吃（拿）。

谋略象棋弈者要像传统象棋那样熟练非一日之功。在众多棋子、诸多规则下，初级弈者应熟记完整的走棋规则、阵圈设置与运棋规则、阵圈互动规则，并从分类表中理顺关系。中级弈棋者，有了基础后只需熟记简化的规则。到了高级阶段只需熟记简便的分类表和口诀就行了。用口诀联想具体规则细节，也用口诀指导刚入门的初、中级弈者，直至用口诀对弈。可以把口诀当成歌曲传诵，通过发问与联想，一开局就对照棋盘棋子重温，更有利于掌握。

第二节　初级弈棋者与中级弈棋者玩法

一、初级弈棋者玩法

对于刚认识谋略象棋不久的初级爱好者来说，先按走棋规则走棋比较稳健，通过弈棋来熟练掌握走棋规则，由规则一到规则二，在吃换中充分认识各个棋子的功能作用。

手持棋盘就应知有多少纵线、横线、步点，各方纵横线的编号和山河状态，各个棋子的位列原点。在棋盘上摆好所有棋子后，应仔细检查错漏，无误后对照“走棋规则”看清每个棋子从原点起步的方向、速度、棋阻、某个步点能被几个棋子看守等。

方向：就是确认某棋从原点出发，可朝几个方向走，走出 1 步后在新的原点又将朝那几个方向走。

速度：朝某个方向走，能走多远，按规则无棋阻时距离，有棋阻时能走多远。

棋阻：中途行走造成的阻力，中途原点固有的阻力，落点处棋阻。

步点：某个关键位置上有几个棋看守，分别来至什么方向，速度多快、距离多少等。

而后分析一下，本方能够过岸的每个子要到达或接近对方大本营需走几步，在规则许可下从什么方向走比较快、阻力小。到对方地域后，每到下个步点，对方有几个棋子能到达。心问，每到下个着子步点，将受到来至对方棋子多大程度威胁，本方有无能力保护，吃换是否合算等。这样就能很好地应用走棋规则所赋予每个棋子的作用，来实施有效攻防。

大本营是双方的核心，也是军事战略战术的指挥中心，周围的军力部署都应中心需要而位列，本方如此对方也是如此，只有知彼知己才能百战不怠。因此，比较一下军力与作用，有利于合理调配。44 个棋子布置以后，虽然各自能力不同、行走方向和速度不同、棋阻和吃换方法不同，可每个子都有打击对方的能力，目的和任务都是一样的，且看一下每个子所在原点位列是否有利攻、防。

[文]、[弱]、[兵]位列前沿，既是和平的象征也是前哨，一旦受到威慑就意味着战争的开始。[水][电][火][生][土][风][雨][寒][暑]摆在前沿，在山河中军事分界线受到侵袭时，有能力快速封锁和有效先前打击。[炮][导]位列于大本营上端左右，可快速利用[将]（[帅]）上下两宽敞横线流动，远程打击对方目标。[车][马][象][仕][将]位列于大本营中间横线上有利于保护大本营。[海][陆][空][警][联][役][民]位列大本营底线，当前[兵]吃紧大本营中每个棋子都可以保护大本营，特别是[海][陆][空][联]走一步后就对对方形成正面攻击，同时按能力大小排列有利于攻、防。[史][吏][情]位列大本营下端左右，有利于侧面打击对方的大本营，同时保证大本营左右翼的安全通道。由于 3、4、10、11 纵是大本营左右翼两个日常通道，为使安全特别用重力把守，[车][马][警][联][役][情][吏][史][炮][导]全都是攻、守兵力，一旦对方从这两翼攻击，[车][马][联][情][史][吏]直接对抗，把对方棋子堵在岸外，达到攻守兼备。

弈棋的目的不是守而是攻，既然是攻，定要突破分界线才有可能吃换或控制大本营中的彼方[将]（[帅]），否则不弈而和，也就失去了弈棋的目的。弈棋真正目的就是锻炼攻、防技巧，把这种技巧引伸到现实战场来思考和应用，这是谋略象棋的真正用意，培养张弛有度的大局观。

在现实战场中，要做到攻守兼备很困难，因为受多种因素的制约，如资源障碍、补给困难、人力物力不济、指挥员侥幸、伤俘拖累、天时地利不合、目标不明等。决大多数都是一方攻时，另一方守护，攻停时守方发起攻击，始终是攻守交替。

很难真正做到每走一步都有攻势，等力强攻为对换，强弱相攻为大吃小，弱强相攻为以少胜强。实际上，都是强弱对攻和弱强对攻，明智者不用对等相攻。强弱对攻，企图用强大迫使弱小回避；弱强相攻，企图用小的代价换取大的收获。谋略象棋的指导思想是引导人们，采取攻守兼备的策略。前面用弱小力量拖住对方强大集团，而后用强大力量绕越弱势，攻取对方强势后方，使其受夹击。环环相扣，步步相逼，始终强有力地处于既可攻又可守的步点位置上，立于不败之地。

谋略象棋的初弈者在不设阵圈情况下，双方应是攻与守的较量。一方以攻的姿态，另一方以守的姿态出现在棋盘两端，轮流交换战法，达到共同提高。不同人有不同的的心态表现、心术表达、心情感受，因此会出现多种攻守技法，这个技法就值得总结。

方法上，先摆棋谱弈练，主要以熟悉规则，在弈练中比较规则。在不设阵圈情况下，先从规则一开始，而后再进行规则二，记住不同点，看看自己能习惯哪套棋子规则。

下面抛砖引玉，浅谈几种攻守兼备技法。

例一：红方[帅]不动，先将左翼兵集结于4纵岸口，随后[车][马][联][情]跟进，[炮][导][史]做好了远程打击准备，有突破对岸之势；蓝方[将]下行1步，双[仕]进入画角线连环护[将]，又将右翼的[联][情][车][马][史]向9、11、12纵转移，再把[弱]行至[兵]后近营，同时又将[马][导]向左翼挪动，大有山雨欲来风满楼之势。

例二：蓝方将左翼[炮][导]集结于2、3、4纵，将[联][情][车][马][史]向上方推进，并将[兵]推至岸口，大有进攻红方右翼并增援本方右翼之势；红方急将右翼[警][联][役][情][车][马]向上腾，并用[兵]堵岸道，

例三：红方迅速将中[兵]集结，利用[水][电][火][生][土]作掩护突破桥道至对岸，[车][联][情]跟进，又将[海][陆][空]进退于岸界，大有中间突袭之势；蓝方则用[水][电][火][生][土]作屏障，利用[风][雨][寒][暑]作掩护，把[海][陆][空][警][联][役]向左右翼对角迂回，欲封锁中间岸道。

双方围绕山河两岸展开了激战，结果视双方谋划之深浅决胜负。多算则赢，少算则负，何况未算。算吃换，算着点安危，算原点攻守能力，算进退。

反复弈练，受益非浅。如此，再用谋略象棋中的刁局、惨局、布局、摆局至全局摆练一次，看一看棋子与规则有什么不同，激起设置阵圈的欲望。待完全掌握了谋略象棋规则一、规则二的走棋规则，并熟练地应用规则打赢对方以后，转入中级。

二、中级弈棋者玩法

中级弈者，主要以熟练阵圈设置和运棋规则为主，用阵圈攻守无阵圈。一方不设阵圈，用走棋规则走子；另一方在熟悉走棋规则基础上设置阵圈，用运棋规则与走棋规则相结合的办法与对方弈棋。

在设阵圈之前，首先要弄清两个问题，即：一是阵圈设置后本身的功能，二是运棋规则与走棋规则有什么不同。阵圈本身功能和运棋规则，是在超越走棋规则基础上建立的。子在走棋规则中不能做到的，用设阵圈和阵圈中运棋规则来实现，使每个子达到更高用途，升华棋子在谋略中的作用。发挥好阵圈设置功能和运用好运棋规则作用需注意以下几个问题：

1. 在什么情况下设置。在将（帅）受到威慑和采取守而攻之的策略下设立防守阵；在攻守过程中，或需要集中子力情况下设立进攻阵；在面对对方用水电火生土风雨寒暑文弱作屏障己方不得不通过时设立伏击圈。

2. 在什么位置设置。这很重要，因为阵圈中的运棋规则规定："凡棋均可沿直线、对角1步或多步走子"，意味着阵圈给予了本方子较大走棋空间和调整位置的空间。因为只能走直线和对角，阵圈内外的吃换方向受到了限制，这种限制有利于对方攻击，不利于本方的攻击。要想达到预期攻击目标和有利于本方子进入参战，就必须选择好地点。

3. 设置后保护。从运棋规则看，子虽能一至多步运棋，但不能跨越。也就是说，任何棋子均可在阵圈中运棋，对于不过岸和慢速子来说确实好事，但对于快速子和可跨越子来说有些不便。所以，设置后保护，关系到阵圈功能作用的发挥和内部子的保护。保护好子，才能有效吃换周围的彼方子，达到攻守兼备之目的。

认真地体悟这些问题后，就需要加以体验。利用习局，先把防守阵在1至9横之间除大本营外逐块试设，再将进攻阵在全盘设置，而后将伏击圈在全盘设置，看纵横线、对角线能指向对方何地，得出在哪块设置最有攻击力和防守力，哪些地方一般，哪些地方最差。逐个将子按走棋规则分批进入，看一看攻守效果。这个效果，主要体现在速度上。一种是阵圈设置近，可子速度快，阻碍多；一种是设置远，子速度慢，阻碍少。通过经验总结，就可得出什么地方设置、用什么子最有力的结果。

另一方则根据阵圈设置地点进行有效打击，来锻炼阵圈中子的战力。同时也锻炼本方无阵圈情况下的战法，以获得经验。双方轮流进行，达到共同提高。然后逐步增加防守阵、进攻阵、伏击圈的数量，另一方则用无阵圈对付日益增加的阵圈，从而锻炼战技水平。轮流进行，达到共同提高之目的。

蓝方用走棋规则战红方阵圈中的运棋规则，红方用阵圈中的运棋规则战蓝方的走棋规则。双方综观战略战术实施方案，达到共同提高攻守之目的，锻炼胆量。从胜负中总结经验教训，从而提高战略战术的策划技巧和提炼战争设计水平。继而，在回合上，先隔1步走，而后隔2、隔3、隔4步走。从回合长短上，总结中长期的战略谋划方法与战术技巧。

下面例举几个攻防技巧，以规则二为例。

例一，防守阵设置的攻守效果。在9横以内，有5块偶数地可设防守阵（奇地有两块可设）。即：5横以内大本营两侧有2块，5横至9横以内有3块。如果在5横内大本营左右侧任选一块设防守阵，只需⑧⑧⑧⑧⑧上升，而后⑧⑧⑧⑧外调，⑧⑧走入，就可宣布已设防守阵。该阵具有很高防护性，必要时，大本营吃紧，只要⑧（⑧）进入⑧位，把速度慢的⑧⑧⑧⑧⑧围住而立，用⑧⑧⑧⑧护阵，就使对方无法吃换⑧（⑧）。在这种易守难攻情况下，另一方应发挥⑧⑧⑧⑧⑧⑧⑧远程打击作用，集中⑧过山河扰乱，伺机吃换，迫使对方难以设阵或不能设阵。也就是说，在设阵前洞察对方动向，先发制人，围而歼之。

红方在大本营平行某侧设置困境时，不宣布组成防守阵，均衡对垒。在另一侧⑧⑧⑧⑧⑧向1、2、6纵转移，⑧⑧⑧向上开进，⑧⑧⑧⑧向1、2横走，蓝方不觉时在3至7横的大本营一侧宣布组成防守阵。这两个位置既可攻又可守，岸边对蓝方威慑大，⑧⑧在防守阵底和⑧⑧⑧⑧⑧在防守阵中运步快、攻击力强。⑧⑧⑧⑧作掩护，可以防护，必要时⑧也可入防守阵，利用运棋规则活动快捷，利于进退。由于防守阵能涵盖对方未动棋，故能在5至9横大本营上端两边设置，但也可在山河中心线以内设，根据目标方向的要求选择。蓝方则发挥⑧⑧⑧⑧⑧对角可跨越优势作掩护，用⑧⑧⑧推兵进扰，⑧⑧⑧⑧⑧⑧⑧⑧⑧助威封锁，从另一翼进攻或对峙，用⑧⑧⑧迂回打防守阵。

另一种红方在大本营正面集结⑧，并把⑧⑧⑧⑧调来支援，用⑧强占桥并过岸，也可把⑧调入助阵，在对方不知时组成防守阵。该防守阵主要用⑧⑧⑧⑧⑧配合⑧⑧⑧⑧既可组成伏击圈又可直接打击、且已在蓝方岸边的优势，突破蓝方中间防线，威慑大本营。蓝方同样用⑧扰阵，用⑧⑧⑧⑧⑧作屏障，并发动⑧⑧⑧掩护⑧⑧逼阵，把⑧向下退至某角，用双⑧作保护，⑧⑧放在⑧一线攻击。以正面调动对方，用两翼进剿。

例二，进攻阵的攻守效果。进攻阵的设置地点是任一田位，条件需⑧⑧⑧⑧⑧⑧中的两子走入，隔1回合宣布组成进攻阵。由于组成进攻阵子大多限步内吃换，且进攻阵拥任意一线一子可翻行，因此全盘步点都能走到，进攻阵在本方岸内易于组建，且易于防守。在对方组成，由于速度不均，过山河的条件限制，且目标易被盯上，所以不易组成。正确的是先在岸内优先组成，设置后翻行于山河之间，既可攻又可守。最差的是在对方阵地上宣布组成，既不易组成也不易固守，阵内更不易子多，多不易运步。

进攻阵的设置，主要是在防守阵吃紧，用进攻阵突袭和拦击对方增援，从侧翼形成包剿之势。另一方应密切关注⑧⑧⑧⑧⑧⑧的动向，分析集结岸带的目的，给予先发制人的打击。主要用对应的⑧⑧⑧⑧⑧⑧⑧⑧⑧⑧吃换（拿），迫使对方后退，不能组进攻阵。已组成后，则根据进攻阵中子力速度，远距隔离，使其孤立，不能吃换进出，而后用超速子⑧⑧⑧⑧⑧远距离控制进攻阵，再用低速子靠近扰动，趁吃换之机把它消失。

例三，伏击圈的攻守效果。伏击圈主要在对方子力过于集中和依赖不动子作屏障，一时又无力突破情况下快速组建。利用伏击圈设置后按运棋规则，对方子无论行走与不行走都拿的优势，通过吃拿突破重障。

伏击圈全盘可设（包括己方大本营地域），因组成伏击圈的基础棋⑧⑧⑧⑧位居边线，故全盘正面横向可设28个，正面纵向可设24个。这是偶数，不对称的奇数设置也不少。[风][雨][寒][暑]在原位要起步则有[兵][炮][文][弱]阻止，[兵][炮][文][弱]一动，则可封锁山河和两岸地界，同时两岸也是双方争夺交点，设之艰辛，不易组成也不易固守。一种是配合[水][电][火][生][土]不行走作防护屏障，即是对方出扰也不为所动；另一种是把[风][雨][寒][暑]某棋后退，待正中突破后移至营上或防守阵、进攻阵中伺机在正中山河两岸走成设置基础，使[水][电][火][生][土]能一步组成，第一个伏击圈组成后将其另组成伏击圈子走入，利用运棋优势调整位置，再组成一个伏击圈涵盖对方[水][电][火][生][土]棋，使对方伤失组成伏击圈能力，从而减少对本方组成伏击圈子的威胁。因为，组成伏击圈子只有同类某子才能吃换或组成伏击圈覆盖而消失伏击圈，除此以外任何子都不能吃拿。一旦对方[水][电][火][生][土]屏障被突破，那么组成第 3 个就可以直接伏击大本营，威慑是巨大的。接着蓝方突袭红方大本营左右翼后，某翼吃紧无法解围时，迅速起动[风][雨][寒][暑]配合[水][电][火][生][土]组成伏击圈吃拿，从而护守大本营。

面对严峻的伏击圈，应加大对组圈子的看护，不惜一切将其来范者吃换，或同类兑换使其无力组圈。一旦组圈本方无同类子吃换，其余子均不能吃拿情况下，要想消圈就非常困乏。

阵圈在现实战场中，防守阵好比隐蔽的大本营指挥中心或防护工势；进攻阵好比移动的航空母舰或暗礁、暗堡；伏击圈好比利用自然气候、地理、人文资源配合人为创造设立的伏击阵地，使敌人落入陷阱。即使相同人在不同时机设置阵圈，其效果肯定不一样。

所以，双方轮番进行，多多练习，就会有很多的经验教训可以吸取。当然，这不是真实战场实况。有一点是相同的，那就是重要地点和战胜意志。设阵圈，就在于锻炼选址及打赢的决心与意志，在实战中只要有选址能力和决心，就能很好运用实际参数进行战略战术的策划和战争设计。待完全掌握规则一和规则二各种走棋规则，并能熟练运用后，就可进入高级阶段进行阵圈互动练习。

第三节　高级弈棋者玩法

阵圈互动，是本棋的最高境界，对现实战场具有指导意义，需认真参悟。一个独立的阵圈容易被孤立，被包剿时无援，阵圈互动由此而提出。

互动，就是把两个以上阵圈用互动形式联系起来，形成一个整体，好似一个延长的战线，在两地间空中、地下、地表建立了高速铁路、高速公路、高速通道、高速通讯线、高速给养线。假如把一个战场、一场战役、一个战斗用棋盘的格线网络联系起来，那么山河两岸就是双方前沿阵地，阵地后面就是后方基地。一旦宣战，防守阵就是前方指挥中心，也是军力调控中心；进攻阵就是前哨阵地，也是移动的战略战术实施阵地；伏击圈就是战术战斗的实施阵地。要想前后方协同一致，就必须相互依存，不能脱节。前方伤员与俘虏要通过阵地向后转移，前方阵地需军力、军资也都需要阵地输送，如果阵地之间没有安全通道就变为孤军奋战，不能全胜。

因此，通过阵圈在棋盘上的互动，达到实战互动效果。从阵圈互动规则来看，阵与阵之间、阵与圈之间，任何子均可沿直线、对角1步往来，中途可跨越本方子不跨越对方子，也不得停留第三地。在互动走棋过程中，不能跨越对方阵圈，也不能跨越对方阵圈中的子。

正因为子沿米（直线、对角）字走，那么阵与阵、阵与圈之间的互动存在方向性问题。这个问题，关系到阵圈互动的效果，关系到阵圈之间有几条互动线往来。

所以，要想阵圈互动有很好的互动效果，就必须使互动之间有多条互动线。在一条线受阻后，还应有一到二条以上往来互动线，确保自身不孤立存在，确保阵圈左右前后都在直线与对角的一线中。

高级弈棋双方，一方应先用阵圈互动，另一方设阵圈但不互动，进行弈练，循序增加阵圈数量，轮流进行总结经验。待熟悉了互动规则以后，双方都将阵圈互动起来对弈。把走棋规则、阵圈设置与运棋规则、阵圈互动规则混合使用，把3个规则融为一体。实际上，3个规则就是3种军纪。走棋规则，是各种战士的普遍要求；阵圈设置与运棋规则，就是阵地设立和对阵地战士的要求；互动规则，就是易于记忆，易于阵圈快速反应，也是对通道安全对运输装备的要求。把棋子跨越，理解为立体互动往来。这样理解，更接近实战。

下面例举几个互动攻守案例。

一、阵圈远离的互动攻守效果

防守阵、进攻阵、伏击圈三者，无论是战前预设、还是边战边设、边设边战，其结果有三：一是三者成一条直线，二是三者成圆弧，三是三者成丁状。它们之间，都保持距离。

三者成一直线，易于阵圈互动之间的正面外围打击和保护，同时也容易被对方用圆弧形打击和丁状拦阻；三者成圆弧形，形如三角阵势，又叫三角泰斗，易于阵圈互动时的越阵过境和双向阵圈互动，易于子远距离出入，同时容易被对方用直线状打击两端、孤立中间；三者成丁状，多了互动线和易于阵圈之间的交叉互动，易于近距离的子出入，易于重组阵，同时容易被对方用圆弧形的阵圈包剿前端。

例1，防守阵在9和13纵、3和7横之间设置，进攻阵在5和9纵、5和8横之间设置，伏击圈在1和4纵、4和9横之间设置，就成了横状直线。如果沿防守阵纵向排列，那么就叫纵状直线。

例2，将中间的进攻阵向前翻行，就成为圆弧状。

例3，直线基础上，再设置伏击圈与中间的防守阵（进攻阵）形成丁形。

二、阵圈紧连的互动攻守效果

数个阵圈之间互相紧连于边线或阵圈先后宣布组成又相互重叠边线和中间，是一种易守难攻的阵势，称为连组阵势。

由于红方阵圈边线互连后范围大、可拥子多，只要用子把住边线，内部就可大举运棋，犹如长城一般。蓝方面对这种长城，由于阵圈之间没有间隙也就无法互动用子中途拦击，只能采取围歼增援，再用圆弧形、丁状集重力突破两头或中间断绝，阵圈掩护推子扰乱，从而深入重创。或在红方设置连组阵圈之前先发打击，迫使不能得逞。无果情况下，蓝方也准备组成连组阵势，迫使红方分兵来阻截。双方都不能阻止连组阵圈情况下，都用连组阵圈对弈，打一场真正的高深仿真模拟阵地战。例如，防守阵设置在大本营右翼9和13纵、5和9横之间，再在9横和12横之间设置伏击圈，而后在伏击圈边缘设置进攻阵，就成了个连组阵圈。

　　另一种情况下，当蓝方设置连组阵圈已无法拦截情况下，红方应发挥已有阵圈作用，把组阵圈子走进已有阵圈中，在运棋规则下子速度快，特别防守阵中组成进攻阵、伏击圈快。在伏击圈中设置进攻阵，或在两个以上阵圈中搭接设置，成为超边线的搭载重叠式连组阵。进攻阵必要时翻入伏击圈、防守阵等，都是切实可行的也是有效的，既有利于攻防又能借地发展，使阵圈区域，变成可应用的立体空间平台，间接重叠或直接重叠，无形中扩张了本方可利用的空域和地域。在谋略象棋中，会巧妙应用起、消、宣组、连组阵圈和搭载式紧连重叠一线阵圈者，效果是明显的。

三、起消阵圈的互动攻守效果

　　从阵圈设置的规则二来看。防守阵只要有任意5子走入，隔回即可宣布组成防守阵；防守阵内子被吃完，即为消防守阵。如果在对弈中发现该防守阵被包剿不能守，可以通过互动或出入把子转移，成为空防守阵，即为起防守阵；起防守阵后在另一块地域再组成防守阵，遭吃换、拿，到最后无子护防守阵，即为消防守阵。

　　进攻阵只要有㊷㊸㊹㊺㊻㊼，任意2子走入，隔回即可宣布组成进攻阵。进攻阵内子被吃完，即为消进攻阵。如果在本进攻阵被包剿，既不能翻行进退也不能补充子力，且在进攻阵中运棋困难，就可以考虑通过互动或出入转移，保存实力另组成进攻阵，这就叫起进攻阵。

　　伏击圈只要有㊵㊶㊷㊸中任一子走成与㊹㊺㊻㊼㊽中任一子斜角而立，即可宣布组成伏击圈。组成伏击圈棋中有一子被同类某棋吃换一个，另一个也拿掉，即为消伏击圈。如果，在组成伏击圈子被对方包剿而无力保护，必须进伏击圈保护或别处正需要该子组成伏击圈时，本方就可以走该棋，走后伏击圈自消，称为起伏击圈。另一种情况，本方进攻阵因翻行进退或设置需要，进攻阵盖住组伏击圈棋子，翻行后带走而起伏击圈，起伏击圈后，另一个和伏击圈中子原位不动，同时原伏击圈运棋作用也自行取消。

　　起、消阵圈既可能是因为战略转移也可能是因为迫于无奈。起阵圈，主要是在互动过程中，牵制对方子力、突袭对方、突围需要、攻守过程需要变换阵势和伏击地址而做出的果断决策。不到万不得已不起阵圈，因为会损失原来优势。不能发挥出设置阵圈功能作用和运棋调控作用，就不实施起阵圈。通过起阵圈，可以把直线、圆弧、丁形阵势变化成连组阵圈，也可把连组阵圈变化成直线状、圆弧状、丁形状，亦可在直线状、圆弧状、丁形状之间互相变化，更具攻守兼备实际效果。犹如实际战场上，调整战略战术的攻防阵势，变被动为主动，主动调动敌人、以少胜多、以弱胜强。

四、数量多少的攻守效果

数量多少不是主要的，主要问题在于是否有力。数量多而无力则拥兵自重，数量少无规模则无威慑力，恰到好处就需临场发挥，适时调整部署，增减配置，在对方不知觉的情况下设置和起、消。这样，在有力的态势下设、起、消，在布中稳、起中变，在消中立，在设中求。

布中稳。无论在弈中还是开始，布置连组阵圈、直线阵圈、圆弧阵圈、丁形阵圈，都需稳中求援，有援乃发，无援则灭，做到步步为营，循序渐进，防止急躁冒进，使阵圈功能和运棋作用无法发挥，从而错失良机。

起中变。因起而发生变化应可预见的，是有得失利害的，在缜密惦量中进行。是丢㊡保㊣还是有更大图谋，是化守为攻还是攻守兼备，是化攻为守还是腹部受敌，是迂回迷惑还是趁虚而入，达到目的同时说服参与者和自己。起后不等于就立，有过程就有险情与机遇，只要认清险情和抓住机遇，就能变中得，得中赢，纵有损失也能补偿。

消中立。原有阵势因起而消或因损而消，消后设与不设，也需盘算。即再立利益、不立利害等的衡量是至关重要的。因起、消损失而力不从心，不立又失去阵圈功能和运棋作用，立与不立在于有力攻守需要而决策。一般不强调数量，1个也行、2个更多设置也行，不要认为起、消后数量不敌对方就勉强设立，反而被上包袱。不比数量比质量，在困境中立志用阵圈对弈，有志立才能把握机遇。无为不立，融会贯通。

设中求。用再设阵圈的办法，求得集中与统一。把过去分散的子集中到阵圈中来，而后统一安排，使得无用变有用，使得有用变大用，扩大掌控范围。

五、阵圈子进出的攻防

防守阵、进攻阵、伏击圈内外均可按走棋规则自由进出。正因为出入条件相同，也就为互动带来先机。即进攻阵、伏击圈中的初始宣组棋，是可以出入的，同时可以替代的。因此，组成进攻阵的㊗㊗㊗㊗㊗㊗中的某子不需要一直死守进攻阵中，它组完进攻阵后可以利用出入机会再组成进攻阵或到其它防守阵和伏击圈当主力子。这样组阵圈中的子就多了起来，宣组阵圈数量就多了。组阵圈的子多了，就可以根据对方阵圈情况直接设置覆盖，破坏对方已有阵圈。

如用伏击圈覆盖对方防守阵、进攻阵，用阵覆盖伏击圈，使对方阵无完阵、无完整伏击圈。那怕是一角、一块、甚至全部，也使对方伤失互动能力和阵圈作用。在本方已有阵圈中，被对方占领时，也可用本方阵圈覆盖，一可快速吸收剩余子，二可吃拿对方子。保住原址阵圈后，起伏击圈或翻行进攻阵，达到解救目的。有了阵圈互动，整盘子就非常活跃。㊗

电、火、生、土、风、雨、寒、暑、海、陆、空、警、联、役、民都可以通过防守阵互动到进攻阵、伏击圈后快速组成进攻阵、伏击圈打击对方阵圈或大本营。再通过伏击圈、进攻阵互动返回防守阵保护，前、后、左、右无碍道。

六、将帅互动的攻防

将、帅的存在决定胜负，弈者是将、帅安危的谋略主体，负责任的弈者是不会让将、帅受到任何威胁的，即使遭到威慑也要设法解救，不能束手无策。在将、帅即将受到困难时，有三个措施，即先知先觉、固守待援、互动转移。

先知先觉。在守、攻失利的情况下，即早把将、帅、仕移走大本营边线处，或在大本营预设进攻阵，一旦大本营难守，将、帅一步就能进入防守阵，或组成进攻阵翻移。到达防守阵后就按运棋规则走了，速度快调整方向多、且可加入阵圈互动，有利快速移动。在这种情况下，将、帅不易被围困，对方只能采取用小的代价换取大的子力，暂不管将、帅，待对方子力消耗差不多时，再来围困，则事半功倍。否则，用重力跟围反而被对方拖垮，被对方牵动耗损最终无力围剿，是不明智的。调动而不被调动，才算上乘。围歼在进入防守阵之前。

固守待援。当将、帅所在大本营有可能受到威慑力量压迫，可以用仕、象和其它子护防，不要轻意进防守阵转移。将、帅固守，才能吸引对方集重兵来攻，守株待兔，乘攻快速设立阵圈反制，迫使对方措手不及。势均力敌，当对方大本营在本方快速出击下已受围困，不要盲目集结，防止拥军自重，应形成战线跟进。利用互动战线拦阻增援，个个击破，待对方力量耗损大半后奇袭子掌控将、帅，胜利指时可待。

互动转移。本方重力都已伤失，无力过岸掌控对方，万不得已，将、帅进防守阵，同时也把可用力量集中在附近。把将、帅放在棋盘边角，向外层层防护，即使对方用子来攻，也是困窘。因为，在防守阵中运棋规则下，一个弱也顶个车、联用，何况将、帅还会互动转移。所以，应用子力围而不发，待阵内自走乱套后，伺机吃、拿，遂步减少其防护实力，也可用进攻阵、伏击圈袭扰对方防守阵，遂步缩小它在防守阵中的活动范围，迫使对方步履维艰，自动求和或认输。

七、让步的攻防效果

棋子在格线进退的行动中，主要障碍来自棋阻。棋阻是双方共同的需要。

在战略战术的对抗中，为了拦截对方的子过境或者吃、拿，需要棋阻，迫使对方欲罢不能，必须调整部署方能获取计定目标。同时，在有意无意中也防碍了本方子的行动和吃、拿的获取。因此，无论是以阵圈互动对抗对方阵圈互动，还是以走棋规则对抗运棋规则，都不同程度地存在上述问题。

解决这个问题，那就要慎重考虑，把原点子移走后，给对方造成影响的同时，是否给自己留下了后路。一般没把原点子移走，有三种目的：其一、吃换或拿子的需要；其二，用子阻截对方战略战术的部署行动；其三，为本方战略战术的部署找准目标。吃拿已成事实，无法改变。阻截对方部署行动，是未来效果，用对方下一步的对策来检验。为本方部署找准目标，是在自己的计划之列，攻守效果要等待后续发展来检验。后两者都随客观变化而变化，不是主观说了算。所以，随着对弈的进一步发展与变化，会不断检验出前面所走棋子的利害关系来，有的为现在、未来有利，有的对现在、未来无利反害。就需要服从部署调整，实施有效让步。在让步中拯救乾坤，而不是在让步中错失良机。

让步，就是把已占领的格线、步点让给后来者。让步后，会出现三种情况，即：把原有子力强的调整到后方或侧翼，把速度慢的换来了；把速度慢的移走了，把速度快且有远程打击能力的子移住了；宣布组成阵圈，用运棋规则代替走棋规则，或起消阵圈、用走棋规则代替运棋规则。前两项是面临吃、拿的子力调整，后者是集团在吃、拿对抗中的变迁。无论是在优势、劣势状态下调整、变迁，都必须以小代价换取大收获和为今后发展作准备，否则，因调整、变迁失去赢控机遇是不应该的。

故无论是为本方钳入而让格线、步点，还是拖拉对方为对方让格线、步点，都必须符合本方集团利益，切实服务于本方最高集团。不要因让步而损兵折将，为对方赢得攻防之机。在优势中让步，做更好的子力均衡，巩固占领；在劣势中让步，做较大的全面均衡部署，为掌控对方做新的攻、守准备，乃大仁大智也。

八、恰到好处地把握宣组

按照阵圈设置规则的条件所述，满足了设置条件后，向对方宣布，并经对方检验确认后，套圈（画线、着色）显示，即可履行其运棋功能，这个过程就叫宣布组成（简称宣组）。一盘棋从头弈到尾，直至分出胜负的过程，把它叫一局。三局两胜，一方以二比一优胜另一方，若有和局，还要继续下，直至分出胜负。一步棋轮流走后，为一个回合。一局和一个回合，在弈练阶段都无时间限制，10分钟、半小时、1个小时、半天、一天、甚至几天，这就叫棋逢对手无时期。然而，双方在比赛时，就需要设定时限，分出胜负。假如，下一局设1小时，那么一回合10秒、1分。在时限内，无论走未走，到时就算已走，到时能赢就赢，双方都不能赢，谁的实力（得分多少）大就算谁赢。最终通过裁判确定，双方达成共识。

就一局棋的初期、中期、后期而言就是一个筛子，初期多子、中期减少、后期子精。前期双方都在本岸内调整部署集结，不易设阵圈，易为设阵圈创造各项有利条件，做好口袋不宣扬；中期，待对方子力不知不觉地拥进口袋后，突然宣布组成防守阵（进攻阵、伏击圈），发挥功能作用，一举吃拿来范，打破对方计定方案，为本方赢得优势。根据情况不断在对方界面上增加阵圈数量，以阵圈压迫对方行动；后期，逐渐减少阵圈数量，以少儿精的子力围拢将帅，防止因子少无力护阵出现漏洞让对方跑掉，若对方无阵圈则本方也起或消，更为有效。

如果，一开局就准备设阵圈，则很难发挥阵圈功能作用，反而成了对方的眼中钉，影响设立。就好比战场，一开始就把航空母舰、导弹基地、集团武装暴露出来，就成了敌人锁定目标，而后的集结部署都在敌人掌握之中。一开始以假乱真地集结部署，深入敌境或已掌握敌情后突然公示，在对方不知情的情况下发起猛攻，效果必优于前者。一定的时间，便有相应的时效。

九、棋子在地域间的攻防

从规则图谱中可以看出，就走棋规则而言，有很多子是被地域严格限制的，如规则一⚉⚉⚉⚉⚉⚉是不能过岸，只能在大本营和己岸内行走，还有规则二⚉⚉⚉⚉的过岸限制和⚉的限制。就运棋规则而言，凡子均可通过阵圈互动，不受地域限制行走。

作为弈者，首先要明白，谋略象棋的奥秘就在于它由三种走法混合而成，这也是区别象棋、军棋、国际象棋、围棋、其它棋类的长处。在谋略象棋棋盘上，双方可依走棋规则对弈；双方也可依走棋规则行棋设置阵圈平台，阵圈内依运棋规则行走；有了两个以上阵圈平台后，依互动规则行走。这就为受限子提供不受限的机遇，受限到不受限，是依赖于阵圈这个平台，失去这个平台以后又将受限，问题就在于不受限到受限的防护。

棋子为了摆脱行走的地域限制发挥更大作为，积极地设阵圈将子送入平台依运棋规则行走，继而再通过互动不受限地遨游对方地域，可失去平台保护后将不能动，成为死穴，那是不好的。一架飞机，在航空母舰之间或与陆地机场之间往来，是相当方便的，而某个飞机执行任务脱离母舰后因客观因素回不来或母舰因客观因素消失，陷于对方地域，肯定被包剿。⚉⚉也一样，受限于大本营，借助阵圈可以到本方大本营以外地域和对方地域，若在吃换或有意、无意走到了阵圈外，虽能吃换或落脚，下步没有自觉返回，就陷于不能动的境地，等待的是被对方吃换。其它的⚉⚉⚉⚉⚉还好些，有吃换就有利，而⚉⚉一旦如此，就离输不远矣。

一般情况下，不能在对方地域活动的子，只能进平台作为守护而不作为出外攻击为妥善。受限子，借助平台运棋规则和互动规则就已发挥较大作为，足矣。当阵圈平台在争夺中不能保时，应尽快把在对方地域的子通过互动抽回到本方地域来，减少被对方攻击的危险。

第四节　赛场比赛

一、棋子赛

(一) 赛场设立

赛场设两人对坐的棋桌1张至多张，每张桌上放棋盘棋子一份；墙上挂大幅相对应的磁性棋盘、棋子旁边挂着移子棒。赛场设主裁判一人，副裁判1至2人，移子1至2人。（见图6-1、图6-2）

赛场示意图 图6-1

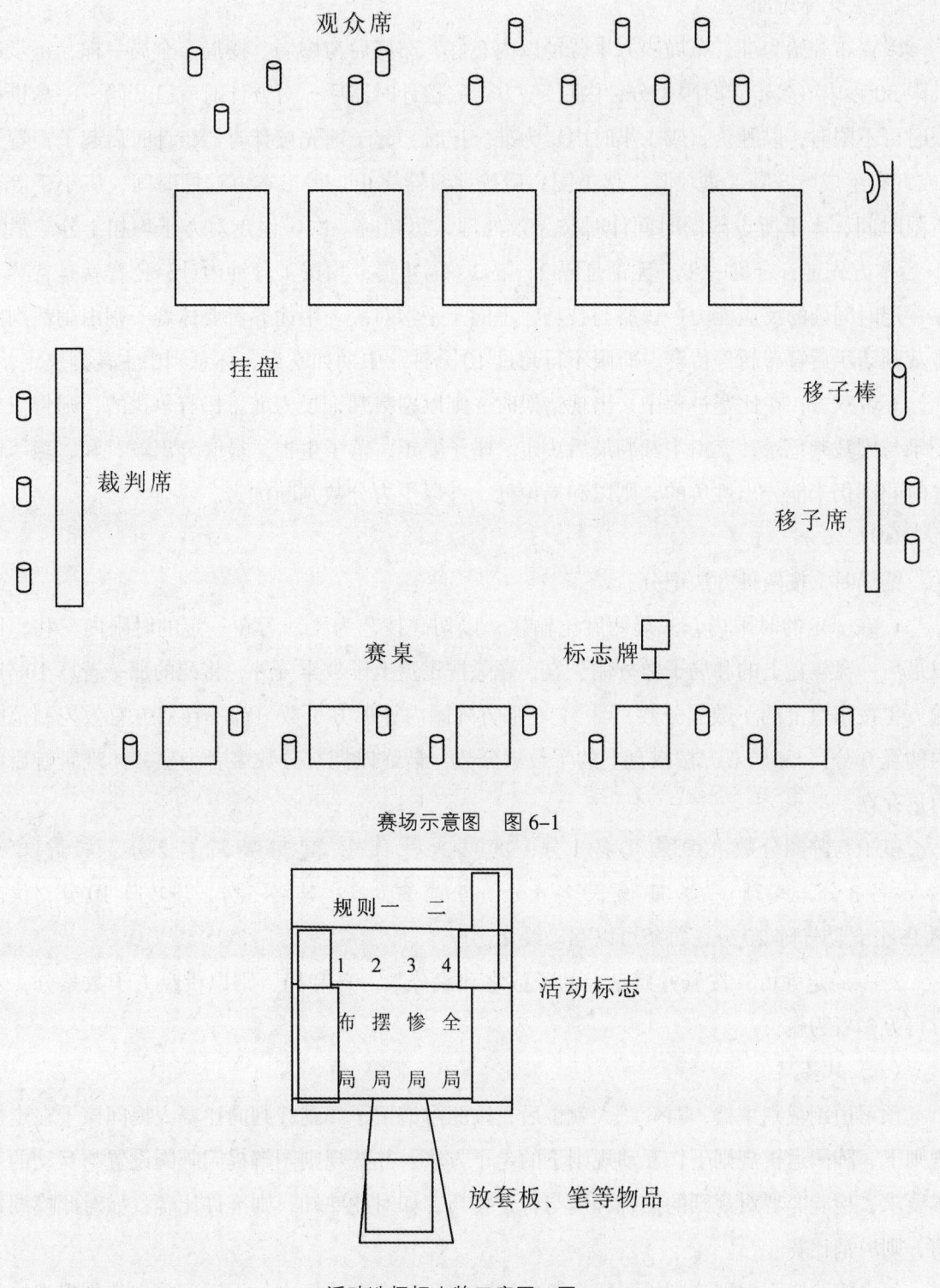

活动选择标志牌示意图 图6-2

(二) 裁判职责

主裁判负责赛场纪律，宣布开始、暂停与结束，宣布无效与终止；副裁判负责阵圈定位标记，向移子人传达走棋情况，便于移子人在挂盘上定位。记录双方棋子在棋盘上的行走情况，并负责纠正错误；移子人，负责在挂盘上着子定位；参赛者，需记录本方子行走情况。

第六章 玩法进阶

（三）比赛时间

以宣布开始为准，布局双方1分钟以内布好，布好后与惨局、摆局、全局一样，每步最长限30秒内（多步走时限1分钟内），一方走完按计时器后，对方计时就已开始。一盘棋可限时可不限时，以胜负（或1小时内）为准。记时，起子前先按计时器，计时后起子，着子（或宣布组成防守阵、进攻阵、伏击圈）后按计时器终止，得出本方这回时间，应小于等于所限时间，大于所设限的时间计时按无效处理，每超时一次、误走对方子均扣1分。消雷炸后本方先走，合称一步。无论是隔2、隔3、隔4走，均按1分钟内计，比赛就是看赛者在一定时间内的反应能力、谋略与技巧，不同于平常对决。中途弈者要休赛，则由副裁判向主裁判请示后宣布暂停待赛，时限不得超过10分钟。中期如吃饭、休息则由主裁判决定。

弈者双方，在比赛过程中，出现错误时，则以副裁判记录为准。仍有争执的，则将双方记录与副裁判记录，交由主裁判最后决定。举子要走，落子生根，最终分出输、和、赢。比赛时间到仍未能分出胜负的，则以和局论处，并以子力分数判断优劣。

（四）记分

结局时，按两种办法记分。

1. 在一定的时限内，三局两胜论输赢，以切磋技艺为主。若在一定的时限内三和，则以最后一盘棋盘上的和局子数分输、赢，赢除按棋盘上子数累分外，将死的那一着算10分，输方也按棋盘上的子数累分数，雷炸在那方阵圈内算那方子数（都不在双方有效控制范围内的算0分），和局双方按棋盘上的子数累分数，最终以拥有分数多者为赢，体现斩首后的力量存在。

棋子与阵圈分数：兵象仕各1分，水电火生土风雨寒暑马各2分，车情史吏炮导各3分，海陆空联警役民各4分，将帅雷炸文弱各5分，进攻阵10分，伏击圈15分，防守阵20分，每条可以互动线25分。

2. 一局定胜负，按赢方棋盘上的子数之和累分数。若和局，则以棋盘上子数累分，双方得分多者为赢。

（五）比赛

预习由副裁判主持，对弈二人就位后，按照习谱摆子。副裁判向比赛人提问该子在走棋规则下、阵圈运棋规则下、互动规则下的走子方法，并按规则图解提问阵圈设置与互动的基本要求，检验弈者对规则的熟练程度与行走技巧。如对此熟知，则准许比赛；如对此摸湖不清，则取消比赛。

每桌检验毕，由副裁判检测每个人的记时器和比赛方式标志，无误后向主裁判报告检验结果，并请示开始。主裁判接到口头请示后，逐一向赛桌询问以何种方式（内容标志：规则一或规则二、惨局、布局、摆局、全局、1至4步走）比赛，并检查赛桌内容标志。各项准备就绪后，即宣布比赛开始，并记时。每走一步，副裁判都要作好记录，并向移子人传达（也可暂不传达，待以后给观众看），移子人即移子给观众看。超时误走子则由副裁判当时裁定。不服时，则待赛后凭记录由主裁判裁定。双方仍争执不下的，由主裁判宣布双方退出比赛。

比赛结束，双方以棋盘中子数得分数计，胜方起身向裁判致谢，并向对方握手以示友谊。经主裁判确认无误后，宣布胜方，历经了多长时间比赛结束。胜方有四种可能，一是得分多且杀将；二是得分多并未能杀将；三是双方已宣布和，可分数均等；四是杀将可分数低，等等。

胜不骄、败不馁，开始与结束，对弈双方都要握手，并向裁判握手，以示友谊。友谊第一，比赛第二。

（六）赛场纪律

赛场要保持安静，在场内人员不要高声喧哗。开始后，赛者、观众、裁判、着子人、旁观者，若大声喧哗或指责，应被请出或责令走开。着子时要轻放，不要重放干扰他人思考。比赛双方要坚定开始时确认的比赛内容，中途一方私自改变，则取消本场比赛资格。副裁判在记录上弄虚作假，则取消其裁判资格。移子人，不听号令，擅自改变以误导观众者，则取消资格，并给予纠正。

二、武士棋子赛

（一）赛场设立

假设谋略象棋棋子都是有生命的个体，用与规则相符的勇士代替棋子。把谋略象棋棋盘、棋子放大至百倍、千倍、万倍以后，一块赛场自然就形成了。按照棋盘格线点画好格、线、点、山河以后，将棋子原步点作成稍高于地面的园高台，以为标志。所有非原点步点，画一个相近于原点的圈，以为标志。编上棋盘格线号，以便记录。

在两端各设一个指挥高台，约2米高，高台正面设置活动标志牌，两侧设比赛武士位，一般本方在左彼方在右。两侧设置数个观众看台。（见图6-3）

（二）裁判职责

设主裁判1人，副裁判2人。主裁判负责赛场纪律，宣布开始、暂停与结束，宣布无效与终止；副裁判1人，负责阵圈定位，观战督导；副裁判1人，负责计时复查与记录，指挥与执行的监督。

（三）比赛时间

以宣布开始为准，布局一方限5至15分钟以内布好，布好后与惨局、布局、摆局、全局一样，每步限1至5分钟（多步走时限10分钟）以内。一盘棋设12个小时或不限时间，以分出胜负为准。记时，起子前先由指挥按计时器计时后起步，着子（或组成防守阵、进攻阵、伏击圈）后按计时器停止，得出本方这回时间，应小于等于所限时间。消雷炸后本方先走，合称一步。无论隔步中的隔2、隔3、隔4，均按15分钟计，比赛就是看赛者在一定时间内的反应能力、谋略（战略战术）的谋略与技巧，不同于平常对决。中途弈者要休赛则由副裁判向主裁判请示后宣布暂停待赛，时限不得超过30分钟。中途如吃饭、休息则由主裁判决定。

弈者双方，在比赛过程中，出现错误时，则以副裁判记录为准。仍有争执的，则将双方

谋略象棋弈法指南

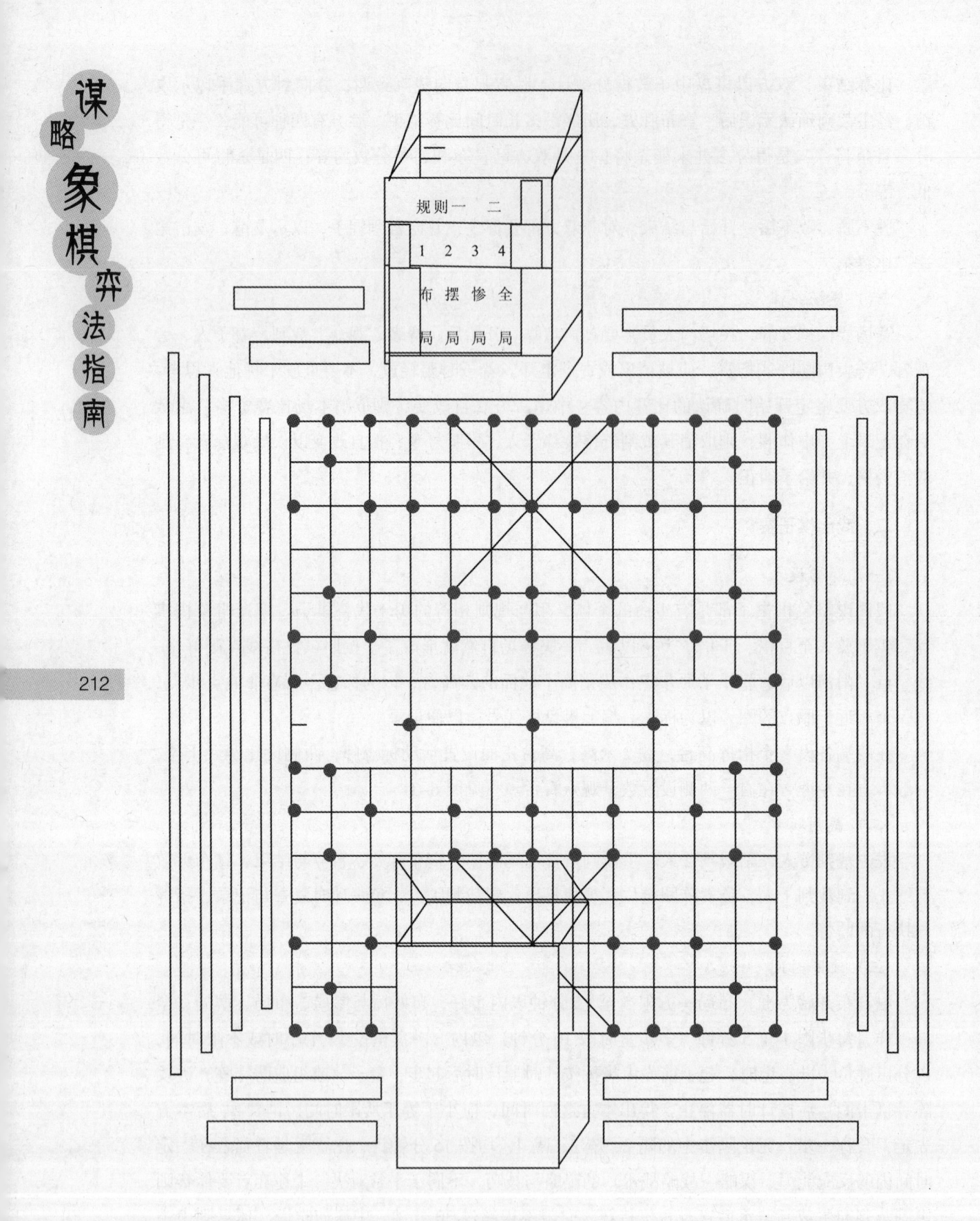

规则 一 二
1 2 3 4
布 摆 惨 全
局 局 局 局

图 6-3

记录与副裁判记录，交由主裁判最后决定。超过走步时限的，算自动放弃应退出。

（四）比赛

比赛前，副裁判分别根据本次比赛的内容（规则一、惨局、布局、摆局、全局）在活动标志牌上选定。选定后检查，是否按标志牌所示做好了相应准备（武士作子到位情况、双方高台上指挥到位情况、观众到位情况），与双方指挥核准计时器等事项。无误后，报请主裁判开始，主裁判复查一遍后，宣布比赛开始。

按照游戏规则，指挥用扬声器（麦克风）向所在点的武士下令（下令前需按一下计时器，到位后，再按一下计时器，一步结束），武士接令后迅速用本能（在规则下应具备棋子的能力）占领对方子位。不像棋子那样吃拿，武士不光要奔跑，还要与所在地点的彼方武士奋勇搏斗，在一定的时间内抢占该位。在一定的时间内，已占领的彼方退出；未能占领的，本方退出。双方轮回，直至时限内分出胜负为止。

盘中的每个格子，分4条线，其一为本方线，其二为彼方线，其三为裁判线，其四为退出线。前进时，走格线中间；本方退出，走左边；彼方退出，走右边；走对角、对角连步时，也视同；裁判走中间，比赛时不得走错。（见图6-4）

两个副裁判手上各有三个小旗，一个是代表红方的红旗，一个是代表蓝方的蓝旗，还有一个是黄旗。战斗中，超时、跑出圈外或其它处罚时，黄旗指向那方，那方退出；被对方打倒或赶出圈，竖起那方旗，那方退出。观众大声喧哗时，裁判将手中的黄旗竖过头顶，喧哗声应停止。

在吃、拿中，经过智、力博战后，对方被打倒退出，本方占领属吃换；导、组成阵圈、进攻阵翻行等的吃拿，属于智博，不战而退。组成阵圈、进攻阵移动，待裁判作好标志后，确认、吃拿的过程属本方步内时间。力博式的吃换，既是武士力的较量，又是智慧发挥的机会，更是平常训练功课的检验，是棋规的展现，是指挥才能的综合能力的考核。所以，武士要在指令后，展现自我，不光要熟悉棋规，还要锻炼棋子赋予武士的本能。有了良好的指挥才能，有了智勇双全的武士壮举，在一定时间内打赢对方则易如反掌。

（五）赛场纪律

比赛时，闲杂人员不得入内，擅

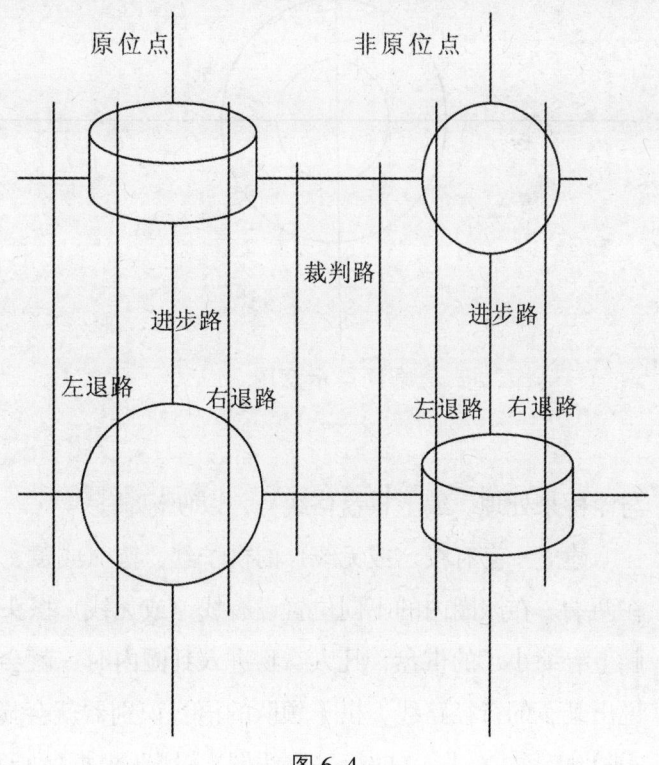

图6-4

闯者应责令退出，不从者，按干扰赛场处理。战斗中，观众可以为本方大声喝彩加油，裁判举起手中黄旗后，必须停止，以便裁判静心裁定。裁判的计时、记录与双方指挥的计时、记录必须真实可靠，发生误差时，以裁判记录为准，赛后量行纠正。裁判在博战后，所用的裁定时间不作为行走时间记录。令行禁止，令出必行，指挥令出执行不力，未能吃、拿的裁判应按规裁定，不得徇私。武士比武凭武艺点到为止，不能自相伤残。指挥根据格、线、点的重要性，可以轮番抢攻，直至占领该位。凡属于吃拿的，都应退出赛场，不得留在赛场内。

武士乃武艺君子，无论输赢都应握手言欢。主裁判宣布比赛结果后，观众离场时，双方指挥与成员都应立正与裁判握手。

三、武士装备演习赛

(一) 赛场设立

在野外，将棋盘、棋子扩至若干倍以后，双方依自然的江、河、湖、海为分界线，画好格、线、点。棋子原位点与非原位点，均按棋子放大倍数画圈，在圈内外做一些与棋子功能相符的攻防标识。无论原位点、非原位点的圈中间均画个核心圈，居本子的核心力量。装备所用非实弹，而是打出的标志液，既不伤人与物，但达到锻炼目的。圈内可作些必要的攻防伪装，迷惑进攻者，拖延时间，以巩固子位为己任。（见图6-5）

格线与格线间，均等地画上进步路线、退出路线、裁判路线。山河中的步点，搭固定桥

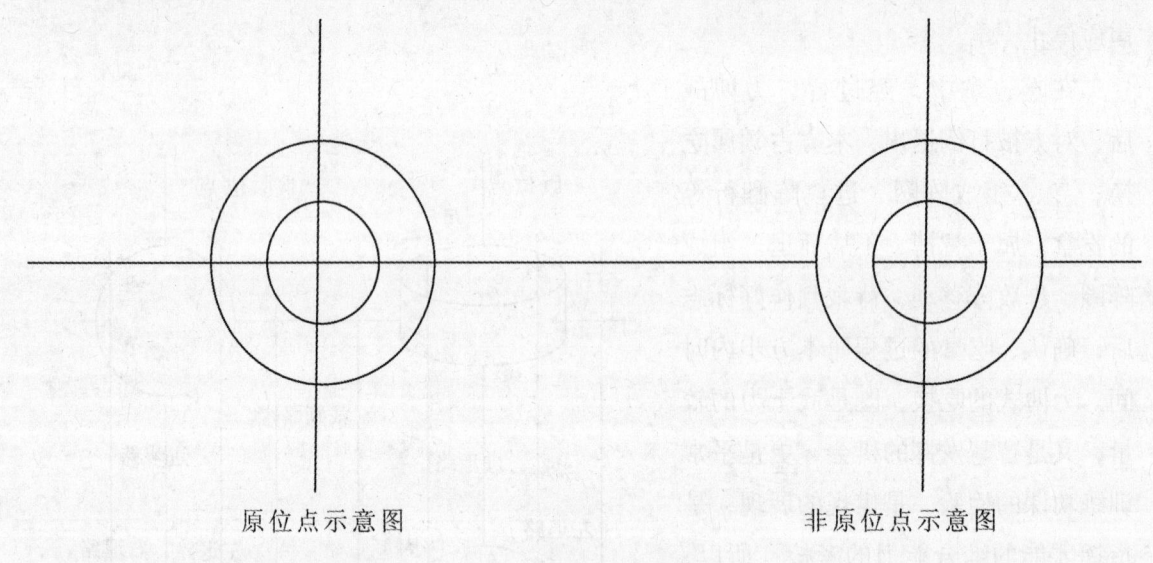

原位点示意图　　　　　　　　　　　　非原位点示意图

图 6-5

与浮桥来处理。编上棋盘格线号，以便记录。

建立一套有线（或无线）的棋子红、蓝（或黄、绿）视频指挥系统，该指挥系统分别设在两端。在园圈内的不同位置设有线（或无线）探头，直通指挥系统内，系统指挥室内的电脑上有缩小了的棋盘，凡人、物进入到圈内时，就会显示出来。行子时，指挥只要对着电脑说出某子的行径路线，棋子领队的语音识别器就会显示行径路线图（車6进10锐对角右进3吃炮、車6进12的行进路线图），团队根据所指路线图行动即可。无线时，在高处适当

位置，设立流动通信车，以便于通信保密。语音识别器有两种功能，其一，可给棋子领队发行进路线图；其二，发给裁判，既可获取双方行径路线图，又可录取指挥的语音，作核对用。

（二）裁判职责

裁判，设主裁判1人，副裁判2人。主裁判负责赛场纪律，宣布开始、暂停与结束，宣布无效与终止；副裁判1人，负责阵圈定位，博战督导；副裁判1人，负责计时复查与记录，指挥与执行的监督。

（三）比赛时间与计分

以宣布开始为准，布局一方限30分钟以内布好，布好后与惨局、布局、摆局、全局一样，每步限1至10分钟（多步走时限15分钟）。一盘棋设限24时间或不限时间，以分出胜负为准。

胜实行双胜制。即：棋胜还要分数多者，才算真正的优胜。各类子分数不等，均以百分计。凡参战人力、装备的一个点位打分标准为：

人，从上到下分三等。头胸为3分，胸至大腿2分，腿至脚1分；

武器，手握至尖分三等。手握部位为3分，尖部为1分，中间为2分；

装备车辆，分前、中、后三等。前部为3分，中部为2分，后部为1分；

其它，关键处3分，次关键处2分，非关键处1分；

进攻、退出时错走、越线扣10分。

3分为危重，2分为伤残，1分为轻伤。

（四）比赛

赛前，一名副裁判，检查参赛的所有人、武器、装备车辆、其它等危重、且伤残、轻伤的色彩标志；另一名副裁判，则负责指挥系统等通讯的准备情况。双方各个子力仿真装备的配置与人力的精神状态，阵圈设置后所表现出来的攻防特色准备情况等，均准备就绪后，向主裁判请示开始。

主裁判进行必要的复验，如对参赛者的色彩部分抽查，本人在点位上看指挥系统的灵敏度，看规则二下的惨局、布局、摆局、全局、隔几步走的准备情况与到位情况。均已准备，并确实先走后，宣布演习开始。

根据棋子功能与作用，配套人力、物力时，可以是对称（双方同子中所配装备种类、人的装饰相同）的也可以是不对称（双方同子中所配装备种类、人的装饰不相同）的，但数量应是一致的。某个子中的一群力量，有三两个人、一个班、一个排、一个连，甚至一个营团参加。但是，一群力量中的核心力量居于中间圈内，其余居外圈内，速度要与棋子规则所述的攻防能力相一致。

吃换时，从一方攻入圈内，双方可以作战，以击中核心圈内的人、装备的要害为准。在一定时间内，把圈中核心人、装备击中或打倒为胜，败者退出。退出后，裁判给参与的人、装备按危重3分、伤残2分、轻伤1分进行扣分。所得累加分数，就是本次比赛的总得分。

在一定时效内，一个子位争夺战中，若进攻（步）方既没有打倒核心力量，击中要害部位又没有大于对方，则未能战胜属进攻方败，进攻方应退出；若进攻（步）方打倒了对方，且分数小于对方时，本方获胜对方则退出；若进攻（步）方未能打倒对方核心力量，虽分数优于对方，对方也算负，对方应退出。用这样的方式，在一定的时间内，激发双方的子位战斗力。[导]在吃拿时，一定要打在核心圈内，才算胜。跨子吃换时，己方可为其让路，彼方可以打击，中途直至打掉对方的飞行器、地面运动车辆、水上船只。[风][雨][寒][暑][水][电][火][生][土]用奇术，虽不能打倒对方，也可获得高分胜对方。阵圈中吃拿，本方阵圈中的子也要在一定时效内全子向对方子核心圈发起攻击，迫使对方退出，退出后复位，对方主动退出为吃拿。若本方[导]等迫使对方退出，称吃拿，但对方应逐步退出。[炮]隔子打子时，应穿过中线，遇本方应让路；遇对方时，对方应小战斗后让路通过，称吃换技巧。

在一定时间内，因路途远或速度慢，甚至接令反应慢，未能及时赶到的，不但不能迫使对方退出本方还应主动退出。这就考验每个队伍的战斗素质，同时也考问指挥员战略战术的素质。进攻、退出时各行其道，不能错走、越线，错走、越线就要扣分。

指挥的语音识别信号，在给某子的同时也给裁判，裁判不光能显示也能记录，所以，指挥在起子、落子时的计时要准确，不能麻痹大意。把这场对弈看成是军事演习锻造战士，用这种方式指导今后实战。

点位圈内的人、武装静待来攻时，由于他不知从何方而来，也不知何时来攻，故四面防范。突然，从一方而来时，急切地调整阻击，甚至先发制人。先发制人时，既要待攻者到达一个格线范围时还击，更不能出圈阻拦。若出圈阻击或超过一格线者为负，应全数退出。在一定时间内，攻者迅速占领为上，未能占领为下。一方到时占领后，另一方应从视频中看出，这一步有结果后，另一方应迅速走下一步，不要等到时再走。

非吃换式的点位移动，在新点位需耐心等候，需要时奋力抢夺。守住一个点位，就是一片沃土。

（五）赛场纪律

裁判，现场裁定应迅速果断，不要犹豫不决。主要根据打倒部位来判断，有争议时，以现场裁定，用旗示为准，待后调视频证实。比赛期间不容争吵误时，一旦争吵，该点位，彼此双方全数退出。待后查得，裁判有误，则取消裁判资格。中途休息，应在一个点位结束后进行，不得停于作战中期，更不能乘机交换人力、物力。战士在弈棋中途，需方便时，可以向裁判要求，离点后，开战时未能到位，算自动弃权，不得在开战时加入。

维护好赛场秩序是裁判的责职，若场外有人干扰，应赶出场外。赛场还未宣布结束时，人、装备上的标志与打上的色彩，不要抹掉，人可以换装，但要保护好原始状态，以便争议复核。

以友谊为基础，互相促进为目的，提高技艺，增进实战本能。勇气与决战的必胜信心，是持之以恒的必备条件。面对危险，智勇者胜。要巧战，不要蛮干。

第五节 谋事问心法

谋事问心法：主要将弈棋作为一件事或心中所寄望的一件事来对待，要想赢，先问心入脑，把各棋子力量看成是自然与人为的客观存在的参数，增强谋略象棋的趣味性。

一、准备过程

（一）摆好棋盘

双方对弈前摆好棋盘，共同把雷 炸 3 子放归到公共的原位点上，而后各自将自己的将或帅拿起，双手抱住放于脑门上，静待 1 至 3 分钟，把心中所寄望与展望的事回味与寄予希望，一直重复着这件事后，把代表自己的将或帅放归到棋盘的原位点上。

（二）选择棋子

彼己双方用对称与不对称子数商定后，把子放回容器中，用双手抱起容器，在胸前至脑门之间摇摆数次后，将容器放于右侧。其一依对称拿子，用右手在容器中抓起约定子数放归相应子位（多子部分重放容器中），如不满意可将子再重新放回容器再抓，直至 3 次后双方无论子力如何都确定下来，不再变；其二依不对称拿子，即双方都用右手，以最大量各自在容器中抓，所抓子无论子力状况、数量多少都算数，一方如果对子力不满意，可放回容器中再抓，直至 3 次后确定下来不再变。如果在第一次、第二次抓子满意也行，在 1 至 3 分钟内抓子完毕，将所抓子放在棋盘上固定位列，相同子则由左向右逐一排放。摆子确定后，无论双方位列子力如何，都不得改变。

二、决定胜负

棋盘上将 帅 雷 炸 是公认的原位列子，双方在检查本方位列子与对方位列子时，就会发现，由于本人抓子的运气好坏，无论是对称子数还是不对称子数（在棋盘本方地域上，只要是该子位，一旦落子，无论子力满意与不满意，都不得更改），位列子都出现了不对等的强弱态势。

（一）比较强弱

依这种不对等的强弱态势，从弈棋角度上分析战胜对方的可能性，同时也预测设阵圈条件情况，假如可以设阵圈、能设组多少，能否实现互动，来有效转移将（帅）。经过有效分析后弈，可以得出三种结论：其一、从走棋规则上看，无论彼己谁先走，都无法改变一方赢的命运；其二、从阵圈设置与运棋规则上看，一方可以设置，另一方不具备设置条件，难以组成阵圈保护将（帅）；其三、从子速度上比较，一方子力强速度快不便保护将（帅），另一方子力弱速度慢，但靠近将（帅）不便被对方攻击。先走与后走，用规则一、规则二、约定隔几步走等，都能展现出输赢的结果。通过有效的分析，来体现自己的抓子才能，从分析上就能确定了输与赢。

数量对称如此，数量不对称时还出现数量上不均衡性，更能看出诸多的不确定性和机遇性。

（二）对弈

弈时，一定要按规则进行，只有在规则下才有意义，才有实效。无论子力如何，表面上看是输了，但通过对弈，由于双方心机不同、心向不同、取向不同，在弈的过程中，发生格局上的变化，由弱变强、由强变弱，即可看出对弈技巧。对弈时，先解决对本方有威慑的子力，而后再进攻对方，赢的机率就比较大。如果对方彼子视而不见，甚至根本没有进行双方子力比较，就冒然进攻，很容易被暗处子力所伤。

三、摆弈娱乐

（一）一人比较性对弈

棋盘对弈是两人，而一人也可以摆弈，那就是用自己不同的时效、不同的左右手、看子力作用。如摆好棋盘，放上将（帅）雷炸以后，用左手进行对方的子力抓拿与摆放，而后再用右手进行本方的子力抓拿与摆放，这样就出现先后拿子的时效差异和左右手时运差异，这个差异决定着胜负。

（二）两人娱乐性摆弈

放好棋盘后，将将帅雷炸或只放将帅不放雷炸放在原位列点上，而后各自在容器中抓拿选子，约1分钟后，各自将所抓的子围绕将（或帅）放在各自的大本营内，不按原位列点而是任意摆放。摆好无误后，对弈前双方约定依规则一走，还是规则二走，按规则二走时约定一回隔几步走。

由于彼此摆放的子力不同，位列不同，子力作用的施展不同，其对弈结果也就不同。达到输赢目的，并从中享受娱乐。

（三）撒豆成兵

放好棋盘，将将帅雷炸放在原位列点上后，各自用右手（或一人用左右手）尽力抓一把子，在本方区域内任意将手中子撒出，撒出后子所在的位置，就近移到格线点上进行对弈，必有一种乐趣。抓子的多少，胜利取决于子力的强弱。

总之，通过不同的玩法，不断强化谋略象棋的玩法与技巧，使谋略象棋爱好者，通过不同的玩法，领略谋略象棋无穷的哲理，和谐地看待今天与未来的事物，更平和地看待人生，从棋盘棋子的困窘中找到解决问题的办法，看清周围不确定的人间万物和不断处在变化中的事物现象。在烦恼中，为和谐相处做贡献，每个人都能平和地看待一时的输赢，就有无穷的发展前景与用不完的潜力。在处事中，不会思想僵化和生搬硬套，始终有股无穷的力量、鼓舞奋发图强的正气和勇气，达到短时间的娱乐目的。

附录1： 谋略象棋棋盘棋子制作样式

一般初弈者使用棋盘位列有字、两旁有规则的棋盘和简易棋子对弈；进入中级后，可以用无规则的棋盘和象形物的棋子对弈；进入高级后，固定一种规则，用无字棋盘和象形物造型的立体棋子对弈。循序渐进，直至到任意选择棋盘、棋子都行的程度。

一、棋盘制造样式

1.用纸或塑料纸棋盘。在白纸和塑料上（或画上）印刷棋盘，中间是棋盘，两旁可附上规则（或无规则）。优点是使用方便，可与棋子一块放进包装盒内。（见附图-1）。

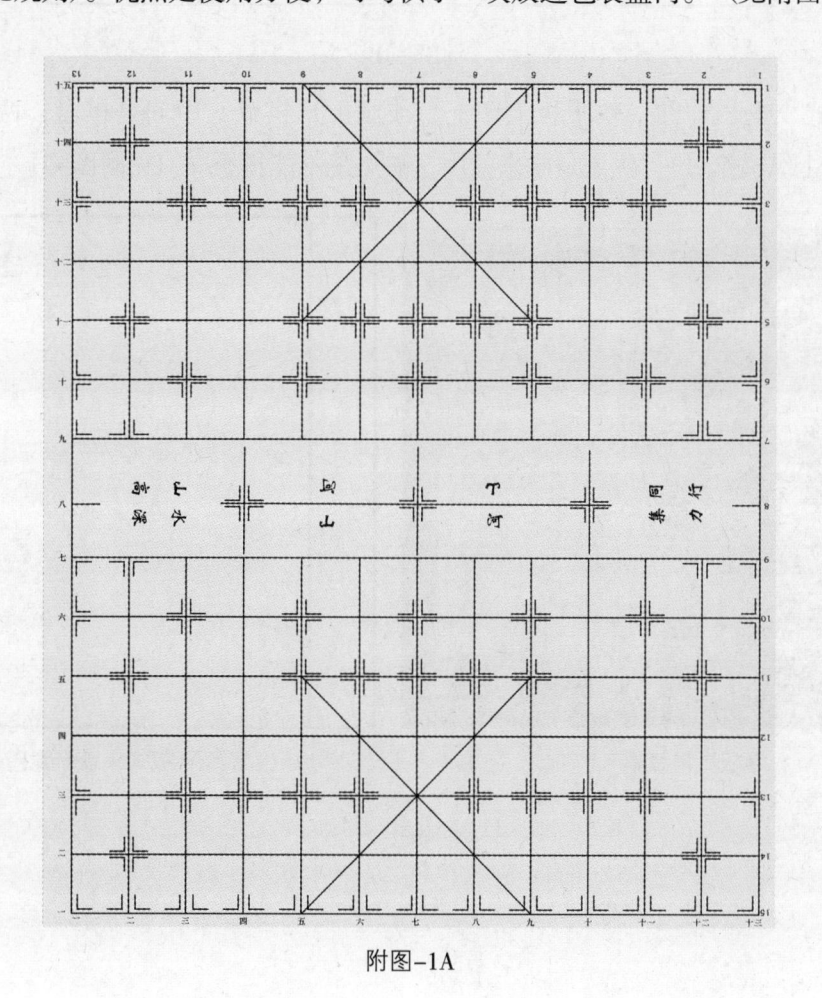

附图-1A

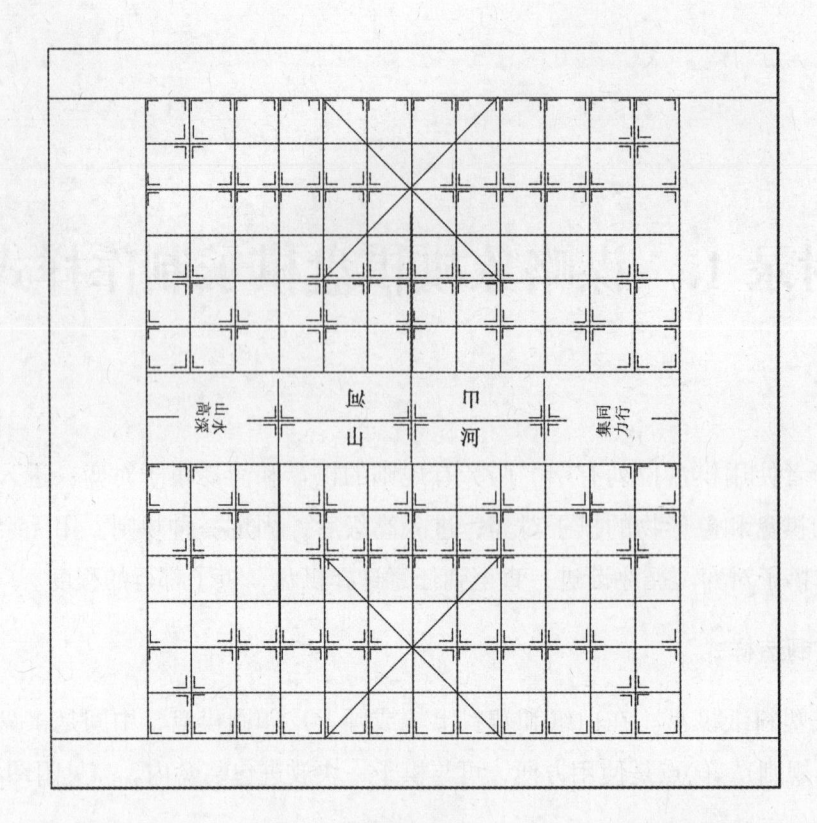

附图-1B

2. 平板式棋盘。即在一块平板上印上（或画上）棋盘，中间是棋盘，两边附上规则（或无规则写上纵横编号）。优点是拿来就用，缺点是不能折叠。（见附图-2）

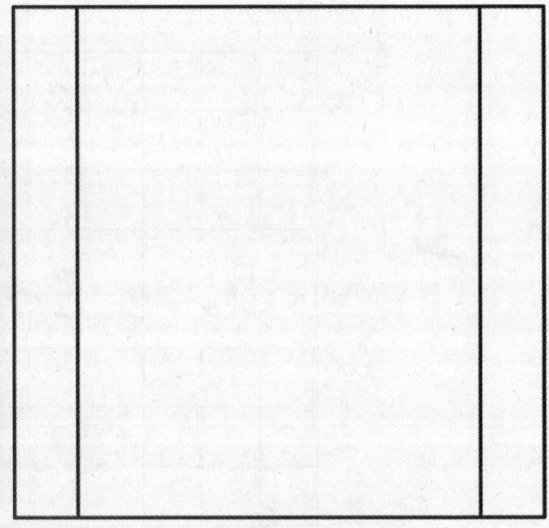

平板式棋盘棋子　　　　　　平板式棋盘示意图

附图-2

3. 对开式棋盘。将棋盘对半用合叶连接，打开为棋盘，合起来可以将棋子放进去。缺点是棋盘格线在外，易划伤。（见附图-3）

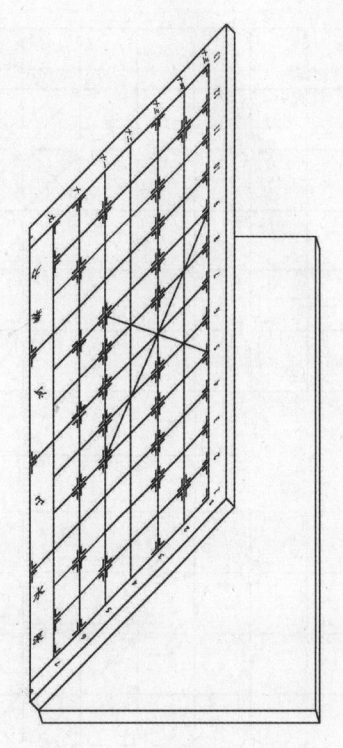

4. 折盒式棋盘。把棋盘做成双盒重叠，用时遂一放开为棋盘（或棋盘为模拟地形的立体空间），不用时遂一叠起成为两个盒子，双方把棋子放进去后再合起来，成为一个方整棋盒。适合野外宿营地模拟战场地貌使用，也适合家居和旅行用，存放它不占空间，具有折合方便等优点。特别是B盘，它分成4块，每块中有抽屉，可以将双方的棋子、套板、画笔、说明书等放在里面，用时拉开不用时叠起，成为一个可拎在手上的礼品盒，极其方便。（见附图-4A、附图-4B）

附图-3

附图-4A

附图-4B

谋略象棋弈法指南

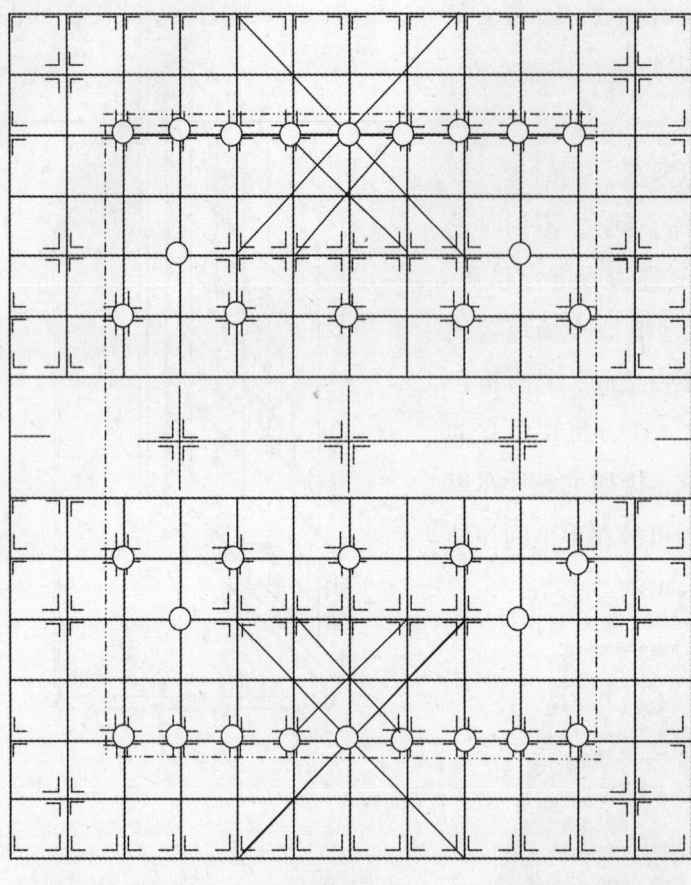

附图-5

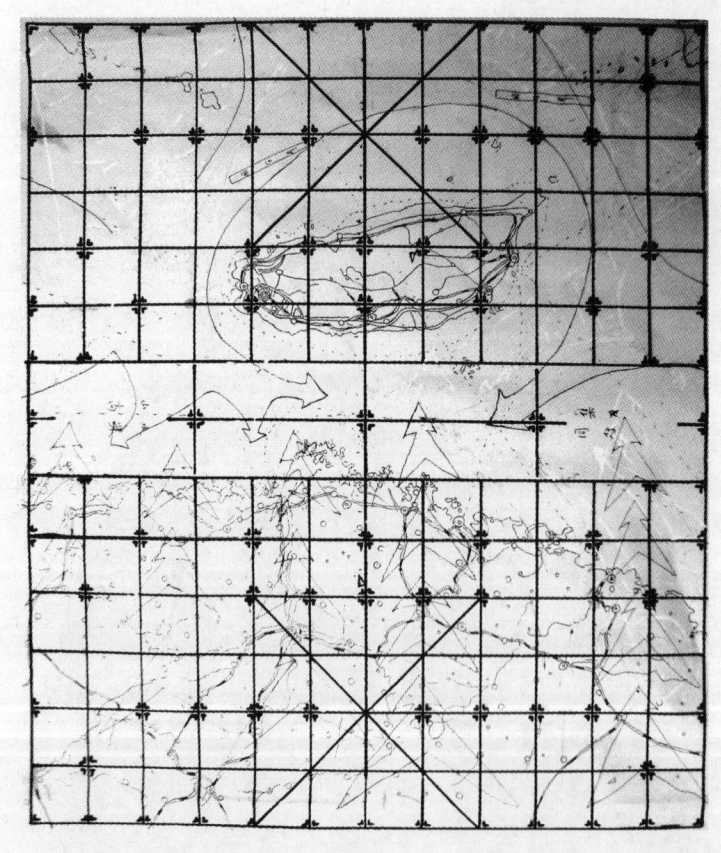

附图-6

5. 谋略象棋与传统象棋合用棋盘。即把传统象棋盘附设在谋略象棋盘中，既可下传统象棋又可下谋略象棋，可谓一举两得，使弈者更能看清谋略象棋在传统象棋基础上的发展状况。把中间山河看成一格，即可为象棋盘。（见附图-5）

6. 以长江、黄河、三峡、四大海洋、大山、湖坝、海峡两岸为实景的棋盘。（见附图-6）

7. 格线宽度，根据棋子大小需要而定。

8. 因为谋略象棋的棋子是一群力量，实际占据的不是一个点而是一个地区，因此，将棋盘中的位列点改由格位列点，棋盘底色可填充不同颜色，显示棋盘大气，这样更能体现本棋的特色。（见附图-7）

附图-7

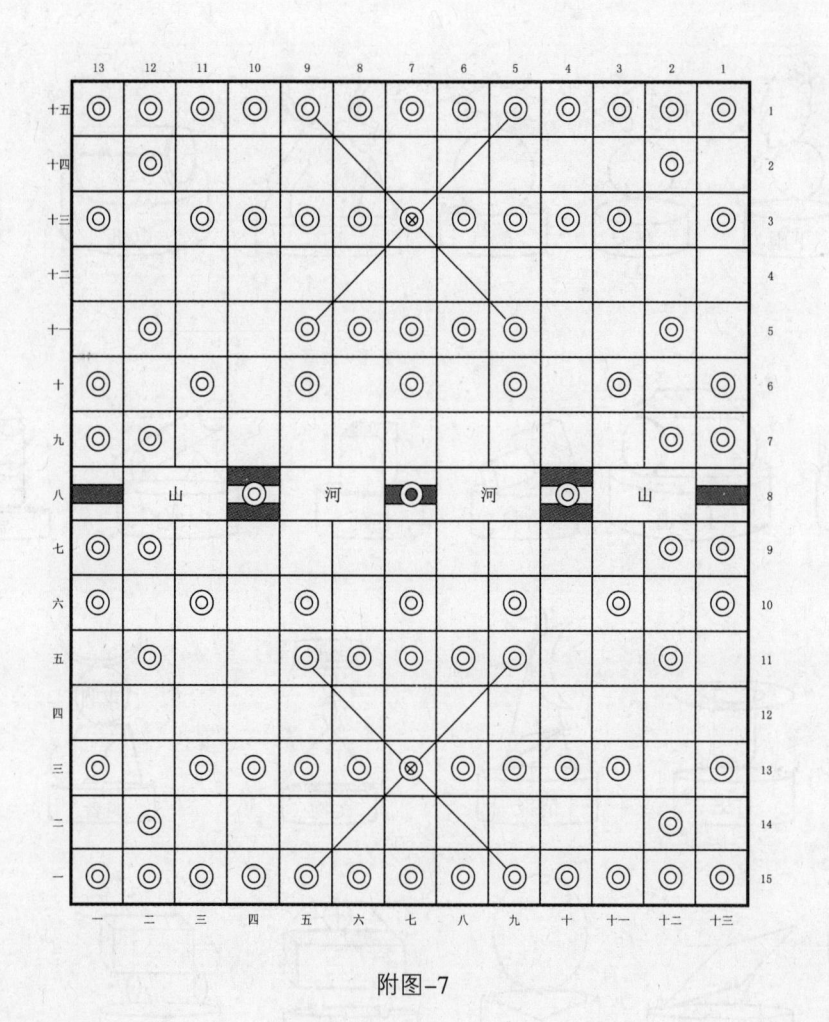

二、棋子制造样式

1. 用木料、石料、塑料制做成园柱体，平面上画圈，圈中刻上正楷字体或艺术字体。（见附图-8）

普通棋子图　　　　　双层棋子图

附图-8

2. 在园柱平面上雕刻象形人、动物、植物物体，如⍟雕刻成飞机，⍟雕刻成舰船等，亦可在园柱体周边正立面刻上字体与反立面刻上行走行态。本文是综合象形物，供做子参考。（见附图-9）

谋略象棋弈法指南

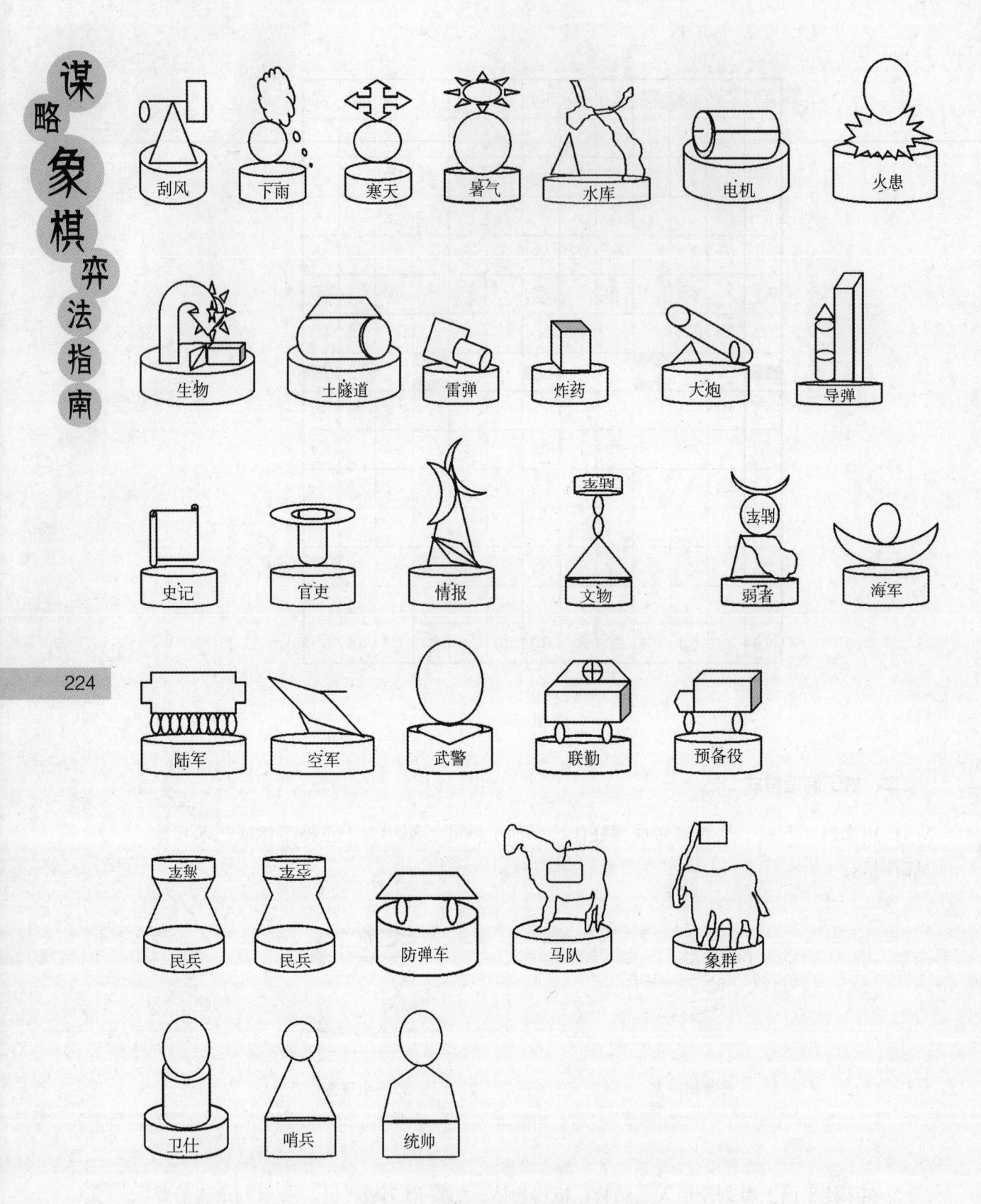

刮风　下雨　寒天　暑气　水库　电机　火患

生物　土隧道　雷弹　炸药　大炮　导弹

史记　官吏　情报　文物　弱者　海军

陆军　空军　武警　联勤　预备役

民兵　民兵　防弹车　马队　象群

卫仕　哨兵　统帅

附图-9A　立体象形棋子全图

用于初级使用者

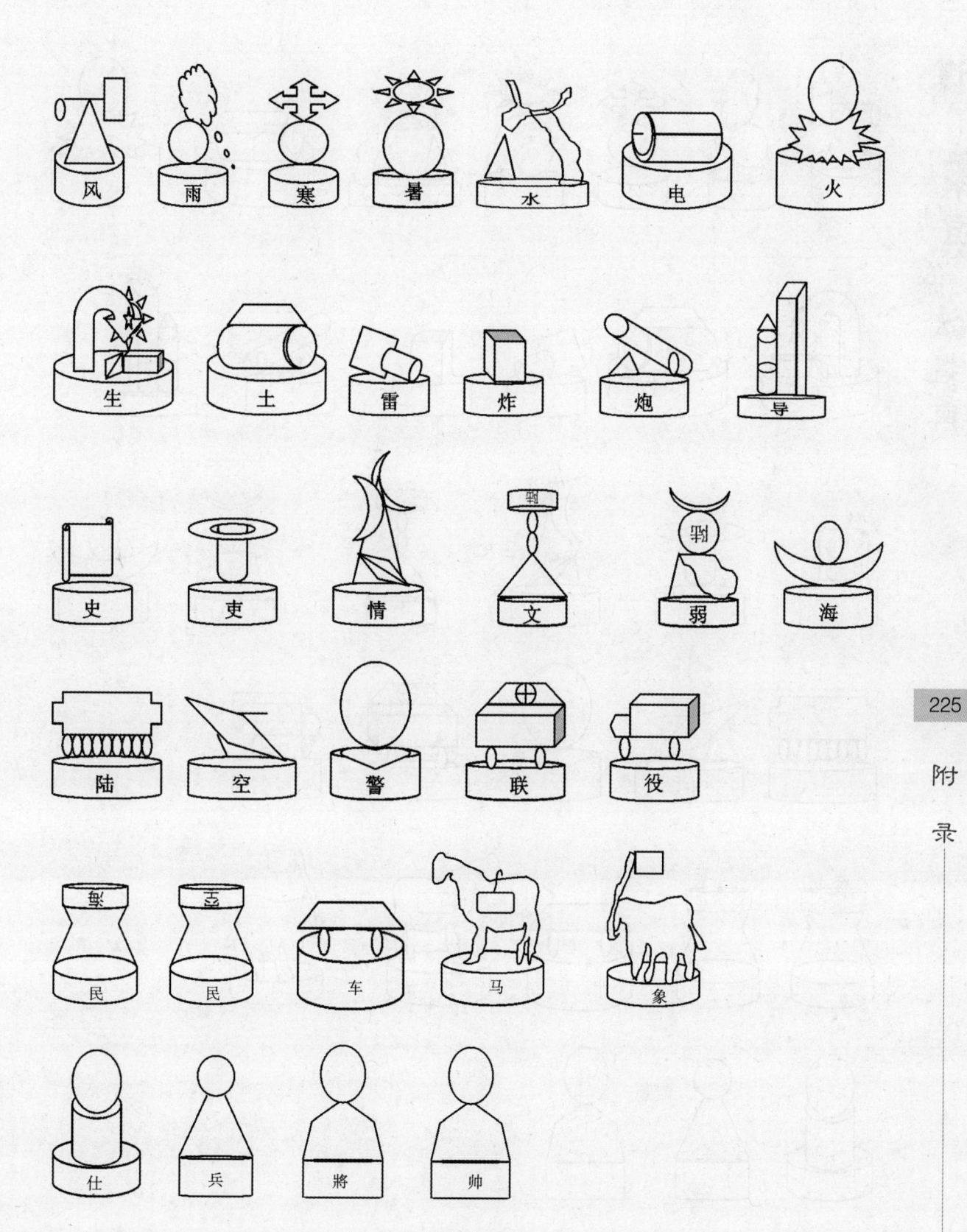

风　雨　寒　暑　水　电　火

生　土　雷　炸　炮　导

史　吏　情　文　弱　海

陆　空　警　联　役

民　民　车　马　象

仕　兵　將　帅

附图-9B　立体象形棋子全图

用于中级使用者

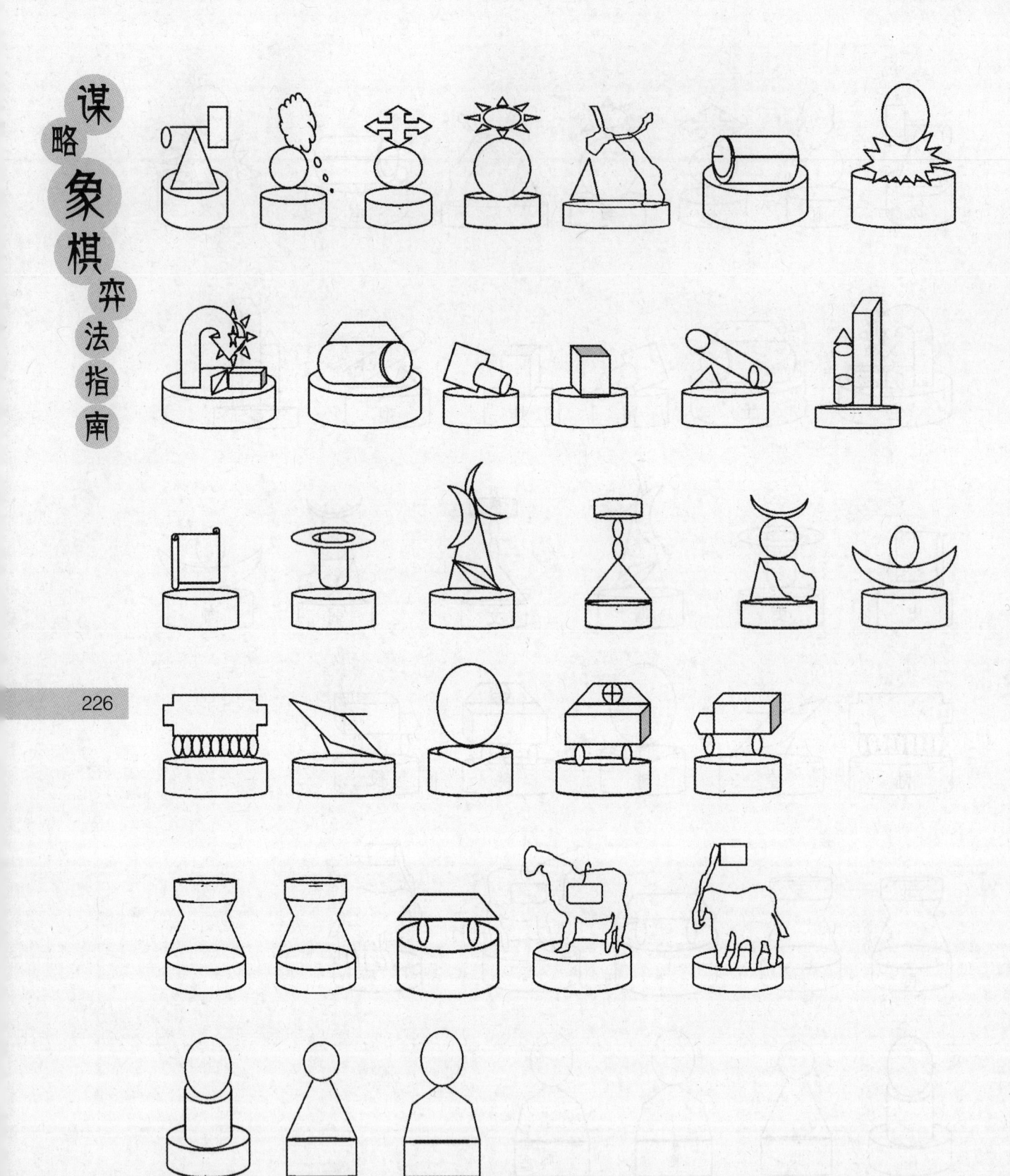

谋略象棋弈法指南

附图-9C 立体象形棋子全图

用于高级熟练者

棋子在图上主要表现形式是：

㊣㊥㊣㊣㊣ 的表现形式是人物；

㊣ 的表现形式是大象鼻上展红旗；

㊣ 的表现形式是马背运粮食；

㊣ 的表现形式是一辆小汽车（或防弹车）；

㊣ 的表现形式是风向标；

㊣ 的表现形式是人头上的一朵雨云；

㊣ 的表现形式是人头上的雪花；

㊣ 的表现形式是人头上的烈日；

㊣ 的表现形式是一种文物；

㊣ 的表现形式是老人柱着拐仗头顶空碗；

㊣ 的表现形式是手榴弹；

㊣ 的表现形式是炸药包；

㊣ 的表现形式是一门石炮；

㊣ 的表现形式是云架上待发的导弹；

㊣ 的表现形式是卷轴纸；

㊣ 的表现形式是一张园桌；

㊣ 的表现形式是雷达下的信鸽；

㊣ 的表现形式是粮屯；

㊣ 的表现形式是货运车；

㊣ 的表现形式是红十字救护车；

㊣ 的表现形式是人在双向船上；

㊣ 的表现形式是双向装甲车

㊣ 的表现形式是双向飞行器；

㊣ 的表现形式是龙正向池中注水；

㊣ 的表现形式是一台发电机；

㊣ 的表现形式是人在一团烈火中；

㊣ 的表现形式是蜜蜂在花中采集；

㊣ 的表现形式是山中隧道。

3. 将园柱体雕刻成人物妆饰形状，如㊣雕刻成空军战士，㊣雕刻成海军战士，㊣雕刻成陆军战士等，在正立面周边注字，在另一面适当位置注上行走形态。

4. 双方与公共子的棋子颜色，可根据民族特点选择。字的周边可画圈，亦可不画圈，还可设计成花边。

5. 在电脑软件设计对弈上，不可能用套板、画线、记录来解决阵圈区域显示问题，只能采取涂色措施。阵圈显示区域上可用颜色表示，双方作色可与棋子颜色一致，或稍浅些。

如规则图解所示。

三、棋子棋盘的尺寸

1. 棋盘中格的大小决定整个棋盘棋子的大小。一般棋盘格线由中心线1厘米—5厘米为最佳，可根据需要放大或缩小。见附图-10。

附图-10

2. 普通棋子直径，等于格宽度的五分之四，不得小于一半。子厚为格的三分之一，双层子的厚度是格的五分之三，中间的梯形凹糟深度是十分之一。

3. 在统一的规则下，双方的子位列、子数是对称的，可以将子的象形物和人物形体雕刻成不对称的，如古代、今代、未来时代的阴阳代表物、男女老幼人物、高低、大小等，更形象化，以符合实际和弈者的需要。无论是立体象形物与立体象形人物，其底部为园型，直径是格的五分之四。立体高度以⑭⑮为中心，⑭⑮高度为一格半（或两格），以⑭⑮为原位点，先从横向由3横向1横、8横降低，每过一格减低1格的二十分之一；（例如，3横的⑭为2格10cm，4、2横则为9.5cm，5、1横则为9cm，6横则为8.5cm，7横则为8cm，8横则为7.5cm）；而后由7纵向1纵、13纵降低，每纵在已降低的基础上再降低1格的二十分之一。（例如：7纵的⑭10cm，向6纵则为9.5cm，5纵则为9cm，4纵则为8.5cm，3纵则为8cm，2纵则为7.5cm，1纵则为7cm）。格线，以横向、纵向的中心线为准。例如，一方⑮高取2格，格的宽度为5cm，（则：⑮为10cm，⑯为9.5cm，象陆火为9cm，马海空电兵生为8.5cm，车警水土警警为8cm，联联兵兵炸为7.5cm，役役导导史吏为7cm，情情炮兵炮兵为6.5cm，民民雷雷为6cm，文弱雨署为5.5cm，风寒为5cm）。（见附图-11）

向 1 纵

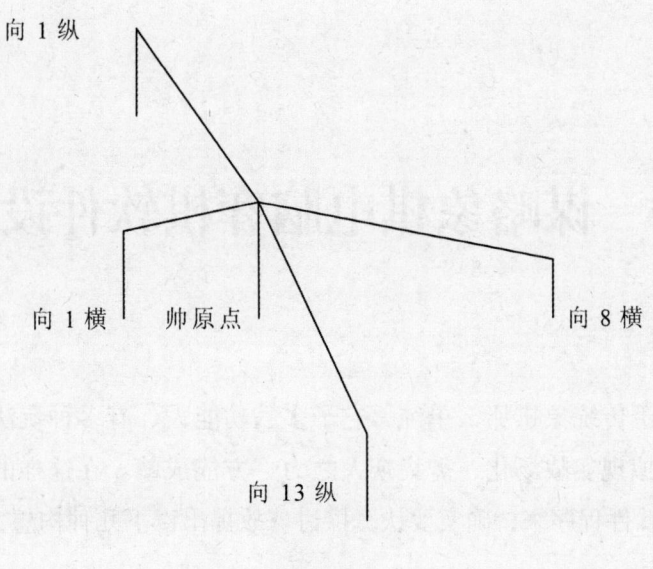

向 1 横　　帅原点　　　　　　　　向 8 横

向 13 纵

附图-11

4. 显示阵圈用的套板与画笔，画笔用粉笔就可以了。套板的制作规格以棋盘格线中心线为准，防守阵为 25 格、进攻阵为 9 格、伏击圈为 12 格和 8 格，厚度为 0.1 毫米，宽度为 0.2—0.5 毫米，可方便地灵活运用。（见附图-12）

双目伏击圈套板示意图　　　　　　　　单目伏击圈套板示意图

防守阵套板示意图　　　　　　　　进攻阵套板示意图

附图-12

附录2： 谋略象棋电脑弈棋软件设计方案

谋略象棋不同于传统象棋那么单纯，它子多、功能大、有多种玩法，因此软件程序比较复杂，且极力模拟现实战场化，需集众人之力，方能成就。在这样的情况下，要设计出一套适应多种玩法软件程序来，确实要认真探讨。故提出以下几种构想：

1. 显示弈棋房间；

2. 显示棋盘格线；

3. 显示棋盘上摆布好棋子，由左1对角向上摆，双方同时进行。红方为红色（或黄色棋子），蓝方为蓝色（或绿色棋子），山河中子为黑色。显示阵圈用本方子色彩中的浅色。

4. 预设比赛时间；

5. 显示记分牌；

6. 光标点走子时，按走棋规则，显示棋子在棋盘上原位时行走方向线。需同时显示，遇阻显X字光标，可行至步点显示箭头，可吃换显示换、拿字样。

7. 光标点到达步点处，需按走棋规则同时显示该步点将至子被对方看护状态，有可能被吃、拿显示换或拿字样，用黑色表示；有可能被阵圈威慑的显示阵圈中子来光标方向，用蓝色表示。本方子看护状态，有可能被吃、拿显示换或拿字样，用红色表示；有可能被阵圈威慑的显示阵圈中子来光标方向，用红色表示。可选点5处了解情况。

8. 落点处再点1次子来落实，显示来子存在。

9. 按阵圈设置规则，符合设置条件时显示色块，蓝方用蓝色（或绿色），红方用红色（或黄色）。

10. 光标在框中点下，色块消失。若设置则向对方显示宣布组成虚线框，对方确认后再点则显示与子相同的颜色块。色块中对方棋子旁显示换、拿字样。

11. 色块中点动某子按运棋规则显示运棋方向，再点一下显示向外走状态，遇阻、吃、拿用箭头线表示。

12. 色块中按运棋规则点预行走步点、显示色块外对方吃、拿子数。

13. 一方组成2个以上阵圈后用虚线显示阵圈之间直线、对角互动线，遇棋阻则中断。无论阵、圈怎样起、设后，互动线应自动用虚线连接显示。

14. 点框内某子沿互动线到达另一个框预到点，点一下预到点显示对方对本点的威慑子。

15. 凡棋，无论在什么情况下吃换时，先点行走子，后点被吃换（拿）子，显示走来子，被吃子消失。

16. ⇨吃拿，先点走动子，再点拿子，显示⇨进一步被拿子消失。

17. 点动吃换（拿）子，按规则不能吃换（拿）的，拒绝，显示"不"字，再点一下字消失。

18. 防守阵、进攻阵中无护子时，色块消失。

19. 组成伏击圈中的某子被吃换（拿）一个后，另一个随伏击圈、色块一同消失。

20. 将帅所在步点，正上方显示一面旗帜，不断挥动。按规则遭到威慑，则不挥动。

21. 本方起走了伏击圈一个组成伏击圈子后，另一个和圈中子原位不变，伏击圈色块消失。

22. 在进攻阵框上点动一下，用虚线色块显示上下左右预翻行，虚线框内根据规则许可显示"阻"、"行"字样；在行虚线色块上点一下，色块存在，对方子闪烁后消失。

23. 伏击圈中无子，自动按走棋规则行动一个，伏击圈色块消失，伏击圈消失，另一个原位不变。

24. 按规则不能出入防守阵、进攻阵、伏击圈的，应拒绝拖动。

25. 出入防守阵吃换子，按规则隔1回合（或几回合）未收回，显示"俘"字，闪动后消失出现在对方盘边，当本方同样子被吃换（拿）后，在本方防守阵中自动补给，俘子消失。

26. 一方控制了山河对岸，其中雷炸变为本方棋色，非控制时则自动还原。

27. 消雷炸，先点行走子，再点雷炸，闪动后消失。

28. 限制过山河桥的子，按走棋规则许可则行走，不许可则拒走。随阵圈不限。

29. 按走棋规则、互动规则可跨越本方棋，拒跨对方子，在阵圈中显示拒跨越。

30. 显示输、赢、和选择键。

31. 显示自动记分结果。

32. 显示走棋规则、阵圈设置与运棋规则、互动规则。

33. 显示弈棋说明、记分办法。

34. 为战赢方喝彩。

35. 显示棋谱保存信息

36. 用棋谱对弈，各有100多个习局、惨局、布局、摆局、全局谱供弈者对弈（或练习）选择。

37. 用规则自动识别对弈。

38. 设置使用锁链。

附录3：中国传统象棋的设置与规则

一、棋盘棋子图（见附图-13）

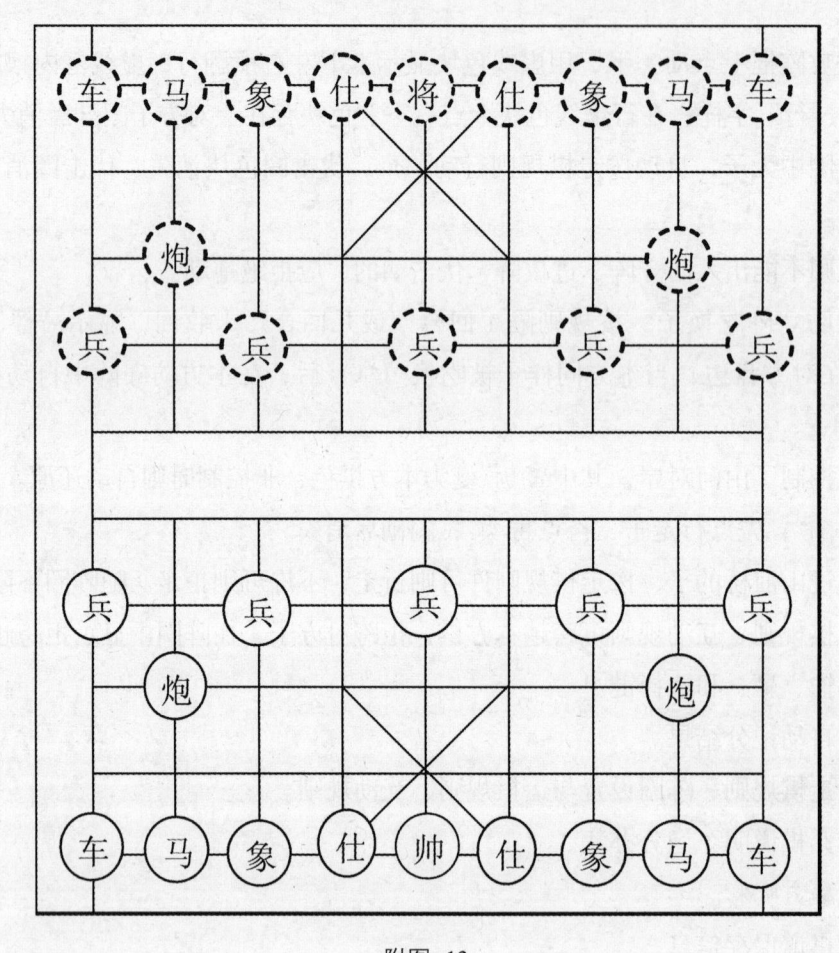

附图-13

二、走棋规则

隔步走，帅先将后。

车 走直线，进退，遇棋阻，吃换；

马 走直线1对角1成斜角，进退，直线上遇棋阻，吃换；

象 走对角2，进退，对角中遇棋阻，吃换，不过己岸；

仕 在大本营中沿画角线走1，进退，遇棋阻，吃换，不出营；

㊣对岸内向前直线走1，6横向前、左右直线走1，只进不退，遇棋阻，吃换；

㊣走直线，进退，遇棋阻，隔1子吃换；

㊣㊣在大本营中直线走1，进退，遇棋阻，吃换，不出大本营；㊣㊣被困不能行走为输，双方有子力均无法围困则为和；㊣㊣不见面，见面为输。

三、速记口诀

㊣走直，　　　㊣走日；

㊣打隔子，　　㊣飞田；

㊣画线，　　　㊣㊣营内不见面；

㊣勇向前不回头。

附录4：弈棋说明书

谋略象棋规则一说明书

本棋盘由 13 条纵线与 15 条横线组成 168 个方格，分成两个对称的区域和一个不对称的山河公共区域；两个对称的区域各有 44 个棋子，公共区域上有 3 个，共 91 个。棋子分帅将双方对弈，帅方为红色简写字体，将方为蓝色繁写字体，公共为黑色普通字体。弈棋时，在棋盘上摆好相对应的棋子，即可依规则实施对称与不对称的战略调集和战术重组。双方隔步走，各走一步为一回合，帅先将后；阵圈宣组和进攻阵翻行后，对方先走；消雷炸后，本方先走；左为山，右为河。初弈者先按走棋规则进行，而后逐步增加阵圈之战略战术的份量，把棋子看成一个活生生的人和一群团体力量时，就能体悟到棋盘如战场、棋子似战力，仿佛进行了一场帅将军事演习。对弈中结累棋谱，在众多的子中选子摆谱学习与交流。把规则看成军事行动的规章制度，平、战在一种规则下习惯，战时就很难快速适应多种行动的变化，因此，一棋多规则就是适应战术应变的需要。规则一，就是适应平战各种力量和方式方法的演练变化需要而需要的。弈者通过谋略象棋规则的弈练过程，达到轻松适应快速变化的紧张环境和人际关系。平常练智、练勇、练谋、练术，用时就可登峰造极。子多用处多，子变盘不变，不变应万变。可在习局、惨局、布局、摆局、全局的五局中任选一种玩法。

一、走棋规则

帅将：营内直走 1，不出营，进退，吃换；所在的米同字区域为大本营，是争夺中心，被控制无法移动为输，另一方为赢，双方都有兵力无法控制即为和；在阵圈帅将见面无碍，非阵圈不得见面，非阵圈见面为输。

文文、弱弱：在岸内直走 1，进退，遇消阻，不过岸，吃换；入营不吃，误吃则拿。

雷雷：不动，属公共，遇棋阻，碰则同消。阵圈内待同，亦可沿直、角出阵圈同消一切子，遇棋阻，脱离阵圈仍属公共。

尊尊：走直、角，进退，不过岸，隔己方 2 子进 1 步吃拿 1 子；连续拿，则继增隔 1 子；另线回，从 2 始。

民民：直、角走 1，进退，遇棋阻，不过岸，吃换。

炮炮：走直，进退，遇棋阻，跨 1 子吃换。

兵兵：直走 1，9 横外左右向前，只进不退；6 至 9 横内左右前后进退，遇棋阻，吃换。

仕仕：1 步后沿画角线走 1，进退，不出营，吃换。

马馬：走直 1 角 1，进退，直上遇棋阻，吃换。

象象：走角 2，进退，角中遇棋阻，不过岸，吃换。

车軍：走直，进退，遇棋阻，直转锐角吃换。

情情：走角，进退，遇棋阻，角转锐直吃换。

史史：走直，进退，遇棋阻，直转钝角吃换。

更更：走角，进退，遇棋阻，角转钝直吃换。

役役：直、角走 1 至 2，进退，跨己不跨彼，吃换。

警警：直、角走 1 至 3，进退，跨己不跨彼，吃换。

联聯：走直、角，进退，跨己不跨彼，吃换。

海海：直、角走 1 至 4，进退，跨己不跨彼，吃换。

陆陸：直、角走 1 至 5，进退，跨己不跨彼，吃换。

空空：直、角走 1 至 6，进退，跨己不跨彼，吃换。

风風、雨雨、寒寒、暑暑：走角 1 直 1 角 1 成双目斜角，进退，直上有棋阻，吃换。

水水、电電、火火、生生、土土：走直 1 角 1 直 1 成目斜角，进退，直上有棋阻，吃换。

二、防守阵设置与运棋规则

1.设置：1 至 9 横间营外边线，设与营相同的回字区域，有任意 5 子走动，且隔 5 回能守住，即可宣组，确认后作标记显示区域存在。

2.运棋规则：显示后，防内彼棋行走与不行走全拿，凡子均可沿直、角进退，遇棋阻，吃换；按走棋规则出入，无子为消防，防可重组。

三、进攻阵设置与运棋规则

1. 设置：任一田位，由海陆空警役任意 2 子走动，且隔 2 回能守住，不涵盖彼方未动子，即可宣组。确认后作标记显示区域存在。

2. 运棋规则：显示后，彼方全吃换。阵中子均可沿直、角进退，遇棋阻，吃换。按走棋规则出入，无子为消阵，阵可重组。拥任意一子一线可沿直线翻行进退、吃拿、过岸；翻行时己方跟留不限，遇一子无位放则阻。

四、伏击圈设置与运棋规则

1.设置：盘上任一区域，由风雨寒暑与水电火生土中任一成双目斜角而立，即可宣组，确认后作标记显示区域存在，不移动。

2.运棋规则：显示后，彼方全吃拿；圈中子均可沿直、角进退，遇棋阻，吃换；按走棋规则出入；彼方非吃换子或圈中子不得入内，误入拿掉；组圈棋，唯有彼方同类某子或圈盖吃、拿，吃、拿 1 个后，另关联子全拿掉，圈消，圈消后未被圈盖子不变；己方起走或阵翻带一个组圈子后，另子与圈内子不变；圈可重组，组圈子亦可多方连组。

五、阵圈互动规则

设置好两个以上阵圈后，即可进行阵、圈互动。阵圈中棋子均可沿直、角一步往来于阵圈之间。棋子往来，落点遇己棋则阻、彼方棋可吃换或阻。往来途中，内、外跨己跨彼，亦可跨越本方或彼方阵圈；互动过程中，对方可以走棋拦阻。亦可待停稳吃换，拦击于中途或消灭于落脚地。凡阵圈显示区域，均不影响彼己依走棋规则走子。

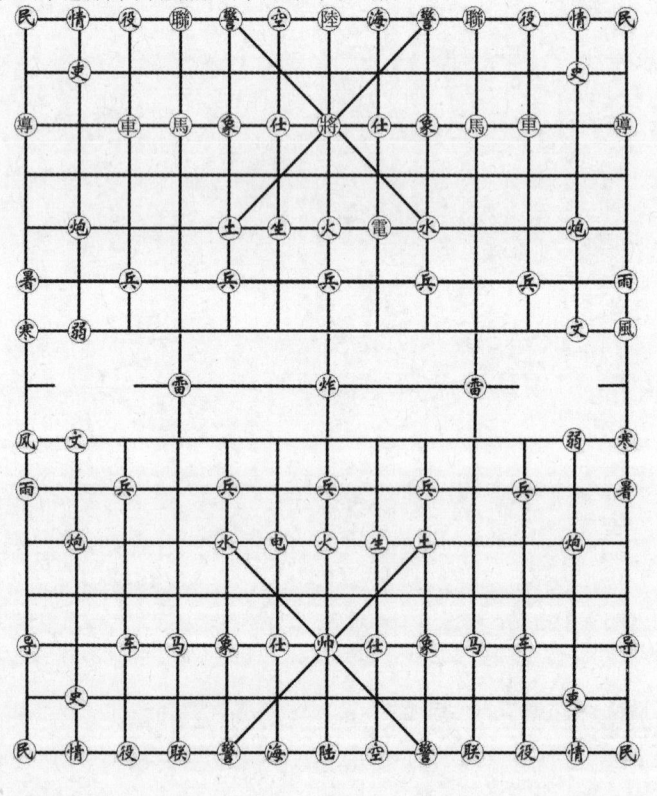

谋略象棋规则二说明书

本棋盘由13条纵线与15条横线组成168个方格，分成两个对称的区域和一个不对称的山河公共区域；两个对称的区域上各有44个棋子，公共区域上有3个，共91个。棋子分帅将双方对弈，帅方为红色简写字体，将方为蓝色繁写字体，公共为黑色普通字体；部分子有两面，供翻吃用。弈棋时，在棋盘上摆好相对应的棋子，即可依规则实施对称与不对称的战略调集和战术重组。双方隔1至4步走，弈先预约，约定中途不变，各走1至4步为一回合，帅先后；阵圈宣组和进攻阵翻后，对方先走；消雷将后，本方先走；左为山，右为河。初弈者，先按走棋规则进行，而后逐步增加阵圈之战略战术的份量，把棋子看成一个活生生的人和一群团体力量时，就能体悟到棋盘如战场、棋子似战力，仿佛进行了一场帅将军事演习。对弈中结累棋谱，在众多的子中选子摆谱学习与交流。把规则看成军事行动的规章制度，平、战在一种规则下习惯，战时就很难快速适应多种行动的变化，因此，一棋多规则就是适应战术应变的需要。规则二，就是适应战时各种力量和方式方法的战略变化需要而需要的。弈者通过谋略象棋规则的弈练过程，达到轻松适应快速变化的紧张环境和人际关系，平常练智、练勇、练谋、练术，用时就可登峰造极。子多用处多，子分盘不变，不变应万变。可在习局、惨局、布局、摆局、全局的五局中任选一种玩法。

一、走棋规则（双方隔1-4步走，弈先预约）

帅将：大本营内4格直、角走1，沿画角线走至外格点，进退、吃换；所在的米回字区域为大本营，是争夺中心，被控制无法移动为输，另一方为赢，双方都有兵力无法控制即为和；在阵圈中帅将见面无碍，非阵圈不得见面，非阵圈见面为输。第一轮回，不杀将。

雷炸：不动，属公共，遇棋阻，碰棋同消。阵圈内同待，亦可沿直、角出阵圈同消一切子，遇雷则阻，脱离阵圈仍属公共。

民民：直、角走1，进退，遇棋阻，吃换；9横外阵圈内外，可自愿吃翻空或海。

文文、弱弱：在岸内沿直走1，进退，遇棋阻，不行走不吃，吃换；入营不吃，误段则拿；9横外阵圈内外，可自愿吃翻陆。

导导：走直、角，进退，隔己方2子进1步吃拿1子；连续拿，则继续增隔1子；另线回，从2始。

炮炮：走直，进退，遇棋阻，跨1子吃换。

兵兵：直走1，9横外左右向前，只进不退，6至9横内左右前后进退，遇棋阻，吃换。

仕仕：1步后沿画角线走1，进退，遇棋阻，吃换。

马馬：走直1角1，进退，直上遇棋阻，吃换。

象象：走角2，进退，角中遇棋阻，吃换。

车車：走直，进退，遇棋阻，吃换，直转锐角吃换。

情情：走角，进退，遇棋阻，吃换，角转锐直吃换。

史史：走直，进退，遇棋阻，直转钝角吃换。

更更：走角，进退，遇棋阻，角转钝直吃换。

役役：直、角走1-2，进退，走桥、两边过岸（出入阵圈不限）跨己不跨彼，吃换。

警警：直、角走1-3，进退，跨己不跨彼，吃换。

联聯：走直、角，进退，跨己不跨彼，吃换。

海海：直、角走1-4，进退，走水段过岸（出入阵圈不限）跨己不跨彼，吃换。

陆陸：直、角走1-5，进退，走桥过岸（出入阵圈不限）跨己不跨彼，吃换。

空空：直、角走1-6，进退，走山段过岸（出入阵圈不限）跨己不跨彼，吃换。

风风、雨雨、寒寒、暑暑：走角1直角1，进退，直上有棋阻，吃换，不行走不吃。

水水、电電、火火、生生、土土：走直1角1直1，进退，角上有棋阻，吃换，不行走不吃。

二、防守阵设置与运棋规则

1. 设置：1-9横间营外边线，设与营相同的回字区域，有任意5子走入，隔回宣组，确认后作标记显示区域存在，不移动。

2. 运棋规则：显示后，防内彼子全拿，己子均可沿直、角进退，遇棋则阻，吃换。按走棋规则出入：吃换出入后隔回收，隔2回不收彼方拿起当俘虏；拥俘，待己防需要时把被吃同子放入使用，俘子消；无子为消防，防可重组。

三、进攻阵设置与运棋规则

1. 设置：任一田位，由海陆空警役任意2子走入，隔回宣组。确认后作标记显示区域存在。

2. 运棋规则：显示后，彼方子全拿，；己子均可沿直、角进退，遇棋阻，吃换，按走棋规则出入；无子为消阵，阵可重组；拥任意一子一线可沿直线翻行进退、吃拿，过岸，翻行后本方子跟留不限，遇一子无位放则阻。

四、伏击圈设置与运棋规则

1. 设置：盘上任一区域，其一由风雨寒暑中某子与水电火生土中某子走入，子成双目斜角而立，即可宣组。其二由风雨寒暑中任意2子成双目斜角而立，即可宣组；其三由水电火生土中任意2子成目斜角而立，即可宣组。确认后作标记显示区域存在，不移动。

2. 运棋规则：显示后，彼方全吃拿，圈中子均可沿直、角进退，遇棋则阻。吃换；子按走棋规则出入，彼方非吃换子或阵中子不得入内，误入拿掉；组圈棋，唯有彼方同类某子或圈盖吃、拿，吃、拿1个后，另关联子全拿掉，圈消；圈消后，未被圈盖子不变；己方起走或阵翻带一个组圈子下，另子与圈内子不变；组圈子可两类重组，亦可单类重组，亦可多方连组。

五、阵圈互动规则

设置好两个以上阵圈后，即可进行阵、圈互动；阵圈中棋子均可沿直、角一步往来于阵圈之间；棋子往来，落点遇己棋则阻、彼方可吃换或阻；往来途中内、外跨己不跨彼，亦不跨彼方阵圈；互动过程中，对方可以走棋拦阻，亦可待停稳吃换，拦击于中途或消灭丁落脚地。凡阵圈显示区域，均不影响己方依走棋规则走子，彼方依走棋规则不得跨越。

后 记

古老的中国传统象棋，几乎是家喻户晓，特别是男孩很小就有大人教练象棋，好斗的女娃在旁也会观看，不时还指指点点。中国传统象棋有一定的群众基础，是文体活动的一部分。

小时候也看到长辈们与人交往时，总是背靠墙面对来人，即使在桌上吃饭、办公，也是背朝里面对门而坐，尊为上席。来客人了，则客人坐上席。后来我发现，这样做不光是尊敬更主要的是防范，因为，后面有墙面对来人有安全感。从这点上可以看出，人的前面有安全感，后面有顾虑。传统象棋的将帅都是在底横线上，面对指战员，后面无格线，仕象一行动就把将（帅）包围，有意外则可保护将（帅）。

中国传统象棋是古代战争的缩影，若指导现代战争有些不切实际。美国打伊拉克时，它事先派了大量间谍和情报人员潜入伊内部，控制首脑和要害部门，一切妥当了才进攻。进攻前指挥部就在前沿，大批的武装力量（飞机、导弹）都从航母或基地飞来，打击伊军后方武装，切断其后援部队。伊拉克战争虽不是正义之战，但的确是一个现代战争的典范。反围剿、抗日战争时期、敌后游击方式的胜利，无不是正面佯攻绕后攻击，占领了后方，就等于断了归途。这一切说明了，人们认识到指挥部后方重要性。

自幼喜爱下棋、善于思考与观察的我，为了使中国传统象棋能适应现代战争的需要，对现代人的思维有一定的指导作用，多年来坚持去图书馆看书学习，长期在部队接受革命老前辈的教育，到博物馆、公园、学校聆听长者指点。我先后调整象棋布局达几十张。先把车放在将帅后面，后又把炮放在后面，使将帅立于大本营中央部位，总不如意，总觉得子力不够。经过与战争年代过来的老首长长时间的交谈取经，深入研究影响战争胜负的相关因素，我采用了相关部队的编制做棋子来重布传统象棋格局。先后把海陆空部队、武警部队、预备役部队放在营底线，又增加了联勤部队、民兵队伍等。子多了原格、线、点不够，又不断扩展棋盘。现代武装对战场的设置提出了更高要求，棋盘大了，棋友们说："现代战场不光有单兵种战法，更有多兵种联合作战的武装力量，还有导弹与天气呢。"因此，我又增加了导和风雨寒暑。又有人说："自然有了还有人为呢，七擒孟获时出现动物攻击，诸葛亮用水火消灭敌人，现代有电磁干扰和地道战等。"我又添置了水电火生土棋。

格线点多了，子力也多了，那么怎么行走呢，依什么规则走，一大堆的问题。我带着问题，向老同志学习，还到连队看他们的日常生活、训练场景，了解部队的规章制度。从这入手，进行规则改编，在原传统象棋基础上开拓发展，在与人练习中不断修改完善。我认为可以的时候，有人大声说道："这样打仗，文物、弱视群体怎么办！？记者、情报、文体艺术都不要了吗？"……故又增补了⑨弱和⑨⑨情子。我想该完美了吧，没有想到，有一次走在晋安河桥上，突然有小孩仍来一串鞭炮，我吓一跳，顿悟到，部队开进没有阻碍吗？我想了许久，又扩大了山河，并在山河中设置了⑨⑨。就这样不断创新，又不断发现，再加以改进，直至巩固，这非一日之功，终于使谋略象棋真正适应了现代战争的需要。从2000年开始至2006年，光棋盘就画了100多幅，棋子名称与位置改了无数次，2006年年底才完全定稿，最初设计是为军事所用，后应象棋爱好者的提议，及应为广大人民群众的需要，2006年至2011年，又花了4年时间修改研究，改造为军民皆用，成为现在的棋盘棋子布局。经过反复推敲和一波三折的考验，不离不弃终有果。老干部夏勋成看后，提出了"谋略象棋"名。我不是一个现役军人，是部队军工，在部队生活了近三十余年，深受部队的熏陶，所以才对开发谋略象棋如此执着。

在公开试弈的过程中，棋友们提出了很多宝贵意见，主要对走棋规则、阵圈设置与运棋规则、阵圈互动规则提了很多建议。我综合了众人的意见，对规则作了进一步修改，把棋名定为"谋略象棋"，是因为它是在原传统象棋基础上发展和与时俱进进化得来的，也是现代战争的缩影。在这基础上，我编写这部《谋略象棋弈法指南》，希望能帮助弈者很快地掌握谋略象棋的实质和对弈技巧与提高技艺的方法。

在这过程中，我一直得到了部队首长和干休所领导给予的关心，老干部王营经、李来云、张斗杰、扬仕俊、吴依梅、冯志殿等的关心与鼓励，同时也感谢东南快报、四川卫视、福建科技出版社的领导与编辑给予的鼓励与支持，棋院郑榕生、庄榕城、郑一仕、郭小明、赵伙俤等给予鼓励与协助，林木森、江徐春、翁庆泉、江剑忠等给予帮助，出版社的编辑同志付出了大量的辛勤劳动，众多的中国象棋爱好者提出了宝贵的建议，在此表示感谢。如果说是我一人之力，不如说是众人之功，中老年人、青少年朋友若在休闲时多一种文娱玩法的选择，就是我的快乐，是我一身的荣幸。

由于我文化水平有限，书中定有不少疏漏之处，望亲爱的读者多提宝贵意见，我不胜感激。

作者：夏广元

2012年5月1日